KB108750

한국경제, 어디로

금융인이 던지는 한국경제 개조론

한국경제, 어디로

발행일   2024년 2월 26일

지은이   권의종, 나병문, 백승희, 정기석
펴낸이   손형국
펴낸곳   (주)북랩
편집인   선일영   편집   김은수, 배진용, 김부경, 김다빈
디자인   이현수, 김민하, 임진형, 안유경, 최성경   제작   박기성, 구성우, 이창영, 배상진
마케팅   김회란, 박진관
출판등록   2004. 12. 1(제2012-000051호)
주소   서울특별시 금천구 가산디지털 1로 168, 우림라이온스밸리 B동 B113~114호, C동 B101호
홈페이지   www.book.co.kr
전화번호   (02)2026-5777   팩스   (02)3159-9637

ISBN   979-11-93716-84-7 03320 (종이책)   979-11-93716-85-4 05320 (전자책)

(주)북랩 성공출판의 파트너
북랩 홈페이지와 패밀리 사이트에서 다양한 출판 솔루션을 만나 보세요!
홈페이지 book.co.kr   •   블로그 blog.naver.com/essaybook   •   출판문의 book@book.co.kr

작가 연락처 문의 ▸ ask.book.co.kr

작가 연락처는 개인정보이므로 북랩에서 알려드릴 수 없습니다.

금융인이 던지는 한국경제 개조론

한국경제, 어디로

전국퇴직금융인협회 금융시장연구원
권의종, 나병문, 백승희, 정기석 공저

북랩

발간사

전국퇴직금융인협회 안기천 회장

지난해, 전국퇴직금융인협회 산하 금융시장연구원은『한국경제, 지금』이라는 책을 펴냈다. 한국경제의 현재를 걱정하며 경제, 금융, 산업, 정치, 사회 등 한국경제 관련 전반의 주요 문제를 진단하고 분석했다.

특히 출범 1년 차인 윤석열 정부의 경제정책을 평가하고 한국경제가 나아가야 할 길, 해답을 제시하려고 노력했다. 불합리한 정책과 제도는 어서 빨리 고치고, 개혁과 혁신은 구악의 정상화에서부터 시작해야 한다고 제안했다.

그러나 올해도 한국경제가 처한 상황은 좋지 않다. 한국뿐만 아니라 G2 미국, 중국을 비롯해 전 세계가 총체적이고 복합적인 장기 불황에서 벗어나지 못하고 있다. 윤석열 정부도 출범한 지 2년이 다 돼 간다. 공공·노동·연금·교육·세제·규제·재정 등 7대 개혁이 시급하지만 여전히 구체적이고 체계적인 실행 전략과 전술은 부족하다.

전국퇴직금융인협회가 다시 상황을 진단, 분석하고 전망을 제시하려고 평소의 고민과 연구를 책으로 정리했다. 권의종, 나병문, 백승희, 정기석 등『한국경제, 지금』의 저자가 다시 모여『한국경제, 어디로』를 펴냈다. 전편『한국경제, 지금』이 한국경제가 처한 현실을 진단하고 분석했다면, 후편인『한국경제, 어디로』는 한국경제의 미래를 전망하고 해법을 제시하려 노력했다.

2015년에 설립된 사단법인 전국퇴직금융인협회는 퇴직금융인들의 소중한 경험과 필요한 노하우를 바탕으로 금융약자들의 실용적이고 합리적인 금융생활을 지원하려는 목적을 실천하고 있다.

퇴직금융인으로서 전문성과 진정성을 무기로 금융환경과 경제현실을 직시, 한국금융시장의 양적, 질적 성장을 지향, 지원하는 사업을 벌이고 있다. 특히 금융소외자, 금융사각지대로부터 건강한 사회 안전망 복원을 금융인으로서 시대의 소명으로 삼고 있다.

이와 같은 사업목적과 시대적 소명을 위해 산하 금융시장연구원(Financial Market Institute)의 연구위원들이 경제, 금융, 산업, 사회, 정치 등을 주제로 조사, 연구, 집필을 게을리하지 않고 있다.

그 노고의 성과물로서, 지난해 『한국경제, 지금』에 이어 올해 『한국경제, 어디로』를 다시 세상에 내놓는다. 아무쪼록, 더 나은 한국금융과 한국경제 개혁의 좌표이자 지침서로 세상에 널리 퍼지고 세상 사람들에게 깊이 읽혔으면 한다.

머리말

대표 저자 권의종(금융시장연구원장)

한국금융의 출구와 돌파구,
한국경제의 지침이자 나침판을

지금 세계 경제는 불황이다. 불황의 늪에 오래, 깊이 빠져있다. 세계 은행(WB)은 올해 세계 경제성장률을 2.4%로 내다봤다. 2021년 6.2%, 2022년 3.0%, 2023년 2.6%에 이어 3년 연속 뒷걸음질 차는 암울한 전망이다. 우크라이나 사태 등 지정학적 긴장, 무역 규제 강화, 중국 경기 둔화 등이 주요 요인이라고 한다.

세계 경제 2강, G2 미국·중국도 별도리가 없다. 고금리와 고용 둔화로 소비·투자가 약화하면서 미국도 하락세를 피할 수 없었다. 부동산 등 자산 부문 취약성, 소비 감소의 여파가 중국의 성장세를 가로막는다.

다른 나라도 마찬가지다. EU 주요국, 일본 등 이른바 경제선진국의 평균 성장률도 1.2%에 그친다. 일본은 지난해보다 반토막이 난 0.9%에 불과하다. 신흥·개발도상국도 지난해보다 올해가 부진하리라는 예측이다. 지구적 차원의 동반 불황 여파가 거세다.

외국과 교역해 먹고사는 한국경제는 두말할 나위도 없다. 앞날에는 험로밖에 보이지 않는다. 세계은행도 뾰족한 돌파구나 대안을 제시하지는 못하고 있다. 단지 잠재성장률 하락 우려가 큰 한국 등 신흥·개발도상국에게 투자 촉진, 생산성 향상을 위한 구조 개혁을 주문할 따름이다.

세계은행의 조언이 아니더라도 오늘날 한국의 경제 위기는 개혁 말고 다른 방도는 없어 보인다. 선택의 여지가 없는 궁지에 몰려있다. 그러나, 한국경제는 정부가 문제다. 집권 2년 차 윤석열 정부의 지나온 성적부터 너무 좋지 않다.

더군다나 내부적으로 악재마저 즐비하다. 물가와 금리, 환율이 동시에 오르는 '3고(高)' 복합위기가 닥치고 있다. 재정과 무역에서 쌍둥이 적자에 내내 시달린다.

내치만 문제가 아니다. 대외변수도 불안정하고 위협적이다. 글로벌 공급망 혼란과 경기 둔화, 수출 부진의 와중에 수입 물가마저 급등세다. 경제학자들이 가장 두려워하는 '스태그플레이션'이 현실로 다가오고 있다. '퍼펙트 스톰' 위기라는 무서운 표현은 결코 과장이 아니다.

공공·노동·연금·교육·세제·규제·재정 등
7대 개혁으로

윤석열 정부가 출범한 지도 어느덧 2년이 다 되었다. 나름대로 개혁의 얼개는 마련하고 방향은 설정했으나 세부적이고 구체적인 실행 전략과 전술이 지지부진하다. 공공·노동·연금·교육·세제·규제·재정 등 7대 개혁이 시급하다. 인식이나 제대로 하고 있는지 믿음이 자꾸 옅어진다.

공공부문 개혁이 급선무다. 정부조직 비대화와 생산성 저하를 해결하려면 공공부문 체질 개선을 선결해야 한다. 노동 개혁은. 산업 경쟁력 제고와 일자리 창출에 초점을 맞춰야 한다. 국민연금을 포함한 공적연금도 혁신해야 한다.

교육 개혁도 더 속도를 내야 한다. 대학 구조 개혁, 국가교육책임제 강화 등으로 공정하고 창의적인 교육환경이 조성되어야 한다. 세제 개혁은 부동산 세제 전반의 개편과 정상화가 핵심이다. 규제 개혁으로 불필요한 규제와 애로는 발본색원해야 한다. 국가 재정건전성 지표를 관리하는 재정준칙 법제화로 재정 개혁도 이뤄야 한다.

지난해, (사)퇴직금융인협회 산하 금융시장연구원은 한국경제의 현재를 걱정하며 『한국경제, 지금』을 펴낸 바 있다. 한국경제, 한국금융, 한국산업, 한국정치, 한국사회 등의 관점과 방향으로 한국경제의 문제를 나름대로 진단하고 분석했던 것이다.

올해도 한국경제가 처한 현실은 여전히 어렵다. 금융시장연구원도 한국경제의 출구와 돌파구, 지침이자 나침판을 찾아내려는 고민과 연구를 멈추지 않았다. 그 고민과 연구의 성과를 『한국경제, 어디로』라는 책으로 다시 묶어낸다.

협회와 연구원은 한국금융을 걱정하는 퇴직금융인들과 한국경제
를 염려하는 경제전문가들의 힘과 뜻이 모인 곳이다. 한국금융의 출
구와 돌파구, 한국경제의 지침이자 나침판을 찾아보려는 노력과 희망
을 버려서는 안 되는 이유다.

CONTENTS

2. 한국금융, 어디로

3. 한국산업, 어디로

4. 한국사회, 어디로

5. 한국정치, 어디로

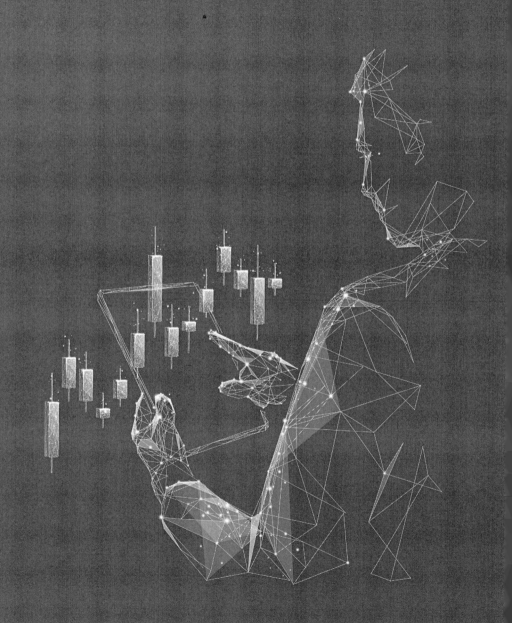

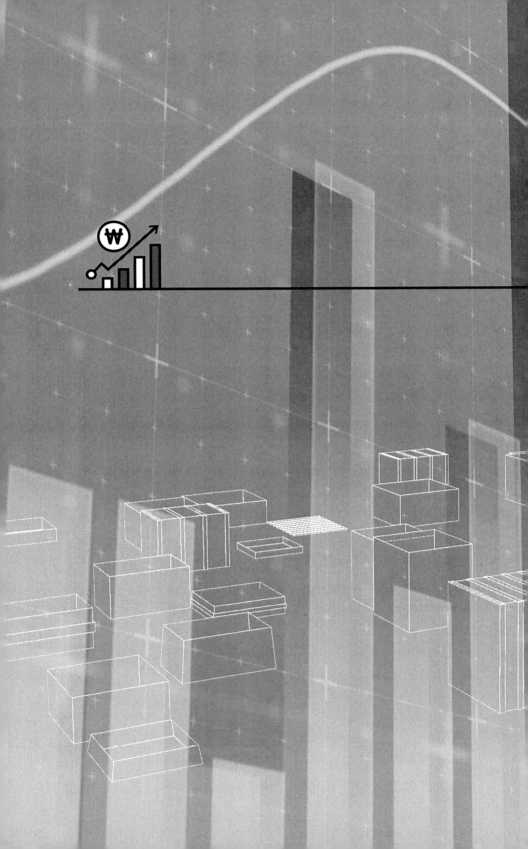

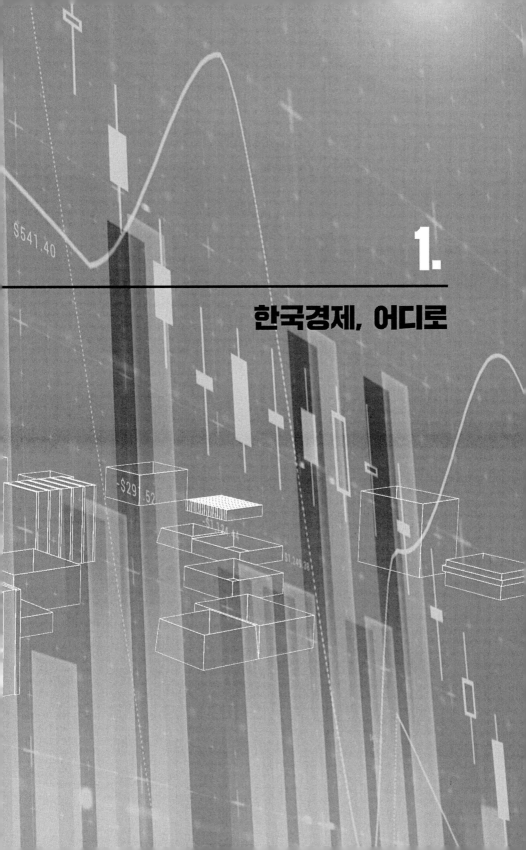

1.

한국경제, 어디로

경상수지 적자,
'단생산사(團生散死)' 대처를

경상수지. 일반인에겐 꽤 난해한 경제용어다. 정부 발표나 언론 지상에서 자주 접하나 의미 파악이 어렵다. 단순히 경상수지가 흑자라면 좋고 적자라면 나쁘다고 이해하는 정도다. 경상수지는 한마디로, 경상거래에서 외국에서 벌어들인 돈과 외국에 지출한 돈의 차이다. 외국에서 벌어들인 돈이 지출한 돈보다 많으면 경상수지 흑자, 벌어들인 돈이 지출한 돈보다 적으면 경상수지 적자라 한다.

일반적으로 경상수지 적자를 경제 상황에 대한 비관적 요소나 장래에 대한 암울한 전망으로 인식한다. 자국 기업의 생산성이 외국 기업보다 낮아 경쟁력이 취약한 징조로 해석한다. 나라의 경제적 역량인 소득 이상으로 소비한 결과로 간주한다. 민간부문이 과도하게 사치품을 수입하거나 정부 부문이 조세수입을 초과해 정부지출을 늘리면 경상수지가 악화된다. 이상이 '경상수지 적자는 나쁘다'는 일반적 인식의 근거다.

다른 시각도 존재한다. 경상수지 적자가 반드시 외환위기나 국가부채 지급정지를 초래하는 것은 아니라는 관점이다. 기업이나 정부가 생산 효율을 높이기 위해 물적 자본에 투자하는 때도 경상수지가 나빠질 수 있다. 하지만 사회간접자본이나 신기술 관련 투자는 상품 및 서비스 생산을 늘리고 수출을 증대시켜 경상수지를 개선할 수 있다.

그래서 경상수지 적자는 적자를 초래한 원인이 중요하다. 미래 성장을 뒷받침하는 투자에 따른 경상수지 적자라면 그리 염려할 게 못된다. 언제든지 얼마든지 흑자 반전이 가능하기 때문이다. 반대로 성장 동력 확보와 관련이 없는 수입이나 재정적자로 인한 경상수지 적자는 위험천만하다. 외화 유출과 경제위기로 이어질 공산이 크다.

경상수지, 재정적자 원인은 위험

사설이 길어진 것은 우리 경상수지가 자주 불안한 모습을 보여서다. 지난해 11월 경상수지가 3개월 만에 다시 적자로 돌아섰다. 월별 경상수지는 지난 한 해 동안에만 4월과 8월, 11월 세 차례 적자를 보였다. 한국은행이 발표한 국제수지 잠정통계에 따르면, 지난해 11월 경상수지는 6억 2,000만 달러 적자로 집계됐다. 경상수지 감소 폭은 지난해 8월 -104억 9,000만 달러, 9월 -89억 2,000만 달러, 2011년 5월 -79억 달러에 이어 역대 4위였다.

경상수지의 적자 반전은 수출이 감소세를 보이는 등 무역수지 악화의 영향이 컸다. 11월 수출은 전년 동월 대비 15.7% 감소한 523억 2,000만 달러를 기록했다. 수입은 0.6% 증가한 538억 8,000만 달러를 나타냈다. 1~11월 중 누적 경상수지 흑자는 243억 7,000만 달러에 그쳤다. 이는 지난해 같은 기간 822억 4,000만 달러와 비교해 578억 7,000만 달러 줄어든 것이다.

항목별 수지를 보면, 상품수지가 15억 7,000만 달러 적자였다. 수출이 전년 11월보다 12.3% 줄었다. 앞서 지난해 9월 수출이 23개월 만에 처음 전년 같은 달 대비 감소를 기록한 뒤 3개월 연속 뒷걸음쳤다. 글로벌 경기 둔화 영향으로 반도체(-28.6%), 화학공업제품(-16.0%), 철

강제품(-11.3%)이 특히 부진했다. 지역별로는 중국(-25.5%), 동남아
(-20.7%), 일본(-17.8%)으로의 수출이 위축됐다.

　수입은 1년 전보다 소폭 늘었다. 원자재 수입액은 전년 같은 달보다
4.8% 증가했다. 가스, 석탄, 원유 수입액 증가율이 각각 44.8%, 9.1%,
21.8%에 달했다. 반도체(12.4%) 등 자본재 수입이 0.4% 늘었고 승용차
(64.0%), 곡물(25.2%) 등 소비재 수입은 0.7% 불어났다. 서비스수지도 3
억 4,000만 달러 적자였다. 그 전해 11월 대비 적자 폭이 7,000만 달러
커졌다. 코로나19 방역이 완화되면서 여행수지 적자도 1년 새 5억 달러
에서 7억 8,000만 달러로 늘어났다.

🜨 주력산업 수출경쟁력 강화 시급

　경상수지 적자는 무역으로 먹고사는 우리로서는 예삿일이 아니다.
우리나라는 국내총생산(GDP) 대비 수출과 수입의 합계 규모를 나타
내는 무역의존도가 다른 나라보다 월등하다. 2021년 기준 80%에 이
른다. 미국 26%, 일본 38%, 중국 34% 등은 비할 바 못 된다. 우리 경
제가 대외 여건과 무역 성과로부터 큰 영향을 받을 수밖에 없는 취약
함을 그대로 보여준다.

　경상수지 적자의 원인이 좋지 않은 것이 문제다. 미래 성장 동력 확보
와 관련된 투자로 인한 수입수요 증가의 '좋은' 적자가 아니라는 점이다.
수출 부진과 경기 악화에 따른 '나쁜' 적자에 해당한다. 국내 소비는 여
전히 부진하고 투자도 심각하게 저조한 상태다. 게다가 이런 추세가 당
분간 지속될 거라는 전망이 영 마음에 걸린다.

　문제는 복잡하나 해법은 단순하다. 외통수에 외길 형국이다. 현 상

황을 타개하기 위해서는 주력산업을 중심으로 수출경쟁력을 강화해 경상수지를 개선하는 수밖에 달리 방도가 없다. 정부가 기업 하기 좋은 환경을 만들어주고 행정, 세제, 금융, 연구개발 등을 집중적으로 지원해야 한다. 그래도 결과를 장담하기 어렵다. 다른 나라들도 국가적 차원에서 이런 노력을 기울이고 있기 때문이다.

국제 생산·공급 네트워크와 기술 체계도 빠르게 개편되고 있다. 이와 같은 경쟁적 상황과 격변의 환경에서는 첨단 분야를 중심으로 국제무역에서 주도권을 잡는 것이 성장 동력 확보의 핵심 관건으로 작용한다. 정부와 국회, 기업과 국민 등 경제주체 모두가 수출경쟁력 강화를 위해 힘을 모아야 하는 이유다. "뭉치면 살고 흩어지면 죽는다."라는 '단생산사(團生散死)'의 경고. 지금 우리를 향한 메시지임을 알아차려야 한다.

〈2023년 1월, 권의종〉

중국인의
'보복 소비', 호재로 역이용을

세상이 험해서인지 경제용어도 거칠다. 전쟁터와 정치판에서나 나옴 직한 과격 표현이 난무한다. 기업경영에서 자주 언급되는 전략과 전술, 무한경쟁, 치킨게임 등의 단어 정도는 순한 축에 속한다. 코로나19 팬데믹을 거치면서 '보복'의 접두어가 달린 신조어까지 생겨났다. 기존의 '보복 관세'에 이어 '보복 소비', '보복 저축', '보복 투자' 등의 단어가 범람한다.

보복 소비(Revenge Spending)는 질병이나 재난 등으로 위축됐던 소비가 한꺼번에 폭발적으로 늘어나는 현상을 일컫는다. 2020년 코로나19 사태로 소비가 급감했다가 전염병 확산세가 꺾이면서 소비 폭발이 일어나고 있다. 강제적 소비 중단이 소비 폭발로 이어지는 양상이다. 코로나19 발상지로 지목됐던 중국에서 이런 보복 소비 현상이 뚜렷하다.

중국인의 보복 소비는 '보복 저축'과도 관련이 깊다. 상반되는 두 가지 현상이 동시에 나타나고 있다. 블룸버그 통신의 뉴스레터에 따르면, 노무라증권의 이코노미스트들이 중국 은행 계좌와 소득 데이터를 분석한 결과, 중국 가계의 초과 저축 규모가 7,200억 달러, 우리 돈으로 자그마치 891조 원에 이르는 것으로 추산했다.

노무라증권은 중국 부동산 시장의 침체와 청년 실업의 급증이 중국 예금주들이 저축을 늘린 동기가 됐다고 분석했다. 이 돈이 보복 소비로 풀리게 되면 중국의 제로 코로나 폐지와 경제생활 정상화가 중국 중앙은행의 금융 완화와 시기적으로 겹치면서 글로벌 인플레이션을 심화시키는 요인이 될 수 있음을 블룸버그는 경고했다. 실물경제가 빠르게 회복될 수 있다는 전망과 함께 소비자들이 갑자기 매장에 몰리면서 2차 팬데믹이 촉발될 수 있다는 우려도 내놓았다.

🎡 여행 특수 기대한 국내 여행업계는 '국외자' 신세

실제로 억눌렸던 중국인의 소비 수요가 폭발하는 조짐을 보인다. 지난해 12월 방역 전면 완화와 리오프닝으로 3년간 억눌려왔던 14억 중국인의 소비가 분출하기 시작했다. 춘제 연휴 기간 자국 내 관광객이 3억 800만 명에 이르렀다. 작년 같은 기간에 비해 23.1% 늘었다. 이 기간 관광 수입은 3,758억 4,300만 위안, 우리 돈으로 68조 6,500억 원 상당으로 전년 대비 30% 증가했다.

중국 국내에 머물던 여행 수요가 해외로 퍼질 전망이다. 중국 문화관광부 관공청은 여행사들이 정부가 정한 국가에 대해 자국민의 단체여행 관련 업무 재개를 허용했다. 단체여행이 허용된 국가는 태국, 인도네시아, 캄보디아, 몰디브, 스리랑카, 필리핀, 말레이시아, 싱가포르, 라오스, 아랍에미리트, 이집트, 케냐, 남아프리카공화국, 러시아, 스위스, 헝가리, 뉴질랜드, 피지, 쿠바, 아르헨티나 등 20개국이다.

여기에 한국은 빠져있다. 그도 그럴 것이, 우리 정부가 코로나19 확산 위험을 이유로 올해 1월 2일 중국발 입국자에 대한 방역 강화와 비자 발급 제한 등의 조치를 선제적으로 취한 바 있다. 중국도 가만있지 않았다. 한국발 입국자에 대한 비자 발급을 제한하는 등 보복 조치에 나섰다. 한국이 중국발 입국자에 대한 입국 제한 조치를 2월 28일까지 연장한 만큼 그때까지는 중국인의 한국 방문이 사실상 불가능해졌다.

중국 특수를 기대했던 국내 여행업계로서는 피해가 막심하다. 중국 정부가 작년 말 해외여행을 허용하자 춘제 연휴 등을 염두에 둔 해외 여행 검색량이 큰 폭으로 늘었다. 일본·한국·태국·미국·싱가포르·말레이시아 등 순으로 한국은 검색 순위가 2번째로 높았다. 하지만 양국이 서로 국경을 걸어 잠그면서 기대는 실망으로 변했다. 포스트 코로나 시대에 상당수 국가가 중국인 여행으로 경제적 수혜를 바라는 판에 한국은 국외자로서 방관만 하는 꼴이 되고 말았다.

🐷 경제 흐름은 긍정과 부정, 양방향에서 살펴야

중국인의 보복 소비가 한국경제에 미칠 영향을 자세히 따져보고 철저히 활용할 필요가 있다. 경기침체의 비관론 일색에서 벗어나야 한다. 경기 회복의 낙관론적 관점에서 기회를 모색하는 지혜를 발휘해야 한다. 지금으로서는 세계 경제가 연착륙할 가능성을 확신할 수 없으나 주요 선진국의 경기가 호전 기미를 내비치는 점을 눈여겨봐야 한다.

경기 회복의 징후는 희미하게나마 곳곳에서 감지되고 있다. 지난해 4분기 미국 국내총생산(GDP)이 전 분기 대비 2.9% 성장하는 등 시장 전망치를 웃돌았다. 독일 경제도 올해 플러스 성장을 예상하는 등 유럽연합(EU)도 최악의 상황을 벗어났다는 평가다. 이런 가운데 회복 기미가 가시화되는 중국의 소비 증가를 희망적 현상으로 주목할 필요가 있다.

경제 흐름은 항시 긍정과 부정, 양방향에서 살펴야 한다. 미국 경제 전망을 아직은 긍정적으로 평가하기 힘들다는 게 전문가들의 대체적 평가다. 미국 연방준비제도의 통화 긴축 정책이 올 하반기까지 경제에 부정적 영향을 줄 수 있다는 의견도 많다. 주요 경제지표 또한 부진을 면치 못하고 있다. 미국의 지난해 공급관리협회(ISM) 서비스업지수가 49.6으로 기준선인 50을 밑돌았다. 유엔은 올해 경제성장률 전망치를 미국 0.4%, EU 0.2%로 전보다 내려 잡았다.

이 상황에서 중국의 보복 소비가 폭발할 경우 각국에 물가 상방 압력을 높이고 통화 긴축요인으로 작용할 공산도 크다. 우리나라도 세계 경제의 회복 기미 자체는 긍정적이나 물가 상승으로 금리를 더 올려야 하는 상황에 맞닥뜨릴 수 있다. 악재는 호재로 역이용해야 한다. 어려워도 희망의 끈을 놓아선 안 된다. 중국인의 소비 폭발이 한국경제에 약이 될지 독이 될지는 우리 하기 달렸다. 구더기 무서워 장 못 담그는 바보짓은 말아야 한다.

〈2023년 2월, 권의종〉

경기전망 '시계 제로', 출구는 있다

경기 상황이 시계 제로다. 한 치 앞이 안 보인다. 향후 경기가 호황일지 불황일지는 경제의 최고 화두이자 국민의 최대 관심사다. 하지만 전해지는 진단 결과는 부정확, 불확실하다. 낙관론과 비관론이 엇갈린다. 전문가 의견도 애매하다. 언론 또한 그렇다. 비판은 그토록 잘하면서 대안 제시에는 영 젬병이다. 그러니 무시로 쏟아지는 경제 지표에 일희일비를 거듭할 수밖에.

경기침체는 가계와 기업, 경제에 악영향을 준다. 일자리를 줄어들게 하고 소비를 움츠러들게 한다. 이는 다시 기업의 어려움으로 이어지는 악순환을 반복한다. 이런 반갑잖은 경기침체가 지금 한국경제를 짓누르고 있다. 코로나19 팬데믹 이후 상승세를 보이던 내수 경기 회복 속도가 느려지고 있다. 여기에 수출 부진까지 겹치며 국내 기업 체감경기는 악화일로다.

전국경제인연합회 기업경기실사지수(BSI)가 이를 잘 말해준다. 3월 BSI 전망치가 93.5를 기록했다. BSI가 100 이상이면 경기를 긍정적으로 본 기업이 많다는 뜻이고, 100 이하면 부정적으로 보는 기업이 많다는 의미다. BSI는 지난 2월 대비로는 반등했으나 작년 4월부터 12개월 연속 기준선 100에 못 미쳤다. 제조업과 비제조업 모두 2022년 6월부터 10개월 연속 기준선 100을 밑돌며 동반 부진했다.

나라 곳간이 비어간다. 경기둔화 영향으로 1월 국세 수입이 전년 대비 6조 8,000억 원 급감했다. 세수 감소 원인을 '세수 이연에 따른 기저효과'라는 정부 설명이 곧이곧대로 믿기지 않는다. 국회는 추가경정 예산 불가피론의 군불을 피운다. 정부는 추경이 물가를 자극하고 재정건전성을 해친다며 선을 긋는다. 하지만 그게 얼마나 갈까. 경기 상황이 계속 나빠지고 내년 총선이 다가오는 만큼 추경의 유혹을 과연 뿌리칠 수 있을지. 의문이다.

그래도 정부는 '태연자약'

다시 찾아온 고환율 상황도 예상 못 한 악재다. 한국은행이 2월 기준금리를 동결하자 원·달러 환율은 기다렸다는 듯 1,320원대로 솟구쳤다. 당시 시장 반응은 의외였다. 미국과의 금리 격차를 고려할 때 한은이 섣불리 기준금리를 동결, 국내외 투자자에게 '한국에서 긴축은 끝났다'는 메시지를 줬다는 평가였다. 가팔라지는 원화 약세에 한국은행이 다시 기준금리를 올릴 거라는 전망에 힘이 실리는 이유다.

고민거리는 또 있다. 세계 경제가 한국경제와 반대로 가고 있는 점이다. 특히 한국경제에 큰 영향을 주는 미국 경제가 침체 국면에서 벗어나고 있다. 미국의 1월 실업률이 53년 만에 최저치인 3.4%, 완전고용에 가깝다. 2월 실업률도 3.6%에 그쳤다. 구매력과 소매 판매도 상승한다. 6%대 소비자물가(CPI)를 더 낮추기 위한 금리 인상 여력이 충분해 앞으로 인상 폭이 더 커질 수 있다는 예상이다. 한국과 미국의 금리 차가 더 벌어질 수 있다는 해석이 가능해진다.

그래도 정부는 태연자약. 호조를 띠는 경제지표 하나 없는데도 경기전망은 낙관 기조다. 상반기에 저조했다가 하반기에 좋아질 거라는

'상저하고'나 읊조린다. 경제부총리는 지난해 소비자물가 흐름에 대해 '10월 정점론'을 내세우며 올해부터는 물가 상승률이 내려갈 거로 내다봤다. 실제로 상승률이 작년 7월 6.3% 이후 연말까지 내림세를 보였다. 하지만 지난 1월 '난방비 폭탄' 사태와 함께 물가 상승률은 5.2%로 다시 반등하고 말았다.

경기는 순환변동한다. 겨울 끝자락에서 봄이 시작되고, 만년설 밑에서도 새싹이 움트는 법. 아직은 조심스럽긴 하나, 최근 들어 경기가 바닥에 근접하는 신호가 눈에 띈다. 경기 회복의 희망이 솔솔 피어오른다. 통계청 발표 '2023년 2월 소비자물가 동향'이 이를 방증한다. 소비자물가지수가 110.38로 작년 같은 달보다 4.8% 올랐다. 물가 상승률이 4%대를 기록한 것은 작년 4월 이후 10개월 만이다.

위기 극복은 경제주체 '모두의 몫'

경기 반등을 위해서는 정부 역할이 무엇보다 중요하다. 복합위기에는 총력 대응이 유효하고 정책조합은 필수다. 투자 촉진, 인프라 개발, 기업 지원, 일자리 창출 등 전방위적 접근이 요구된다. 세금 인하, 정부 지원 등의 재정정책으로 소비 증대와 투자 확대를 꾀해야 한다. 대출 확대, 저금리 지원, 외환 유동성 강화 등의 금융정책으로 기업의 자금 조달을 도와야 한다.

무역 협상, 관세 인하 등으로 수출을 촉진하고 수입을 억제하는 중상주의적 통상정책 추진이 필요하다. 도로, 철도, 항만, 공항, 전력 등 사회간접자본을 확충하는 인프라 강화정책도 뒷받침돼야 한다. 기업은 물론 공공 교육 국방 의료 등 경제 전반에 걸쳐 일자리 창출을 유도하는 고용정책 또한 병행돼야 한다.

경제위기 극복은 정부 혼자만의 몫이 아니다. 모든 경제주체가 해법을 찾고 실천의 결단을 해야 한다. 특히 기업의 역할이 중요하다. 경쟁력 있는 제품과 서비스를 개발, 글로벌 경쟁 우위를 선점해야 한다. 비즈니스 프로세스를 혁신, 업무 효율을 높이고 사업 구조를 바꿔야 한다. 자력으로 힘들면 기술제휴, 투자 협력, 인수·합병(M&A) 등을 통해서라도 신기술 확보, 신제품 개발, 신시장 개척 등에 진력해야 한다.

극복할 수 없는 위기는 없다. 수많은 지표가 다가올 위험과 기회를 생생하게 예고하고 있기 때문이다. 조금만 더 빨리, 조금만 더 깊게 미래 경제의 흐름을 엿볼 수 있다면 위기쯤은 능히 대처할 수 있다. 경제 안정이나 경기 회복도 어렵지 않다. 미래는 이미 우리 곁에 와 있다. 단지 널리 퍼져 있지 않을 뿐이다. 대응하기에 달렸다.

〈2023년 3월, 권의종〉

'한강의 기적'과
'알프스의 기적'의 차이

알프스의 나라 스위스. 국토의 75%가 산과 호수, 경작지는 25%뿐. 그마저도 냉해가 심해 농경이 어려운 가난한 나라가 어떻게 세계 최고의 부자 국가가 됐을까. 16세기 후반 프랑스에서 위그노 전쟁이 벌어졌다. 구교와 신교 간 전쟁이다. 이때 많은 위그노 신교도가 박해를 피해 스위스로 이주했다. 스위스는 칼뱅과 츠빙글리의 종교 개혁으로 신교가 굳건했던 때문이다.

이때 넘어온 위그노 중에는 당대 최고 기술을 가진 시계공이 많았다. 이 시기 스위스에는 보석 세공업 같은 정밀 수공업이 발달해 있었다. 검소한 삶이 강조되던 종교 개혁 분위기로 스위스인이 대거 시계 산업으로 업종을 바꿨다. 위그노 장인에게 시계 제작 기술을 배웠고 여기에 세공업자 특유의 정밀함이 더해지며 품질이 뛰어난 시계들이 쏟아지기 시작했다.

스위스는 인구가 적어 무역 외에는 살길이 없었다. 그런 점에서 시계는 스위스에는 안성맞춤이었다. 좁고 험난한 산길이 많아 부피가 크고 무거운 제품은 운반하기 힘들어 외국에 내다 팔기에 어려웠다. 하지만 시계는 작고 가벼웠다. 그런데도 부가가치가 컸다. 스위스 상인들은 큰 가방에 시계를 가득 담아 알프스산맥을 넘어 프랑스로 독일로 이탈리아로 네덜란드로 내다 팔아 큰돈을 벌었다. 스위스 역사상 첫 번째 산업과 '시계의 나라' 스위스가 이렇게 탄생했다.

제약업도 비슷하다. 스위스 제약업은 처음에는 염색업에서 시작됐다. 알프스에서 나는 여러 식물을 이용해 갖가지 색을 물들이는 일이었다 그러다 스위스인들은 알프스의 산자락에 진귀한 약초가 많다는 걸 알게 됐다. 연구를 거듭한 끝에 약초를 약으로 만들었다. 그리고 이를 가방에 담아 알프스 봉우리를 넘어 유럽에 내다 팔았다. 약초는 시계보다 가벼웠고 부가가치도 높아 가방 하나만으로도 큰 이익을 거둘 수 있었다.

🔥 스위스 경제를 반석 위에 올린 금융

제약산업이 발전을 거듭하며 오늘날 스위스는 세계 신약 발매 1위 기업 노바티스(Novartis), 항암 치료제 1위 기업 로슈(Roche) 같은 세계적인 제약회사를 가진 나라가 됐다. 섬유산업도 스위스를 탈바꿈시킨 또 다른 일등공신이다. 18세기 후반 영국의 방적기를 들여오면서 스위스는 섬유산업에 본격적으로 뛰어들었다. 하지만 나폴레옹의 대륙봉쇄령으로 기계를 들여올 수 없게 되자 위기를 맞는 듯했다. 하지만 스위스는 이를 전화위복의 계기로 삼았다.

방적기를 자체 개발하고 세계 최초로 디젤엔진을 달아 대량생산에 나섰다. 그 덕에 스위스 섬유산업은 한때 세계 최고를 달렸다. 방적기계도 날개 돋친 듯 팔려나갔다. 농업도 스위스를 대표하는 산업 중 하나다. 산업 구조가 크게 바뀐 오늘날에도 스위스 농업은 높은 생산력을 과시한다. 농토가 좁은데도 농업 자급률이 50%에 이른다. 밀, 보리, 감자, 사탕무, 사과, 포도 등을 생산하고 치즈 등 낙농 제품은 외국에 대량 수출하고 있다.

약소국 시절 스위스의 지리적 위치는 치명적 약점이었다. 주변 강대국의 외침(外侵)에 취약했다. 하지만 무역에서는 오히려 교통의 요충지라는 강점으로 작용했다. 스위스는 19세기 초반 알프스 너머의 나라들과 교역을 늘리기 위해 도로 건설에 주력했다. 19세기 중반에는 철도망도 대폭 확충했다. 이게 스위스에 기대치 않은 또 다른 산업 기회를 만들어줬다. 오늘날 스위스 경제에서 만만찮은 비중을 차지하는 관광업이다.

시계와 섬유, 제약과 관광업을 통해 자본을 축적한 스위스는 금융업에 손을 뻗쳤다. 그리고 은행 사업의 성공은 알프스에 갇힌 스위스를 일약 세계적으로 주목받는 국가로 탈바꿈시켰다. 허구한 날 외세의 침략이나 당하던 가난한 나라의 화폐, 스위스 프랑이 일약 기축통화 반열에 올랐다. 금융업이 스위스 경제를 반석 위에 올려놓은 것이다.

ⓦ 스위스 경제의 성공에서 배워야

스위스의 성공은 한국으로 시각을 돌리게 한다. 스위스와 한국은 닮은 게 많다. 부존자원이 없고 경작할 수 있는 땅이 부족하다. 강대국에 둘러싸인 지정학적 위상이 비슷하다. 위기를 기회로 만들고 결핍을 풍요로 일궈낸 저력을 발휘한 것도 똑같다. 스위스는 시계·제약·관광·금융에서 세계 정상에 올랐고, 한국은 반도체·자동차·휴대전화 등에서 글로벌 경쟁력을 확보했다.

차이도 있다. 스위스는 1인당 GDP가 9만 3,457달러, 세계 최부국이다. 미국, 덴마크, 호주에 앞서고, 독일, 프랑스, 이탈리아, 오스트리아 등 주변국을 따돌린다. 한국의 1인당 GDP는 3만 4,983달러, 싱가포르, 일본, 대만 등 아시아 주요국에 뒤진다. '히든챔피언' 배출에서 스위스는 종주국 독일(1,307개)에 이어 세계 2위(131개)다. 인구 100만 명당 국가별 특허 출원 수(2007년~2016년)도 스위스는 3,320건으로 1위다. 2위 스웨덴(1,698건), 3위 독일(1,674건)에 한참 앞서있다.

스위스를 따라잡으려면 스위스 경제의 성공 요인을 학습하고 연구해야 한다. 스위스 경제는 고도의 기술집약적 산업 구조, 안정된 금융 시스템과 거시경제 환경, 높은 수준의 교육시스템과 낮은 실업률을 특징으로 한다. 정부개입의 최소화, 개방적·효율적인 금융시장, 낮은 법인세율, 투명한 법률시스템은 그중에서도 강점으로 꼽힌다. 경제정책과 재정건전성은 세계 최고 수준이다.

또한 환경, 산업안전, 노동시장, 산업 표준화 분야에서 국내 정책을 유럽연합(EU)의 규제와 조화를 이루도록 개혁했다. 그 덕에 EU 회원국이 아니면서 경제적으로 유럽연합 단일시장 효과를 누린다. 성장을 거듭하면서도 혁신을 지속해 온 결과다. 세계지적재산권기구(WIPO)가 발표하는 글로벌혁신지수(GII) 순위에서 12년 연속 1위를 지키는 '알프스의 기적', 한국경제에 교훈이 되고 경계가 되는 잠언(箴言)이다.

〈2023년 6월, 권의종〉

'이권 카르텔' 깨려면
'전관예우'부터

살다 살다 별일도 다 본다. 철근이 빠진 채로 시공된 아파트가 등장했다. 그것도 정부 기관인 한국토지주택공사(LH)가 발주한 곳이다. LH가 무량판 구조를 적용한 아파트 91개 단지를 전수 점검한 결과, 15개 단지 지하 주차장에서 전단 보강근 누락을 확인했다. 정부는 무량판 구조를 적용한 민간 아파트까지 조사를 진행한다.

무량판 구조는 보가 없고 기둥이 직접 슬래브를 지지하는 방식이다. 토공을 덜 하면서도 층고를 높이고 사용 공간을 넓힐 수 있는 장점이 있다. 2017년 전후에 아파트 지하 주차장을 만들 때 널리 쓰이기 시작했다. 보가 없어 하중을 견디기 위해 전단 저항력을 작용시키는 철근이 중요하다. 그런데 그 중요한 철근이 빠진 것이다.

부실이 확인된 15개 단지에서는 구조 계산을 잘못하거나 단순 누락, 도면 표현 누락, 다른 층 도면으로 배근하는 등의 이유로 기둥 주변에 철근을 제대로 넣지 않은 것으로 조사됐다. 철근이 누락된 단지의 가구 수가 1만 1,168가구다. 철근 누락 사유가 복합적이다. 발주처인 LH의 관리·감독 부실, 설계사의 미흡한 설계, 감리사의 새로운 공법 이해도 부족, 시공사의 전문성 부족 등 시스템 전반에 문제가 있었다.

경제정의실천시민연합은 부실 원인으로 LH 출신을 영입한 업체들이 사업 수주 과정에서 혜택을 받았기 때문이라며 '전관예우(前官禮遇)' 의혹을 제기했다. 감사원 감사도 청구했다. 경실련 지적은 이번이 처음이 아니다. 앞서 2021년에도 2015~2020년 LH 설계용역 수의계약 536건, 건설사업관리용역 경쟁입찰 290건에 대한 수주 현황을 분석, LH 전관 영입 업체 47곳이 용역의 55.4%(297건), 계약 금액의 69.4%(6,582억 원)를 수주했다고 밝힌 바 있다.

한국에만 있는 부조리한 '전관예우'

전관예우는 놀랍게도 한국에만 있는 용어다. 원조는 법조계다. 법조계 전관예우는 국회의원 특권에 못지않게 심각하다. 성남 대장동 사건 '50억 클럽' 인사들 모두가 고위 법조계 출신 변호사라는 게 단적인 예다. 전관 변호사들은 자신이 전관임을 대놓고 홍보한다. 대형 로펌은 사법연수원 기수별로 법원·검찰 출신을 최소 1명 이상 채용, 동기 판사나 검사의 사건에 투입한다.

일반인 사이에서도 전관을 선임해야 승소한다는 인식이 보편적이다. 평소에는 전관예우를 비판하면서 막상 자기에게 일이 생기면 태도가 돌변하고 만다. 어떻게든 판사·검사와 가까운 전관 변호사를 선임하려 한다. 외국의 경우는 어떠할까. 대법원 산하 사법정책연구원의 '해외의 전관예우 규제사례와 국내 규제방안 모색' 보고서가 이를 잘 설명한다.

미국의 경우 선출직이나 임기제인 주 법원 판사는 물론 종신직인 연방 법관도 사임·은퇴 후 변호사 개업을 한다. 하지만 사회적으로 논란이 된 적이 없다. 일본도 마찬가지. 판·검사가 퇴직 후 변호사로 개업하는 사례가 있기는 하나 물의를 빚는 경우를 찾아보기 어렵다. 오히려 전관 출신 변호사는 '영업 마인드'가 부족하다는 인식 때문에 손님이 잘 몰리지 않는다는 평가다.

독일 경우도 판사의 변호사 개업을 금지하지 않는다. 다만, 정년까지 근무하는 관행이 확고해 변호사로 개업하면 동료 법관의 눈총이나 언론의 비판을 받는 분위기다. 우리나라는 퇴직 시 재직한 법원·검찰 관련 사건 수임을 1년간 금지하는 게 고작이다. 다른 나라에 비해 규제 강도가 약한 편으로 전관 개업으로 사법 공정성이 흔들릴 소지가 그만큼 커질 수 있다.

⚖ 사회 전반에 따리 튼 '이권 카르텔'

전관예우는 법조계를 넘어 사회 전반에 널리 퍼져 있다. '전관 활용'을 꼭 나쁘다고만 할 수는 없다. 공직에서 축적된 지식과 경험을 활용하는 것은 오히려 권장할 사항이다. 국가적으로나 사회적으로 효익이 크다. 실제로 공직 퇴직자 활용으로 효과를 보는 예가 적지 않다. 국무조정실은 2022년 8월 전직 중앙부처 고위 관료 등으로 구성된 규제혁신추진단을 발족했다. 그 후 1년 동안 1,027건의 규제를 개선, 약 70조 원의 경제적 효과를 거둘 거라는 전망이다.

전국퇴직금융인협회 활동상도 눈부시다. 2022년 중 어르신, 장애인, 한부모 가정, 돌봄센터 등 금융 취약 계층에 금융사기 예방 교육과 생활금융 교육을 267회 실시했다. 청소년 금융교육도 723회 시행했다. 독거노인, 조손가정 등 사회 취약 계층에 대한 생활용품 지원 등 사회공헌활동 또한 활발했다. 올해도 금융취약자 생활금융교육 2,000회, 청소년 금융교육 1,000회를 계획한다. 사회취약자 및 농어촌 봉사활동도 확대한다.

'전관'은 그렇다손 치더라도 '예우'가 문제다. 예우의 이면에는 대개 '이권 카르텔'이 뙈리를 틀고 있다. 공직에 있었던 인물들이 퇴임 후 기존 업무와 연관된 기업 등에 들어간 뒤 전관의 지위를 이용, 부당한 이익을 챙기는 경우다. '유능'의 기준이 실력이 아닌 인맥과 정치로 통하는 후진적 현실이 안타깝다. 낯부끄러운 대한민국 자화상의 일면이다.

정부는 2011년 공직자윤리법을 개정, 공무원은 퇴직 후 2년 동안 퇴직 전 5년 동안 근무한 부서와 연관된 기업에 취직을 제한하는 법을 만들었다. 실효성이 없다. 법망을 교묘히 빠져나간다. 4급 이상 공무원에 대해 대형 법인에 취업 시 심사를 받도록 했으나, 탈락자가 없다시피 하다. 부실과 부조리의 온상인 '이권 카르텔'을 깨부수려면 전관예우부터 없애야 한다. 낙하산 공습(公襲)이 비행(非行)으로 옮겨붙지 않으려면 미리미리 불씨를 제거해야 한다.

〈2023년 8월, 권의종〉

인플레와 경기침체,
불확실성 시대의 딜레마

기축통화인 달러 보유국, 미국의 기준금리 변화는 국제적으로 엄청난 파급력을 가진다. 지구촌의 금리, 환율, 증시에 미치는 영향력이 막강하기 때문이다. 그런데 최근 FED(연방준비제도이사회)의 금리 인상 추세를 지켜보노라면 현기증이 날 정도다. 물론 코로나 팬데믹 이후로 한동안 전 세계가 양적 완화 정책을 펼쳤고, 미국만 해도 2년 동안 제로금리를 유지한 결과 엄청난 양의 통화가 시중에 풀렸으며, 그에 따라 물가의 고삐가 풀려 인플레이션 광풍에 휩쓸린 것은 주지의 사실이다.

세계 금융시장은 무슨 일이 생길 때마다 제롬 파월 연준 의장의 입을 주시한다. 한데도 그는 인플레이션 조짐이 확연했던 2022년 초까지는 이를 무시했다. 그러다가 그해 3월부터 무서운 속도로 기준금리를 인상하기 시작했다. 빅 스텝(0.5% 인상), 자이언트 스텝(0.75% 인상)을 연달아 밟으며 숨 쉴 틈도 없이 금리를 가파르게 끌어올렸다. 마침내 올해 3월엔 기준금리 상단이 5%에 도달했다. 한국과는 무려 1.5%포인트 차이다.

급격한 금리 인상은 당연히 시장의 혼란을 초래한다. 고금리 폭탄을 맞은 세계 증시는 속절없이 무너져 내렸다. 다우와 S&P500 지수는 2022년 한 해에 각각 8%와 20%가량 하락했다. 금리에 민감한 기술주 중심의 나스닥은 33%나 추락했다. 한국 증시도 마찬가지다. 같은 기간 코스피 시총의 25%가 사라졌다. 다른 나라들도 다를 게 없다. 인플레이션을 잡는다는 명분을 앞세워 무리하게 금리를 인상한 결과다. 이 대목에서 연준의 책임론이 대두될 수밖에 없다.

무리한 금리 인상의 후유증이 점차 드러나고 있다. 고용지표를 비롯한 각종 지표는 경기침체(혹은 정체) 가능성까지 제기하고 있다. 연준의 고민이 깊어질 수밖에 없게 되었다. 지금까지 인플레이션을 잡겠다며 1년 넘게 매파적 행보를 지속해왔지만, 경기침체 조짐 앞에서 이러지도 저러지도 못하는 딜레마에 빠진 것이다. 하지만 그들은 아직 태도를 바꾸지 않고 있다. 연준의 일부 강경파 위원들은 여전히 금리를 추가 인상해야 한다고 주장하고 있다.

🪙 'R의 공포'가 밀려온다

크리스티나 게오르기에바 IMF(국제통화기금) 총재는 앞으로 5년간 세계경제성장률이 3% 수준에 머물 것으로 전망했다. 이는 33년 만에 최저치다. 그는 경제 성장을 위협하는 요인으로 금융 부문의 위험이 늘어난 것을 지목했다. 그렇다면 우리나라 사정은 어떤가? 외국 투자은행들은 "한국은 1%대의 성장도 쉽지 않다"라고 진단한다. 심지어 노무라증권 같은 곳은 한국경제가 올해 뒷걸음질할 것으로 전망했다.

연초(年初)까지만 해도 경기침체(Recession)는 아예 오지 않을 거라는, 이른바 노랜딩(No Landing)을 전망하는 이들이 적지 않았다. 그러나 최근엔 그런 주장들이 슬머시 사라졌다. 대신에 경기침체를 우려하는 목소리들이 스멀스멀 피어오르고 있다. 본격적인 침체로 갈 것인지에 대해서는 논란의 여지가 있으나, 적어도 노랜딩은 아니라는 게 전문가들 사이의 공통된 의견(Consensus)으로 보인다.

실제로 지구촌 곳곳에서 경기침체 조짐이 나타나기 시작하고 있다. 각국이 예의 주시해야 할 변화다. 물론 필요하면 당국이 정책을 통하여 시장을 선도해야 할 때도 있다. 하지만 기본적으로 시장을 이기려 들지는 말아야 한다. 특정 사태 앞에서 갈팡질팡하는 것도 잘못이지만 분명한 현상을 외면하고 잘못된 정책을 고수하는 것은 더 큰 문제다. 상황의 변화에 따라 유연하게 대응하는 것이 합리적이다. 한데도 고집스러운 당국자들은 종종 그 점을 무시한다.

대한민국의 경기 전망은 한층 비관적이다. 오랫동안 우리 경제의 효자 노릇을 하던 반도체는 최근 부진의 늪에서 헤어나지 못하고 있다. 코로나가 잠잠해지면서 잔뜩 기대를 모았던 중국의 리오프닝 효과도 생각보다 미미하다. 작년부터 계속된 수출 부진으로 인한 무역 적자는 쉽사리 개선될 기미가 보이지 않는다. 소비와 투자, 기업활동의 위축은 곧바로 세수 감소로 이어진다. 개인이나 나라 할 것 없이 닥쳐오는 위기 앞에 대책 없이 노출된 형국이다.

🛡 불확실성 시대에서 살아남기

이런 가운데 미국은 여전히 금리 인상 기조를 고집하고 있다. 하지만 경기침체를 우려한 여러 나라에서 금리를 내리거나 인상을 멈추는 피벗(Pivot)을 시도하고 있다. 한국과 캐나다를 비롯한 몇몇 국가의 중앙은행은 이미 금리 인상을 중단했다. 세계 증시 또한 일찌감치 피벗을 예상하고 그에 맞춰 움직이는 중이다. 연준의 정책을 불신(不信)하고 있다는 방증이다. 특별한 상황 변동이 없는 한 이런 혼란은 당분간 계속될 것 같다.

우리 국민이 체감하는 경제 현실은 자못 심각하다. 부동산을 비롯한 각종 경제지표는 바닥에서 탈출할 기미가 보이지 않는다. 전문가를 자처하는 이들이 이러저러한 전망을 쏟아내고 있지만 별로 믿음이 가지 않는다. 알다시피 그들의 예측은 맞을 때보다 틀린 경우가 더 많다. 이럴 때가 위험하다. 사람들은 미래가 불안하다고 느끼면 두려움에 빠지기 쉽다. 자칫 탐욕과 조급증을 이겨내지 못하고 잘못된 결정을 내리기 십상이다.

여기서 잊지 말아야 할 것은, 진정한 위기는 우리 마음속에 있다는 사실이다. 실체보다 더 무서운 게 잘못된 인식이고, 현상보다 훨씬 위험한 게 지나치게 민감한 반응이다. 주어진 상황을 어떻게 읽고 해석하는지에 따라 결과는 현격히 달라진다. 그러니 어렵고 힘든 시기일수록 평정심을 잃지 말고 냉철하게 대처해야 한다. 그러다 보면 생각보다 빠르게 난관을 극복하고 새롭게 도약하는 기회를 잡을 수 있을 것이다.

지금 우리는 가까운 미래를 예측하는 것조차 버거운 시대를 살고 있다. 어쩌면 불확실성이 뉴노멀(New Normal)로 자리 잡아가는 중인지도 모른다. 세상은 점점 복잡하고 빠르게 변하고 있는데, 지금까지의 방식을 고집한다면 개인이든 집단이든 생존하기 어렵다. 변화무쌍한 세상에서 살아남기 위해서는 이전과 다른 방식으로 생각하고 대처해야 한다. 그렇다고 너무 겁먹을 필요는 없다. 장담하건대, 앞으로도 세상은 여전히 우리가 살만한 곳으로 남아있을 것이다.

〈2023년 4월, 나병문〉

초연결 시대를 맞아
비틀대는 한국경제

과학기술의 발전에 따라, 사물인터넷(IoT) 기반의 정보기술이 구현되면서 네트워크가 거미줄처럼 연결되어 시공간을 뛰어넘는 상호작용이 활발히 이루어지고 있다. 얼마 전까지만 해도 매스컴을 뒤덮었던 화두는 단연 메타버스(Metaverse)였다. 한데 지금은 세간의 관심이 온통 챗GPT를 비롯한 생성형 AI 쪽으로 집중되고 있다. 최근 들어 나타나고 있는 이와 같은 현상은 우리가 초연결 사회(Hyper-Connected Society)를 살아가고 있음을 실감케 하는 대목이다.

초연결 네트워크는 시공간의 제약을 극복함으로써 우리의 성장 기회와 가치 창출에 지대한 역할을 한다. 그것을 활용하여 인류의 도전 기회를 늘릴 수 있으며, 자원의 효율적 이용과 빈부 격차를 해소할 수도 있다. 이와 같은 초연결 시대에서는 개개인의 의사결정은 물론, 여론 형성이나 정책 결정 과정에서 이전과 다른 방식의 대응이 요구된다. 또한 그와 관련된 사생활 보호와 윤리, 규범 정립 등에 관해서도 각별한 관심을 기울일 필요가 있다.

초연결 시대의 지구촌은 하나로 연결되어 있다. 어느 한 국가에서 특정 사태가 발생하면 다른 나라에 즉각적이고 직접적으로 영향을 미친다. 더 이상 미국과 유럽, 아프리카와 아시아가 따로 놀던 시대가 아니라는 말이다. 작금의 사태만 봐도 그렇다. 러시아의 우크라이나 침공이 세계에 미치는 영향이 얼마나 심각한가. 사우디의 석유 감산

정책이나 달라진 외교 행보가 당사국만의 문제로 끝날 것이라 믿는 사람은 거의 없을 것이다.

우리는 이제 언제 어디서든 원하는 자료를 받아볼 수 있다. 증시만 놓고 보더라도 고도로 발달한 시스템 덕분에 실시간 거래가 가능하다. 그러니 투자에 관심이 있는 사람이라면 멀리 떨어진 곳에서 발생한 작은 사건조차 유심히 들여다봐야 한다. 자칫하면 언제 쪽박을 찰지 모르기 때문이다. 평범한 투자자도 다른 나라들의 주가지수, 기준금리는 물론, 실업률을 비롯한 각종 고용지표까지 신경 써야 하는 시대가 온 것이다.

한국의 성장률 전망, 선진국 중 최하위 수준

이처럼 지구촌이 하나로 맞물려 돌아가고 있는 가운데, 우리의 경제 현실은 마치 외딴섬 같아 보인다. 최근 발표된 경제 상황은 한마디로 암울하다. IMF는 올해 한국의 경제성장률을 전보다 낮춘 1.5%로 전망했다. 주요국들의 성장률을 상향 조정한 가운데 벌어진 일이라서 더욱 당혹스럽다. 그뿐만이 아니다. 세계 수출 총액 중에서 한국이 차지하는 비중도 급속히 줄어들고 있다. 2017년에 3.2%이던 것이 작년엔 2.7%로 무려 0.5% 포인트나 감소했다.

IMF는 한국경제성장률 전망을 하향 조정한 주요 요인으로 반도체 업황 부진과 내수 둔화를 들었다. 취약한 부동산 PF 대출 상황도 고려했다고 한다. 그들의 지적처럼 우리 경제가 그동안 반도체에 지나치게 의존하고 있었던 것은 사실이다. 기획재정부도 최근 보고서에서 반도체 경기 부진 등의 요인이 수출 감소로 이어짐에 따라 무역수지 적자가 누적되고 있다고 밝혔다. 그 여파로 그동안 흑자를 유지하던 경상수지까지도 올해 1, 2월 연속 적자를 기록했다.

얼마 전엔 SNS상에서 몇몇 저축은행이 곧 지급불능 상태에 빠질 거라는 헛소문까지 돌았다. 세계에서 가장 발전된 인터넷 환경을 가진 한국에서, 고객들 사이에 나쁜 소문이 돌기 시작하면 걷잡을 수 없는 속도로 인출 바람이 불고 순식간에 은행의 도산으로 이어질 가능성이 높다. 이에 이창용 한은 총재도 "한국은 디지털뱅킹이 고도로 발달한 국가로 예금인출 속도도 빠른 만큼 이에 대비해야 한다"라고 강조했다.

그간 우리나라 수출이 호황인 것처럼 보였던 이유는 반도체 착시현상이라고 볼 수 있다. 실제로 지난 몇 년간 우리 경제는 반도체 덕을 톡톡히 보았다. 그러다 보니, 가만히 앉아있어도 그런 기조가 유지될 거라는 착각에 빠져 업체나 정부 할 것 없이 무사안일하게 대응했음을 부인하기 어렵다. 하루가 다르게 변화하는 국제환경을 제대로 읽지 못했던 탓이다. 부랴부랴 만회 대책을 세운다고 법석을 떨고 있지만 하루아침에 해결될 문제는 아닌 것 같다.

재도약 위한 반전 카드 찾아야

발등에 떨어진 위기를 극복하고, 우리 경제를 재도약시키려면 반도체부터 살려야 한다. 반도체시장의 수요 감소는 우리가 어쩔 수 있는 부분이 아니지만, 시장 점유율을 늘리고, 기술 우위를 통한 고부가가치 제품 쪽에서 확실한 우위를 확보해야 한다. 물론 그것이 쉽지는 않다. 최근 미국이 반도체 보조금에 대하여 까다로운 조건을 붙이고 있는 데다 경쟁사들의 동향도 심상찮다. 이래저래 상황이 꼬이고 있지만 반도체는 여전히 대한민국의 대표 상품이다.

 이차 전지도 우리의 전략상품 분야 중 하나다. 최근 윤석열 대통령도 "이차 전지는 반도체와 함께 우리 안보·전략 자산의 핵심"이라고 언급한 바 있다. 다행히 우리나라는 그 분야에서 선도적인 기술을 보유하고 있다. 항간에 '배터리 아저씨'로 명성을 날리고 있는 모 회사의 임원은 "전기차의 심장은 배터리이고 배터리의 심장은 양극재인데, 기술 진입 장벽이 가장 높은 양극재 기술을 'K배터리'가 주도하고 있다"라고 말했다. 그의 말에 신빙성을 부여하고 싶다.

 자동차와 한국형 소형모듈원자로(SMR)도 우리에게 강점이 있는 분야다. 최근 삼성증권은 "현대차그룹이 올해 750만 대 판매에서 2026년 920만 대 판매로 글로벌 1위 업체에 등극할 것"이라고 전망했다. 다른 희소식도 있다. 한국원자력연구원이 최근 캐나다 앨버타주 정부와 우리나라의 SMR을 앨버타주 탄소 감축에 활용하기 위한 상호협력 협약을 체결했다고 한다. 이를 계기로 향후 더 많은 실적으로 이어지길 기대한다.

 세계 속의 대한민국 위상이 잠시 흔들리고 있다. 하지만 절망할 필요는 없다. 우리는 전쟁의 폐허를 딛고 세계 10위권의 경제 대국으로 우뚝 선 저력을 가진 국민이 아니던가? 우리에겐 앞에서 열거한 분야 외에 K팝, K푸드, K방산, 등 K로 상징되는 명품 산업들이 있다. 그것들을 모아 전열을 재정비하고 새로운 도약의 발판으로 삼으면 된다. 흔들림 없이 앞으로 나아가다 보면 생각보다 빠르게 답을 찾을 수 있을 것이다.

〈2023년 4월, 나병문〉

美 디폴트 위기의
타산지석

美 정부의 디폴트 발생 우려가 미국 경제의 새로운 악재로 떠오르고 있다. 미국 연방정부의 부채한도 상향 문제를 논의하기 위한 조 바이든 대통령과 공화당의 매카시 하원의장을 비롯한 의회 지도부의 만남은 별 진전 없이 끝났다. 가장 큰 쟁점은 '정부지출 삭감' 여부다. 바이든 대통령은 조건 없이 부채한도를 늘려야 한다고 주장하는 반면, 공화당은 부채한도 상향의 전제조건으로 정부지출을 대규모로 줄여야 한다고 맞서고 있다.

조 바이든 미국 대통령은 미국의 채무 불이행은 미국의 경기침체로만 끝나지 않을 거라고 경고했다. 그는 합의 무산이 미국인에게 타격을 입히고 미국의 입지를 약화시킬 뿐만 아니라 전 세계를 곤경에 빠뜨리게 될 거라며 연일 공화당을 압박하고 있다. 재닛 옐런 재무장관도 빠르면 6월 1일에 정부가 지급 의무를 이행할 현금이 부족할 수 있음을 경고했다. 하지만 아직까진 공화당이 자신들의 요구를 순순히 철회할 기미는 보이지 않는다.

만약에 미국 정부와 야당의 협상이 실패로 돌아가면 어떤 일들이 벌어질까? 생각하기도 끔찍하지만, 그 자체만으로도 엄청난 혼란이 지구촌을 강타할 것이다. 그에 대해, 백악관 경제자문위원회는 "미국 연방정부의 디폴트가 발생하고 3개월 이상 지속된다면, 증시는 45% 폭락하고 일자리는 최대 830만 개나 사라질 수 있다"라고 예측했다.

신용평가사 무디스도 "미국의 GDP가 4%나 감소하고 일자리도 600만 개나 줄어들 것"이라고 전망했다.

　파국을 막기 위해서라도, 미국 정부는 의회와의 협상을 멈추지 않을 전망이다. 하지만 끝내 협상에 실패할 경우, 바이든 대통령은 '수정헌법 14조'를 시행할 수 있음을 시사했다. 그는 헌법상 대통령에게 디폴트를 피할 수 있는 권한이 있다고 주장하고 있다. 바이든 대통령이 그렇게까지 세게 나오는 이유는 명백하다. 디폴트 여부가 내년에 치러질 대선에서 당락의 주요 변수가 될 것임을 누구보다 잘 알기 때문이다.

🔥 나쁜 정치가 경제를 망친다

　연방정부의 채무 불이행이 실제 발생한다면 바이든의 재선은 힘들어질 것이다. 때문에, 바이든 대통령은 채무 불이행을 조장된 위기라고 주장하며 연신 공화당을 공격하고 있다. 그는 공화당이 주장하는 재정지출 삭감 조건은 중산층에 필요한 의료와 교육 등 정부 정책에 타격을 입힐 것이라며, 정부 부채가 늘어난 이유도 전임 트럼프 행정부가 부유층과 대기업이 내는 세금을 줄였기 때문이라고 비난했다.

　미국의 싱크탱크인 BPC(초당적정책센터)는 연방정부 보유현금이 바닥나는 시점(X-Date)을 6월 초에서 8월 초로 예측한다. 지난 2월만 해도 늦여름이나 초가을쯤으로 예상한 것에 비하면 꽤 앞당겨진 셈이다. 이는 재닛 옐런 미 재무부 장관이 예측한 6월 1일과도 비슷한 시점이다. 샤이 아카바스 BPC 경제정책국장은 "만약 다음 달 전에 해결책이 나오지 않으면 미국은 재정적 재앙의 위기에 빠질 것"이라며 강력히 경고했다.

정치권의 이해다툼은 경제를 비롯한 많은 것들을 망친다. 부채한도 증액을 두고 날카롭게 대치 중인 미국의 현재 모습이 그것을 적나라하게 보여주고 있는 셈이다. 심지어 직전 대통령 도널드 트럼프는 방송에 출연해서 공화당 의원들에게 (민주당이 지출 삭감에 동의하지 않으면) 부채한도 인상을 거부해 디폴트를 유발하라고 선동했다. 자신의 정치적 이익을 위해서는 나라 경제의 희생쯤은 아랑곳하지 않는다는 식의 무책임한 언행이 아닐 수 없다.

정부와 의회의 힘겨루기에도 불구하고, 시장에서는 여야가 디폴트 시한 직전에 합의할 거라고 기대한다. 바이든 대통령도 이번 문제를 "미국이 가장 신뢰받는 국가라는 명성을 지키기 위한 사안"이라고 규정하면서 채무 불이행은 선택지가 아니라고 강조했다. 그는 이번 주 일본에서 열리는 G7 정상회의 불참 가능성까지 거론하며 이 문제를 해결하겠다는 의지를 피력했다. 인플레이션과 은행위기에 디폴트까지 더해진다면 걷잡을 수 없는 사태로 번질 수 있기 때문이다.

🔥 미국보다 다급, '재정준칙' 도입부터

우리나라의 재정 상황은 괜찮은가? 안타깝게도 그렇지 못하다. 미국보다 더 심각하다. 지난 몇 년 동안에 한국의 국가부채는 비약적으로 늘어났다. 코로나19 팬데믹 탓도 있었겠지만, 지난 정부의 재정 기조가 확장 일변도였기 때문이다. 작년까지만 해도 세수는 괜찮은 편이었는데 올해 들어 그마저 급격히 감소하고 있다. 단기간 내에 회복할 조짐도 없어 보인다. 상황이 이처럼 긴박하게 돌아가니 더 이상 지체할 수 없게 되었다. 뭔가 대책을 세워야 한다.

취약한 재정을 회복하기 위해 가장 먼저 취해야 할 조치는 재정준칙 도입이다. 알다시피 재정준칙은 국가채무, 재정적자 등 국가 재정 건전성 지표가 일정 수준을 넘지 않도록 관리하는 데 필요한 제도이다. 방만한 정부지출을 통제하기 위하여, 독일은 헌법에 재정 운용 목표를 규정하고 구조적 재정적자를 국내총생산(GDP) 대비 0.35% 이내로, 프랑스는 법률에 재정준칙을 두고 구조적 재정적자를 GDP의 0.5% 이내로 유지하고 있다.

하지만 한국은 무슨 이유 때문인지 여태껏 재정준칙을 시행하지 못하고 있다. 그나마 다행스러운 것은, 윤석열 정부 들어서서 합리적인 재정정책의 필요성을 절감하고 적극적으로 재정준칙을 추진 중이라는 점이다. 정부는 악화한 재정건전성을 개선하기 위해서 관리재정수지 적자 폭을 GDP의 3% 이내로 관리한다는 대원칙을 세우고, 재정수지 기준을 통합재정수지보다 엄격한 관리재정수지로 준용하기로 했다.

이제 남은 건 입법 절차다. 기재부는 엊그제 국가재정법 개정안을 국회에 제출하면서 "재정준칙은 105개국에서 운용 중이고 선진국 중 우리나라만 도입하지 않고 있다"라고 밝혔다. 하지만 마음이 급한 정부와는 달리 정치권은 느긋해 보인다. 당리당략을 앞세운 여야의 대립으로 이번에도 통과되지 않을 거라는 전망까지 나온다. 나라 재정을 건전하게 만들자는데 여야가 따로 있을 수 없다. 의원들의 대국적인 판단과 용기 있는 행동을 촉구한다.

〈2023년 5월, 나병문〉

국제질서 재편기,
국가 위상 제고의 기회

오늘날의 우리 젊은이들은 선진국에 대한 열등의식이 거의 없다. 그러기에 어디를 가더라도 외국인에게 전혀 주눅 들지 않는다. 하지만 불과 반세기 전만 하더라도 지금과는 완전히 딴판이었다. 가난에 찌든 작은 나라의 국민으로서 당당함을 잃지 않는 게 말처럼 쉽지 않았다. 그 아픔을 후손에게 물려주지 않으려 산업 시대의 용사들은 죽기 살기로 일했다. 그들은 비록 백발이 되었지만, 눈부시게 발전한 조국의 모습을 지켜보며 남다른 감회를 품고 살아간다.

21세기 들어서 대한민국은 선진국 대열에 진입했다. 온 국민이 피땀 흘려 전쟁의 참화를 극복하고 일어선 지 70여 년 만이다. 이는 지구촌에서 유례를 찾기 힘든 기적에 가까운 일이다. 국내외에서 들려오는 뉴스를 접할 때마다 우리의 위상이 예전과는 사뭇 달라졌다는 걸 알 수 있다. 엊그제만 해도, 우리나라의 대통령이 나토 정상회의와 G7에 초대되어 내로라하는 강대국 정상들과 만났다. 그 당당한 모습에서 전에 없던 자부심을 읽을 수 있었다.

이제 대한민국은 변방의 약소국이 아니다. 최근 서울대 부설 국가미래전략원이 발표한 연차 보고서는 "한국은 동아시아 주변국에서 세계의 중심국으로 도약했다"라고 결론지었다. 우리나라가 이미 강대국(Great Power)으로 부상했다는 것이다. 한국은 G7 국가를 제외하고 인구 5천만 명 이상에 국민소득 3만 달러가 넘는 유일한 국가이며, 반도체·배터리·바이오 등 차세대 3대 산업을 망라하여 대량 생산이 가능한 하나밖에 없는 나라라는 사실을 그 근거로 들었다.

전경련이 군사·경제·혁신·안보 분야 등 전 분야에 걸쳐 G7과 한국을 비교 분석한 자료도 다르지 않다. 한국은 핵보유국을 제외한 최고 수준의 군사 강국이다. 2022년 기준 세계 수출시장에서 차지하는 점유율은 6위이며, R&D 투자 비중은 2위이다. 그 밖에도 국제특허 출원 5위, 반도체시장점유율(2020년) 2위, 배터리 생산 점유율(2021년) 5위, 글로벌 인공지능(AI) 지수 7위 등 눈부실 정도다. 최근에는 세계 7번째로 독자적 우주발사체 기술 보유국이 되었다.

🏭 쇠퇴하는 G7의 영향력

서방세계를 쥐락펴락하는 G7이 출범한 지도 반세기가 되었다. 알다시피 G7은 서방 선진 7개국을 지칭하는 용어다. 회원국은 미국을 비롯하여 영국·프랑스·독일·이탈리아·캐나다·일본 등이다. 1973년 1차 오일쇼크에 대한 대책 마련을 위한 5개국(미국·영국·프랑스·서독·일본) 재무장관 모임에서 시작되었으며, 후에 이탈리아와 캐나다가 참여하면서 오늘날의 7개국으로 확정되었다(러시아는 중간에 참여했다가 크림반도 합병으로 축출).

이들은 매년 재무장관회의와 정상회담을 개최하고 세계 경제와 국가 간 경제정책을 논의한다. 초기에는 경제 문제에 초점을 두었으나 1980년 아프가니스탄을 침공한 소련군 철수 요구를 계기로 정치와 외교 분야까지 역할을 확대했다. 냉전이 끝나기 전까지는 미국 주도로 공산권 진영에 맞서며 단결을 과시했으나, 신흥국들이 우후죽순처럼 부상하면서 그 위상이 현저히 떨어졌음은 부인할 수 없는 사실이다.

현재 G7 회원국의 국내총생산(GDP)은 명목 기준으로 세계 경제의 약 44%를 차지한다. 상당한 비중이지만 50년 전의 67%에 비교하면 크게 줄어든 수치다. 이를 두고 유럽의 싱크탱크 브뤼헐(Bruegel)은 "G7이 현재와 같은 방식으로는 더 이상 존재할 이유가 없으며, 보다 대표성 있는 그룹으로 대체되어야 한다"라고 주장했다. 미국 외교협회(CFR)도 "G20이 G7을 넘어섰다는 분석이 많다"라고 발표했다.

그뿐이 아니다. 새로운 다자간 협정을 요구하는 목소리가 여기저기서 터져 나온다. 일부 전문가들은 호주, 인도, 한국 등을 포함한 민주주의 그룹인 'D10'을 만들자고 주장하는가 하면, 미국의 싱크탱크 애틀랜틱 카운슬은 지난 2014년부터 앞에서 언급된 나라의 관리들과 회의를 열어 왔다. 리처드 하스 CFR 회장도 미국, 중국, 유럽연합(EU), 인도, 일본, 러시아로 구성된 새로운 강대국 간 모임을 촉구했다.

🔥 국력에 걸맞은 위상 확립할 때

최근 들어 미국의 영향력이 점차 축소되고 있다. '분열된 세계화' 현상이 두드러지면서 미국이 주도하던 단극 체제는 막을 내리고 미·중 간 갈등이 갈수록 격화하고 있다. 그런 가운데 미국은 '디커플링(Decoupling, 탈동조화)'에서 '디리스킹(De-Risking, 위험 감소)'쪽으로 방향을 선회하고 있다. 중국과 완전히 결별하는 정책은 파국으로 이어진다는 사실을 모를 리 없는 미국이 공세 수위를 낮춤으로써 리스크를 적정하게 관리하겠다는 의도다.

기존 강대국들의 영향력이 쇠퇴하는 가운데, 한국은 이제 G7 회원국들과 당당하게 어깨를 견줘도 될만한 위치에 도달했다. 우리나라의 GDP가 세계 10위권에 도달한 것은 이미 여러 해 전 일이다. 최근 발표된 각국의 종합국력 평가를 들여다보면 우리의 국력 신장이 허황한 자화자찬이 아니라는 사실을 명백히 알 수 있다. 여러 나라들이 G7에 한국을 더하여 G8으로 확대해야 한다고 주장하는 이유도 거기에 있다.

국제질서가 급속하게 재편되면서 우리가 취할 행보의 중요성도 커졌다. 무엇보다 시급한 것은 부쩍 성장한 국력에 어울리는 국가 위상의 제고(提高)다. 그러기 위해서는 국력에 걸맞은 역할을 찾아내어 적극적으로 수행해야 한다. 공적개발원조(ODA)를 획기적으로 증대함으로써 선진국으로서의 책무를 감당하는 것은 물론, 다방면으로 국제사회에 대한 기여도를 높여가야 한다. 필요하다면 국제 분쟁 해결을 위한 중재자 역할도 회피하지 말아야 할 것이다.

이제 대한민국의 위상을 확실하게 재정립할 때가 되었다. 하지만 그게 말처럼 쉽지만은 않다. 진정한 강대국이 되기 위해서는 경제와 군사력 같은 하드파워만으론 부족하기 때문이다. 그에 더해 교육·학문·예술·과학·기술 등 전 분야에 걸쳐 원숙하고 품격 있는 소프트파워를 갖출 때 비로소 지구촌의 핵심 강국으로 자리매김할 수 있다. 그 벅찬 과업을 이루는 것이 우리의 책무다. 그것은 선배들이 흘린 땀에 대한 보답이자 후배들을 향한 도리이기도 하다.

〈2023년 6월, 나병문〉

MSCI '선진국지수' 편입, 대한민국의 자존심

한국 증시가 이번에도 MSCI 선진국 지수 편입 후보군인 관찰대상국(워치리스트)에서 제외됐다. 벌써 9년째 발목이 잡혀있는 중이다. 최근 MSCI는 주요 국가별 시장 접근성 평가를 발표하면서 한국을 여전히 신흥국 지수(EM)로 분류했다. MSCI는 경제 규모와 주식시장 규모, 시장 접근성 등을 따져 매년 각국 증시의 선진국 편입 여부를 평가한다. 우리나라는 경제 규모와 주식시장 규모는 충족했으나 시장 접근성에서 미흡하다는 평가를 받아 탈락했다.

MSCI 지수(Morgan Stanley Capital International Index)는 미국의 모건스탠리캐피털 인터내셔널사가 작성하여 발표하는 주가지수다. 영국의 FTSE지수와 함께 국제금융 펀드의 투자기준이 되는 대표적인 지표라고 할 수 있다. 미국계 펀드의 대다수가 이 지수를 기준으로 삼을 만큼 펀드 운용의 주요 기준으로 사용되고 있다.

MSCI는 각국 증시를 평가해 DM(선진시장), EM(신흥시장), FM(프론티어시장), 독립시장 등으로 분류하고 있다. 그중에서 MSCI 선진국 지수에 편입된 국가들만 명실상부한 '선진 주식시장'으로 인정받는다. 글로벌 펀드들이 해당 지수를 추종하여 투자하기 때문에 MSCI 선진국 지수에 편입되는 것만으로도 글로벌 자금 유입액이 비약적으로 증가하게 된다.

한국 증시는 1992년 신흥시장에 편입된 이후 무려 32년간 그 자리에 머무르고 있다. 2008년 선진시장 승격 관찰대상국에 오른 뒤 2009년부터 선진국 지수 편입을 시도했으나 매번 고배를 마셨다. 그나마 2014년엔 관찰대상국에서조차 제외됐다. 우리 증시 규모는 선진시장에 속하는 싱가포르, 벨기에, 오스트리아 등보다 월등히 크다. 전체 경제 규모나 국가신용등급도 마찬가지다. 그런데 무슨 까닭으로 유독 우리나라만 아직 신흥시장에서 허우적대고 있는 것일까?

🏅 '신흥시장' 벗어나지 못한 건 창피한 일

이미 선진국 반열에 올라섰다고 자부하는 우리로서는 MSCI 시장 분류에서 '신흥시장'을 벗어나지 못하고 있다는 사실에 자존심이 상한다. 실제로 국제통화기금(IMF)은 한국을 이미 '선진 경제권(Advanced Economies)'으로 분류하고 있다. 경제협력개발기구(OECD)도 한국을 '고소득(High Income) 국가'로 구분하고 있으며, S&P와 FTSE 등도 일찌감치 한국을 선진국 지수에 올려놨다. 유독 MSCI만 한국을 신흥국으로 간주하는 것이다.

MSCI가 지적하는 가장 큰 취약점은 '시장 접근성'이다. 시장 접근성이란 외국인들이 해당 국가 증시에 얼마나 자유롭게 투자할 수 있는가를 평가하는 개념이다. 한국은 매년 MSCI '시장 접근성' 기준 하위 여섯 가지 항목에서 낙제점을 받았다. 구체적으로 살펴보면 역외 현물환 시장의 부재, 영문 공시 자료 부족 및 배당락일 이후 배당금 결정, 경직된 외국인 투자자 등록제도, 계좌별 거래내역 신고 규정, 장외 거래의 어려움, 증시 데이터 사용 제한 등이다.

그중에서도 가장 큰 걸림돌은 '역외 현물환 시장'의 부재다. 지구촌이 하나의 시장으로 돌아가는 시대에서 투자자들은 외국 주식시장에 투자할 때 주식평가 못지않게 환차익을 중시한다. 그들은 언제든지 당해국 통화를 달러로 환전할 시장이 있어야 안심하고 투자한다. 한데 한국은 아직 (역내 시장 마감 이후 원화와 달러화를 교환할 수 있는) 역외 현물환 거래를 허용하지 않고 있다. 환율에 대한 당국의 통제력 약화로 이어질 것을 우려한 탓이다.

MSCI는 공매도 금지 규제를 비롯한 나머지 지적사항들도 전면 해제하거나 개선해야 한다고 지적했다. 그러면서 한국이 선진국 지수 편입을 위한 개선 조치를 완전히 이행한다면 등급을 조정하겠다고 밝혔다. 한국 정부가 밝힌 시장 개선 제도들이 제대로 정착하는지 확인한 후 다시 평가하겠다는 말이다.

선진시장 진입 서둘러
대한민국 자존심 살려야

한국이 지금껏 MSCI 선진시장에 편입되지 못한 건 아무리 생각해도 불편하다. 부쩍 성장한 국격에 걸맞지 않을뿐더러 국민의 눈높이와도 괴리가 있다. 땀 흘려 경제 발전에 몸 바친 지난날의 산업역군들에게 미안하고, 세계를 누비며 동분서주하는 경제인들의 의욕을 꺾는 일이다. 나라의 위신을 바로 세우고 국민의 자존심을 살리기 위해서라도 정부는 MSCI 선진시장 진입을 서둘러야 한다.

그러기 위해서는 첩첩으로 쌓여있는 규제를 시원하게 풀어내야 한다. 다행스러운 점은, 정부도 그런 문제점들을 파악하고 대책을 세우고 있는 것 같다. 얼마 전 국무회의에서 자본시장과 금융투자업에 관한 법률 시행령 개정안이 통과되었다. 그에 따라 연말부터는 외국인 투자자들도 사전 등록 절차 없이 국내 상장증권에 대한 투자할 수 있게 되었다. 또한 장외거래 사후 신고, 옴니버스 계좌(외국인 통합계좌) 도입 등도 시행될 예정이다.

위에서 언급한 내용들이 차질 없이 이행된다면 우리 증시가 가까운 시일 내에 선진국 지수로 등재될 가능성도 그만큼 커진다. 이르면 내년쯤 (선진국 지수 편입에 앞서) 관찰대상국에 오를 수도 있을 것이다. MSCI도 "외국인 투자자들의 한국 자본시장 접근성 제고를 위해 예고된 방안들이 예정대로 성과가 나타나고 있어 2024년 MSCI 시장 접근성 평가 개선과 선진국 워치리스트 등재 기대감을 높이고 있다"라고 밝혔다.

이제 남은 것은 정부와 금융당국의 역할이다. 그들은 자신에게 부여된 막중한 책임감을 바로 인식하고 한층 더 절박한 자세로 떨쳐나서야 한다. 그렇지 않고 이런저런 핑계를 대며 머뭇거린다면 증권시장의 숙원 해결은 물 건너가고, 대한민국이 금융 선진국 반열에 오르는 시간도 그만큼 늦어질 것이다.

〈2023년 6월, 나병문〉

'피크코리아論',
웃어넘길 수 없는 한국 현실

얼마 전 일본 경제지 '머니 1'은 '한국은 끝났다'라는 다소 도발적인 제목의 기사를 내보냈다. 그들이 대한민국의 미래를 비관적으로 보는 가장 큰 이유는 급격한 인구의 감소다. 신문은 "인구절벽으로 인한 생산가능인구 감소로 성장률이 곤두박질치는 한국이 다른 나라를 걱정할 때가 아니다"라며 일부 한국 언론에서 중국 경제를 두고 '피크차이나'라는 용어를 써가며 걱정하는 듯한 논조를 보이는 행태를 신랄하게 꼬집었다.

신문 기사는 한국의 GDP 성장률이 지속적으로 감소하고 있다는 점에 주목했다. 1980년 이후, 한때 13%를 넘겼던 한국의 GDP 성장률은 지난해 2.61%, 올해 1.40%까지 떨어질 것이라며, 내년 잠재성장률이 1.7%까지 떨어질 것이란 경제협력개발기구(OECD)의 전망치를 근거로 시간이 흐를수록 '성장 내리막길'의 진행 속도가 더 가팔라질 거라고 진단했다.

신문은 또 골드만삭스 글로벌 투자연구소의 보고서를 근거로 '한국은 G9에 들 수 없다'라고 주장했다. 해당 보고서에 따르면 한국은 2022년까지만 해도 GDP 기준 전 세계 12위를 기록했지만 2050년에는 15위 아래로 밀려나고, 2075년엔 아예 순위권에 들지도 못한다는 것이다. 이처럼 성장률은 정체 단계에 들어섰고, 재정건전성 또한 보장되지 않으니 '피크코리아(Peak Korea)'를 운운하는 것이 전혀 이상하지 않다는 게 그들의 논거(論據)다.

그들이 피크코리아의 주된 배경으로 지목한 저출산·고령화 문제는 생각 이상으로 심각하다. 생산가능인구는 줄어들고 젊은이들이 부양해야 할 노인인구는 늘어남에 따라 경제가 활력을 잃게 되는 것을 넘어서, 갈수록 나라가 쪼그라들기 때문이다. 자료에 의하면 2050년에 한국의 노년부양비(老年扶養比)는 80으로 일본을 넘어선다. 이게 무슨 소리인가 하면, 생산가능인구(15~64세) 100명이 80명의 고령층을 부양해야 한다는 의미다.

나라 밖 우려의 시선, 진지하게

피크코리아를 들먹인 외부의 시선에 대해, 이웃 나라 언론이 함부로 우리를 폄하(貶下)하는 기사를 썼다고 발끈하는 이도 있을 것이다. 질시(疾視) 섞인 악평일 뿐인데 과민하게 반응할 필요가 있느냐며 웃어넘길 수도 있다. 하지만 그렇게 한가롭지 않은 게 우리 현실이다. 그들이 아무 근거도 없이 그런 기사를 썼을 거라는 생각이야말로 편협하고 무모하다. 이제 우리도 스스로를 객관화하고, 나라 밖에서 들려오는 우려를 진지하게 받아들일 만큼 성숙해지지 않았나?

한국경제에 관한 국제기구의 직설적인 충고도 없지 않다. IMF는 "한국이 지금 구조 개혁에 나서지 않으면 향후 5년간 저성장에 빠질 것"이라고 경고했다. 1997년 외환위기 사태 당시 구제금융을 빌미로 우리나라 살림살이를 속속들이 파악하고 있는 그들의 진단이니만큼 결코 가볍게 넘길 일이 아니다. 한국이 저출산·고령화의 수렁에서 빠져나오지 못한다면 경제는 정점을 찍고 내려갈 일만 남았다는 섬 한 예언이 아닐 수 없다.

IMF는 또 한국경제성장률은 올해 1.4%에서 내년에 2.2%로 높아지 겠지만, 이후 2.1~2.3% 범위에서 정체될 거라고 내다봤다. 저성장 기 조가 사실상 굳어졌다는 의미다. 국가 경제의 기초체력을 의미하는 잠재성장률 전망도 비슷하다. 그들은 올해와 내년 한국 잠재성장률 을 각각 2.1%와 2.2%로 전망하고, 2025년부터 2028년까지도 2.1~2.2%에 그칠 거라고 내다봤다.

재정 전망도 어둡기는 마찬가지다. 가장 걱정이 되는 건, 국민연금 고갈로 인한 대규모 재정 부담이 올 수 있다는 점이다. IMF는 만약 한국이 연금 개혁에 실패한다면 2075년에 정부부채 규모가 GDP의 2 배에 달할 것이라고 예상했다. 국민연금 적자를 정부가 메운다고 가 정했을 때의 수치다. 국민연금 재정추계에 따르면, 국민연금은 2041년 적자로 전환하고 2055년에 기금이 소진되는 것으로 되어있다.

🏦 인구, 노동, 연금 등 난제 산적(山積)

앞에서 살펴봤듯이, 우리나라 성장의 가장 큰 걸림돌은 인구절벽이 다. 인구 감소를 막지 못하면 우리의 미래도 암울하다. 이를 해결하기 위해 다양하고 실효적인 대책을 찾아야겠지만, 가장 절박한 건 출산 율을 끌어올리는 것이다. 청년들이 결혼하여 아이를 낳고 싶은 마음 이 들도록 만들어야 한다는 말이다. 나아가 이민 정책도 획기적으로 개선해야 한다. 유능한 외국 인력을 받아들이기 위한 비자 제도, 노동 환경, 이주노동자 권리 개선 등이 그것이다.

노동과 연금 개혁도 미룰 수 없는 과제다. 이정희 중앙대 교수는 "한 국이 곧 초고령사회로 진입함에 따라, 노동력 저하에 따른 생산력 감소 와 소비 위축으로 인한 내수 둔화로 이어질 것"으로 예측했다. 헤럴드

핑거 IMF 한국미션단장은 "성장을 유지하고 고령화 문제를 해결하기 위해서는 노동시장의 유연성과 연금 개혁이 필요하다"라고 조언한다. IMF는 직역연금과 국민연금의 통합 방안도 제시했다. 현행 연금 제도의 형평성 문제와 비효율성을 지적한 것이다.

석병훈 이화여대 교수는 교육에 대한 투자와 노동시장의 유연성을 강조했다. 그는 "성장률이 하락하는 가운데 잠재성장률마저 꺾이고 있음이 통계로 드러났다"라며 "1인당 노동생산성을 높이기 위해서는 고등교육 투자를 늘려야 하고, 기업이 적극적으로 채용하고 생산성을 확보하도록 도와주는 노동 유연화가 무엇보다 필요하다"라고 힘주어 말했다.

물론 정부도 이런 사정을 모를 리 없다. 문제는 복잡하게 얽히고설킨 실타래를 어떻게 풀어낼 것인가이다. 어느 것 하나도 쉽게 해결하기 어려운 만큼 고충도 클 것이다. 하지만 어쩌랴, 그런 일을 하는 것이 공복(公僕)의 소명인 것을. 바라건대, 정부와 정치권은 과도한 정쟁을 멈추고 첩첩이 쌓여있는 난제의 해결을 위해 힘을 모으라. 그 과정에서, 전문가와 국민의 목소리를 경청하는 것도 빠뜨리지 마라.

〈2023년 12월, 나병문〉

디지털 자산의 확대와
금융제도 개편

알약처럼 생긴 캡슐내시경의 상용화, 인공 장기의 발달, DNA를 활용한 질병 치료 등을 통해 인간의 수명은 120세까지 늘어났다. 이에 따라 보험 상품 또한 120세 만기 보장 상품이 일반화된다. 보험 상품 혜택에는 인간의 장기 또는 신체 교체 수술에 관한 항목도 들어있다.

금융기관 창구에는 휴머노이드(Humanoid, 인간의 신체와 유사한 모습을 갖춘 로봇)가 예·대 상품과 같은 단순한 금융 상담부터 맞춤형 자산관리, 복잡한 투자 상품까지 고객에게 친절하게 설명하고 추천한다. 또한 금융기관들은 가상공간에 개설되어 있는 점포에서 고객 응대를 하고 챗GPT를 활용하여 소비자들이 궁금해하는 질문을 텍스트뿐만 아니라 음성정보와 시각 자료로도 제공한다.

이 시나리오는 전문가들이 예측한 20년 후의 미래를 금융산업에 적용한 모습이다. 일부는 이미 시작 단계로 산업 전반에 적용되고 있다. 기술의 발전은 우리 삶의 전반적인 것을 바꾸고 있으며 우리는 지금도 변화의 중심에서 새로운 것들을 접하고 있다.

디지털 자산으로 자산 흐름 확대

가상공간, 가상화폐와 NFT 등은 지난해까지 전 세계의 주요 이슈였다. 팬데믹 시대로 인해 대체 공간이 필요해지면서 가상화폐와 NFT 역시 동반 성장하였다. 가상화폐는 가치 저장을 위한 안전성의 문제, 제도의 미비, 시세 조작과 같은 위법 행위 등으로 인해 많은 논란과 이슈를 낳았지만 여전히 비트코인과 이더리움 등의 코인들은 코로나 이전 수준으로 가치를 회복하고 있다. 물론 빈번하게 발생하는 해킹 사고와 일부 코인의 상장폐지, 가상화폐의 제도화 등 갈 길은 아직 멀지만 자산가들의 투자 포트폴리오에서 가상화폐는 주요한 비율을 차지한다.

더욱이 미국의 실리콘밸리 은행과 유럽의 크레딧스위스 은행의 파산을 보면서 많은 사람들이 다양한 자산에 분산투자의 필요성을 공감하게 되었고 주요 기업들은 가상화폐를 신규 사업으로 편입하고 있다. 트위터와 같은 기업들은 디지털 은행업을 목표로 기존 사업에 금융거래 기능을 추가하면서 가상자산을 포함하였으며 신한은행도 지난해 일부 법인에게 가상자산 거래를 할 수 있도록 가상계좌를 열어주었다.

NFT(대체불가토큰) 또한 산업 전반에 스며들어 다양한 형태로 가치를 저장하고 있다. 미술품뿐만 아니라 게임 아이템, 값비싼 와인 라벨, 저작권 등 현재 NFT 사업에 참여하고 있는 분야는 예술 분야 외에도 다양하다. 중요한 것은 일부 기업들은 NFT 거래를 지원하면서 가상화폐를 수수료로 제공하기에 가상화폐시장이 NFT의 거래와 호환되어 함께 성장하고 있다는 점이다.

이러한 디지털 자본시장의 가치를 인지한 스타벅스, 아마존 등의 글로벌 기업들은 NFT를 사고파는 마켓플레이스시장에 진출하였다. 현재 아마존은 의류회사와 연계하여 의류의 디지털 이미지를 담은 NFT 구매 시 실제 상품을 배송해주는 사업을 계획하고 있다.

NFT에 관한 국내 동향을 살펴보면 KB국민은행과 신한은행, 하나은행도 이러한 시장의 흐름을 반영하여 NFT 기술을 활용한 서비스를 제공하기 위해 관련 기술을 연구개발하고 있다.

한편, 우리나라 정부는 디지털 산업과 동반 성장하는 디지털 자산의 제도화를 위해 디지털산업진흥청을 신설하여 「디지털자산 기본법」을 제정하고자 한다. 이에 관련 전문가들은 가상자산법 마련 및 가상자산거래 전문은행 제도 도입 등 가상자산을 제도화하려는 움직임을 보인다.

(※) 금융업 무한 경쟁 체제 돌입과
금융과 비금융의 융합

이렇듯 금융 분야가 정보통신기술을 적극적으로 활용하고 융합하다 보니 금융산업의 경쟁 상대 또한 다양해지고 있다. 핀테크 등 금융 분야에서도 신기술을 반영하여 적극적으로 변화를 따라가고 있지만 산업의 흐름을 주도하는 4차 산업혁명 기술이 여러 분야로 적용되면서 변화가 빨라지고 새로운 경영 환경이 나타나고 있다. 이로 인해 사업수명주기의 이론처럼 이미 몸집이 커진 전통적인 금융업은 새로운 흐름을 따라가기가 쉽지 않은 상황이다.

일례로 가상자산은 코인원, 코빗, 업비트와 같은 플랫폼 기업들이 거래소를 운영하고 있으며 은행은 실명계좌를 발급해주는 형태로 보조적으로만 운영되고 있다. 또한 예·적금, 대출과 같은 은행업의 기본적인 기능은 카카오뱅크나 토스, 케이뱅크와 같은 플랫폼 기업들이 진출하여 금리와 빅데이터 정보 등으로 경쟁하고 있다.

더욱이 보험사나 증권사도 일부 은행 업무를 할 수 있도록 검토한다는 정부의 방침에 따라 은행의 경쟁자들은 더 많아질 것으로 보인다. 특히 현재 은행은 정부 주도로 '예대 금리차 공시', '대환대출 및 예금 비교추천 플랫폼을 통한 기존 금융사 간 경쟁 강화 방안' 등 소비자를 위한 정보 제공이 의무화되면서 기존의 독과점 체제가 허물어져 가고 무한경쟁이 예상된다.

그나마 다행인 것은 정부가 '금산분리' 원칙(금융자본인 은행과 산업자본인 기업 간의 결합을 제한하는 것)을 완화하면서 은행도 다른 분야로 진출할 수 있게 되었다는 점이다. 이에 KB 국민은행은 알뜰폰 사업을 지속하기로 했으며, 신한은행은 배달앱 '땡겨요'를 출시하였고 하나은행은 미술품 자문과 구매 특화 서비스를 제공하면서 금융업 외로 사업을 확장하고 있다. 우리은행은 디지털 자산의 흐름을 따라가고자 블록체인 플랫폼을 구축하여 자체 디지털 화폐와 NFT를 만들어 디지털 자산 서비스에 활용하도록 준비하고 있다.

생존하기 위한 금융기관의 역할

기술의 융합으로 새로운 금융 기업이 탄생하고 시장을 주도하는 주요 자산들이 변하고 있다. 당연히 소비자는 자산의 증식을 위해 철저하게 더 나은 선택을 하고자 신중해질 것이다. 소비자의 금융 활동과 투자 행위가 국경을 넘나들고 자산 범위는 더욱 다양해지면서 금융기관 사이 경쟁은 더욱 격화되고 있다.

이에 앞으로 시중 금융기관들은 전통적인 기능을 벗어나서 새로운 역할을 고민해야 한다. 4차 산업을 주도하는 기술의 발달이 자산의 영역을 개편하면서 금융기관에게 새로운 역할이 요구되고, 글로벌 경기침체 또한 금융기관을 위협한다. 따라서 금융기관이 지속할 수 있는 주체가 되기 위해서는 끊임없이 투자하고 혁신에 적극적으로 나섬으로써 경쟁력을 갖추어야 할 것이다. 고객에 대해 연구하고 서비스 혁신을 통해 가치를 키워나가는 금융기관만이 미래에도 생존할 수 있다.

따라서 앞으로는 시중은행들도 정부의 제도 개편에 힘입어 신사업 개발을 철저히 준비하면서 장기적인 성장 동력을 확보해야 한다. 기술의 변화 속에 신사업 발굴에 해답이 존재한다. 이를 통해 성장해야만 경쟁 속에서 살아남아 금융기관의 역할을 다할 수 있을 것이다.

〈2023년 4월, 백승희〉

부동산 실거래가
조작 방지 대책을

집값 상승을 유도하는 허위 신고제가 문제 되고 있다. 집값을 올릴 목적으로 매매가를 최고가로 신고하고 주변 단지에서 비슷한 가격대에 거래가 이뤄지면 거래를 취소하는 방식이다.

부동산 실거래가 신고는 부동산 계약일 이후 30일 이내에 신고하게 되어 있다. 잔금을 치르기도 전에 부동산 거래를 신고함에 따라 완전히 집을 사지 않아도 집을 소유한 사람의 희망 가격에 맞춰 집값을 신고하는 일이 가능하다. 신고 후 계약을 취소하거나 파기하면 거래는 무효가 되기 때문에 집값 상승을 목적으로 허위 계약서를 작성해서 가격을 원하는 대로 올려 신고하는 사례가 적지 않다.

지속적인 금리 상승으로 부동산 침체기에 진입했던 올 초 서울 반포 래미안 원베일리 입주권 거래는 100억이라는 신고가를 기록했으나 3개월 만에 취소되면서 집값 띄우기 거래가 의심되었다.

강남구 청담동양파라곤 아파트는 올 4월 68억 원에, 서울 서초구 반포 자이는 60억 원의 매매가로 신고되었으나 현재까지 소유권 이전 등기가 이루어지지 않는 등, 서울 강남 3구를 중심으로 허위 신고로 의심되는 사례가 대폭 늘어났다.

국토부 조사에 의하면 2021년부터 2022년까지 한 해 동안 서울 아파트 매매 계약 해지는 총 2,099건이었으며 그중 43.7%에 해당하는 918건이 최고가로 신고한 것으로 나타났다.

이에 국토부는 2021년부터 실거래가를 띄우는 구체적인 사례들을 공개하고 집값 상승의 주범이라고 판단, 유사한 거래를 근절할 수 있도록 노력하겠다고 밝힌 바 있다.

위반을 방임·조장하는 부동산법

올해부터 국토부는 실거래가 띄우기를 막기 위한 조치로 실거래가 공개 시스템에 등기 여부를 표시하도록 대책을 바꾸었다. 또한 「부동산 거래신고 등에 관한 법률」에 의해 부동산 실거래를 허위 신고한 경우 기존 3,000만 원 이하 과태료에서 3년 이하 징역 또는 3,000만 원 이하 벌금으로 강화하였다.

그러나 현행법상 매매 후 소유권이전등기를 언제까지 해야 한다는 규정은 존재하지 않아 소유권이전등기가 이루어지지 않은 것으로 허위 거래라고 단정하기도 혼동되는 상황이다.

또한 허위 신고를 하면서까지 부동산 상승을 일으키는 이유는 일반적으로 부동산 차액이 수억 원 이상 발생하기 때문으로 실거래가 띄우기를 해서 주어지는 대가에 비하면 최대 3,000만 원이라는 벌금의 액수는 크지 않은 것도 사실이다.

이러한 상황에서 부동산 허위 신고는 아파트뿐만 아니라 건물 거래 신고에서도 많이 이루어져 부동산 전체적으로 시장 교란이 일어나고 있다.

국토부는 집값 작전세력 근절 대책 회의를 열고 허위 신고를 비롯한 편법·불법 거래 등을 근절하겠다는 의지를 보이고 있다. 이를 위해 기초단체, 경찰청, 공인중개사협회 등 관계기관과 업무협약(MOU)을 체결하여 부동산 관련 범죄를 예방하기 위한 방안을 마련하고자 하였다.

부동산 제도 실질적 정비를

그러나 문제가 발생했다면 원인부터 살펴보고 바로잡는 것이 우선이다. 먼저 실거래가 정보로 인해 정확한 집값에 대한 혼란이 온다면 등기를 한 부동산만 신고하는 것도 고려해볼 수 있다.

만약 부동산 실거래 신고를 현재처럼 계약 후 30일 이내에 신고하되 부동산 가격의 40% 이상을 납입한 부동산의 거래에 대해서는 확정 신고하도록 한다면 실제로 거래된 부동산의 가격만 표시되어 집값 띄우기가 불가능해질 것이다.

또한 부동산 실거래 정보를 보다 더 확대할 필요가 있다. 현재 부동산 실거래가 조회 정보는 평형, 층, 거래 유형(직거래 또는 중개 거래), 계약일, 금액으로 한정되어 있다. 아파트 거래 시 동별 실거래가까지 공개된다면 실제 매수인이 자체적으로 판단할 수 있는 근거가 생겨 거짓이거나 왜곡된 정보를 파악할 수 있을 것이다.

마지막으로 미등기 신축주택에 대한 허위 실거래에 대해서도 대책 마련이 필요하다. 국토부가 다음 달부터 등기 여부에 관한 정보를 표기하게 하여 집값 띄우기를 막는다는 대책을 내놓았지만 신축주택에는 적용되지 않는다. 신축주택은 건설 절차상 준공 후 60일 이내 취등록세를 납부하고 최초의 등기인 소유권보존등기를 하기 전까지는 미등기이다.

이에 입주권을 소유한 사람이 새로운 사람에게 소유권 이전을 하는 형태로만 거래되고 있어 등기 여부 표시가 해당하지 않는다. 따라서 개편된 제도에서 빠져나가지 않도록 신축주택도 포괄할 수 있는 규제가 필요하다.

🔮 패가망신이 두려운 부동산법을

부동산은 심리전과도 같다. 투자자들을 중심으로 부동산 거래가 시작되면 부동산 상승세가 시작되는 것처럼 부동산 가격은 사람의 마음과 함께 움직이기 시작한다.

법 또한 인간의 심리적 위협감으로 인해 지켜지기도 한다. 미성년자이기에 처벌 대신 보호를 받는 촉법 소년의 재범이 높은 이유도 처벌이 약하기 때문이다.

사람들이 법을 악용하지 않기 위해서는 그에 따르는 위험이 커야 한다. 국토부가 강화한 처벌들은 여전히 법을 위반하더라도 주어지는 혜택이 크기 때문에 범법 행위에 대한 큰 유혹이 들 만큼 솜방망이 처벌에 불과하다.

따라서 시장을 교란하는 부동산 범법행위가 발생했을 시 징역 기간을 좀 더 길게 늘이고 벌금 또한 시세 차익 환수와 같은 강력한 징벌을 제시할 필요가 있다.

이를 통해 부동산 공정 거래에 대한 인식이 점차 개선이 된다면 부동산 버블 문제 해결에도 일부 기여할 수 있을 것이다.

〈2023년 6월, 백승희〉

'슈링크플레이션'과
서민경제

최근 원자재 가격이 내려가자 저소득층의 생계 부담을 우려한 정부는 식품에 가격 인하를 요구하였다. 밀 가격은 현재 작년 9월 대비 50% 인하하였고 식품업계에서는 밀 가격이 인상되어 제품 제조에 투입된 시점인 작년 하반기에 제품 가격을 인상한 바 있다.

이에 농심, 오뚜기 등 라면 업계 등은 제품 가격의 평균 5% 이상을 인하하기로 결정하였다. 가공식품을 생산하기 위해서는 노동력, 원재료, 전기·가스·수도 등이 필요하다.

최근 통계청이 발표한 5월 소비자물가 동향에 따르면 전기·가스·수도 요금은 지난해보다 28.3%나 급등했다. 또한 노동 인력 부족으로 인건비도 상승해 통계청이 발표한 전체적인 소비자물가지수는 5월 기준으로 전년 대비 3.3% 이상 상승한 것으로 나타났다.

이에 정부는 물가를 잡기 위해 다방면으로 노력하고 있지만 소비자 심리지수에는 별다른 영향을 미치지 못하고 있다. 그도 그럴 것이 현재로서는 가격 인하 품목이 라면과 과자, 제빵으로 한정되어 있고 그마저도 일부 제품으로 한정되어 있기 때문이다. 반면 물가 상승을 명목으로 가격을 인상한 가공식품은 대부분이다. 따라서 원가 절감이 된 제품의 가격 인하가 더 요구되는 상황이다.

물가 안정은 국가 경제 안정을 위해 필수적이다. 대부분의 가구들은 물가가 상승하면 교육비 외에 대부분의 지출 항목을 줄이는 경향을 보여왔다. 물가가 안정되면 가계 경제도 개선이 되고 가정에서는 여력이 있는 돈을 투자하여 경제성장과 일자리 창출에도 도움이 된다. 특히 먹거리 물가는 소비자가 느끼는 물가 체감도에 직접적인 영향을 미친다.

⑧ 슈링크플레이션, 꼼수 할인 지속 감시를

2013년도에도 식품업계는 곡물 가격 상승 등을 이유로 가격을 올렸지만 원자재 가격이 급락한 후에는 가격을 내리지 않았다. 이번에도 정부의 압박에 일부 식품업계에서는 가격을 낮추었지만 대부분의 식품들은 여전히 가격을 낮추지 않고 있다. 또한 가격을 낮췄다고 해도 정작 소비자가 가장 많이 구매하는 핵심 상품의 가격은 내리지 않는 경우도 있다.

이전처럼 가격을 내린 식품업계가 식품의 내용물을 줄이지 않는지에 대해서도 꼼꼼히 따져봐야 한다. 슈링크플레이션(Shfinkflation)은 규모나 양을 줄인다는 뜻의 shrink와 물가 상승을 뜻하는 inflation의 합성어로 제품 가격은 그대로 유지하면서 제품의 양과 품질을 줄이는 현상을 의미한다.

질소 과자는 슈링크플레이션의 대표적인 예로 내용물은 줄이고 과대포장으로 제품의 형태만 똑같이 해놓아서 소비자들의 원성이 자자했다. 2014년 이러한 현상을 풍자하기 위해 대학생들은 국내 과자봉지 160개를 테이프로 이어 붙여 뗏목을 만들어 한강을 건너는 퍼포먼스로 제과업계들의 과대포장을 비판한 바 있다.

제과류에 대한 포장 규정은 내용물과 포장이 규격이 있고 이를 어기면 최대 300만 원의 과태료를 내야 한다. 그러나 감시망도 허술하고 규정을 어겨서 얻는 이득에 비해 과태료는 매우 적어 업계에서는 제품의 용량을 줄이면서 가격을 올리지 않는 방식을 택하고 있다.

현재로서는 식품업계들이 가격 인하 입장을 보이고 있지만 내린 가격을 얼마나 지속할지에 대해서는 경계를 늦추지 말고 눈여겨봐야 한다. 과거처럼 가격 인상에 대한 논란이 잦아들고 사람들의 관심이 사라질 때쯤 식품업계는 이러저러한 이유를 핑계 삼아 내린 금액 이상으로 가격을 올릴 수 있다.

식량 자급자족 시스템 구축부터

따라서 소비자 구매가 많은 주요 제품을 리스트화하여 가격 변화를 주시하고 변화된 가격의 원인을 분석하여 타당한지에 대한 여부를 따져볼 필요가 있다.

먹거리 물가 부담을 낮추기 위해 정부는 8개의 농·축·수산물 관세율을 6월 초부터 대폭 인하하였다. 여기에는 대부분의 식품에 들어가는 설탕뿐만 아니라 돼지고기도 포함되어 있다. 따라서 관련 식품들이 그에 맞게 가격을 내리는지는 앞으로 지켜볼 일이다.

체력은 국력이라고 하였다. 이러한 중요한 체력을 유지하기 위해서는 건강한 먹거리가 필수이다. 농업국가였던 우리나라가 산업국가로 성장하여도 식량에 대한 중요성은 변하지 않는다.

실제로 최근 펜데믹, 미·중 무역 갈등, 러시아 전쟁 등으로 인해 식량 무기화가 진행되어 특정 제품의 가격이 급등한 사례가 빈번했다. 이러한 상황은 올해 초 한국리서치가 성인을 대상으로 농산물 가격 상승에 대한 체감 정도를 조사한 결과에서도 93%가 체감하고 이를 우려하는 것으로 나타났다.

따라서 해외 식량 공급망에 의존하기보다는 자체적인 생산을 통해 식량자급률을 제고해야 한다. 밀가루의 수요가 많은 우리나라의 현실을 고려하여 정부는 '제1차 밀 산업 육성 기본계획'(2021~2025)을 수립한 바 있다.

🏭 모든 식품 관계자, 먹거리 가격 안정 동참을

이에 밀 품질을 높이기 위한 연구개발을 진행하고 밀 전문 생산단지 확대 및 밀 보급종 종자도 할인된 가격으로 공급하기로 하였다. 국산 밀이 공급된다면 많은 식품들이 더욱 안정적인 상황에서 생산할 수 있을 것으로 제품의 질과 합리적인 가격이 기대된다.

사람들이 올바른 소비를 하기 위해 소비자단체의 역할은 매우 중요하다. 소비자단체는 소비자권익 보호 및 향상에 중요한 역할을 담당하고 있다. 소비자들이 올바른 소비를 할 수 있도록 식품업체들의 가격 인상 등을 조사하고 이에 대한 분석자료를 요구하는 등 소비자를 대표해서 부적절한 가격 인하를 지속해서 요구해야 한다.

최근 공정거래위원회의 조직 개편으로 인해 소비자 정책에 대한 우려가 표명된 바 있어 우려가 현실이 되지 않도록 단체와 정부 간의 긴밀한 소통 채널이 필요하다.

우리나라는 경제가 어려울 때마다 국민이 힘을 모아 위기를 극복한

나라로 전 세계에 많이 알려져 있다. 함께 살아가는 사회가 되어야 서로 상생할 수 있다는 점을 기억하며 식품업계의 모든 관계자가 국민 먹거리 안정을 위해 동참하기를 바란다.

〈2023년 7월, 백승희〉

'집장사의 집'보다
'농민의 쌀'을

급기야 대통령까지 직접 나섰다. 미분양 주택을 정부가 나서 공적 자금을 투입, 매입하라고. 부동산시장이 얼어붙어 주택 미분양 사례가 속출하자 대통령까지 나서 불가피한 시장개입을 노골적으로 선언한 것이다.

정부가 만일 미분양 주택을 모두 사들인다면 27조 원 이상의 자금이 필요하다고 한다. 당연히 국민의 혈세로 조성된 재정부담을 걱정하는 국민의 우려가 적지 않다. 그런데, 정부는 태연하다. 그만한 돈은 이미 준비되어 있다는 것이다.

국토교통부에 따르면 국민의 혈세로 조성된 재정기금인 주택도시기금이 2021년 말 기준으로 47조 원이 넘는다. 주택도시기금은 국토교통부가 건설임대주택 매입 재원으로 사용하는 기금을 말한다. 일반적 분양가 시세를 감안해 업계에서 산출한 전국 미분양 주택 가치는 27조 원 정도로 추산된다. 미분양아파트를 주택도시기금으로 다 사주고도 돈이 많이 남는 셈이다. 문제는 그 돈은 대통령의 돈도, 정부의 돈도 아닌, 국민의 돈이라는 점.

정부가 '집'은 다 사 주겠다

정부는 미분양 위험선을 6만 2,000호로 정해놓았다. 정부와 부동산업계는 조만간 미분양 주택 규모가 6만 세대 후반까지 급증할 것으로 판단하고 있다. 그래서 부동산, 건설 등 관련업계는 더 미룰 수 없다고 재촉한다. 미분양 주택을 일단 매입해 건설사의 자금 숨통부터 틔워달라고 읍소한다. 부동산시장이 안정되는 대로 재매각해 자금을 회수하면 된다고 설득한다. 잘하면 정부가 시세 차익까지 볼 수 있다며 정부를 은근히 구슬리고 있다.

그런데 정부는 매입 주택을 재매각할 생각은 없다. 공동임대주택으로 사용한다는 방침이다. 그렇다면 기금을 회복할 시기나 방법은 불투명하고 요원하다. 당초, 시장에서 팔리지 않는 악성 재고를 공적자금을 투입하는 점 자체가 문제의 소지를 안고 있다. 주택 가치 대비 분양가의 과다 책정 자체도 논란거리다.

사실 지원의 기대효과도 불확실하다. 직접적 수혜자인 건설사들 입장에서 당장 단기자금 상황은 해소할 수 있을지 모르나 장기적으로 회복단계로 전환될 수 있을까. 과연 이번 조치를 통해 냉각된 부동산시장의 경기가 호전될 수 있을까. 정부도, 건설사도 아무도 대답하지 않는다.

그런데도 국토교통부는 부정적 여론을 애써 무시하고 있다. 대통령이 이미 지시를 했기 때문에 이미 검토단계에 접어들었다고 발표했다. 다만 언제, 얼마만큼의 물량을 매입할 것인지 등 구체적인 계획은 아직 세우지 않았다고 한다. 정부 내에서조차 충분한 고민과 협의 없는 대통령의 즉흥적, 독단적 지시가 아닌가 걱정이 크다.

(⊛) '쌀'은 정부가 못 사 준다

비슷한 시기에 대통령은 또 직접 나섰다. 양곡관리법 일부개정안에 대해 직접 거부권 행사를 시사한 것. 연초 농림축산식품부 업무보고에서 "지금 생산되는 쌀은 시장에서 어느 정도 소화하느냐와 관계없이 무조건 정부가 매입해 주는 식의 양곡관리법은 농민에게도 도움이 되지 않는다"고 말했다는 것이다.

이번 양곡관리법 개정안은 "쌀 수확기에 초과 생산량이 3%이상이거나 쌀값이 평년 대비 5% 이상 하락한 경우 초과 생산량을 정부가 의무적으로 매입한다"는 내용이다. 민주당 등 야당은 개정안이 "쌀값 폭락을 막고 농가 소득을 안정적으로 유지하기 위한" 안전장치라며 지난해 28일 국회 본회의로 '직회부'한 바 있다. 직회부한 법안은 30일 이내에 여야 합의가 이뤄지지 않으면 과반 의석을 점한 민주당 단독으로 양곡관리법 개정안의 본회의 상정 및 통과가 유력한 실정이다.

이에 대해 주무부처인 농림축산식품부 장관도 "농업·농촌에 결코 도움이 되지 않는다""며 대통령과 말을 맞춘 듯 정색을 하며 반대하고 나섰다. 쌀을 의무 매입하면 쌀 공급과잉, 쌀값 하락, 재정부담 심화 등의 부작용이 우려된다는 논리다.

한국농촌경제연구원에 따르면 법안 개정으로 시장격리가 의무화되면 쌀 초과 공급량은 현재 20만t 수준에서 2030년에는 60만t 이상으로 증가하고, 쌀 가격도 현재보다 8% 이상 낮은 17만 원(80kg 기준) 초반에서 정체될 것으로 분석하고 있다. 격리 의무화에 따른 재정부담은 연평균 1조 원 이상이 소요될 것으로 예측하며 정부출연연구소답게 정부 주장에 일방적으로 유리한 논리만 제공하고 있다.

이에 전국농민회, 전국여성농민회 등 주요 농민단체는 "대통령의 농정 무지이자 시대에 뒤떨어진 인식으로서, 국민의 주식인 쌀에 대한 국가 책임을 저버린 대통령을 거부한다"라고 강력히 규탄하고 있다.

전농, 전여농은 "의무화라는 용어를 무제한 수매로 왜곡한다"며 "쌀은 생산량이 조금만 초과하거나 부족해도 시장에 내맡길 경우 가격 등·폭락이 심해 민생이 불안해질 수밖에 없다"고 지적했다. "매년 의무 도입되는 수입쌀에는 막대한 재정을 퍼부으면서, 농민들의 목숨값이자 국민의 주식인 쌀값 안정을 위한 예산을 낭비라고 표현하는 대통령은 자격이 없다"고 비판했다.

대통령 등 정부는 여전히 수입 식량으로, 스마트농업으로, 시장 메커니즘으로 식량을 확보할 수 있다는 환상과 자기기만에서 벗어나지 못하고 있다. 오늘날 전 세계적인 기후위기, 식량위기 앞에서 시대착오적이고 전근대적인 인식에서 깨어나지 못하고 있다. 쌀 등 식량안보, 식량주권은 단순한 농업의, 농민의 문제가 아니다. 국민의 생존과 국가의 안보가 쌀 한 톨에 달려있다. '집장사의 집'보다 '농민의 쌀'이 국민과 국가에 더 소중하다.

〈2023년 1월, 정기석〉

과잉생산보다
식량위기가 문제

정부가 또 이해하기 어려운 대책을 내놓았다. 쌀 과잉생산을 막는 답시고 우량 벼 품종 보급을 중단키로 발표했다. 10a당 570kg 이상 생산되는 다수확 품종은 당장 내년부터 공공비축미 매입 대상에서 제외하고 2025년부터는 종자 공급도 중단하겠다는 것이다.

벼(쌀)는 한국민의 주식으로 국가 식량안보의 중심이자 보루이다. 벼의 대표적인 다수확품종은 10a당 생산량이 596kg인 전북의 '신동진', 585kg인 전남의 '새일미' 등이 있다. 충청과 영남지방에서 많이 재배되는 새일품, 진광, 황금노들 등 3개 벼 품종은 이미 올해부터 공공비축미 매입 대상에서 제외됐다. 퇴출된 이유는 수확량이 정부가 정한 상한선인 570kg보다 많다는 단순한 이유밖에 없다.

이런 정부의 우량 벼 품종 퇴출 방침에 농민들은 일제히 반발하고 있다. 밥맛이 좋고 생산량도 많아 농가 소득 증대에 기여했던 우량품종을 퇴출하는 정책은 이해하기 어렵다는 것이다. 이는 농촌과 농민의 현실을 도외시한 단순 무식한 탁상행정이라며 즉각 비판하고 대책의 철회를 요구하고 나선 것이다.

특히 전북의 경우 신동진 벼 대신 수확량이 적은 참동진을 권장하고 있다. 참동진은 키가 커서 바람에 쓰러지기 쉽고 병해충에도 취약한 편으로 수확량이 너무 적은 품종이라 농민들의 반발과 걱정은 더크다. 전북농업인단체연합회는 "작금의 쌀값 하락의 주원인은 과잉생산이 아니라 쌀 초과 생산량이 3% 이상이거나 쌀 가격이 5% 이상 하락 발동해야 하는 자동시장격리제가 제대로 시행되지 않은 게 문제"라며, "쌀 시장격리제 의무화를 담보하는 양곡관리법 개정 쌀값 안정화를 위한 진정한 대책"이라는 주장이다.

무엇보다 쌀 생산량은 최근 계속 감소 추세가 이어지고 있다. 일단 통계청이 발표한 조사에 따르더라도 지난해 쌀 생산량은 376만 4,000톤으로 2021년도의 388만 2,000톤 대비 3% 감소한 것으로 나타났다. 이에 대해 농민들은 정부의 발표한 통계수치가 농업 현장의 현실을 제대로 반영하지 못한 낮은 수준이라며 적어도 20% 이상 감축됐다고 주장한다.

이처럼 지금 우리나라는 쌀 등 식량의 과잉생산을 걱정할 처지는 아닌 듯하다. 2022년도 기준으로 우리나라의 연간 곡물 수요량 2,132만 톤 가운데 겨우 429만 톤만 국내에서 생산됐을 뿐이다. 나머지는 글로벌 초다국적 곡물메이저 등을 통한 수입에 전적으로 의존하는 상황이다. 전체 식량자급률은 45.8%에 불과한 것이다. 전량 수입하는 사료용 곡물까지 포함하면 곡물자급률은 19.3%로 떨어져 OECD 최하위를 도맡고 있다. 밀과 콩은 각각 0.8%, 30.4% 수준으로, 92.8%인 주식 쌀이 있어서 그나마 그 정도 식량자급률을 유지하는 형편이다.

그럼에도 정부는 시장에서 남는 쌀을 정부가 의무 매입하는 양곡관리법 개정안에 부정적인 입장이다. 대신 벼 품종 전환, 타 작물 전환 지원 등 쌀 과잉생산을 방지하기 위한 대중적, 1차원적 대책만 고집하고 있다. "정부가 계속해서 남는 쌀을 의무적으로 매입하면 현재 평년작만 돼도 20만 톤이 남는 구조적 공급과잉 상태가 심화되고, 쌀값 안정에도 도움이 되지 않는다는 것이 정부 입장이라고 주장한다. 더욱이 쌀 시장격리 의무화는 농업인에게 쌀을 많이 생산해도 된다는 잘못된 시그널로 작용하고, 타 작물로 전환할 유인이 줄어든다"는 논리다. 그렇다면, 우리 정부는 식량자급, 식량안보에는 관심이 없는 것인가. 정부 농정관료들의 눈에는 쌀 등 식량이 단지 돈으로 사고파는 상품으로만 보이는 건 아닌가.

농업선진국은 기후·식량의 미래를 걱정

농업과 식량을 대하는 이른바 EU(유럽연합) 등 농업선진국, 식량자급국가들의 입장은 한국 정부의 대책과는 관점이나 차원부터 많이 다르다. EU는 2019년 말 '유럽 그린딜(European Green Deal)'을 발표했다. 2050년까지 기후중립국을 달성한다는 목표를 제시한 것이다. 이어 2020년에는 농업 분야의 기후와 환경을 다루는 '생물다양성 전략(EU Biodiversity Strategy for 2030)', '농장에서 식탁까지 전략(Farm to Fork Strategy)'도 연달아 발표했다.

이는 기후와 환경의 위협이 날로 심화되고 강조되면서 농업 분야는 더욱 건강하고 안전한 먹거리를 생산, 국민과 인류의 건강과 환경에 기여하리라는 미래 예측 때문이다. 특히 2023년부터 본격적으로 적용될 '2021년 공동농업정책(CAP) 개혁안'은 한국 농정에도 다양한 시사점과 혁신방안을 제안하고 있다. 무엇보다 환경보전과 기후 변화 대응을 농정의 핵심으로 내세우면서 기후위기는 곧 식량위기로 직결된다는 준엄한 경고 메시지를 던지는 것이다.

구체적으로는, 온실가스 감축과 관련이 적고 의무사항 이행 여부 점검에 행정비용이 과다하다는 등의 비판을 받아온 기존 녹색직불금을 폐지, '생태직불금'을 새롭게 신설하는 게 주목된다. 즉, 농민 소득 보장 성격이 강한 기존의 직불제에서 환경보전과 기후 변화 대응 활동에 대한 농민의 참여도에 따라 '진짜 농민(Genuine Farmers)'을 선별 지원하는 등 차별적 차등 보상방식으로 전환되는 것이다.

이처럼 EU의 목적은 분명하게 농업 분야에서의 환경성을 강화하려는 것이다. 한마디로 기후위기, 환경위기는 곧 농업위기, 식량위기로 직결된다는 점이다. 나아가 포스트 코로나 시대를 대비해 기후 변화 목표 달성, 생물다양성 협약 이행에서 국제사회를 선도하고 농식품 관련 세계무역질서를 주도하려는 강한 의지의 표현도 품고 있다. 따라서, 그린뉴딜을 추진해온 우리 농정당국은 물론 현장의 농부들조차 최근 EU 농정의 변화와 전망을 예의주시할 필요가 있다.

오늘날 유럽은 코로나로 상징되는 기후와 환경 위협 시대에 혁신적인 미래전략과 대안정책을 발표하며 농정의 위기를 적극 대비하고 있다. 기후, 환경, 생태 다양성 등의 공익적 의제를 중심으로 '사회적이고 생태적인 유럽의 농업'을 재설계하고 있다. 그런데 곡물자급률 19%선 밖에 안 되는 우리 정부는 뜬금없이 식량의 과잉생산을 걱정하고 있다. 식량을 많이 생산하는 우량품종을 식량이 적게 생산되는 불량품종으로 바꾸라고 농민들을 겁박하고 있다. 우리 정부는, 농정당국은 지금 어느 세계에, 어떤 시대에서, 대체 무슨 생각을 하며 살아가고 있나.

〈2023년 2월, 정기석〉

사회적경제는
자본주의 경제

사회적경제기본법안이 10년 이상 장고와 진통을 거듭하고 있다. 지난 19대에 발의된 법안이 21대인 이번 국회에서도 여, 야 간의 갑론을박이 멈추지 않고 있는 것. 다행히 지난달 국회 경제재정소위원회에서 논의된 결과를 보면, 이번 국회에서는 통과될 가능성이 엿보인다.

여전히 정부의 부정적 태도, 반대 의사 등이 가시지 않고 있으나 여당 측 간사가 정부 측에 통과될 만한 수준과 내용으로 새로운 안을 제시하라는 긍정적인 의사를 일단 보였다. 야당인 민주당 측도 야당은 사경법 통과에 반대한다면 여당이 추진하는 경제 안보를 위한 공급망 안정화 지원기본법안을 반대한다며 법안 통과에 강한 전의를 내비치고 있다.

그런데 정부와 여당은 사회적경제에 왜 그토록 못마땅한 것일까. 혹, '사회적경제는 사회주의 경제'라는 시대착오적인 무지 상태에서 아직도 벗어나지 못한 것일까. 이번에도 정부가 내세우는 반대 주장은 공감과 이해가 쉽지 않다. 사회적기업 등이 이미 개별법으로 지원을 받는 상황에서 별도의 기본법 제정은 불가하다는 것. 가령 사회적기업은 고용부가, 마을기업은 행안부, 협동조합은 기재부가 관리하는 등 각자 개별 법령에 따라 관리되고 있으니 그 개별법으로 충분하다는 주장이다. 또 각 사회적경제조직들의 설립목적이나 운영방식 등이 모두 다른 상황에서 일률적으로 통합해서 지원하는 방식은 효과적이지 않다고 주장한다.

그렇지 않다. 개별법이라는 작은 그릇에 담지 못하는 사회적경제의 해법이 기본법안이라는 큰 그릇에 담겨있기 때문이다. 민주당이 발의한 사회적경제기본법안에서는 대통령 소속으로 사회적경제발전위원회를 설치해 기본방향, 관련 정책 등을 심의한다는 방침이다. 특히 기재부에 모든 권한을 주고 육성하도록 한다는 것이다. 개별법에 따라, 부처별도 분산된 사회적경제 정책을 통합과 집중을 통해 사회적경제 정책의 효과와 성과를 높인다는 목적인 것이다. 비영리 사회적 기업 등에 국유재산을 무상 임대하고 연간 70조 원 규모인 공공기관 재화·서비스 구매액의 5~10%를 사회적경제 조직에서 우선 구매한다는 내용 등도 사회적경제인들의 오랜 숙원이 반영된 것이다.

사회적경제는 사회주의가 아니다

여전히 여당을 비롯한 이른바 보수 진영 일각에서는 아직도 사회적경제를 두고 사회주의, 좌파 타령이 사라지지 않고 있다. "국고를 좌파 시민단체의 현금 인출기로 전락시키고 혈세로 운동권 카르텔을 지원하자는 것"이라는 이념적 비판마저 서슴지 않고 내뱉는다. 사회적기업, 협동조합 등은 아무래도 사회혁신적이고, 공동체적인 성향을 지닌 세력들, 이른바 진보적 시민사회단체가 운영하는 경우가 적지 않은 게 현실이라는 편견이 강하다.

하지만 사회적경제는 그런 것이 아니다. 그들이 맹목적으로 염려하는 것처럼 사회주의도 아니고, 사회주의 경제도 아니다. 진보적 시민단체의 현금인출기, 운동권 카르텔의 전유물은 더더욱 아니다. 고용 없는 성장, 경제불평등이 낳은 양극화 현상, 계층간 갈등이라는 자본주의의 부작용, 아픈 상처를 공정하고 효과적으로 치유하려는 사회혁신적, 공동체적 정책해법일 뿐이다. 단지, 자본주의 경제의 개선책이자 보완책으로서 경제 민주주의의 또 다른 표현일 뿐이다.

사회적경제가 지향하는 궁극의 목표지점은, 영리 추구와 공공의 이익이 함께 공존하는 사회를 실현함으로써 소외계층의 해소, 기회의 균등, 양성의 평등, 소수자 인권보고, 환경보호 등 우리 사회 공공의 가치를 실현하는 것에 불과하다. 이로써, 자본주의 시장 경제의 시장 논리만으로 공급되기 어려운 재화와 서비스를 제공하고 취약 계층 일자리를 창출하는 공익에 복무하고자 하는 것이다.

(💰) 사회적경제는 자본주의 혼합 경제

이렇듯, 사회적경제는 자본주의 체제에서 혼합 경제 및 시장 경제를 기반으로 사회적 가치를 우위에 두는 경제활동을 말한다. 그래서 '사람 중심의 경제', 경제 민주주의라고 불리는 것이다.

무엇보다 사회적경제의 운영원리는 경제 민주주의의 그것에 불과하다. 민주적 의사결정, 사회적 목적의 추구, 지분에 근거하지 않은 경제적 성과 배분의 원리, 국가로부터의 독립성을 운영원칙으로 하는 경제주체가 만든다는 점 등이다. 그렇다면 사회적경제를 반대하는 주장은 곧 경제 민주주의를 반대한다는 뜻이 된다. 오로지 사사로운 이윤 추구만 할 뿐, 상호 간의 호혜와 연대는 거부한다는 반사회적 행동으로 직결된다.

이번 사회적경제기본법안의 입법 취지도 일맥상통한다. 양극화 해소, 양질의 일자리 창출과 사회서비스 제공, 지역공동체 재생과 지역순환경제, 국민의 삶의 질 향상과 사회통합 등 공동체 구성원의 공동이익과 사회적가치의 실현을 위하여 사회적경제조직이 호혜협력과 사회연대를 바탕으로 사업체를 통해 수행하는 모든 경제적 활동으로 사회적경제를 규정한다.

심지어 현재 여당의 유력 정치인인 유승민 의원이 2016년 발의한 사회적경제기본법안에서도 "구성원 상호 간의 협력과 연대, 적극적인 자기혁신과 자발적인 참여를 바탕으로 사회서비스 확충, 복지의 증진, 일자리 창출, 지역공동체의 발전, 기타 공익에 대한 기여 등 사회적 가치를 창출하는 모든 경제적 활동"이라고 사회적경제의 의미와 가치를 평가하고 있다.

동서고금의 세계경제사를 살펴보면 더욱 분명해진다. 사회적경제는 19세기 초에 유럽과 미국에서 자본주의 시장 경제가 발전하면서 협동조합, 사회적기업, 상호부조조합, 커뮤니티비즈니스 등의 형태로 출현했다. 불평등과 빈부격차, 환경파괴 등 다양한 사회문제에 대한 대안으로 등장한 것이다. 한국 사회에서는 1920년대 농민협동조합, 도시 빈곤층의 두레조합 형태로 태동, 1960년대 신용협동조합 운동, 1980년대 생활협동조합 운동으로 이어졌다.

특히, 1997년 외환위기 이후에는 구조화된 실업문제, 고용불안, 심화되는 빈부격차, 쇠락하는 지역의 문제를 해결하기 위해 자활기업, 사회적기업, 마을기업, 자활기업협동조합 등을 사회적경제가 본격적으로 가동, 마침내 2007년 사회적기업육성법이 제정, 발효되기에 이르렀다.

2020년, 유럽연합은 '사회적경제'를 핵심의제 중 하나로 채택한 후, 금융위기, 외환위기 등 글로벌위기 상황 속에서도 사회적경제의 고용률이 증가해 경제회복에 크게 기여했다. 현재 유럽연합 27개국의 전체고용량에서 사회적경제가 차지하는 비중은 6.3%의 수준에 달하지만 우리나라는 1.1%에 불과하다. 사회적경제기본법이 오늘날 우리 경제난국의 현실에서 더욱 절실한 이유다.

〈2023년 4월, 정기석〉

지역경제의
자생적 선순환 구조부터

최근 정부는 지역중소기업 혁신성장 촉진 방안을 발표했다. 경제부총리 주재의 '비상경제장관회의 겸 수출투자대책회의'에서 지난 2월 발표한 '지역주력산업 개편 및 육성방향'과 연계한 향후 5년간 정부의 지역중소기업 육성 방향을 제시했다.

수도권과 비수도권 간 격차 심화, 지방소멸위기 등 지역의 위기를 극복하고 지역경제의 활력을 회복하기 위해, 2027년까지 지역성장을 주도하는 대표기업 300개 육성, 정부(지방중기청), 지자체, 지역혁신기관이 참여하는 원팀 지역혁신네트워크 구축 등을 정책 목적으로 삼고 있다.

정부와 지자체가 함께 지역중소기업을 육성한다는 실천 전략을 강조하고 있다. 우선, 14개 비수도권 지역의 주축산업 분야 기업의 성장단계를 '잠재-예비-선도기업'으로 구분, 지역주도로 단계별 성장전략을 수립하고 성장전략에 맞는 기술개발과 사업화를 맞춤형으로 지원한다는 것이다.

이로써, 2027년까지 주축산업 분야에서는 280개의 선도기업을 육성·지원하고 단일 지역에서 추진하기 어려운 수소, 반도체 등 미래 신산업 분야는 지역 간 협력을 통해 '초광역권 선도기업' 20개를 선정·지원한다는 계획이다.

지역 고유의 자원과 역량을 활용한 맞춤형 창업·성장 생태계도 구축한다, 가령, 인천 송도의 'K-바이오랩 허브' 사례와 같은 '지역특화 창업·벤처 밸리' 조성방안을 중장기적으로 마련하고 '중소기업 인재 대학' 지정, '네트워크론' 도입, 글로벌 공급망 진출 지원, 규제자유특구 제도 고도화, 글로벌혁신특구 조성도 주요 내용에 포함되어 있다.

지역중소기업의 위기관리체계도 고도화, 현재 5개 지역에서 운영 중인 위기지원센터를 2027년까지 전국으로 확대한다. 또 농공단지, 지역특구 등 기초자치단체(시군구) 지역의 특화자원을 활용한 특화상품 개발지원, 지방소멸대응기금과의 연계 지원을 통해 소멸위기지역 중소기업의 활력 제고 등도 추진한다. 정부, 지자체, 지역혁신기관이 참여하는 '원팀 지역혁신네트워크'도 구축한다.

중소벤처기업부는 "지방시대의 성공을 위해서는 지역 스스로 성장 동력을 찾고 지역에서 좋은 일자리를 창출하는 것이 가장 중요하며, 그 성공의 열쇠는 지역경제의 기초가 되는 지역중소기업의 혁신성장에 있다"고 정책의 의미를 강조했다. '지역중소기업이 만들어가는 대한민국 지방시대'를 목표로 지역 중소기업 중심의 혁신생태계를 조성하는 데 앞장서겠다는 것이다.

🔞 지역의 자생적 선순환 경제 구조가 먼저

그런데, 이번 정부의 지역중소기업 혁신성장 촉진 방안도 기대는 크지 않다. 여전히 지역의 중소기업은 중앙집권적이고 중앙예속적인 예산배분 구조에 고착된 국가경제 주도적 모델의 사각지대, 변방지대에 놓여있기 때문이다. 이런 구조 속에서 지역주도적인 경제활성화 시책을 마련하기는 쉽지 않다. 그 시책을 실천하기는 더 어렵다. 여전히

'지역경제를 살리고 싶어도 잘 살릴 수 없는' 악순환의 구조악이 지역경제 생태계의 발목을 틀어쥐고 있기 때문이다.

물론 지방자치제 도입과 지방화 진전에 따라 지역의 중요성을 강조하는 '신지역주의'라는 용어마저 이미 등장했다. 이번 정부가 내놓은 정책의 수사처럼 지역이 경제활동의 중심이 되어 '지역적인 것'을 발굴, 개발, 발전시켜야 한다는 주장이 활발한 것도 사실이다. 하지만 국가경제와 기업이 잘 되면 지역경제도 같이 잘 되는 일종의 '낙수 효과(Trickle Down)' 구조, 국가의 중앙정부에 예산이나 사업전략의 상당 부분을 의지하고 의존하고 있는 것도 사실이다. 중앙과 지방의 양극화 심화, 팽배하고 만연된 지역이기주의 풍토 속에서 지역균형발전은 여전히 쉽지 않은 해묵은 과제임은 틀림없는 사실이다.

지역경제 활성화를 위해서는 중앙정부의 정책도 중요하지만 그보다 먼저 지역에서 준비하고 선결해야 할 과제가 있다. 기업에 대한 대규모 투자가 연관기업의 성장과 지역고용 창출, 그리고 지역소비로 이어지는 선순환이 발생하는 자생적 성장구조와 기반을 지역에서 갖추는 일이다.

오늘날 우리 지역은 지역성장의 동력인 인구가 줄어들고 있고, 특히 청년인구의 감소가 심각한 상황에서 지역의 활력이 날로 저하되는 현실이다. 심지어, 코로나19 이후 지역의 영세 자영업자, 소기업들이 매출 감소로 도산위기에 처한 한계기업도 속출하는 등 지역경제는 그야말로 최악의 상황으로 치닫고 있다. 지역에서 미처 준비되어 있지 않다면 중앙정부의 어떠한 정책, 예산 등 백약도 무효가 될 우려가 크다.

(₩) 지역경제의 주체는 지자체와 지역주민

국가에서, 중앙정부에서 아무리 혁신적인 정책, 예산 투자 등으로 지역에 물을 주고 씨를 뿌린다 한들, 인력도, 자본도, 행정력도 부족한 지역이라는 사막에서는 싹이 트기 어렵다. 따라서 지역성장과 지역경제 활성화를 위해서는 지역에서 우선적으로, 자율적으로, 창의적으로 경제 활성화 노력이 선행되어야 한다.

이때, 지역경제는 말 그대로 지역단위의 경제활동이기 때문에 중앙정부의 정책이나 지원보다는, 지역경제에 일차적이고 최종적 책임이 있는 지방자치단체의 역할이 가장 중요하다. 지자체장은 지역경제의 최고경영자(CEO)의 역할을 수행할 자세와 역량을 갖추어야 함은 물론이다.

지자체(장)는 지역의 가용자원과 문제점을 면밀히 분석하고 미래를 예측하는 등 지역경제를 활성화할 준비를 게을리하지 말아야 한다. 수도권이나 타지역과 차별화되고 지역의 고유성과 잠재력에 특화된 지역발전 혁신전략을 자체적으로 수립하고 독자적으로 실행할 수 있어야 한다. 이러한 지자체장과 공무원들의 적극적인 의지와 전략에 지역경제의 주인이자 주체인 지역주민들의 참여와 실천이 유기적으로, 화학적으로 결합되어야 한다.

십수 년 전, 지역공동체사업의 책임 주체로서 지역주민들의 주도하는 '마을기업'의 개념을 제안한 바 있다. 이후, 행정안전부의 '마을기업 육성사업' 등을 통해 '지역공동체에 산재한 각종 특화자원(향토, 문화, 자연 자원 등)을 활용, 주민주도의 비즈니스를 통해 안정적 소득 및 일자리를 창출하는 마을 단위의 기업'. 수많은 마을기업이 전국 지역마다, 마을마다 세워졌다.

이제 '마을기업'은 한 단계 더 나아가야 할 적기다. 양적인 진화에서 질적인 진화로, 경제적인 진보에서 사회적인 진보로 그 지평과 가치도 더 확장하고 확대될 필요가 있다. 마을과 마을을 넘어 마을과 지역, 지역과 지역을 협동과 연대의 힘으로 상호호혜적으로 잇고 엮고 묶는 이른바 '지역사회기업'으로 나아가야 한다.

이로써, 지역경제 활성화의 주역은 중앙정부가 아니라, 지역주민들이 함께 세우고 꾸리는 '지역사회기업'이 감당해야 한다. 설사 중앙정부의 지원이나 지도가 없어도, 지역경제와 지역주민은 지역에서 스스로 살아갈 수 있다.

〈2023년 4월, 정기석〉

불경기 탈출구 열쇠,
자영업

심각한 불경기가 심화되고 있다. 불경기란 생산, 소비 등 경제활동이 활발히 돌아가지 않는 상태를 말한다. 수입이 줄어든 기업은 지출을 줄여야 하니 정리해고 등 구조조정을 피할 수 없다. 인력이 줄어든 기업은 생산동력과 시장 기반이 위축되거나 상실된다. 직장을 잃고 임금과 소득이 줄어든 소비자들은 시장을 이용하지 못한다.

이렇게 생산과 소비가 돌아가지 않는 불경기의 악순환의 고리는 끝이 보이지 않는다. 생활에 지친 소비자들은 복권이나 도박에 매달리고 인터넷 중고시장에 생활용품까지 내다 판다. 와중에 저가의 물품으로나마 사치를 즐기려는 일부 소비자들의 '립스틱 현상'도 여전히 사라지지 않는다. 이런 동네시장의 침체와 왜곡은 결국 국가 경제의 혼란과 위기로 연결된다.

지금 같은 불경기의 상태와 수준을 보면 국가가 나설 때가 이미 지나친 건 아닌지 우려된다. 국가가 나서서 급여노동자들의 임금을 인상하고 소상공인 등 취약 계층의 소득을 창출하는 정책적, 제도적 노력을 보여줘야 불경기가 해소될 수 있을텐데 말이다. 장기 불경기의 직격탄에 무방비로 노출된 자영업자들을, 민생을 구할 국가는 지금 어디 있는가?

1,000조 자영업 대출과 180만 자영업 다중채무자

　불경기라는 위협과 위험에 치명적인 손실과 피해를 보기 쉬운 소상공인 등 자영업자의 문제는 해당 자영업자만의 문제가 아니다. 자영업자는 민생의 뿌리이자 토대이기 때문이다. 국가 경제의 보루이자 최전선이기 때문이다.

　게다가 자영업자는 세법상으로 다종다양한 개인 사업자로서 특성상 소규모의 영세한 사업자가 대부분을 차지한다. 따라서 일부 유망 기업들이나 중산층 이상에게 혜택과 효과가 제한될 수 있는 대출 만기 연장, 이자 유예 등 금융 지원 조치만으로는 아무래도 위기에 취약한 자영업자를 챙기는 데 한계가 있다. 자영업자의 문제를 해결하려면 산업의 구조조정을 통한 근본적인 체질 개선이 절실한 이유다.

　최근 소상공인진흥공단이 집계한 전국 소상공인 체감경기실사지수(BSI)를 살펴보면 하락세는 계속되고 있다. 이유는 단순하고 분명하다. 우선 고금리에 따른 이자 부담 증가로 가계의 실질소득이 감소했다. 당연히 소비가 줄어든 데다 물가까지 금리와 동반 상승했다. 물가 상승은 자영업자의 원가 부담 증가와 판매 부진에 따른 수익 감소와 직결되었다.

　통계청의 발표를 살펴봐도 자영업자 위주 서비스업 둔화 추세는 확연하다. 특히 영세 자영업자가 많은 숙박·음식업의 서비스업 생산(불변지수)은 지난해 2분기 -2.7% 감소세로 전환하고 3분기에는 -4.7%로 더욱 감소했다. 소상공인들이 주로 신청하는 개인회생은 지난해보다 41%나 급증했다.

지금 자영업자들은 빚으로 빚을 갚고 있는 최악의 난국에 빠져있다. 지난해 상반기에 이미 자영업자들의 대출잔액은 1,000조 원을 넘어섰다. 특히 3개 이상 금융기관에서 대출받은 전국의 자영업 다중채무자는 178만여 명으로 역대 최대치를 기록했다. 600여만 명의 자영업자의 셋 중 하나는 다중채무자의 굴레를 짊어지고 있는 셈이다.

당연히 부실 대출의 연체율도 지난해 대비 두 배 이상 늘어났다. 은행에서 더 돈을 빌리지 못하는 자영업자들은 마침내 고리대금업과 다를 바 없는 사설 대부업체의 급전 창구를 기웃거린다. 물론 금융당국 등 정부가 자영업의 위기가 심각한 단계라는 사실을 모르지는 않는 듯하다. 손을 놓고 있다고 비난만 할 수도 없다.

소상공인 채무 조정, 고금리 대출의 저금리 은행 대출로 대환 등의 자영업자용 프로그램을 지속적으로, 추가적으로 시행하고 있다. 대출 만기 연장, 이자 유예, 손실 보상 등 채무조정 조치로 적지 않은 자영업자들이 단기 유동성 위기를 벗어나기도 한 건 사실이다.

하지만 이런 특단의 한시적 금융구제프로그램은 일부에게 일시적으로 '진통제' 효과를 줄 뿐이다. 근본적인 불경기 해소책이 전제되지 않는 단기 처방 미봉책에 불과하다. 가령, 코스피 상장사의 평균 영업이익률조차 5%가 안 되는데 소상공인 자영업자의 낮은 영업이익으로 5%가 넘는 대출이자를 감당하는 건 애초에 어불성설이다.

자영업 생태계 회생은 한국경제 구조조정으로

정부는 자영업의 위기는 자영업자의 문제에서 시작되고 그치지 않는다는 인식을 새삼 다질 필요가 있다. 결국 한국경제의 구조적 문제에서 비롯되는 고질적이고 만성적인 자영업의 어려움은 불경기 산업 구조 변화에 따른 수요 변화 때문이 아닌가. 이제 전통시장에서 최대 경쟁자는 동종업자가 아니라, 중대규모 업자가 아니라 다국적 온라인 쇼핑몰이 된 지 오래다. 급격하고 파격적인 소비행태 변화의 직격탄은 이처럼 자영업자들이 자구책으로 대처하기에는 치명적인 것이다.

더군다나 한국경제는 저출산과 고령화라는 어두운 터널과 깊은 늪에 빠져있다. 인구 감소와 고령화는 소비 위축, 자영업자들의 매출 감소로 직결된다. 자영업자들의 잘못이나 문제가 아니다. 무엇보다 한국은 경제협력개발기구(OECD) 회원국들 가운데 자영업자의 비중이 가장 높다. 2022년 기준으로 전체 취업자 중 자영업자 비중이 23.5%에 달했다. OECD 평균은 15% 수준에 불과하다.

한국 자영업의 높은 비중은 타 OECD 국가들에 비해서 양질의 일자리가 크게 부족하기 때문이다. 그래서 '묻지 마 창업', '선택의 여지가 없는 원치 않는 창업'이 횡행하는 것이다. 청년의 취업이나 은퇴 고령자의 재취업이 어려운 것, 그러니까 청년이나 중장년이나 먹고살 만한 마땅한 일거리가 없는 게 핵심 원인이다. 또 자영업자 비중은 소득수준에 반비례한다. 지금도 한국에서는 매년 약 100만 명이 창업해서 80만 명 정도가 매년 폐업한다고 한다.

정부는 빚이 빚을 낳는 악순환 구조에 빠진 자영업자들에게 명확한 탈출구를 제시해야 한다. 그게 구호만 난무하는 민생을 챙기는 가장 근본적이고 가장 시급한 과제이다. 금융지원, 세금 감면 등 일시적, 한시적 약물치료는 자영업자의 지병을 더 악화시킬 뿐이다. 빚이 더 많은 빚을 낳아 자영업자뿐 아니라 금융계마저 동반위기로 내몰 수 있다.

지금은 자영업자 생태계 구조조정이라는 외과수술이 필요한 시점
이다. 글로벌 차원의 산업 재편에 대응한 자영업 구조조정 로드맵과
프로그램이 제시되어야 한다. 당장의 채무 재조정, 세금 감면 외에,
근본적이고 중장기적인 대책으로 폐업 지원, 사업 전환, 재창업 및 재
취업 등 혁신적 구조조정 출구 정책을 시행해야 한다. 민생의 뿌리이
자 열쇠인 자영업이 먼저 살아야 한국경제는 불경기의 늪에서 빠져나
올 수 있다.

〈2024년 1월, 정기석〉

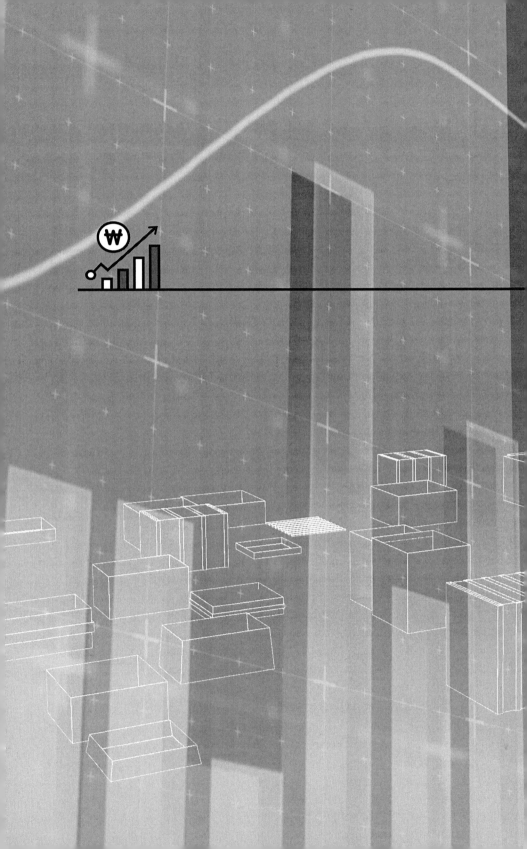

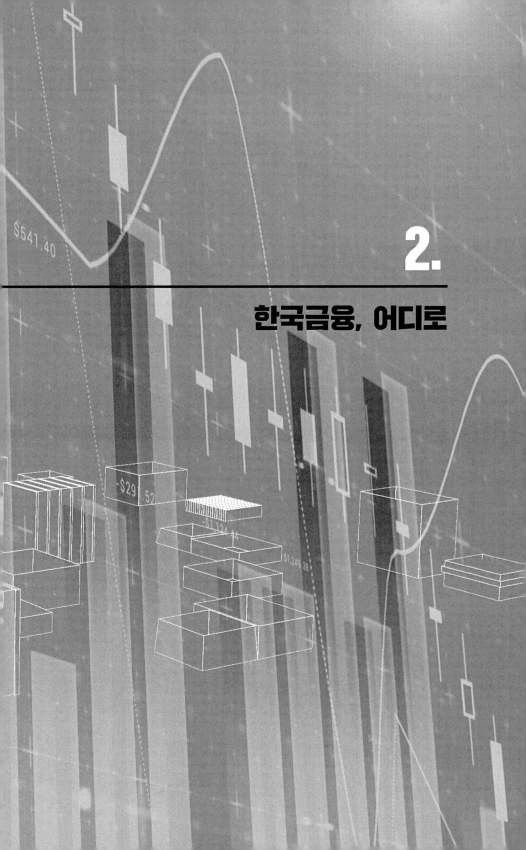

2.

한국금융, 어디로

연체 '꿈틀꿈틀',
부실 '째깍째깍'

금융에는 '쥐약', 연체가 꿈틀댄다. 은행의 건전성 관리에 적신호가 켜졌다. 잠재부실 위험이 현실화할 조짐이다. 한국은행의 기준금리 인상에 따른 고금리에 고환율과 고물가가 합세한 여파다. 지난해 말 신한·KB국민·하나·우리 등 4대 은행의 연체율은 0.16~0.22%였다. 전년보다 0.03~0.04%가 올랐다.

은행권 연체율은 한동안 낮은 수준을 유지해왔다. 금융감독원에 따르면, 국내은행의 원화 대출 연체율은 2019년 말 0.36%를 기록했다. 코로나19가 본격화된 2020년 말에는 0.28%로 떨어졌다. 2021년 말에는 0.25%로 더 하락했다. 팬데믹 피해 관련 대출 만기 연장 및 이자 상환유예조치에 따른 '착시효과'도 한몫했다. 그러다 지난해 하반기부터 연체율이 상승세를 타고 있다.

은행이나 금융당국은 애써 태연한 표정이다. 담보 비율이 일정 부분 상승했고 보수적인 충당금 정책으로 손실흡수 능력을 강화해 연체가 늘어나도 대손으로 이어질 가능성은 제한적이라고 설명한다. 실제로 KB국민·신한·하나·우리금융 등 4대 금융지주는 지난해 5조 1,033억 원의 대손충당금을 설정했다. 전년도 3조 2,509억 원보다 57% 늘려 쌓았다.

올해가 더 걱정이다. 대출 금리가 고공행진을 이어가는 가운데 경기침체가 본격화되고 있다. 여기에 금융지원정책의 약발까지 떨어지면 경제의 약한 고리인 중소기업과 소상공인을 중심으로 부실 규모가 커질 수 있다. 기업과 가계를 합산한 민간부문 대출이자 부담은 눈덩이처럼 커져 왔고 지금도 계속 불어나는 중이다.

금리 상승에 따른 잠재부실 현실화

전국경제인연합회 산하 한국경제연구원의 '금리 인상에 따른 민간부채 상환 부담 분석'이 섬뜩하다. 올해 민간부문 대출이자가 작년보다 33조 6,000억 원 더 늘 것으로 내다봤다. 자본시장연구원은 '2023년 자본시장 전망과 주요 이슈' 세미나에서 중소기업을 중심으로 기업 건전성 문제가 올해 경제의 뇌관이 될 수 있다고 지적했다. 중소벤처기업연구원도 지난해 10월 기준금리가 3.25%로 높아지면 한계 소상공인이 127만 명까지 불어날 수 있다고 밝힌 바 있다.

경기침체 지속도 부실을 재촉하는 또 다른 요소다. 우리 경제의 지난해 4분기 성장률은 -0.4%, 2년 6개월 만에 역성장했다. 올 1분기 역시 마이너스 성장을 배제하기 힘들다. 한은이 제시한 올해 1.7% 성장률 달성도 불투명하다. 한은이 지난해 말 발표한 금융안정보고서는 향후 대출 금리 상승세가 이어지고 매출 회복세 둔화와 금융지원정책 효과가 소멸할 경우 자영업자 대출 중 부실위험 규모가 올해 말 40조 원까지 늘어날 것으로 추정됐다.

중·저 신용자에 대한 대출 비중이 높은 인터넷 은행의 사정은 더 딱하다. 지난해 말 카카오뱅크의 연체율은 0.49%로 1년 전보다 0.27% 포인트 상승했다. 2021년 말 0.22%에서 지난해 1·4분기 말 0.26%, 2·4분기 말 0.33%, 3·4분기 말에는 0.36%로 올랐다. 4·4분기에는 전

분기보다 0.13%포인트 오르며 상승 폭을 키웠다. 연체 기간이 3개월 이상인 고정이하여신(NPL) 비율도 지난해 말 0.36%로, 1년 전 0.22%보다 0.14%포인트 뛰었다.

케이뱅크도 마찬가지다. 연체율이 꾸준한 오름세다. 지난해 3·4분기 말 연체율은 0.67%, 2021년 말보다 0.26%포인트 올랐다. 저축은행 카드사 대부업체 등 비은행권 연체율도 가파르다. 가계대출 차주 잠재부실률이 작년 10월 말 2.25%로 뛰었다. 중·저신용자 이용률이 높은 저축은행 신용대출의 잠재부실률은 8.95%까지 치솟으며 코로나19 이전 수준을 웃돌았다.

🏦 금융은 양날의 검, '불행의 씨앗', '부실의 뇌관'

서민 정책금융상품인 '햇살론15'의 연체는 더 심하다. 대출받은 차주가 대출을 갚지 못해 서민금융진흥원이 은행에 대신 물어준 비율, 대위변제율이 2021년 12월 5.5%에서 11개월 만에 16.3%로 급등했다. 금융권의 부동산 프로젝트파이낸싱(PF) 대출 연체도 못지않다. 부동산 경기가 급랭하면서 금융권 PF 대출 연체 잔액이 1조 원을 넘었다. 업권별 연체율은 증권사가 8.2%로 가장 높고, 저축은행과 캐피탈이 각각 2.4%, 1.2%로 그 뒤를 이었다.

본디 연체는 변수가 다중적이라 치유가 쉽지 않은 측면이 있다. 최근 경우는 더더욱 그렇다. 금리 급등에다 물가 상승에 따른 실질소득 감소, 경기 둔화 등이 겹쳐 생겨난 복합적 현상이다. 근본적으로는 경기 회복 등 경제 상황이 좋아져야 치유될 수 있다. 그렇다고 가만히 손 놓고 있을 순 없다. 피해를 최소화하려면 방도를 찾고 대책을 마련해야 한다.

금리 인상으로 어려움을 겪는 취약차주에 대한 채무조정을 강화해야 한다. 만기 일시상환 대출을 장기 분할상환 대출로, 고금리 대출을 저금리 대출로 전환을 늘려야 한다. 흥행에 실패한 새출발기금, 저금리 대환 대출, 소상공인 맞춤형 금융지원 프로그램 등 시행 중인 제도도 손봐야 한다. 도덕적 해이 수준을 넘지 않는 범위 내에서 적용 대상을 늘리고 지원조건을 완화할 필요가 있다.

기실 알고 보면 연체만큼 무서운 게 없다. 금융은 양날의 검, 필요악이다. 잘만 활용하면 약이 되나 지나치면 독이 된다. 감당할 수준을 넘는 대출은 연체로 이어져 불행의 씨앗이 된다. 차주를 도산의 나락에 빠뜨리고 금융회사에는 부실의 뇌관으로 작용한다. 종업원을 실업으로 내몰고 기술력과 영업력을 사장시킨다. 연체는 비율이 아닌 비수(匕首). 칼날에 베이지 않게 잘 다뤄 흉기를 이기(利器)로 써먹어야 한다. 정책이 필요한 이유이자 감당할 역할이다.

〈2023년 2월, 권의종〉

은행은 공공재,
신(新)관치 서막인가

미안한 얘기지만, 눈치로는 대한민국 관료를 따를 자 없다. 누가 대통령중심제 아니랄까 봐 대통령의 지시가 있거나 불호령이 떨어져야 움직이곤 한다. 그도 그럴 것이, 모난 돌이 정 맞는다고 괜히 나섰다가 눈치 없다 소리나 듣고, 일이 잘못되면 징계까지 당하기에 십상이다. 가만있으면 중간은 가는데 공연히 긁어 부스럼 만들 하등의 이유가 없다.

최근 일만 해도 그렇다. '은행은 공공재'라는 대통령 발언이 있자 정부가 비상이 걸렸다. 호떡집에 불난 듯 호들갑을 피운다. 금융감독원장은 현장 방문에 나섰다. 은행을 방문, 소상공인, 중소기업 대표, 금융 및 소비자 전문가와 만나 고금리로 인한 금융 애로 사항을 청취하고 상생 금융의 필요성을 논의했다. 공정거래위원회는 주요 6개 은행에 대한 직권조사에 돌입했다. 대출 금리와 고객 수수료 담합 여부에 대한 점검을 개시했다.

금융위원회도 움직임이 부산하다. 금융지주 등 '주인 없는 회사'의 지배구조 선진화 필요성에 대한 대통령의 언급에 화답, 금융회사지배구조법을 손보려 한다. 1·4분기 이내에 업계 의견수렴과 조문 작업을 거쳐 개정안을 마련, 입법 예고할 예정이다. 경영에 대한 임원 책임을 명확히 하는 등 내부통제를 개선하고 임원 선임 절차의 투명성을 높이는 내용을 개정안에 담는다.

정치권은 '은행 옥죄기'에 한술 더 뜬다. 여당은 대통령의 발언에 힘을 실을 법안 마련에 분주하다. '은행의 공공성'을 은행법의 목적 조항에 명시하는 '은행법 일부 개정 법률안'을 발의했다. 제1조에 "은행의 공공성을 확보함으로써 국민경제 발전에 이바지함을 목적으로 한다"는 내용을 추가하는 게 골자다.

🏦 정치권은 '은행 옥죄기'에 한술 더 떠

야당은 '은행판 횡재세법'을 구상한다. 은행의 초과 이익에 별도로 초과이득세를 걷는 은행법 개정을 추진한다. 횡재세(Windfall Profit Tax)는 말 그대로 '바람에 떨어진 과일'처럼 기대치 않은 행운으로 번 돈에 대한 과세다. 급격한 환경 변화로 큰 혜택을 본 기업에 매기는 추가적인 세금이다. 러시아·우크라이나 전쟁 등 외부요인으로 석유·석탄·가스·정유 등 에너지 기업이 막대한 이익을 보자 유럽 주요국에서 횡재세를 부과하는 사례를 벤치마킹할 태세다.

겁먹은 금융권은 금리 인하와 직원 채용 확대를 밝혔다. 불어난 이자 이익으로 상여·퇴직금 잔치를 벌인다는 비난을 공익활동 강화로 대응하는 차원으로 이해된다. 전국은행연합회가 '국내은행 2023년 상반기 채용계획'을 밝혔다. 20개 은행에서 작년 상반기보다 742명이 많은 2,288명을 신규 채용한다. 저축은행업계는 올 상반기 중 151명의 정규직 신입직원을 채용한다. 여신금융업계도 같은 기간 1,232명을 새로 뽑는다.

비난 또한 크다. 대통령이 말 한마디 했다고 금융기관 때리기에 경쟁적으로 나서는 세태를 꾸짖는다. 뛰는 물가를 잡기 위해 한국은행이 고금리 기조를 유지하고, 경제부총리가 나서 임금 인상 자제를 당부하는 판에 은행에 금리 인하를 강요하는 건 자가당착임을 나무란다. '돈 잔치' 운운하며 금융회사를 다그치고 악마화하는 행태야말로 신(新)관치의 시작이라 꼬집는다.

'공공성'과 '공공재'의 혼용도 들춘다. 공공재의 사전적 정의는 '모든 개인이 공동으로 이용할 수 있는 재화 또는 서비스를 뜻한다. 국방·경찰·소방·공원·도로 등과 같이 정부에 의해서만 공급할 수 있는 것으로 정부에 의해 공급되는 재화나 서비스'를 말한다. 그런데 금융은 여기에 해당하지 않는다는 것이다.

🏦 은행은 공공성을 발휘, 상생 도모해야

또 공공재 특성으로는 '어떤 사람의 소비가 다른 사람의 소비를 방해하지 않고 여러 사람이 동시에 편익을 받을 수 있는 비경쟁성·비선택성, 대가를 지급하지 않은 특정 개인을 소비에서 제외하지 않는 비배제성'이 정의된다. 그런 점에서 민간기업이자 주식회사인 은행의 서비스는 공공재로 보기 어렵다고 진단한다. 공공성이 있다고 공공재라 말하는 건 이론적 개념에 어긋날뿐더러, 실제로 세계 어느 나라에서도 은행을 공공재로 보지 않는다는 것이다.

반론에도 나름의 일리는 있다. 그래도 그런 얘기는 잠시 거론하는 수준에 그쳐지 논쟁으로 비화하는 건 득은커녕 실이 크다. 발언의 내용은 문리해석을 넘어 논리해석, 목적론적 해석 등으로 행간의 의미를 살펴야 한다. 교과서적 개념과 범주의 오류에 빠져선 안 된다. 단어 하나로 말꼬리를 잡을 게 아니라 화자의 본뜻을 알아차려야 한다. 대통령 발언을 국민의 경제적 부담을 덜어주고 상대적 박탈감을 없애려는 충정으로 너그러이 이해하면 될 일이다.

대통령도 금융의 공적 기능을 강조했지, 은행을 공공재로 단정 짓지 않았다. 금융위 업무보고에서 "은행은 공공재 측면이 있기 때문에 공정하고 투명하게 거버넌스를 구성해야 한다고 생각한다"고 말했다. 제13차 비상경제민생회의에서는 "금융·통신은 민간 부문에서 서비스를 공급하고 있지만, 공공재적 성격이 강하다"며 "서민 가계에 큰 영향을 미치는 만큼 업계도 물가 안정을 위한 고통 분담에 자발적으로 참여할 필요가 있다고 생각한다"고 언급했다.

　금융의 공공재 논란은 대통령의 발언이 축약되어 전달되는 과정에서 빚어진 오해라 할 수 있다. 이런 가운데 금융이 나아갈 바는 오히려 분명해졌다. 은행이 영리 추구의 사기업이긴 하나 공공성을 발휘, 상생을 도모해야 한다는 부동의 명제다. 국민 없는 금융이 존립할 수 없고 금융 없는 경제가 성립할 수 없다. 경제 여건과 시장 원리에 순응하며 국민과 국가 경제에 이바지하는 공존공영. 한국금융의 궁극적 지향점이다. 백지장도 맞들면 낫고 함께 가야 멀리 간다.

〈2023년 3월, 권의종〉

美 연준 '딜레마',
한국은행 '고심'

그토록 기세등등하던 미국 연방준비제도이사회(Fed)가 갑자기 의기소침해졌다. 그동안 인플레이션 억제에 올인해 왔으나, 실리콘밸리은행(SVB) 파산으로 금융 불안 해소라는 숙제까지 떠안았다. 3월 베이비스텝 기준금리로 절충점을 찾으려 했으나, 은행권 위기는 수그러들 기미가 안 보인다. 시그니처은행 폐쇄에 이어, 스위스 크레디트스위스(CS), 독일 도이체방크까지 부도 위험이 퍼졌다.

사태가 이쯤 되면 뒷말은 당연. 그간의 공격적 금리 인상이 금융 불안을 초래했다는 지적이 나온다. 물가 억제가 우선이라며 계속 금리를 올릴 때부터 알아봤다며 비아냥댄다. 실제로 3월 초까지만 해도 연준은 통화 긴축에 매파적 기조였다. 제롬 파월 의장이 미 상원 은행위원회 청문회에 출석, "최근의 경제지표가 예상보다 더 강세를 보인다"며 "경제지표가 더 빠른 긴축을 정당화하면 금리 인상 폭을 높일 준비가 돼 있어야 한다"고 발언했다.

상황이 돌변한 지금, 연준의 '책임론'이 고개를 든다. 실리콘밸리은행 붕괴가 은행권위기로 번지는 걸 제대로 감독하지 못한 책임이 무겁다는 지적이다. 딜레마에 빠진 연준의 향후 금리 행보에 관심이 더욱 증폭되는 이유다. 앞으로 연준이 물가를 잡기 위해 계속해서 금리를 올릴 것인지. 아니면 금융 불안을 잠재우기 위해 금리를 동결하거나 내릴 것인지에 세계적 이목이 쏠린다.

언론도 걱정하는 바다. 월스트리트저널(WSJ)은 "인플레이션과 은행 권위기 사이에서 연준이 얼마나 오래 줄타기를 할 수 있을지 모르겠다"며 불안해했다. 그러면서 "고금리는 인플레이션을 완화하는 동시에 금융기관의 대출 비용을 높여 대출이 감소하게 된다"며 은행권위기와 물가 문제를 동시에 잡기는 매우 까다로운 난제라는 우려를 표했다.

(이미지) 미 통화정책 벤치마킹 한국에 불똥

해법 찾기보다 더한 악재는 연준에 대한 불신이다. 시장에서 연준의 영(令)이 서지 않고 말발이 안 먹힌다. 파월 의장이 연내 금리 인하는 없다고 못 박았으나, 이를 곧이곧대로 믿으려 하지 않는다. 시카고 상품거래소(CME)의 페드워치(FedWatch)에 따르면, 7월 연방공개시장위원회(FOMC)에서 금리를 인하할 확률을 70% 이상으로 내다봤다.

연준이 물가도, 금융기관 건전성도 잡지 못할 거라는 관측이 힘을 얻는다. 금융 불안이 은행 신용을 위축시키고 경제 둔화를 유발하는 디스인플레이션(물가 상승률 하락)을 축적, 경기침체를 앞당길 수 있다는 회의론이 고개를 든다. 그래서인지 연준도 올해 미국의 실질 국내총생산(GDP) 증가율 전망치를 0.4%로 직전보다 0.1%포인트 낮춰 잡았다.

남 얘기나 할 때가 아니다. 미국발 금융 불안이 언제든 우리나라에도 불똥이 튈 수 있음을 염려해야 할 판이다. 우리나라는 미국의 통화정책을 늘 참고하고 벤치마킹해 온 터. 파월 의장의 입만 쳐다보며 미국이 금리를 올리면 우리도 금리를 따라 올려온 사실을 부인하기 어렵다. 물가 억제가 최우선 과제라는 파월 의장의 말을 시도 때도 없이 반복 인용해온 정부 당국과 한국은행 아니었나.

당시로선 불가역적이었을 수 있다. 간과한 점도 있다. 엄밀히 말하면 정책은 경중완급(輕重緩急)이나 우선순위가 있을 수 없다. 가령 물가가 우선이고 성장은 나중이라는 식의 논리는 성립하기 어렵다. 경제 현상은 어느 하나 중요하지 않은 게 없다. 상충하는 개념은 합리적 수준에서 절충점을 찾아야 하며, 이 또한 정책이 감당할 역할이다. 한 가지 지표에 매달리다 보면 다른 지표들은 나빠질 수 있다. 소의 뿔을 바로 잡으려다 소를 죽이는 잘못을 범할 수 있다.

'답은 가까이', 외국 아닌 자국, 그들 아닌 우리

정책은 타깃을 잘 정해야 한다. 그것도 어디까지나 일시적이어야 한다. 긴축을 위한 기준금리 인상도 그렇다. 물가 억제에는 기여할 수 있으나, 소비 부진이나 금융비용 가중에 따른 경기침체와 성장 저하의 대가를 치러야 한다. 지속적인 긴축은 제조업 경기를 필요 이상으로 위축시키고 공급능력의 회복에 부정적으로 작용, 새로운 인플레이션의 씨앗이 될 수 있다.

정부도 만능은 아니다. 정책의 기반이 되는 경제의 이론과 원리도 그리 믿을 바 못 된다. 자연법칙처럼 보편적일 수 없다. 경제학이 무엇인가. 다양한 모형들을 만들어 현실을 설명하고 이런 모형들이 합쳐져 하나의 개념을 형성한 이론에 불과하다. 더 놀라운 사실은 미래 변화를 예측하기 위해 모형을 사용할 때 다른 여타의 조건들은 일정하다는 가정을 토대로 하는 점이다.

즉, 한 가지 요인이 변할 때 결과가 어떻게 되는지 살펴보는 동안에 다른 원인들은 변하지 않는다는 지극히 비현실적인 가정에 기초한다. 학자들은 이를 세테리스 파리부스(Ceteris Paribus) 라는 라틴어로 유

식하게 표현한다. 정책이 어느 때는 맞고 어느 때는 맞지 않는 이유
다. 그래도 경제학이 정책의 기초를 이루는 것은 그나마 그만한 도구
가 없기 때문이다.

그렇다고 통제 가능 수단이 없음을 한탄만 할 순 없다. 그럴수록
정부가 현장을 잘 살피고 그때그때 그에 맞은 정책을 유연하게 펼쳐
나가야 한다. 이론과 직관에 기대는 탁상 정책은 쓸모가 없다. 실용
과 논리에 기초한 현장 정책이 힘을 발한다. 선진국의 정책은 타산지
석으로 삼을지언정 금과옥조로 떠받들면 안 된다. 신토불이(身土不
二), 답은 대개 가까이 있다. 외국이 아닌 자국에, 그들이 아닌 우리
에, 책상이 아닌 현장에 숨어 있다. 그것도 들키지 않게 꼭꼭.

〈2023년 4월, 권의종〉

불확실성 시대,
정책금융의 성공조건

지금 금융시장은 시계 제로다. 미국이 지난 1년간 8차례의 금리 인상으로 국제 금융시장의 자금 경색이 심해졌다. 실리콘밸리은행(SVB)과 시그니처은행의 파산은 금융 불안이 경제위기로 전이될 수 있음을 실감케 했다. 제롬 파월 미국 연방준비제도(Fed) 의장의 말 한마디에 세계 금융시장이 요동친다. 미국 금리의 향방은 변동성이 급격하게 높아지는 글로벌 금융시장에서 중대 변수다. 한국도 그 영향권에 놓여 있다.

금융시장이 불안할수록 특히 필요한 게 정책금융이다. 정책금융은 정부가 정책적으로 특정 부문의 육성과 지원을 위해 선별적으로 지원하는 우대 금융을 뜻한다. 정부가 국민을 위해 시행하는 각종 사업이나 업무 방향이 정책이라면, 이런 정책 수행을 후원하기 위해 시행하는 제반 금융지원을 정책금융이라 일컫는다. 금융시장 안정과 경제위기 극복에 유효한 도구로 활용된다.

대표적인 정책금융기관으로 대출을 지원하는 KDB산업은행, 한국수출입은행, IBK기업은행, 중소벤처기업진흥공단, 소상공인시장진흥공단, 서민금융진흥원 등이 꼽힌다. 담보력이 미약한 기업에 보증을 지원하는 신용보증기금, 기술보증기금, 지역 신용보증재단 등도 있다. 수출 확대를 위한 무역금융이나 주택공급 촉진을 위한 주택금융 등도 정책금융의 범주에 속한다.

정책금융의 주된 기능은 시장실패 보완이다. 자원 배분을 시장 기능, 이른바 '보이지 않은 손'에만 맡기면 정보의 불완전성과 비대칭성, 외부효과 등으로 효율적으로 이뤄지기 어렵다. 금융시장도 예외는 아니다. 시장 원리에만 의존할 경우 저신용자 등 취약 부문에는 일반 금융회사가 자금지원을 꺼리게 된다. 이때 공익의 수호자인 정부가 나서서 자금공급, 금리 인하, 보조금 지급 등으로 자금 흐름의 막힌 물꼬를 터줘야 한다.

정책금융은 '공(호)돈'이 아닌 '공(公)돈'

정책금융은 순기능만 있는 게 아니다. 역기능도 있다. 정책금융 공급이 과도하거나 금리를 인위적으로 무리하게 낮추면 의도치 않은 부작용이 생길 수 있다. 금융시장에 대한 지나친 정부 개입은 시장 질서를 교란할 수 있다. 심하면 금융 불안을 야기하고 금융위기까지 초래할 수 있다. 정책금융 공급 과잉은 신용 창출을 증가시켜 물가를 자극할 수 있다.

정책금융을 '공(公)돈'이 아닌 '공(호)돈'으로 곡해하는 도덕적 해이가 발생할 수 있다. 정책자금을 받기 위해 부러 신용점수를 낮추는 방법이 온라인 커뮤니티에서 공유되는 진풍경까지 벌어진다. 자금 수요가 없는 부문에 지원하면 아까운 혈세가 낭비하는 꼴이 된다. 특정 부분에 대한 금융 우대 지원은 형평성 시비를 불러일으키고 독과점 폐해로 이어질 수 있다. 정책금융 재원을 국채발행에 의존하는 경우 후세대의 상환 부담으로 돌아가는 문제점이 파생된다.

우리나라는 정책금융 비중이 높은 편이다. 경제성장과 산업발전을 위한 정책금융의 기능과 역할이 그만큼 컸다는 얘기다. 실제로 대부분의 정책금융 제도가 소기의 효과를 거두고 있다. 저신용 취약 계층에 대한 정책자금은 공급이 수요를 못 따른다. '소상공인·전통시장자금'은 올해 예산 8,000억 원이 1분기에 모두 소진됐다. 급전이 필요한 취약 계층에 최대 100만 원을 당일 빌려주는 소액생계비 대출은 1천억 원의 조성 재원이 시행도 전에 소진이 예상된다.

흥행이 부진한 정책금융도 있다. 코로나19 피해 자영업자와 소상공인의 이자 부담을 덜어주기 위한 '대환대출'은 실적이 저조하다. 고금리 대출을 저금리 대출로 바꿔주는 정책금융 상품인데도 찬밥 신세다. 지난해 9월 접수를 시작한 이 프로그램은 정부가 추가경정예산까지 편성해 목표 공급액을 9조5,000억 원으로 늘려 잡았다. 그런데 웬걸. 대대적인 홍보에도 지난해 말까지 실행된 대출금액은 2,600억 원에 불과했다. 목표 대비 3%가 채 안 된다.

⊛ '피 같은' 나랏돈, 필요한 곳에 아껴 써야

소상공인과 중소기업을 위해 마련된 '맞춤형 금융지원 프로그램'도 실적이 신통찮다. 41조 2,000억 원의 목표 가운데 지난해 말 기준 26.94% 집행에 그쳤다. 코로나 피해 자영업자·소상공인이 보유한 협약 금융회사의 대출을 차주의 상환능력 회복 속도에 맞춰 조정해 주는 '새출발기금'도 실효성 논란이 뜨겁다. 최대 30조 원 규모의 기금은 지난 1월 말 기준 2조 5,400억 원으로 8.47%만 집행됐다. 수요 예측 실패였다.

정책 간 충돌도 문제다. 대환대출과 새출발기금의 실적 부진은 올해 9월 말로 종료 예정인 코로나19 피해 자영업자와 소상공인 대상 대출에 대한 '만기 연장 및 원리금 상환 유예'와도 무관치 않다. 차주로서는 만기 자동 연장과 원금과 이자를 내지 않아도 되는 유리한 제도가 있는 마당에 굳이 그보다 조건이 불리하고 절차가 번잡한 제도를 활용할 유인이 강할 리 없다.

새로운 정책을 시행하면서 기존의 제도나 상품과의 관계나 영향을 꼼꼼히 따져보지 않은 결과라 할 수 있다. 금융정책을 총괄하는 컨트롤 타워가 제대로 작동되지 않고 있다는 방증일 수 있다. 정부는 일 마다 때마다 정책금융 상품을 잘도 만들어낸다. 하지만 일단 시행하고 나면 나 몰라라 한다. 중간평가와 사후 관리에 상대적으로 소홀한 측면을 부인하기 어렵다.

실패가 반복돼선 안 된다. 시행착오는 멈춰야 한다. 목적이 분명하고 취지가 훌륭해도 성과를 못 내는 정책금융은 쓸모가 없다. 정책으로의 기능도 금융으로의 역할도 기대하기 힘들다. 아까운 나랏돈만 낭비할 뿐이다. 금융은 이론이 아닌 실제다. 시장실패를 보완하는 정책금융은 나라 경제와 경제주체에 희망과 용기를 불어넣는 활력소가 돼야 한다. 빠듯한 재정과 미래 세대 부담을 토대로 재원을 염출하는 정책금융인만큼 필요한 곳에 아껴 써야 한다.

〈2023년 4월, 권의종〉

대통령도 신신당부한
"충당금 더 쌓기"

은행이 더는 '신의 직장'이 아니다. 업무가 고난의 행군, 가시밭길의 연속이다. 실적 올리랴, 고객 응대하랴, 본부 지시 따르랴, 대내외 검사 받으랴, 금융당국 눈치 살피랴. 눈코 뜰 새가 없다. 몸이 열 개라도 모자랄 지경이다. 민원이 생기거나 감사에 걸리면 그걸로 끝장이다. 승진과 이동, 급여에서 불이익을 당하고 심하면 손해배상 책임까지 져야 한다.

견디기 힘든 고통은 이 말고도 또 있다. 은행을 바라보는 세간의 차가운 시선이다. 경기침체와 고금리에 시달리는 고객에 높은 예대마진의 이자 장사로 '역대 최대 이익'을 경신하는 것에 대한 여론의 비판이 거세다. 퇴직자에게 거액의 명퇴금을 쥐여주고 재직자에게 고액의 성과급을 나눠주며 '나홀로 돈잔치'를 벌인다는 언론의 질타가 매섭다.

은행이 돈 잔치를 벌일 정도로 이익을 많이 내는지에 대한 면밀한 성찰이 필요하다. 회계 원리상으로 이익은 수익에서 비용을 뺀 나머지다. 그런데 수익과 비용의 계산이 간단치 않다. 일반적으로 인정된 회계원칙(GAAP)에 따라 정확히 인식해야 하고, 또 이를 회계 연도별로 적절히 배분해야 한다. 그래야 비로소 당기순이익이 산출되는 구조다.

은행의 경우는 대손충당금을 얼마로 설정하느냐에 따라 이익의 규모가 달라진다. 대손충당금은 고객에 돈을 빌려준 대출채권 중 회수가 불가능할 것으로 예상하는 금액을 비용으로 처리하기 위해 설정하는 계정을 말한다. 은행이 돈을 빌려준 뒤 이 중 일부는 회수되지 못할 수 있는 점을 고려, 회수 불가능한 금액을 미리 합리적으로 추정하기 위함이다. 그러다 채권 회수가 불가능해지면 그동안 쌓은 대손충당금으로 상계 처리한다.

⚖️ '역대 최대 이익' 경신하는 은행

대손충당금 적립액은 결산할 때 비용으로 처리됨에 따라 은행의 재무건전성을 결정짓는 중요 요소로 작용한다. 은행은 부도율(PD·1년 내 여신이 부도 처리될 가능성의 예측치), 부도 시 손실률(LGD·부도 발생 시 여신 중 회수하지 못하고 손실 처리되는 비율) 등을 토대로 충당금 적립액을 산출한다. 이때 과거 10년간의 PD·LGD 관측 데이터가 활용된다.

여기서 유념할 사항이 있다. 2020~2022년은 은행이 코로나 피해 소상공인 등에 대출금 만기연장과 원리금 상환을 유예, 연체율과 부도율이 실제보다 낮게 나타날 수 있다. 단순히 10년 데이터를 사용하면 충당금이 적게 책정될 수 있다. 2020년 4월 이후 반복돼온 만기연장은 2025년 9월 말로, 상환유예는 올 9월 말로 끝난다. 작년 9월 말 기준 만기연장 이용 차주는 53만 4,000명으로 124조 7,000억 원, 상환유예 신청 차주는 3만 8,000명. 무려 16조7,000억 원 규모다.

대출 연체가 치솟고 있다. 상승 폭이 커지는 게 더 걱정이다. 2월 말 국내은행의 원화 대출 연체율이 1월 말과 비교해 0.05%포인트 상승한 0.36%를 기록했다. 지난해 2월 말 연체율과 비교하면 0.11%포인트 올랐다. 2020년 8월 0.38% 이후 가장 높다. 2월 말 가계대출 연체율은 전월 대비 0.04%포인트 오른 0.32%로 나타냈다. 코로나19 팬데믹이 본격 확산하기 전인 2020년 2월 말 연체율 0.3%를 넘어섰다.

기업대출 연체율은 더 높다. 2월 말 0.39%로 1월 말보다 0.05%포인트 상승했다. 이 중 중소기업 대출은 2월 말 연체율이 0.47%로 전월 말 대비 0.08%포인트 올랐다. 같은 기간 대기업 대출 연체율(0.09%)이 전월과 같은 수준을 유지한 것과 대비된다. 고금리 기간이 길어지며 자금력이 달리는 중소기업을 중심으로 연체율이 오르는 것으로 풀이된다. 은행이 아닌 제2금융권이나 카드사로까지 범위를 넓히면 연체율 상승은 더 심각할 것이다.

연체율이 실제보다 낮게 '착시효과'

앞으로가 문제다. 최근 수년간 수면 아래 잠들어 있던 부실 위험이 가시화할 수 있다는 위기감이 감돈다. 연체율은 대출하고 나서 1~2년의 시차를 두고 오르는 경향이 있다. 그렇다면 코로나19 확산기에 공급된 대출금의 연체가 올해부터 급등할 소지가 있다. 여기에 고유가·고금리·고환율의 '3고(高)' 위기에서 국내 실물 경기침체로 인한 차주의 상환능력은 갈수록 떨어지는 상황이다.

사실 지금 와서 할 수 있는 게 별로 없다. 은행의 건전성 유지를 위해 이제라도 충당금을 두텁게 쌓는 수밖에 달리 방도가 없다. 금융당국도 은행에 충당금을 선제적으로 적립할 것을 주문한다. 은행도 손 놓고 있지 않다. 지난해 연간 대손충당금으로 5대 금융지주는 5조 9,368억 원, 5대 은행은 3조 2,342억 원을 새로 쌓았다. 2022년 말 기준 금융지주와 은행의 누적 대손충당금 잔액은 각각 13조 7,608억 원과 8조 7,024억 원에 이른다.

그래도 충당금을 더 쌓아야 한다. 만사 불여튼튼. 향후 경기침체 등에 따른 잠재부실 확대에 대비해야 한다. 코로나 범유행 이후 경제 여건이 온전히 회복되지 않고 있다. 인플레이션 확대에 금리 인상이 본격화하면서 취약차주의 자금난은 갈수록 심해지는 상황이다. 자영업자·소상공인에 대해서는 만기연장·상환유예 조치를 이어가기보다 채무조정 등 부채정리 중심으로의 정책 전환이 필요한 이유다.

윤석열 대통령도 상황의 절박성을 인지하고 대책 마련의 필요성을 적시했다. 지난 2월 15일 은행 산업의 과점 피해를 지적하는 자리에서 은행에 상응하는 역할을 주문했다. 대손충당금을 꼭 늘려 쌓으라고 이렇게 신신당부했다. "수익이 좋은 시기에 은행이 충당금을 충분히 쌓고 이를 통해 어려운 시기에 국민을 지원해야 한다"고.

〈2023년 5월, 권의종〉

대출도 거래,
금리 결정도 경쟁을

금융시장에 '대출 대이동'이 시작됐다. 금융권에 금리 경쟁의 막이 올랐다. 스마트폰 몇 번 클릭으로 더 싼 이자의 신용대출로 갈아타는 대환대출 인프라가 가동됐다. 고금리 시대에 다만 얼마라도 싼 이자를 찾으려는 소비자의 관심이 뜨겁다. '온라인·원스톱 대환대출'로 명명된 이 서비스는 기존에 받은 신용대출 정보를 스마트폰 앱으로 조회해 더 유리한 조건으로 갈아탈 수 있게 해준다.

19개 은행, 18개 저축은행, 7개 카드사, 9개 캐피탈사 등 53개 금융사가 대환대출 인프라에 참여한 가운데 5월 31일 서비스가 개시됐다. 금융사에서 받은 10억 원 이하의 무보증·무담보 신용대출이 갈아타기 대상이다. 금융사 영업점 2곳 이상을 방문하고 최소 2영업일을 기다려야 했던 종전과 다르다. 대출 비교 플랫폼 앱이나 금융사 앱을 통해 간편하게 대출 갈아타기가 가능해졌다.

대환대출을 통한 '머니무브'는 앞으로 더 활발해질 조짐이다. 6월부터는 자체 앱을 통해 대환대출 서비스를 제공하는 금융사가 늘어날 예정이다. 대출 비교 플랫폼에 입점하는 금융사도 늘 것으로 전망된다. 연말쯤 가면 가계대출에서 가장 큰 비중을 차지하는 주택담보대출로까지 대환대출을 확대한다.

초반 열기가 뜨겁다. 혼선도 잦다. 플랫폼에 올라온 갈아타기 상품이 많지 않고 플랫폼별로 제휴사 수나 상품이 달라 대환대출이 어렵다는 반응이다. 일부 대환대출의 경우 대출을 갈아타는 과정에서 신용점수가 하락한다. 대환대출도 신규대출이라 신용점수에 영향을 주기 때문이다. 다중채무자나 연달아 다른 대출을 받아야 하는 차주라면 낮아진 신용점수가 신규대출을 받을 때 불리하게 작용하지 않을지 따져 봐야 한다.

잦은 혼선, 돌출 부작용, 예상 피해 대비

부작용도 우려된다. 좋은 일에는 흔히 방해되는 일이 생기는 법. 대환대출 플랫폼 수수료가 대출 금리에 전가되는 경우 금리 인하 효과가 반감될 수 있다. 대출 비교 플랫폼에 입점한 금융사는 대출이 성사되면 일정 비율의 수수료를 플랫폼에 내야 한다. 고객은 은행 등의 자체 앱보다 여러 금융사와 대출상품을 비교해 갈아탈 수 있는 대출 비교 플랫폼으로 쏠리게 돼 있다.

현재까지는 서비스 초기라서 대출 비교 플랫폼을 운영하는 핀테크가 수수료를 깎아주며 입점 업체 확장에 열을 올린다. 하지만 향후 입점사와 대출상품이 늘어나면 수수료 인상 가능성을 배제하기 어렵다. 금융사도 지금은 시장 선점을 위해 수수료보다 고객 유치를 위한 금리 인하에 신경 쓰는 형국이나 시간이 지나면서 수수료 부담을 대출 금리에 반영할 소지가 다분하다.

대환대출이 제2금융권에 피해를 줄 수 있다. 저축은행, 카드사, 캐피탈사 등은 은행보다 높은 금리로 자금을 조달하는 만큼 그보다 더 높은 금리로 대출을 해야만 한다. 이런 상황에서 제2금융권에서 기껏 해놓은 대출이 대환대출을 통해 금리가 낮은 은행에 빼앗기게 되면 어찌 될까. 졸지에 업무 기반이 무너지고 기관이 존폐위기에 내몰릴 수 있다.

제도가 생각만큼 실효를 못 거둘 수도 있다. 대환대출을 통한 금리 인하 효과가 저신용자까지 미치지 못할 수 있어서다. 대출을 갈아타 이자를 아끼기 위해서는 금리가 낮은 은행권을 선호하게 마련인 터. 하지만 은행은 금리가 낮은 만큼 평가 기준이 엄격한 편이다. 은행이 대환대출 서비스 개시에 맞춰 금리 인하 경쟁에 나서면서도 위기관리 차원에서 대출 심사 기준까지 낮출지는 미지수다. 그럴 가능성은 커 보이지 않는다.

금리 인하 효과는 신규대출부터 낮은 금리로

실제로 제2금융권에서 은행으로 대출을 갈아타는 경우보다 '은행 간 대출 이동' 사례가 월등한 것으로 나타난다. 은행 대출이 나올 정도의 신용도를 갖춘 우량 차주를 중심으로 대환대출이 이뤄지고 있음을 방증한다. 괜찮다 싶은 상품을 골라 플랫폼에서 해당 금융사 사이트로 이동해 심사를 받으면 금리가 달라져 갈아타기가 어렵다는 하소연이 잇따른다.

그래봤자 대환대출은 증상만 치료하는 사후수습용 '대증요법'에 불과하다. 여기서 한 걸음 더 나갈 필요가 있다. 병의 근원을 찾아 완치하는 '원인요법'의 접근이 긴요하다. 금융당국이 의도한 대로 금융사 간 경쟁을 통해 금리 인하 효과를 내려면 신규대출에서부터 경쟁 원리를 적용해야 한다. 신규대출에서 낮은 금리를 적용하면 대환대출은 할 필요가 없어진다.

기실은 신규대출에 경쟁 원리 도입 시도가 없었던 게 아니다. 2011

년 신용보증기금을 통해 대출보증이 연계된 역경매 방식의 '온라인 대출 장터'가 운용된 바 있다. 세계 최초로 대출 기능에 경매 기능이 결합한 시스템으로 금융사의 진입장벽을 낮추고 경쟁 촉진에 기여한 바가 컸다. 은행 간 대출 경쟁이 활발해지고 소비자가 은행의 금리 조건을 비교해 대출을 선택할 수 있게 되자 금리 인하 효과가 뚜렷하게 나타났다.

강맹수, 권의종&이군희(2012)에 따르면, 대출장터 시행으로 직·간접적 금리 인하 효과가 최대 73bps(0.73%)로 실증분석됐다. 최우수 금융상품으로 대한민국 금융대상에 올랐고 국내외 금융·산업·학계로부터 극찬을 받았다. 시대를 너무 앞섰던 때문일까. 은행의 관심과 신보의 의지가 시들해지며 3년을 못 넘기고 장터 문이 닫혔다. 기껏 차려진 밥상도 못 찾아 먹은 꼴이 되고 말았다. 새것이라고 다 좋은 건 아니다. 옛것을 익히고 미루어 새것을 아는 온고지신, 신년 덕담을 넘어 정부가 삼아야 할 금과옥조 아닐까.

〈2023년 6월, 권의종〉

청년도약계좌,
생색은 정부가

청년들이 몹시도 안쓰럽다. 대한민국 청년, 이른바 MZ세대가 느끼는 절대적 위기감과 상대적 박탈감이 크고 깊다. '부모보다 가난해질 첫 번째 세대'라는 불명예를 피할 수 없어 보인다. 취업이 예전만 못하다. 기간제나 계약직, 단기 아르바이트가 대종을 이룬다. 그마저도 자동화·기계화·인공지능 추세로 빠르게 줄고 있다. 쓸만한 일자리는 하늘의 별 따기다.

수치상 고용 호조가 이어지나 청년 고용은 부진하다. 통계청이 발표한 5월 고용률은 63.5%, 역대 최고치다. 취업자 수는 2,883만 5,000명, 지난해 같은 달보다 35만 1,000명 늘었다. 27개월 연속 증가세다. 청년층(15~29세) 취업자는 9만 9,000명 줄며 7개월 연속 감소세다. 비경제활동인구 중 학업이나 취업 준비도 않고 별다른 이유 없이 '그냥 쉬는' 20~30대가 30만 8,000명에 이른다.

직장을 잡아도 별로 나아지는 게 없다. 최저임금 수준의 급여를 받는 대다수 청년은 자기 한 몸 건사하기도 버겁다. 월급을 받아도 신용카드 대금과 휴대전화 요금 등을 결제하고 나면 남는 게 없다. 적자 인생이다. 스스로 힘으로 살아야 하는 '흙수저'에게는 희망이 안 보인다. 얼마라도 목돈을 손에 쥐어야 거처를 마련하고 가정을 꾸릴 텐데. 감불생심(敢不生心), 힘에 부쳐 엄두를 못 낸다.

힘든 청년들에게 모처럼 희소식이 날아든다. 윤석열 대통령이 대선 당시 청년층 표심을 겨냥해 공약으로 내걸었던 정책 금융상품, 이름하여 '청년도약계좌'가 출시됐다. 월 70만 원 한도 내에서 자유롭게 낼 수 있는 5년 만기 상품에 정부 기여금과 이자소득 비과세가 제공된다. 다달이 70만 원을 5년 동안 내면 만기 때 5,000만 원을 받을 수 있다. 만19~34세 청년 중 개인소득 연 7,500만 원 이하와 가구소득 중위 180% 이하가 대상이다.

흙수저 청년 돕는 '관제(官制) 금융상품'

청년도약계좌가 일반적금보다 금리가 높은데도 반응이 미지근하다. 현실에 안 맞고 기대 수준에 못 미치는 듯하다. 2022년 2월 출시된 청년희망적금보다 금리가 낮은 데다 가입 기간은 길다는 게 불만 사항이다. 은행별 우대금리 혜택을 제외하면 실제로 연 6% 금리 혜택을 받는 경우가 많지 않을 거라는 우려도 기피 요인으로 꼽힌다.

저소득층에게는 '그림의 떡'이 될 수 있다. 대기업이나 금융회사 등 일부 고소득 직업군을 빼고는 5년 동안 매월 40만~70만 원을 낼 만큼 여유로운 청년이 많지 않다. 가입해도 중도 해지 가능성이 작지 않다. 적금 담보부대출을 운영해 중도 해지를 막는 방안이 마련됐다. 가입자가 생활비나 급전이 필요하면 계좌를 담보로 대출을 받게 해 중도 이탈을 방지하겠다는 의도다. 그래봤자 임시방편, 근본 대책은 못 된다.

금융위원회도 이를 우려했던지 해지 방어 방안을 찾기 위해 외부 기관에 연구용역을 발주한 상태다. 실무 현장에서도 찾지 못한 '뾰족한 수'를 연구기관에서 찾을 수 있을지 미지수다. 아까운 예산만 낭비할까 걱정된다.

청년도약계좌에 관한 관심이 지속할지도 의문이다. 청년희망적금의 과거 운용 경험이 참고가 될 수 있다. 출시 당시 최고 연 10% 금리의 청년희망적금은 정부 예상 범위의 8배가 넘는 286만 8,000명이 가입했다. 열풍은 잠시 그때뿐. 2022년 말 기준 적금 유지자는 241만 4,000명으로 줄었다. 출시 10개월 만에 가입자가 45만 명 감소했다. 그렇다면 청년희망적금보다 금리가 낮고 만기가 긴 청년도약계좌도 '반짝 효과'에 그칠 공산이 크다.

현실 안 맞고 기대 못 미쳐, 반응 '미지근'

청년도약계좌의 금리 체계가 초기 3년 고정금리, 후기 2년 변동금리인 점도 가입을 망설이게 하는 요인이다. 3년 후에 가서 금리가 떨어지면 만기에 받을 금액이 줄어들기 때문이다. 은행이 제시하는 우대금리 조건도 앞뒤가 안 맞는다. 청년들이 돈을 모으기 위해 적금을 드는 것인데 신용카드 월 실적을 채워야 우대금리를 받을 수 있는 등 돈을 써야 우대금리를 받을 수 있도록 모순되게 설계되었다.

큰 문제는 따로 있다. '관치' 논란이 뜨겁다. 청년도약계좌 시행과 관련해 그동안 잡음이 끊이지 않았다. 정부가 '5년간 5,000만 원'의 목표 달성에 집착한 나머지 은행권에 금리 상향을 압박했다. '정책협조'라는 이름으로 손해 감수를 대놓고 강요했다. 금융위원회의 으름장을 못 견딘 은행권이 두 손을 들었다. 대신 기본금리 연 4.5%, 최고금리 연 6%로 서로 입을 맞춘 듯 똑같게 올려 정했다. 정부가 '금리 담합'을 유도한 꼴이 되고 말았다.

정부의 '은행 쥐어짜기'가 어디 이번뿐이랴. 그간에도 걸핏하면 취약층 지원 등 정책금융 시행과 관련해 금전적 부담을 금융권에 떠넘겨

왔다. 정부가 청년도약계좌를 통해 매월 일정 금액을 보탤 요량으로 올해 3,678억 원의 예산을 편성했다. 그랬으면 정부 예산 범위 내에서 제도를 시행하고 그걸로도 모자라면 예산 증액을 검토해야 했다.

정책금융은 정부나 공공기관의 예산으로 해야 맞다. 영리 추구의 주식회사 민간 은행에 제도 시행에 따른 손실을 떠넘기는 건 엄연한 '민폐'다. 예·적금 금리가 3~4%인 상황에서 6% 청년도약계좌는 팔수록 손해 보는 역마진 구조다. 향후 3년간 은행 손실이 2,000억~4,100억 원으로 추산된다. 기준금리가 내리거나 1인당 가입금액이 예상을 웃도는 경우 은행 손실은 더 커질 수 있다. 희생은 은행이 하고 생색은 정부가 내는 '관제(官制)' 정책은 효과도 효과려니와 지속가능이 어렵다. 남의 고통 위에서 행복할 수 없다.

〈2023년 6월, 권의종〉

PF, 구조(構造) 모르면
구조(救助) 불가

황금알을 낳는 거위가 졸지에 미운 오리 새끼가 됐다. 더 정확히 표현하면 신음하며 죽어가는 새끼 오리로 전락했다. 금융사의 프로젝트 파이낸싱(PF)이 처해있는 사정과 형편이 딱하기만 하다. PF는 말 그대로 프로젝트 자체의 경제성에 두는 금융기법. 금융사가 사회간접자본 등 특정 사업의 사업성과 장래의 현금 흐름(Cash Flow)을 보고 자금을 지원한다.

프로젝트를 추진하는 사업주의 신용이나 물적담보에 기반하지 않는다. 사업성을 평가해 돈을 빌려주고 사업이 진행되며 얻어지는 수익으로 대출금을 되돌려받는 구조다. 선진국에서는 대규모 자금이 필요한 석유, 탄광, 조선, 발전소, 고속도로 건설 등의 사업에 흔히 사용되나, 우리나라에서는 부동산개발 관련 사업에서 주로 활용된다.

부실이 늘고 있다. 일부 증권사의 부동산 PF 부실이 임계치를 넘었다. 선제적 채무조정이 시급하다는 지적이 나온다. 금융감독원 자료가 상황의 심각성을 일깨워준다. 올해 3월 말 기준 금융권의 부동산 PF 잔액은 131조 6천억 원. 지난해 12월 말 130조 3천억 원에서 3개월 만에 1조 3천억 원 늘었다. 2020년 말까지만 해도 92조 5천억 원으로 100조 원을 밑돌았으나, 2021년 말 112조 9천억 원을 기점으로 매년 증가세다.

연체율은 고공행진. 부동산시장 침체로 수익성과 자금 회수에 문제가 생긴 부동산 PF 사업장이 늘면서 연체율이 치솟고 있다. 금융권의 부동산 PF 연체율은 올해 3월 말 기준 2.01%에 이르렀다. 지난해 12월 말 1.19%보다 0.82%포인트 올랐다. 2020년 말 0.55%, 2021년 말 0.37%에 불과했으나 올해 3월 말 2%를 넘겼다.

황금알 낳는 거위에서 미운 오리 새끼로

업권별로는 증권사의 부동산 PF 연체율이 가장 높다. 15.88%에 이른다. 2020년 말 3.37%, 2021년 말 3.71%에 비해 10%포인트 넘게 급등했다. 지난해 12월 말 10.38%와 비교해도 5.5%포인트 올랐다. 저축은행과 여신전문금융사의 PF 연체율은 각각 4.07%, 4.20%로, 지난해 말보다 각각 2.02%포인트, 1.99%포인트 뛰었다.

마땅한 해결책을 찾으려면 특이한 업무 구조부터 이해해야 한다. PF는 앞서 언급한 대로 미확정 담보물을 대상으로 하는 대출로서 위기관리가 필수다. 대출금 상환은 프로젝트에서 발생하는 수익을 원천으로 하므로 프로젝트에서 발생한 현금 흐름을 유지·확보하는 데 초점이 집중되며, 정상적인 현금 흐름을 방해할 수 있는 사항은 모두 위기로 간주한다.

그 때문에 금융사 입장에서는 PF 심사 시 고려할 사항이 많다. 우선 건물이 지어지지 않을 경우의 위험을 분석해야 한다. PF 특성상 담보물이 존재하지 않기 때문에 사업의 미래가치를 정확히 예측해야 한다. 그러려면 시공사가 건물을 책임지고 준공할 수 있는지를 면밀하게 판단할 필요가 있다.

분양이 제대로 될 수 있을지도 검토해야 한다. 건물은 건축 개시 후 완공까지 2~3년 정도 소요된다. 시공 당시에는 완공 후 분양 시황을 점치기 어렵다. 건물이 지어져 담보물이 확보돼도 분양이 안 되면 대출 상환을 위한 현금 흐름 확보가 힘들다. 금융사는 이때 건설사의 '시공능력'과 '상환능력'을 따진다. 시공능력은 '기존 실적'과 '도급순위'로, 상환능력은 기업 '신용등급'으로 확인한다.

금융사는 사업성 중심의 심사 지향

분양이 잘 안됐을 경우까지도 대비해야 한다. 이때 금융사는 2가지 선행조건을 제시한다. 사전청약률과 할인분양이다. 청약률이 일정 비율을 못 넘으면 대출을 승인해주지 않는다. 청약은 해지 가능성이 있기는 하나 상품성 판단에서 그만한 게 없다 보니 내거는 일종의 안전장치다. 또 분양실적이 저조해 목표 분양률에 못 미치면 강제적 할인분양을 통해 분양률 제고를 압박한다.

PF 부실 원인이 부동산 경기침체 등 외생적 변수에만 기인할 리 없다. 금융사 내부적 요인에 영향받는 바도 크다. 프로젝트의 사업성 검토보다 사업주의 신용을 중시한 심사체계가 빚은 결과라 할 수 있다. 미래 현금 흐름 파악이 어렵다 보니 시공사의 기존 실적과 도급순위, 신용등급 등을 따져 대출을 결정한다. 먼 미래를 내다보지 못하고 눈앞의 현상만 내려다보고 있다. 사업주 신용과 담보를 보는 일반 대출 심사와 하등 다를 바 없다.

위험 관리가 주먹구구식이다. 특히 사전분양률을 일정 수준 이상으로 높이게 한 상태에서 할인분양까지 강제하는 것은 금융사 입장만 생각하는 불공정 거래다. 금융사가 고객을 동등한 파트너가 아닌 열위의 팔로워로 취급한다. 건설사야 어찌 되든 대출 원리금만 받아

내면 된다는 금융사의 이기적이고 몰염치한 심보다.

시공사 잘못도 크다. 위험한 장사가 많이 남는다고, 많이 남는 것만 생각하고 위기관리는 뒷전이다. 코로나19 이후 저금리에 유동성이 넘쳐나자 건설사들은 너도나도 수주 판에 뛰어들어 PF를 이용해 사업지를 늘려왔다. 난제일수록 정수(正手)가 유효한 터. 심사방법과 수주 방식을 개선해야 한다. 금융사는 사업성 중심의 심사를 지향하고, 시공사는 무분별한 수주를 지양해야 한다. 그러지 않고는 부실 사태는 반복될 수밖에 없다. 부동산 경기침체나 금리 인상기 때마다 겪는 정기 행사가 되고 말 것이다.

〈2023년 8월, 권의종〉

금융사에 넘치는
금감원 출신

금융회사는 금융감독원 '낙하산' 인사 착륙지다. 금감원 고위직 퇴직자가 금융회사 상임감사위원직으로 내려앉곤 한다. 국회 정무위원회 소속 오기형 의원이 금감원으로부터 받은 '금감원 퇴직자의 금융권 재직 현황'이 놀랍다. 올해 상반기 말 기준 5대 은행, 즉 KB 신한 하나 우리 NH농협의 상임감사위원 5명 모두가 금감원의 은행 담당 임원 출신이다.

이게 다가 아니다. 은행, 보험, 증권 등 금융권에 총 93명의 금감원 퇴직자가 근무 중이다. 은행업권 재직자가 24명으로 가장 많다. 그 중 10명은 시중은행이나 지역은행, 인터넷은행에서 상임감사위원을 맡고 있다. 또 금감원 퇴직자는 저축은행 업계에 21명, 보험업권에 20명, 증권업에 13명, 금융지주에 7명이 재직 중이다. 이들 대다수는 금감원 퇴직 당시 직급이 부원장보나 국장 등 고위직이다.

금감원 4급 이상 직원은 퇴직일로부터 3년간 금융회사에 취업할 수 없다. 재취업을 하려면 공직자윤리위원회 심사를 거쳐야 한다. 있으나 마나 한 절차다. 퇴직자들은 이를 잘도 피해 간다. 금감원에서 직접 담당하지 않았던 업계에 우선 취업하고 3년이 지난 뒤 금융회사로 옮기는 '우회 취업' 꼼수를 즐겨 쓴다. 2018년 1월부터 올 9월까지 공직자윤리위원회의 취업 심사를 받은 금감원 퇴직자 170명 중 취업 제한이나 불승인 결정을 받은 사람은 단 5명뿐이다.

금감원 출신이라도 전문성을 인정받아 금융회사가 영입하는 경우라면 누가 뭐라 하겠는가. 되레 권장할 일이다. 금감원 퇴직자의 재취업용이라는 게 불편한 진실이다. 본인이 관리·감독하던 업계로 재취업할 경우 역기능이 우려된다. 이해 충돌로 '봐주기' 부실 감사로 흐를 수 있다. 감사자로서도 자신이 퇴직 후 일할지 모를 금융회사를 굳이 모질 게 굴 필요를 못 느낄 수 있다.

금감원 출신 '낙하산' 인사 관행

금융회사로서는 억울할 노릇이다. 자신들이 낸 돈으로 운영되는 금감원으로부터 감사를 받고, 감사위원이나 사외이사 자리까지 내놔야 한다. 금감원과 원만한 관계를 위한 '보험용'으로 여기는 수밖에 없다. 그렇더라도 금감원 출신 감사위원이 제 역할을 한다면 더 바랄 게 없다. 결과만 놓고 보면 그렇지 못하다. 사기, 횡령, 불법 계좌개설과 미공개 정보를 활용한 부당이득 편취 등 금융사고가 꼬리를 문다.

국회 정무위원회 윤한홍 의원이 금감원으로부터 제출받은 '금융권 금융사고 발생 현황'이 주목거리다. 2018년 1월부터 올해 8월까지 5년 8개월 동안 총 452건의 금융사고가 터졌다. 피해 규모가 1조1,068억 원. 그나마 혐의가 확정되지 않은 라임·옵티머스 펀드 사태 피해액 약 2조 원은 뺀 액수다. 사기로 인한 피해액이 7,515억 원, 전체의 68%로 가장 많다. 이어 횡령·유용 2,043억 원, 배임 1,153억 원 순이다.

금감원의 검사 결과 또한 섬뜩하다. 경남은행에서 발생한 프로젝트 파이낸싱(PF) 대출 관련 횡령 사고 금액이 2,988억 원에 이른다. KB국민은행의 경우 내부 직원들이 고객사 미공개 정보를 활용, 127억 원의 부당이득을 챙긴 사실이 드러났다. 대구은행에서는 2021년 8월부터 올 7월까지 영업점 56곳에서 이용자 문서를 몰래 위조해 불법으로 증권계좌 1,662건이 개설됐고, 불법행위를 저지른 은행원이 114명에 달했다. 사고투성이, 도둑 천지다.

금감원장은 국회 정무위원회 국정감사에 출석, 단호한 대응을 밝혔다. 횡령 사고가 잇따르고 있는 것이 핵심성과지표(KPI)의 과도한 이익 추구 경향이 있는 것으로 보고, 향후 문제가 재발하면 '무관용 원칙'으로 대응할 것을 발표했다. 중대한 내부통제 문제가 반복될 경우 최고경영자(CEO)나 최고재무책임자(CFO) 등 경영진에 대한 책임을 묻겠다는 의지도 표명했다.

🐹 '우리가 남이가' 타령 그만

국정감사장에 불려 나온 은행 준법감시인들도 내부통제 강화와 유사 금융사고 발생 방지를 약속했다. "금감원의 검사 결과가 나오는 대로 금감원 조치 등에 맞춰 재발 방지 대책을 마련하고, 충분히 더 개선하고 보완해 다시는 금융사고가 발생하지 않도록 만반의 준비를 다하겠다"고 다짐했다.

하지만 처벌과 통제만으로는 금융사고 예방에 한계가 있다. 제도나 대책은 필요조건은 될지언정 충분조건은 못 된다. 은행의 준법감시인 제도가 2000년에 도입된 지 23년이 지났으나 금융사고 예방에 제구실을 못 하는 현실이다. 내부통제 책임자의 자질과 전문성, 관리능력 등을 짚어봐야 하는 이유다.

금감원에서 금융사 감독업무를 담당했다고 금융업무를 안다고 보기 어렵다. 스포츠에서 감독과 선수의 역할이 다르듯, 금융에서도 외부 검사와 내부 실무는 별개 영역이다. 실제로 외부 인사가 금융사에 부임하면 업무 파악에 상당한 시일이 소요된다. 그렇게 해서 업무를 파악하고 사람을 알만하면 임기가 끝나고 만다. 성과를 내도 연임이 보장되는 것도 아니다. 한번 임기를 채우면 자신이 그랬듯 금감원 퇴직 후배에 자리를 물려줘야 한다.

금융사고 발생을 금감원 낙하산 인사 탓으로만 돌리는 건 무리다. 그렇다고 업무에 대한 이해 부족과 전문성 결여와 무관하다고 볼 수도 없다. 그래도 내부통제를 잘하면 불법행위는 능히 막을 수 있는 터. 업무에 밝은 전문가 기용이 필수인 이유다. 임명권자의 각성과 결단이 요구된다. '내사람 챙기기' 사연(私緣)을 떨치고 '적임자 채우기' 선공(先公)을 취해야 한다. '우리가 남이가'나 타령할 게 아니라 '우리는 남이다'를 호령할 때다.

〈2023년 11월, 권의종〉

'신(神)의 직장'이
'신(辛)의 직장'으로

'신(神)의 직장'으로 불리며 국민적 부러움을 한 몸에 받아온 금융공기업. 이제는 '신(辛)의 직장'이 되고 있다. 외견상으로는 화려해 보이나 있는 그대로의 참모습은 초라하다. 지방 이전, 임금 통제, 인재 탈출, 조직 고령화 등의 이슈가 맞물리려 업무가 고단하고 구성원의 삶이 고달프다.

지방 살이가 힘들다. 매주 일요일 오후나 월요일 새벽, 지방행 교통편으로 한 주를 시작한다. 정신없이 일하다 보면 어느새 금요일. 서둘러 일을 마치고 서울 갈 채비를 해야 한다. 몇 시간 걸려 밤늦게 귀가하면 몸은 천근만근, 파김치가 되고 만다. 저녁 식사는 하는 둥 마는 둥 잠자리에 떨어진다. 두 집 살림에 고생은 고생대로 하고 돈은 돈대로 든다. 한두 해도 아니고 퇴직 때까지 이런 '동가숙서가식(東家宿西家食)'을 이어가야 한다.

연봉은 멈춤이다. 배부른 소리로 들릴지 모르나, 배고픈 건 참아도 배 아픈 건 못 참는 법. 민간 금융사와 벌어지는 연봉 차이에 속이 쓰리다. 절대적 상실감과 상대적 박탈감에 두 번 운다. 2018년까지만 해도 국책은행의 연봉(1억 464만 원)이 4대 시중은행(9,300억 원)보다 높았다. 이제는 옛말. 2022년에는 국책은행 평균 연봉(1억 929만 원)이 4대 은행(1억 1,275만 원)보다 낮아졌다.

중앙은행도 예외는 아니다. 한국은행은 최근 10년간 물가 상승률보다 낮은 연봉 상승률로 시중은행보다 연봉이 뒤처졌다. 한은 임직원 평균 연봉은 2012년 9,390만 원에서 지난해 1억 331만 원으로 10년간 10.0% 느는 데 그쳤다. 같은 기간 시중은행의 평균 연봉은 날아올랐다. 국민은행은 지난해 1억 2,292만 원으로 2012년보다 58.6%, 하나은행은 65.0%, 우리은행은 49.1%, 신한은행은 46.1% 점프했다.

'금공(金公)'이 '금공(禁公)'

젊은 인재가 떠난다. 국회 기획재정위원회 소속 유동수 의원이 한국은행으로부터 받은 자료 내용이 충격이다. 지난해 중도 퇴직자(37명·명예퇴직 제외) 가운데 20, 30대 직원 비율이 73.0%, 27명에 달했다. 2019년 60%, 2020년 63.64%보다 크게 높아졌다. 경력직 구하기도 하늘의 별 따기다. 2018~2022년 채용 예정 인원 96명 중 약 절반에 해당하는 49명만 자리를 채웠다.

지방 이전이 끝난 신용보증기금, 주택금융공사, 자산관리공사 등은 물론이고, 이전이 예상되는 산업·수출입·기업은행의 사정도 다를 바 없다. 직원 이탈이 심각하다. 국회 정무위원회 소속 황운하 의원이 산은으로부터 제출받은 자료에 따르면, 2020년부터 올 상반기까지 168명의 직원이 중도 퇴직한 것으로 나타났다. 이 중 20대 이하는 68명, 30대는 64명으로 전체의 78%였다.

채용 경쟁률은 추락한다. 산은과 수은은 2020년까지 평균 50대 1이 넘는 경쟁률을 기록했다. 지방 이전이 거론된 2021년 하반기 이후부터는 경쟁률이 내림세다. 수은과 산은은 2019년 상반기 채용에서 각각 80.87대 1, 60.07대 1의 경쟁률을 보였다. 하지만 수은의 지난해 상반기 채용 경쟁률은 22.72대 1, 하반기 경쟁률은 33.23대 1로 떨어졌다. 산은도 지난해 하반기에는 29.7대 1, 올 상반기에는 30.7대 1로 예년보다 채용 경쟁률이 저조했다.

조직은 늙어간다. 금융공기업의 임금피크제 대상자가 급증세다. 전체 인원의 8% 수준이다. 국회 정무위원회 소속 윤한홍 의원의 집계에 따르면, 올해 9월 현재 6개 정책금융기관, 산은·기은·주택금융공사·신용보증기금·자산관리공사·예금보험공사의 임금피크제 대상 직원이 1,800여 명에 이른다. 전체 직원 2만2,895명의 7.9%를 차지한다. 산은은 임금피크제 직원 비중이 10.9%, 신보는 10.2%, 기은은 7.2%다.

💰 금융공기업 구성원도 근로자, 민간 금융사만큼

임금피크제는 일정 나이가 지난 장기근속 직원의 임금을 줄이는 대신 고용을 유지하는 제도다. 금융공기업의 임금피크제 직원 비중은 0~2%에 불과한 시중은행보다 압도적으로 높다. 금융공기업 직원이 임금피크제를 선택하는 주된 이유는 명예퇴직의 퇴로가 막혀서다. 감사원은 2014년 금융공기업의 명예퇴직금이 과도하다고 지적했다. 이에 기획재정부는 임금피크제 기간 잔여 급여의 45%만 퇴직금으로 지급하도록 제한했다.

지난해 5대 시중은행, 국민·신한·하나·우리·농협은행의 경우 2,357명에게 1인당 평균 3억 5,548만 원의 희망퇴직금을 지급했다. 금융공기업 직원에는 그림의 떡. 임금피크제 외에는 달리 선택지가 없다. 정년 때까지 조직에 남아 잡일이나 하며 버티는 수밖에 없다. 조직에는 부담이다. 신규 직원 채용 축소, 인력 운용과 인사 적체, 일반

직원의 업무 가중 등으로 이어진다.

금융공기업도 기업이고 그곳에서 일하는 구성원도 근로자다. 멀리 지방에서 가족과 떨어져 사명감 하나만으로 업무에 매진하기를 바라는 건 억지다. 그럴수록 인커리지와 인센티브가 필수다. 공기업 효율화를 위한 허리띠 졸라매기도 중요하나 연봉을 통제하고 복리후생을 삭감하고 희망퇴직을 봉쇄하면 '금공(金公)'이 '금공(禁公)'된다.

경영은 사람이다. 정책금융을 제대로 공급하려면 금융공기업 구성원에게 민간 금융사에 상응한 처우를 하고 조직의 막힌 숨통을 터줘야 맞다. 이 모든 게 돈이 드는 일이긴 하나, 아낄 돈을 아껴야 쓸 돈은 써야 한다. 품삯에 인색하면 좋은 일꾼을 못 쓸뿐더러 있는 일꾼도 떠나가고 만다. '돈을 써야 사람이 모이는' 이치는 자고이래 세상만사 공통이다.

〈2023년 11월, 권의종〉

'뱅크런' 새마을금고,
'베테랑' 경영을

새마을금고가 확 바뀐다. 정부와 새마을금고 경영혁신자문위원회가 금고 쇄신을 위한 경영혁신안을 발표했다. 앞서 일부 개별 금고에서 발생한 뱅크런을 계기로 행정안전부, 금융위원회, 금융감독원, 한국은행 등이 추천한 12명의 위원으로 구성된 혁신위가 출범했다. 민간 협동조합이기는 하나 정부 주도로 새마을금고 혁신안을 마련한 것이다.

혁신안은 지배구조 및 경영혁신, 건전성 및 감독체계 강화, 경영구조 합리화 및 예금자 보호 강화 등 세 갈래로 추진된다. 투자자산의 부실화 우려로 대규모 인출 사태와 임직원 비리로 위기에 처한 새마을금고에 전문경영인 체제를 도입한다. '동일업권-동일규제' 원칙에 따라 새마을금고에도 다른 상호금융권과 동일 수준의 감독과 규제를 하고, 부실금고는 구조조정을 시행한다.

우선, 경영대표이사제를 도입하고 중앙회 회장에게 집중된 권한을 분산한다. 견제와 균형의 지배구조를 통해 책임경영을 확립하기 위함이다. 이를 위해 전무·지도이사제를 폐지하고 업무 전반을 총괄하는 경영대표이사제로 개편하는 전문경영인 체제를 도입한다. 전문경영인 선임은 외부전문가 중심으로 구성된 인사추천위원회를 거쳐 이뤄진다.

중앙회 회장은 비상근으로 대외 활동과 이사회 의장을 맡게 한다. 1회 연임, 최대 8년이 가능하던 회장직은 4년 단임제로 바꾼다. 중앙회

업무 전반은 신설되는 경영 대표이사가 맡는다. 경영 대표이사 임기는 2년, 2년 이내 연장할 수 있다. 또 중앙회장 아래에는 금고감독위원회를 설치, 개별 금고에 대한 관리 감독을 강화한다.

🏦 인출 사태, 임직원 비리로 얼룩진 금고

개별 금고 이사장의 연임을 제한하는 방안도 추진한다. 현재 개별 금고 이사장은 임기 4년으로, 2회 연임할 수 있어 최대 12년까지 가능하다. 실제는 그 이상 기간 이사장을 맡는 경우가 적지 않다. 하지만 앞으로는 12년을 초과해 이사장에 재직할 수 없도록 하는 내용으로 새마을금고법 개정을 추진한다. 금고 상근이사 평가제를 도입하고 간부 자격시험에서 이사장 추천을 기준으로 삼던 종전의 불합리를 개선, 근속연수와 성과를 반영한다.

헐거웠던 유동성 비율과 예대율 기준도 조인다. 관리형 토지신탁이나 공동대출 금액이 200억 원 이상이면 중앙회가 여신 심사에 참여한다. 부동산·건설업에 대해 각 30%의 업종별 여신 한도를 도입하고, 위험성이 높은 해외투자 등 대체투자 비중을 축소한다. 프로젝트파이낸싱(PF) 부실 기준을 따질 때 '공사 중단이 6개월 이상 지속된 사업장' 등이던 기준을 금융감독원과 같게 '공사가 중단된 사업장' 등으로 강화한다.

부실채권에 대해서는 전문투자회사를 통해 매각하는 방안과 금고 자산관리회사를 설립해서 관리하는 방안 등을 검토한다. 현행 0.15%인 예금자보호준비금 납입 요율을 0.18~0.2% 수준으로 상향 조정한다. 완전 자본잠식 등 부실 정도가 심한 금고는 신속하게 합병을 추진한다. 연체율이 높거나 자산이 줄어드는 등 경쟁력이 취약한 금고는

'부실 우려 금고'로 지정, 합병과 청산 등으로 구조개선을 단행한다.

내용은 방대하나 완전치 못하다. 중앙회에 경영대표이사제를 도입한 것은 잘한 일이나, 정작 전문경영인이 필요한 곳은 개별 금고다. 부실은 개별 금고의 무리한 투자 등에 기인한 결과물이다. 위기관리 방안도 비현실적이다. 중앙화되지 않은 협동조합의 특성상 개별 금고에 대한 중앙회의 위기관리는 실효를 거두기 어렵다. 중앙회의 관리 감독 이전에 개별 금고의 전문·정도(正道) 경영이 선행돼야 한다.

🏦 관리 감독 이전에 전문·정도(正道) 경영

현재도 개별 금고에 경영을 담당하는 상근이사제가 시행되고 있다. 권한이 이사장에 집중된 상황에서 중간관리자 역할에 그치고 있다. 그보다는 금고 이사장의 연임 제한을 피해 가는 수단으로 악용되곤 한다. 12년을 채우면 더는 연임이 안 되는 점을 고려해 이사장이 중도 사임하고 상근이사로 있다가 차기에 이사장으로 복귀하도록 하는 발판 구실이나 하고 있다.

새마을금고는 지역에 기반을 둔 관계형 거대 금융기관이다. 지난해 기준 전국 1,294개 금고, 총자산 284조 원, 거래고객 2,180만 명에 이른다. 서민이 여윳돈을 맡기고 필요할 때 급전을 융통하는 '국민' 뱅크다. 고도의 전문성이 요구되는 이런 금융업무를 그동안 비전문가에 맡겨 왔다는 게 아찔하고 섬뜩하다. 그런 점에서 부실은 이미 예견된 일이었는지 모른다. 금고 이사장의 전횡과 유착, 연임을 위한 선심 경영은 언제든 문제가 될 소지가 있었다.

전문경영인 체제는 중앙회 말고도 개별 금고에 더 절실한 사안이다. 필요한 전문인력 확보는 문제가 없다. 금융 현장에서 잔뼈가 굵은 전문인력이 차고 넘친다. 일부는 이미 조직화 돼 있다. 전국퇴직금융인협회의 경우 1천 명 규모의 인력풀이 구성돼 있다. 이들은 지금도 자영업자, 청소년, 고령자 등 금융 취약 계층에 대한 교육, 멘토링, 상담 업무를 수행하고 있다.

경험과 능력이 검증된 금융 베테랑의 영입은 당사자는 물론이고 금고와 금융소비자에 유익이 된다. 금융 문외한의 방만·부실 관리를 예방하고 경영 효율을 높이며 주주와 고객을 보호하는 순기능을 발휘한다. 금융경력자의 사장되는 재능을 활용하는 사회적 이익도 거둘 수 있다. 유비무환(有備無患), 말 그대로 미리 준비되어 있으면 근심할 것이 없다. 예방보다 나은 처방은 없다.

〈2023년 12월, 권의종〉

농산물처럼
'온라인 금융시장'을

농림축산식품부가 큰일을 했다. 유통 마진을 줄이는 '24시간 농산물 직거래 장터'를 개장했다. 판매자와 구매자가 온라인상에서 24시간 거래하는 전국 단위의 도매시장이다. 국내 처음이자 세계 최초다. 3~4단계에 달하는 유통단계가 축소됨에 따라 비용 절감과 농산물 가격안정이 예상된다.

농식품부 장관이 자랑할 만도 하다. '온라인 가락시장'을 만든다는 목표로 2027년까지 3조 7,000억 원 규모로 키우겠다는 포부가 당차다. 온라인 도매시장은 윤석열 정부가 국정과제로 내세운 '농산물 유통의 디지털 혁신'을 대표하는 핵심 과제이기도 하다. 농식품부가 민관 합동 개설 작업반을 구성해 준비에 나선 지 10개월 만에 공식 개장에 이른 것이다.

별 게 아닌 것으로 여길 수 있다. 전국 농산물 거래의 '허브' 역할을 하는 도매시장 기능을 단순히 온라인에 옮겨 놓은 것으로 이해할 수 있다. 전국의 판매자와 구매자가 농산물을 거래하는 인터넷 플랫폼쯤으로 가벼이 볼 수 있다. 큰 착각이다. 유통 구조가 복잡다단한 농산물 도매시장의 온라인 구현을 통해 얻을 수 있는 효과는 실로 지대하다.

1985년 가락동 농수산물시장 개장 이후 오프라인 도매시장 구조에 혁명적 변화다. 농가→산지 유통인→도매시장(도매법인·중도매인)→소매업자→소비자로 이어지는 공급 단계가 판매자(공판장·도매시장법인·산지출하조직)→구매자(중도매인·식자재마트·가공업체)→소비자로 단순해진다. 마트(소매업체)의 경우 전국 생산자의 상품을 검색해 산지로부터 직접 공급받을 수 있다. 유통단계마다 붙는 수수료와 운송료가 줄고 도매시장 간 칸막이도 사라지게 된다.

예금시장은 온라인, 대출시장은 오프라인

농산물 유통비용 절감은 생산자와 소비자 모두에게 혜택이 돌아간다. 중간 비용 축소는 농가 소득을 높이고 농산물 가격을 안정시킬 수 있다. 개장 전 한 달간의 파일럿 사업 111건 거래에 대한 분석 결과가 고무적이다. 온라인 거래는 오프라인 거래에 비해 농가 수취가격을 4.1% 높인 반면, 소매단계 구매가격은 3.4% 낮춘 것으로 조사됐다. 유통경로 단축으로 농가가 부담하는 수수료와 운송비가 각각 30% 넘게 감소, 전체 유통비용이 7.4% 줄어든 것으로 확인됐다. 정부는 온라인 도매시장이 활성화될 경우 2027년에 가면 연간 7,000억 원의 유통비용이 절감될 것으로 내다본다.

정작 온라인시장이 필요한 곳은 따로 있다. 금융산업이다. 농산물에도 있는 온라인시장이 금융에는 없다. 예금시장은 온라인화가 된지 오래나, 대출시장은 여전히 오프라인 구조다. 예금과 송금은 PC나 모바일을 통해 이뤄지나, 대출은 대면 거래 중심이다. 대출을 받으려면 은행 문을 두드려야 하고 대면 상담과 서류 제출 절차를 거쳐야 한다. 심사가 까다롭고 의사결정도 부지하세월이다.

대출 온라인화는 재화에 비하면 식은 죽 먹기다. 재화 유통은 온라인시장이 오프라인시장을 대체하는 데 걸림돌이 있다. 농산물만 하더라도 오프라인시장에서는 중도매인이 직접 품질을 점검하여 매입해야 한다. 온라인시장에서는 그러지 못한다. 농산물 유통단계에서 선별작업을 해야 해 추가 비용이 발생한다. 금융서비스는 그럴 일이 없다. 돈에는 꼬리표가 없고 품질에도 차이가 없기 때문이다.

대출도 농산물처럼 전국 단위의 24시간 온라인시장이 긴요하다. 선례가 없었던 것은 아니다. 2011년 신용보증기금을 통해 '온라인 대출장터'가 운용된 바 있다. 대출 기능에 경매 기능이 결합된 세계 최초의 시스템이었다. 은행의 진입장벽을 낮추고 대출 경쟁을 촉진, 직·간접적 금리 인하 효과가 최대 73bps(0.73%)로 나타났다(강맹수, 권의종&이군희, 2012). 시대를 너무 앞선 때문이었을까. 3년을 못 넘기고 장터 문이 닫혔다. 차려준 밥상도 못 찾아 먹은 꼴이 되고 말았다.

온라인 대출은 은행과 소비자, 금융발전 기여

온라인 대출의 구조는 심플하다. 대출 이용자가 온라인상에 원하는 금액을 입력하면 전국의 관심 있는 은행 영업점이 대출 의사와 가능 이자를 제시한다. 수요자는 그중 가장 낮은 금리를 제시한 은행 영업점과 약정하면 된다. 은행 방문 없이 온라인상에서 가장 유리한 조건으로 대출받을 수 있다. 시간 단축과 절차 간소화로 은행과 대출 이용자 모두에게 유익이 된다.

금융발전에도 기여한다. 금융시장이 정부 등 외부 간섭이 아닌 경쟁이라는 보이지 않는 손에 의해 움직이게 된다. 금리가 수요 공급의 시장 원리에 따라 결정된다. 금리 왜곡이 생길 수 없다. 독과점 구조하에서 은행이 고금리로 배 불린다는 비난이 나오기 어렵다. 대통령이 '은행의 종노릇' 등의 용어로 은행권을 비판할 일이 없다.

금융위원장이 금융지주사 회장단을 불러놓고 "금융권의 역대급 이자수익 증대는 국민 입장에서는 역대급 부담 증대를 의미한다"며 직격탄을 날릴 이유가 없다. 금융감독원장이 금융소비자보호법의 적합성 원칙을 들먹이며 은행을 다그칠 필요도 없다. '횡재세'를 거둬야 한다는 정치권 일각의 주장 또한 나오기 어렵다.

혁신 부재의 현실은 일차적으로 금융회사에 원인이 있다. 경쟁 환경을 조성하지 못한 정부의 책임도 크다. 일이 터지면 금융회사를 혼내는 강박적 통제가 고작이다. 국내은행이 해외로 뻗어가지 못하고 안방에서 이자 장사나 하며 우물 안 개구리로 살아가는 이유다. 적수이부(積水易腐), 고인물은 썩으나 유수불부(流水不腐), 흐르는 물은 썩지 않는 터. 한국금융의 활로는 소비자 편익 증대를 위한 디지털 혁신에 있다.

〈2023년 12월, 권의종〉

현금만 고집하는
신용카드 사각지대

"새해 복 많이 받으세요!" 으레 주고받는 신년 인사말이다. 복은 주고받는 것이나 돈 주고 사기도 한다. 복권 구매를 통해서다. 1등 당첨자를 많이 배출한 판매점에는 사시사철 긴 줄이 늘어선다. 추첨하는 토요일에는 구매 인파가 문전성시를 이룬다. 일확천금을 노린다는 시선이 따가우나 일상의 삶이 고단한 서민에게는 그만한 위안거리가 없다.

복권위원회에 설문에 따르면, 조사 대상자의 56.5%가 최근 1년 이내 복권을 구매한 경험이 있다고 응답했다. 로또복권은 '한 달에 한 번' 구매하는 사람이 26.2%로 가장 많고 '매주' 24.4%, '2주에 한 번' 15.7% 순이었다. 연금복권과 즉석복권은 '한 달에 한 번' 구매자가 각각 23.1%, 28.4%로 가장 높은 비율을 보였다. 1회 평균 복권 구입액은 로또복권 9,204원, 연금복권 8,374원으로 나타났다.

당첨률이 낮아 기대는 허무로 끝나곤 한다. '혹시나'가 '역시나'가 되고 만다. 그래도 복권 구매에 한번 맛을 들이면 좀처럼 그만두기 어렵다. '이번에는 되겠지', '이젠 될 때도 됐다'는 기대감이 고개를 든다. 그 바람에 횡재하는 곳은 다름 아닌 정부다. 세금에는 조세저항이 있으나 복권에는 그런 것도 없다. 서민의 호주머니에서 나오는 피 같은 돈이 저절로 국고에 쌓여가는 구조다.

2022년도 복권사업 실적만 봐도 실로 경이적이다. 연간 복권 판매액이 6조 4,291억 원에 이른다. 당첨금 지급액으로 나가는 돈은 3조 3,158억 원, 판매액의 51.5%에 그친다. 판매수수료와 발행경비 등 사업비를 제외하고도 2조 6,430억 원이 남는다. 회계 용어로 표현하면, 매출총이익률 48.5%, 영업이익률 41.1%다. 정부가 밑천 한 푼 안 들이고 가만히 앉아서 거액을 챙기고 있다. 말 그대로 황금알을 낳는 거위다.

신용카드 수수료는 '수익자 부담' 대원칙

공돈에는 벌리는 손도 많다. 정부 사업의 다수가 복권기금에서 돈을 끌어다 쓴다. 법정 사업으로는 지방자치단체 보조, 제주도개발사업 특별회계, 과학진흥기금, 국민체육진흥기금, 근로복지진흥기금, 중소벤처기업 창업 및 진흥기금, 문화재보호기금 등 10개다. 공익사업 수는 더 많다. 주택도시기금, 양성평등기금, 근로복지진흥기금, 응급의료기금, 보훈기금, 문화예술진흥기금 등 12개다. 정부와 지방자치단체, 공공기관의 상당수가 복권수익에 빨대를 꽂고 있다.

복권수익 지출을 나쁘게만 볼 수는 없다. 과학기술 진흥과 중소기업 창업과 진흥 등의 정부 사업과 저소득층 주거안정, 장애인 불우청소년 등 소외계층 복지 등 공익사업에 대한 지원은 잘하는 일이다. 그래도 서민의 돈으로 조성되는 재원인 만큼 효율적으로 관리하고 투명하게 사용해야 한다. 낮은 당첨률부터 높이고 여유 자금은 꼭 필요한 곳에만 지출해야 할 것이다.

문제는 이 말고도 또 있다. 복권 판매로 떼돈을 버는 정부가 아직도 현금 결제만 고집하는 점이다. 신용카드 구매를 법률로 금지하고 있다. 복권 및 복권기금법 제5조 4항에서 "복권을 판매하는 자는 여신전문금융업법 제2조 제3호에 따른 신용카드 결제방식으로 복권을 판매하여서는 아니 된다"고 명시한다. 신용카드도 채무라서 빚내서 복권 사는 걸 막겠다는 취지라 한다. 고양이가 쥐 걱정하는 모양새다.

1인당 1회 구매를 10만 원으로 제한하고 1회 평균 구매액이 몇천 원에 불과한데도 사행성 조장으로 몰고 가는 억지 논리가 구차스럽다. 세원 발굴을 위해 연말정산 때 세액공제까지 해주며 카드 사용을 독려하는 정부가 정작 자신이 복권 팔 때는 카드를 안 받는 이중 플레이가 속 보인다. 신용카드 결제를 허용하는 공과금과 세금 납부와도 대조적이다.

'디테일이 전부', 2% 부족하면 100% 실패

기실은 국세 납부 때도 신용카드는 찬밥 신세다. 정부가 마지못해 카드를 받고는 있으나 수수료는 납세자에게 떠넘긴다. 체크카드 0.5%, 신용카드 0.8% 수수료는 온전히 납세자 부담이다. 이를 두고 불만이 팽배하나 정부는 끄떡도 안 한다. 도리어 국세청은 세금 낼 때 신용카드 납부를 허용해 납세자 편의를 돕고 있다며 홍보에 열을 올린다. 적반하장도 유분수지, 국민을 바보로 안다.

신용카드로 납부하는 국세 규모가 천문학적이다. 2018년 6조5,998억 원(납부 건수 252만여 건)에 이어 2019년 7조3,236억 원(280만여 건), 2020년 9조5,618억 원(261만여 건), 2021년 11조9,663억 원(250만여 건), 2022년 16조4,601억 원(313만여 건)으로 매년 급증세다. 그 바람에 신용카드사에 엄청난 수입이 돌아간다. 2018년 517억 원이던 납부 대행 수수료가 2022년 1,298억 원으로 급증했다. 최근 6년간 신용카드 수수료만도 4,821억 원에 달했다.

그나마 지방세는 카드사가 세금을 수납한 후 마감일에 입금함에 따라 그동안의 자금 운용 수입으로 카드 수수료를 충당한다. 국세는 다르다. 납세자가 신용카드로 납부할 경우 세금은 세금대로 수수료는 수수료대로 이중으로 부담해야 한다. 돈을 받는 정부가 내야 할 카드 수수료를 돈을 내는 납세자가 대신 물고 있다. 결과적으로 국민 부담만 가중된다. 신용카드 제도의 취지에 안 맞고 수익자 부담 원칙에 어긋난다.

세금과 공과금 납부는 물론이고 복권 판매 때에도 일반 상거래처럼 카드 결제를 허용해야 한다. 그리고 신용카드 수수료는 당연히 돈을 받는 쪽이 내야 맞다. 사소한 얘기로 들릴지 모르나 혁신과 개선은 세세하고 정교한 것에서 출발한다. 작은 틈새가 거대한 제방을 무너뜨리고 2% 부족이 100% 실패를 부른다. 디테일이 전부다.

〈2023년 12월, 권의종〉

'억지춘향' 이자
캐시백

캐시백(Cash Back). 소비자에게 구매 대금의 일부를 현금 또는 현금과 유사한 형태로 환급해주는 서비스다. 고객 유치와 이탈 방지를 위한 마케팅 수단으로 활용된다. 소비자에게 추가적인 혜택을 제공함으로써 구매 의욕 증진, 브랜드 충성도 강화, 기업 경쟁력 제고 등을 기하기 위함이다.

캐시백의 역사는 길다. 20세기 중반 이후 소비자 마케팅 전략의 한 부분으로 발전해왔다. 초기에는 신용카드 회사가 일부 구매 금액을 환급하는 형태로 시작됐다. 오늘날에는 온라인 쇼핑에서의 캐시백, 신용카드 결제 시의 캐시백, 앱을 통한 캐시백 등 종류와 형태가 다종다양하다.

은행권도 캐시백에 나설 조짐이다. 자영업자와 소상공인에게 이미 받은 대출이자를 돌려주는 방안을 검토 중이다. 정부가 은행권을 향해 높은 금리로 큰 이자수익을 올리고 있다며 상생 금융을 요구한 데 따른 고육책으로 보인다. 은행권은 '민생금융 지원방안 태스크포스(TF)'를 결성해 대책을 논의해 왔다. 이 회의에는 전국은행연합회와 회원은행, 금융당국의 관계자가 참여해 온 것으로 알려졌다.

TF는 상생금융 지원 대상으로 올해 말 기준금리가 연 5%를 초과하는 기업 대출을 보유한 자영업자와 소상공인으로 의견을 모은 것으로 알려졌다. 부동산임대업 대출자는 제외될 것으로 보인다. 지원 규모는 총 2조 원가량이며 지원 방식은 2024년에 납부하는 이자의 일부를 현금으로 돌려주는 캐시백 형태가 될 것으로 전망된다.

정책은 지원 대상과 방법도 중요

환급 규모는 대출 1억 원에 대해 연간 최대 150만 원이 유력시된다. 평균 감면율은 1.5%포인트로 구간별 대출 금리에 따라 금리 감면을 차등 결정한다는 방침도 언급됐다. 이자 납부 부담을 지속적으로 덜어주자는 취지를 고려해 일시불보다는 분기별 지급 방식을 택한 것으로 알려졌다. 대출이자로 낸 금액 중 많으면 월 12만 5,000원을 돌려주는 셈이다.

코로나19 사태와 고금리 장기화로 고통받는 자영업자와 소상공인을 위해 그동안 이자 장사로 혜택을 누린 은행권의 상생 프로그램은 시의적절하다. 신규 상품의 금리만 낮춰온 기존의 상생 금융 방안으로는 대출 상환 부담이 큰 취약 계층에 도움이 되지 못했다. 이미 내는 대출이자를 깎는 방식은 금리 질서를 왜곡할 우려가 있어 캐시백 형식이 고려될 수 있다.

정책은 취지가 좋아야 하나 지원하는 대상과 방법도 중요하다. 그동안에도 취약 차주 지원이라는 이름 아래 채무 감면 등 도덕적 해이를 부추길 수 있는 지원책이 다수 시행됐다. 그러다 보니 어려우면 정부 등이 나서서 으레 도와줄 거라는 기대감이 들 수 있다. 더구나 은행권의 상생안은 정부의 재정 지출이 아닌 은행의 초과 이자수익을 내놓는 방식이어서 결이 다르긴 하다. 하지만 무리한 지원에 따른 역기능은 정부 돈과 은행 돈에 차이가 있을 리 없다.

소득과 자산을 고려하지 않는 일괄적 지원이 문제다. 지원에 따른 부담도 부담이려니와 형평성 측면에서 논란의 소지가 있다. 자영업자와 소상공인 중에도 여유 있는 사람이 있는가 하면, 금융 취약 계층에도 자영업자와 소상공인만 있는 게 아니다. 서민, 노인층, 청년층, 장애인, 한부모 가정 등이 처한 사정은 더 딱하다. 고금리에 따른 고통만 놓고 보면 제2금융권을 이용하는 중·저신용자가 훨씬 크다.

꼼꼼한 준비로 단단한 성과, 탄탄한 상생을

어려워도 대출을 꼬박꼬박 갚아온 성실 채무자가 손해 보는 역차별 정책이라는 비판을 피하기 어렵다. 중·저신용자에 대한 지원을 늘리다 보면 고신용자의 대출 금리가 되레 높아지는 금리 역전이 생길 수 있다. 실제로 그런 일이 현실로 벌어지고 있다. 지난 11월 은행연합회에 공시된 신용대출 금리에 따르면, 600점대 중·저신용자가 고신용자보다 낮은 금리로 대출을 받았다. 신용대출은 신용 점수가 높을수록 더 낮은 금리로 책정되는 게 일반적이다.

케이뱅크의 경우 951~1,000점에 해당하는 고신용자에게는 평균 연 7.51% 금리로 대출을 해 준 반면, 751~800점대 신용자에게는 연 5.74%로 빌려줬다. 농협은행도 601~650점대 신용자에게 점수가 더 높은 신용자보다 평균 0.21%포인트 낮은 금리로 대출을 실행했다. 우리은행과 신한은행도 마찬가지. 저신용자에 각각 0.39%포인트, 0.08%포인트 낮게 금리를 책정했다.

금리 역전 현상이 이어지면 은행의 신뢰도와 건전성에 악영향을 미친다. 급한 불을 끄기 위한 규제 강화가 역효과를 내고 일관성 없는 정책 시행이 시장 혼란을 부추길 수 있다. 은행이 이익을 많이 냈다고 해서 그중 일부를 토해내도록 하는 것은 잘하는 일이 아니다. 이자를 높여 받았다면 낮춰 받으면 될 일이지, 일단 받고 나서 일정 대상에 한정하여 일정 금액을 일시적으로 돌려주도록 하는 것은 앞뒤가 안 맞고 이치에 어긋난다. 본말전도, 억지춘향이다.

이자를 돌려받는 자영업자와 소상공인으로서도 많아봤자 150만 원 정도로는 도움이 안 된다. 그나마 분기별로 나눠서 받다 보면 안 받는 것보다야 낫겠지만 푼돈에 불과하다. 정부의 압박 공세에 은행권이 시행에 목을 매선 안 된다. 정 그래야 한다면 자영업자와 소상공인에 한정하여 캐시백을 하는 합당한 이유와 타당한 근거부터 제시해야 한다. 그리고서 대출 상환이 힘들 정도로 소득이 줄어든 대상을 선별해 이자를 돌려줘야 맞다. 그러지 않고는 도덕적 해이 논란과 형평성 문제를 잠재우기 어렵다. 만사 불여튼튼, 준비가 꼼꼼해야 성과가 단단하다. 성과가 단단해야 탄탄한 상생이 이뤄진다.

〈2023년 12월, 권의종〉

'빅블러 시대',
금산분리 칸막이 허물 때

코로나19 완화 이후 지방자치단체의 민원실이 초만원이다. 폭발적인 해외여행 수요에 여권 발급에 과부하가 걸려 있다. 여권을 신청하고 교부하는 창구의 민원 혼잡도가 극심하다. 접수 대기에 2시간 이상 소요되며 이른 아침부터 도와 시군구 민원실이 장사진을 이룬다. 일부 지자체는 '야간 여권 민원실'까지 운영하는 상황이다.

민원실이 다 바쁜 것은 아니다. 여권을 취급하지 않는 다른 창구들은 한산한 편이다. 대기 번호가 제로(0)로 표시된 곳이 적지 않다. 안타깝기 그지없다. 임시로 여권 취급 창구를 늘려 밀려드는 민원을 수용하는 될 터이나 그러질 않는다. 그도 그럴 것이 창구마다 주어진 업무가 다르다 보니 동료 공무원이 도와주려도 도와주기 어렵다. '업무 분담 칸막이' 탓이다.

'부처 내' 칸막이보다 심각한 건 '부처 간' 칸막이다. 일개 민원실 상황이 그럴진 데 부처 간 소통과 협력이 제대로 이뤄졌을 리 만무하다. 오죽했으면 윤석열 대통령까지 이를 거론하고 나섰을까. 윤 대통령은 올해 초 용산 대통령실에서 한덕수 국무총리와 새해 첫 주례회동에서 이를 지적했다. "올해는 과제를 중심으로 부처 간 칸막이를 허물고, 협력을 활성화할 수 있도록 인사교류, 예산지원 등 구체적 장치를 마련해 달라"고 주문했다.

실은 이게 처음이 아니다. 윤 대통령은 이미 지난해 말 국무회의에서도 "무엇보다 부처 간 칸막이를 과감하게 허물고 과제 중심으로 부처 간 협력을 강화해야 한다"고 언급한 바 있다. 국민에게 유익한 정책을 만들기 위해서는 단순히 관료들이 민생현장을 찾아 애로점과 요구를 듣는 것뿐만 아니라 부처들이 힘을 합쳐야 한다는 취지로 해석된다.

'부서 내'보다 더 심각한 '부처 간' 칸막이

윤 대통령은 이에 그치지 않았다. 2024년부터 신년 업무보고 형식도 바꿨다. 지난해 신년 업무보고 때는 부처별로 보고했으나 올해는 달랐다. 대통령이 주제별로 전문가·국민을 초대해 관련 부처들과 논의하는 '민생토론회' 방식을 도입했다. 윤 대통령은 '행동하는 정부'의 장애물이 관료 보신주의에 있다고 보고, 이를 깨기 위해 회의 자리마다 연일 관련 발언을 이어가고 있다.

칸막이 허물기는 경제에서 배워야 할 것 같다. 산업 간 경계가 사라지는 빅블러 시대(Big Blur)를 맞아 유통에서는 이미 온·오프라인 경계가 무너지고 있다. 전통적인 오프라인 기업이 온라인에서 파격적인 행보를 보이고, 이커머스 기업은 반대로 오프라인으로 영토 확장에 골몰하는 형국이다. 온라인은 온라인끼리, 오프라인은 오프라인끼리 경쟁했던 시대가 저물고 있다.

세계 최대 IT·가전 전시회 'CES 2024'에서 가장 주목받은 특징의 하나도 '업종 간 칸막이 파괴'였다. 100년 넘게 크리스털 한 우물을 판 오스트리아 주얼리업체, 스와로브스키가 차량용 디스플레이 패널을 출시했다. 손기술로 승부하는 전통기업이 최첨단 정보기술(IT) 기업의 기술 경연장에 출전한 것이다. 기존 디스플레이에 뒤지지 않는 선명함에 고급스러움까지 더해져 세계 산업계를 놀라게 했다.

선글라스의 대명사 레이밴은 사진과 동영상 촬영, 음악 재생 기능이 담긴 '스마트 선글라스'를 미래 주력 상품으로 선보였다. 세계 화장품 업계 최강자 로레알도 '뷰티 지니어스' 앱을 내놨다. 카메라를 통해 사람의 피부와 모발 상태를 확인하고 그에 맞는 관리법을 알려준다. 화장품 제조기업에서 IT 기술을 활용한 '뷰티 컨설팅 기업'으로의 큰 변신이다.

금융시장에 신규 진입 막는 칸막이 규제

국내 금융산업도 예외일 수 없다. 금융과 비금융의 경계가 무너지는 시대 흐름에 부응하고 경제 디지털화에 대응하기 위해서는 금융과 산업자본을 분리하는 금산분리(金産分離) 규제의 칸막이를 풀어야 한다. 국내 금융지주는 비금융회사 투자부터 막혀 있다. 금융지주회사법에 따라 비계열사 지분 보유가 5% 이내로 제한돼 있고 금융지주의 자회사는 비금융회사를 지배할 수 없다. 은행도 금융위원회 승인을 받아야 핀테크 회사에 한정해 15% 이상 투자할 수 있다.

금융사의 비금융업 진출이나 산업자본의 금융업 진출의 제한은 그동안 나름의 명분이 있었다. 대기업이 은행을 사금고화하거나 금융사가 소유한 비금융사에 대한 부당지원 부작용을 막기 위해서였다. 그 취지는 아직도 유효하고 앞으로도 지켜야 할 대원칙이다. 그렇다고 정보통신기술(ICT) 발달과 금융과 산업 간 경계 붕괴의 환경 변화를 외면하고 시대 조류를 언제까지 거스를 수는 없다.

국내 금융권도 이자에 편중된 수익구조를 타개하고, 금융 생태계

변화와 대응해 글로벌 경쟁에서 뒤처지지 않으려면 금산분리 족쇄에서 벗어나야 한다. 주요국으로 눈을 돌려보자. 미국과 EU 등에서는 금융업종과 비금융업종 간 빗장이 이미 풀려 있다. 일본도 은행 업무 범위를 디지털, 물류, 유통 등으로 확대하고 있다. 선진 금융사가 핀테크 기업을 인수해 경쟁력을 키우는 동안 국내 금융사는 금산분리 규제로 운신이 폭이 막혀 움쩍달싹 못하고 있다.

당장 금산분리 해제가 어렵다면 먼저 은행이 핀테크 기업을 투자하는 지분 제한을 풀어 빅테크와 기울어진 운동장을 바로잡고 이어 본격적인 금산분리에 나서는 것도 방법이 될 수 있다. 다만, 분명한 것은 금융시장에 신규 진입자를 막는 보호막이나 칸막이의 역할은 시효를 다했다는 사실이다. 금융산업도 한국경제의 괄목할 성장에 걸맞은 글로벌 스타플레이어로 거듭나야 한다. 금융이 살아야 경제가 살고 나라도 산다.

〈2024년 1월, 권의종〉

도전받는 달러패권,
추락하는 원화

중국의 시진핑 국가주석은 작년 12월 중국·걸프협력회의(GCC) 국가들로부터 석유와 가스 수입을 늘리겠다며 한 가지 조건을 내걸었다. 지금까지 달러화로 결제하던 에너지 수입대금을 위안화로 결제하겠다는 것이었다. 한발 더 나아가, 중국은 러시아와의 거래에서도 위안화의 사용 비중을 늘리고 있다. 우크라이나 침공 이후 국제은행간통신협회(SWIFT) 체제에서 밀려나고, 중국에 대한 경제 의존도가 높아진 러시아가 그 제안을 거부할 이유가 없다.

브라질 역시 중국과의 무역 대금 결제와 금융거래에 달러 대신 위안화를 사용하겠다고 선언했다. 올해 3월에 중국을 방문한 브라질의 룰라 신임 대통령은 상하이에 있는 신개발은행(NDB)을 방문한 자리에서 "나는 모든 나라들이 무역 대금 결제를 왜 달러로 해야 하는지 매일 되묻곤 한다"라며 중국의 탈달러화 정책에 적극 동조하는 발언을 했다. 남미의 또 다른 대국인 아르헨티나도 중국에서 수입하는 제품을 위안화로 결제하는 대열에 동참했다.

이처럼 남미의 주요 국가들이 대외 무역에서 달러가 아니라 위안화를 사용하겠다고 나서고 있다. 알다시피 남미는 반미의식이 강한 국가(정권)들이 많은 지역이다. 그것을 누구보다 잘 알고 있는 중국이 해당 국가들을 적극 공략하고 있다. 경제적 이익을 당근으로 제시하며 탈달러화 정책에 동조할 것을 요구하고 나선 것이다. 최근에 벌어지고 있는 몇몇 남미 국가들의 친중국 행보를 지켜보면서, 중국의 전략이 상당히 먹혀들고 있다는 생각이 든다.

그뿐이 아니다. 중국은 사우디아라비아에 위안화를 대출해주고 자국과의 무역에서 사용토록 하였다. 관영 매체들을 시켜 "달러패권에 대한 위안화의 도전"이라며 대대적으로 선전한 것만 보아도 그들의 의도가 무엇인지 짐작할 수 있다. 사실 중국은 오래전부터 위안화를 글로벌 통화로 만들고 싶어 했다. 그 결과 지금은 상당한 진전을 이루었다. 1년 전만 하더라도 국제 무역에서 위안화 결제 비중은 2%에도 미치지 못했지만, 지금은 4.5%로 두 배 이상 늘어났다.

🌐 미 달러화, 기축통화에서 퇴출되나?

라가르드 유럽중앙은행 총재는 최근 모든 면에서 선명해진 미·중 갈등으로 미국과 유럽을 비롯한 서방세계 경제 전체가 타격을 입게 될 거라고 언급했다. 그러면서 "아직까진 실질적인 변화가 나타나고 있지는 않지만, 달러화의 국제통화 지위가 더 이상 당연시되면 안 된다"라고 강조했다. 재닛 옐런 미국 재무부 장관 또한 CNN과의 인터뷰에서, 러시아에 대한 경제 제재로 달러화의 지위가 위협받을 가능성이 있다는 우려를 내놨다.

국제통화기금(IMF)에 따르면 2022년 4분기 세계 외화 보유고 중에서 차지하는 달러 비중은 58.4%로 단연 1위다. 하지만 2001년 4분기의 71.5%에 비하면 현저하게 줄어든 수치다. 그 사이에 무슨 일들이 있었던가? 2008년 글로벌 금융위기를 겪으면서 65% 아래로 떨어졌고, 2020년 4분기 이후 60% 밑으로 내려갔다. 이와 같은 변화는 달러화의 압도적 지위는 여전히 유지되고 있지만 다른 통화가 그 자리를 서서히 잠식하는 중이라는 걸 보여주고 있다.

그렇다면 달러화가 머지않아 기축통화 지위를 잃게 될까? 적어도 가까운 시일 내에 그런 일은 없을 것 같다. 국제결제은행(BIS)에 따르면 2022년 외환거래의 88%가 달러화로 이뤄졌다. 반면 위안화 비중은 7%였다. 그뿐이 아니다. 스위프트(SWIFT) 결제망에서 사용된 달러화 비중은 지난 1월 기준 45.4%였다. 아직도 국제 차입과 무역 거래의 절반가량이 달러화로 진행된다. 어떤 기준이든, 위안화는 아직 달러의 상대가 되지 못한다.

여러 측면에서, 달러가 기축통화의 자리에서 맥없이 퇴출될 거라는 예단은 섣부르다. 기축통화가 되기 위해선 강력한 군사력과 경제력이 뒷받침되어야 한다. 이 점에서 아직은 어떤 나라도 미국의 상대가 안된다. 노벨 경제학상을 수상한 미 뉴욕타임스(NYT)의 칼럼니스트 폴 크루그먼도 기고를 통하여 경제학적으로 달러 지배력의 쇠퇴 위험성이 과장돼 있다고 강조했다. 다른 전문가들도 달러패권 시대가 조만간 막을 내리지는 않을 거라는데 대체로 동의한다.

원화 가치 추락, 그 원인과 대책

문제는 우리 경제의 기초체력이라고 할 수 있는 원화 가치가 최근 크게 하락하고 있다는 점이다. 최근 환율 변화 추이를 보고 있노라면 우려스러울 정도다. 일반적으로 미국 달러가 약세면 다른 나라 화폐는 강세를 보이기 마련인데, 어찌 된 일인지 달러 약세에도 불구하고 원화가 힘을 쓰지 못하고 있다. 한국경제의 펀더멘털이 허약해진 탓이라고밖에 달리 설명할 도리가 없다. 한시바삐 그에 대한 대책을 세우지 않는다면 더 큰 위기가 닥칠지도 모른다.

원화 약세의 배경으로는 크게 두 가지가 꼽힌다. 무역적자와 한미 양국 간 금리 차이다. 가장 직접적인 요인은 지속적인 수출 부진이다. 반도체 업황 악화와 대중국 수출 감소가 겹치면서 한국은 1년 넘게 연속 무역수지 적자를 기록하고 있다. 수출에서 돌파구를 찾지 못하면 원화는 계속 내리막길을 걸을 수밖에 없다. 무역적자에서 벗어나기 위해서는 지금 선전하고 있는 자동차와 조선 분야에서 계속 흑자를 내고, 반도체는 적자 기조에서 시급히 탈출해야 한다.

역대 최고 수준으로 벌어진 한·미 간 금리 차이도 원화 약세의 원인이다. 금리 차가 커질수록 외국 자금은 빠져나간다. 그걸 알면서도, 경기침체 우려와 눈덩이처럼 불어난 가계부채 탓에 금리를 올리기도 쉽지 않다. 결국 치유책은 허약해진 경제 체질을 강화하는 길뿐이다. 명심해야 할 것은, 급할수록 서두르지 말아야 한다는 점이다. 정교하게 맞물려 돌아가는 경제 메커니즘을 잘 이해하고 중요도와 우선순위에 맞춰 차근차근 해결하는 게 최선이다.

우리에겐 좁은 국토와 빈약한 자원, 전쟁의 참화를 겪은 나라를 세계 10위권의 경제 대국으로 일으킨 저력이 있다. 그 원동력은 뭐니 뭐니 해도 우수한 인적자원이다. 산업 시대의 선배들은 '할 수 있다'라는 신념 하나로 인류 역사상 보기 드문 경제도약을 이루어냈다. 지금 우리가 겪고 있는 어려움은 일종의 '성장통'이다. 지금의 위기는 제2의 도약을 위한 절호의 기회가 될 것이기 때문이다.

〈2023년 5월, 나병문〉

새마을금고
이대로 괜찮은가?

미국 실리콘밸리은행(SVB) 파산이 우리나라에까지 영향을 미쳤다. 새마을금고의 부동산 프로젝트파이낸싱(PF) 부실화에 대한 우려가 심심찮게 제기되는가 싶더니 시간이 지나며 위기감이 급속하게 번지고 있다. 부동산 경기 부진과 금리 인상의 여파 탓에 가뜩이나 고전하던 판국에 새로운 악재의 등장으로 상황이 더 나빠지고 있다. 급기야, 상반기 말 새마을금고의 잠정 연체율이 6.4%에 달했다. 그러자 불안을 느낀 고객들은 예금을 대거 인출하기 시작했다.

금융계 일각에선 문제가 더 커지기 전에, 연체율이 높은 일부 지역 새마을금고부터 '구조조정'해야 한다는 강경한 주장마저 나돈다. 그러자 새마을금고중앙회는 물론 감독부처인 행안부까지 나서서 부랴부랴 대책 마련에 들어갔다. 정부 관계자는 "관리 감독 주체는 행안부지만, 새마을금고도 금융사와 동일한 규제를 받고 있고 검사도 금감원 등의 지원을 받아 함께 진행하고 있어 큰 문제가 없다"라며 예금주들의 불안을 달래기 위해서 노심초사하고 있다.

위기감 진화를 위한 정부의 노력에도 불구하고 세간의 불신은 여전하다. 이미 금융권 전체의 연체율이 상승하고 있는 가운데 자칫 새마을금고가 부실의 불씨가 될 수 있기 때문이다. 거기다 상호금융권 예금은 예금보험 대상도 아니므로 부실 발생 시 예금자 보호도 되지 않는다. 이에 대해 새마을금고중앙회는 새마을금고법에 근거해 예금자를 보호하고 있으므로 문제가 되지 않는다고 주장한다. 하지만 막상 유동성 문제가 터지면 그들의 장담이 통할지 의문이다.

그나마 다행스러운 것은, 자금 이탈 현상이 정부의 합동브리핑 이후 다소 진정되고 있다는 점이다. 그렇다고 아직 위기감이 완전히 사라질 정도는 아니다. 지지부진한 부동산 경기 탓에 부실 우려가 쉽사리 해소될 기미가 보이지 않기 때문이다. 이에 정부는 상황의 조기 안정을 위해 '범정부 실무 지원단'을 발족했다. 이들은 새마을금고중앙회에 상주하며 공동 대응할 방침이다. 금융권도 긴장을 풀지 못하며 당분간 시장 상황을 예의 주시할 것으로 보인다.

🐷 진작부터 예견된 위기

돌이켜보면 지난 3월 말에 새마을금고의 연체율은 이미 다른 상호금융의 2배가 넘는 수준이었다. 하지만 정부와 금고는 문제가 없다며 별다른 조치를 취하지 않았다. 그로부터 불과 4개월도 지나지 않아 뱅크런 위기설이 돌고, 예금 대량 인출 사태가 벌어지고 나서야 뒤늦게 수습에 나서고 있다. 전형적인 뒷북 행정이다. 부실 징후가 완연함에도 건전성 지표를 제때 공개하지 않고 버티는 새마을금고의 행태도 이해할 수 없다.

감독체계도 문제다. 농·수협이나 산림조합은 금융위원회와 금융감독원의 감독을 받는데 유독 새마을금고만 행안부 소관이다. 실제로 다른 상호금융기관은 금감원으로부터 수시로 자료 제출 요구를 받고, 문제가 생길 때마다 고강도 검사를 받는다. 하지만 새마을금고는 중앙회의 자체 감독만을 받는다. 심지어 중앙회가 각 지역금고에 권한을 제대로 행사하지 못해서 내부통제가 잘 안된다는 말까지 있다. 그만큼 지역금고 이사장의 권한이 막강하다는 이야기다.

앞에서 살펴본 것처럼, 새마을금고의 연체율이 정상 범위를 훌쩍 넘어섰다. 그런데 그들이 발표하는 연체율에는 그냥 넘어가면 안 될 왜곡이 숨어 있다. 실제 연체 중인 계좌에 대해서 이자를 전액 감면해줌으로써 정상 계좌인 양 위장하는 사례가 적지 않기 때문이다. 그렇게 되면 해당 계좌는 연체율 집계에서 제외된다. 전체 연체율 또한 낮아진다. 이와 같은 행태는 대외적으로 연체율을 낮추기 위한 꼼수에 불과하다. 그야말로 '눈 감고 아웅'하는 격이다.

문제는 그런 방식이 일시적 미봉책이 될지는 모르지만, 경영에는 오히려 악영향을 끼친다는 점이다. 남들의 시선을 의식해서, 편법을 동원하여 연체율을 낮춘다고 건전성이 좋아질 턱이 없다. 받아야 할 이자를 깎아주면 그만큼 수익이 줄어들 뿐이다. 더 심각한 건, 정상적으로 이자를 잘 갚는 사람보다 이자를 안 내는 사람에게 혜택이 돌아가는 것이다. 당연히 도덕적 해이라는 비판을 면할 수 없게 되었다. 들여다볼수록 이래저래 갑갑한 상황이다.

ⓦ 조직문화 개선, 환골탈태(換骨奪胎)를

방만한 조직문화도 골치 아픈 문제다. 조직 내에서 각종 비리가 끊이지 않는 중에서도, 그들은 혁신을 외면한 채 안일하게 대처했다. 일례로, 현직 새마을금고중앙회장은 금고법 위반 혐의로 재판 중인데도 지난 연말에 한국협동조합협의회장으로 선임됐다. 지역금고 이사장들도 마찬가지다. 자기들끼리 밥그릇 나눠 먹기를 다반사로 여기는 그들은 비위를 저질러 사회적으로 물의를 일으키면서도, 철면피처럼 자리를 지키며 제왕적 권력을 누리고 있다.

한 금융당국 관계자는 "부동산 PF나 전세 사기 등의 이슈에서 유독 새마을금고 리스크가 계속 불거지고 있는 건 사실"이라며 걱정했다. 그런 가운데 만성화된 직장 내 갑질과 직원의 자금 횡령, 비리 의혹 등이 끊이지 않고 드러나고 있다. 그 같은 행태가 쌓이다 보니, 이제는 어디서부터 손을 대야 할지 모를 지경이 되었다. 그러고 보면, 새마을금고에 대한 국민 신뢰의 상실과 예금 이탈은 어쩌면 당연한 결과일지도 모른다.

이번 사태를 계기로 새마을금고는 다시 태어나야 한다. 정부는 새마을금고에 대한 관리·감독 체계부터 현실성 있게 고쳐야 한다. 금융 업무에 관한 전문성이 상대적으로 떨어진 행안부가 감독을 맡는 것부터가 부실의 씨앗을 잉태한 꼴이다. 관련 법령 개정이 필요하다면 좌고우면하지 말고 절차를 밟아야 할 것이다. 부처 간의 힘겨루기나 다른 이유 때문에, 발등에 떨어진 불을 외면하거나 미적거리면 안 될 것이다.

무엇보다 절실한 것은 새마을금고 경영진을 비롯한 직원들의 근본적인 변화다. 그들은 지금까지의 뿌리 깊은 비리와 갑질 행태에 대해서 통렬하게 반성하고 사과해야 한다. 필요하다면 조직 통폐합을 비롯한 구조조정도 기꺼이 받아들여야 한다. 구성원 모두가 낡은 관행에서 벗어나 뼈를 깎는 심정으로 환골탈태해야 한다. 만약 이번에도 그 기회를 놓친다면, 잃어버린 국민의 신뢰를 영영 되찾지 못할 것이다.

〈2023년 8월, 나병문〉

수렁에 빠진
부동산 PF

　얼마 전에 경남은행에서 발생한 수백억 원대의 횡령 사고는 부동산 경기 부진과 금리 인상의 여파로 가뜩이나 위축된 시장과 금융권의 어깨 위에 무거운 짐보따리 하나를 더 얹어주는 모양새가 되었다. 이번 사건을 계기로, 업계와 금융당국 사이에선 부동산 PF 시장에 대한 세간의 신뢰가 깊은 바닥으로 추락할 수도 있다는 위기의식이 점점 커지고 있다.

　그렇지 않아도 건설업계는 불황의 수렁에 빠져 허우적대는 중인데, 잊을만하면 터지는 횡령 사고는 상황을 더욱 악화시키고 있다. 경남은행 사고만 놓고 보더라도 부동산 PF대출이 얼마나 횡령에 취약한 구조를 가졌는지 알 만하다. 또한 일반인들은 상상하기도 힘든 막대한 규모의 대출을 취급하는 금융기관의 내부통제 시스템도 허술하기 짝이 없었다는 사실이 여지없이 드러났다.

　급기야 금융당국은 모든 금융권의 부동산 PF 자금 관리 현황을 빠짐없이 들여다보겠다고 나섰다. 특히 이번 긴급 점검에는 그동안 '감독 사각지대'란 지적을 누차 받아온 새마을금고도 포함됐다. 그동안 새마을금고 감독 권한은 행정안전부 소관이라 금융당국의 금융권 일제 점검에서 제외됐었다.

　부동산 PF의 속내를 들여다보면 자못 심각하다. 3월 말 현재 금융권의 대출 잔액은 무려 131조 원에 달하며 연체율 또한 매우 높다. 3월 말 기준 연체율은 2.01%로 지난해 12월 말의 1.19%보다 0.82% 포인트나 올랐다. 그중에서도 증권사의 부동산 PF대출 연체율은 15.88%로 2021년 말 3.71%에 비해 10% 포인트 넘게 급등했다. 저축은행과 여신전문금융사의 부동산 PF 연체율도 각각 4.07%, 4.20%로, 둘 다 지난해 말보다 상당폭 증가했다.

불거지는 구조적 문제점

알다시피 PF대출은 금융기관이 돈을 빌려줄 때 자금조달의 기초를 사업주의 신용이나 물적담보에 두지 않고 프로젝트 자체의 사업성이나 미래 현금 흐름을 보고 대출하는 금융기법이다. 프로젝트에서 발생하는 수익을 가지고 대출을 갚는 구조이므로 프로젝트에서 발생하는 현금 흐름(Cash Flow)을 확보하는 게 무엇보다 중요하다. 그러므로 사업이 계획대로 진행되지 않게 되면 곧바로 부실로 이어질 확률이 매우 높다.

그런데 국내 시행사의 대다수는 규모가 작고 신용등급도 낮다. 따라서 금융기관은 시행사만 믿고 대출하는 것을 꺼릴 수밖에 없다. 그에 대한 보완책으로, 시행사는 시공사(건설회사) 측에 적절한 보강 수단(지급 보증, 채무 인수, 책임 분양 같은)을 요구하는 경우가 일반적이다. 이는 투자에 따른 리스크를 시행사와 시공사가 분담하는 개념이다. 그렇게 함으로써, 금융기관은 시공사 보증이라는 안전판을 추가로 확보할 수 있다.

최근 들어 시공사의 신용보강 비중이 늘어나면서 건설회사들의 부담이 더욱 커지고 있다. 작년까지만 해도 부동산 PF 유동화 증권은 주로 증권사가 신용 보강하여 발행해 왔는데, 올해 들어 증권사의 유동화 증권 발행 규모가 1년 만에 절반 수준으로 급감했기 때문이다. 문제는 사업이 잘못되면 시행사는 물론 시공사가 같이 망하는 길로 접어든다는 것이다. 돈을 빌려준 금융기관도 피해를 보는 건 마찬가지다.

요즘 증권가는 부동산 PF 유동화 증권에 투자한 카드·캐피탈·저축은행·보험사 등 제2금융권에 미칠 파장을 우려한다. NH투자증권의 한 연구원은 "부동산 경기 저하와 높은 조달금리로 부동산 PF 사업성이 크게 저하돼 일부 금융기관의 관련 자산 건전성 약화가 두드러지고 있다"라고 분석하며, 이런 추세는 당분간 이어질 가능성이 높고 일부 금융기관은 수익성·자본 적정성 약화로 이어질 수 있다고 경고했다.

도덕적 해이 예방, 철저한 심사로 부실 방지

대다수의 PF 사업장에선, 토지소유권 확보 단계부터 인허가 취득과 시공사 참여 등의 역할이 제2금융권에 의한 브리지 론(Bridge Loan)을 통하여 이뤄지고 있다. 한데 분양시장 불황으로 인하여 제2금융권의 '브리지 론'을 제1금융권의 '부동산 PF 본계약'으로 전환하기가 매우 어려워졌다. 때문에, 기존 대출 연장을 통하여 연명하기에 급급한 사업장이 점점 늘어나고 있다. 브리지 론의 특성상 만기가 길지 않기 때문에 조만간 부실로 직행할 위험성이 높아진 것이다.

건설 현장의 실상은 밖에서 짐작하는 것보다 암담하다. 주택가격 하락과 고금리 등으로 분양시장이 불황에 빠지면서 개발사업 일정이 지연되는 것은 물론, 사업 자체를 재검토하거나 중단하는 사례가 속출하고 있다. 부동산 PF 연체율이 급상승하는 가운데 최근 불거진 새마을금고 사태가 또 하나의 악재로 더해지면서, 제2금융권에서부터 부실이 터질 수 있다는 우려가 여기저기서 들려오고 있다.

부동산 PF의 구조적 문제점을 한꺼번에 해결하는 것은 쉽지 않다. 공사장마다 부실의 원인이 각기 다르고 예측 불가하기 때문이다. 하지만 급히 손봐야 할 것들이 있다. 우선 PF 관련 당사자들의 능력과 책임 문제다. 실력도 없으면서 공사에 뛰어들어 부실을 초래하는 시행사나 시공사에 대해서는 지금보다 한층 엄중한 책임을 물어야 한다. 허가 취소를 포함한 강력한 처벌을 통하여, 대충 일하고 돈만 챙기려 드는 도덕적 해이를 애초부터 막아야 한다.

다음으로, 금융기관의 여신심사 능력을 대폭 강화해야 한다. 지금의 현실은, 건설 현장에 대한 지식과 정보가 미흡한 심사역들이 형식적으로 심사하는 경우가 다반사다. 그런 불상사를 막기 위해서라도 심사역들에 대한 교육 수준을 획기적으로 높여야 한다. 나아가 부실 발생 시 엉터리로 심사한 당사자는 물론 해당 금융기관에 대해 가혹할 정도로 문책해야 한다. 그렇게 하지 않는다면, 힘없는 사람들이 억울하게 손해 보는 사례들이 갈수록 늘어날 것이 뻔하다.

〈2023년 9월, 나병문〉

행동주의펀드,
기업사냥꾼인가

미국의 행동주의펀드 '힌덴버그 리서치'는 지난달 24일 인도 최대 기업 그룹 중 하나인 '아다니'의 주가 조작, 회계 부정을 문제 삼아 동사(同社) 주식에 공매도를 걸었다. 이후 아다니 그룹 주가는 급락을 거듭하였고, 세계적 신용평가사인 S&P는 아다니 그룹 산하 2개 계열사의 신용등급을 '안정적(Stable)'에서 '부정적(Negative)'으로 강등했다.

위의 사례 말고도, 지금 해외에서는 행동주의펀드가 경영에 간여하는 사례가 부쩍 증가하고 있다. 월스트리트저널(WSJ)은 "경기침체 우려로 부풀려진 비용 등 구조적 문제를 안고 있는 기업들의 주가가 하락하면서 행동주의 투자자들이 활발하게 활동할 수 있는 토양이 만들어졌다"라며 최근 주가 하락으로 인해 대기업 지분을 확보하기가 쉬워졌다고 분석했다. 그에 따라 월트디즈니나 세일즈포스 등 다수의 기업들이 행동주의펀드의 표적이 되고 있다.

헤지펀드(Hedge Fund)는 주식, 채권 등 다양한 상품에 투자해서 단기에 목표 수익을 달성하는 것을 목적으로 설립된 사모펀드다. 그중에서도 자사주 매입, 배당 확대, 자회사와 계열사의 보유 지분 매각 등의 방식으로 단기 주주가치를 높이는 것을 목적으로 하는 펀드를 행동주의 헤지펀드(Activist Hedge Funds)라고 일컫는다. 그들은 기본적으로 지배구조 개선 등을 요구해 단기간에 수익을 내는 투자 전략을 구사한다.

기업 의사결정에 적극적으로 참여해서 자신의 이익을 추구하는 주주행동주의를 표방하는 이들 사모펀드는 기업의 경영과 지배구조 개선을 주장하며 주주 서한을 발송하는 등 적극적으로 영향력을 행사한다. 그들은 요구사항 관철을 위해 손해배상청구 소송을 비롯해 다양한 강경책을 들이대며 기업을 압박한다. 아다니 그룹의 주가를 끌어내린 이번 사건은 평소 행동주의펀드에 대해 관심이 없던 이들에게도 강렬한 인상을 심어주기에 충분했다.

바야흐로 '행동주의펀드' 전성시대?

우리나라에서도 최근 들어 행동주의펀드 활동이 눈에 띄게 증가하고 있다. 그들은 특정 기업의 주식을 사들인 뒤 해당 기업에 막강한 영향력을 행사한다. 구체적으로, 배당 확대나 재무구조 개선, 지배구조 개편 등을 요구하며 주주가치를 높인다는 명분을 앞세운다. 그것이 평소 무력감을 느끼던 소액 개인 투자자들에게 강력한 우군으로 인식되는 이유다. 개미들의 지지를 든든한 배경으로 삼고 있기에 행동주의펀드의 위세는 날로 커지는 추세다.

국내에서 활동 중인 행동주의펀드로는 얼라인파트너스자산운용, 트러스톤자산운용, 플래쉬라이트캐피탈파트너스 등이 있다. 그들은 한결같이 주주가치 제고를 명분으로 투자한 기업에 대하여 이러저러한 요구를 한다. 실제로 적지 않은 기업들이 그들의 압박을 거부하지 못하고 경영 방침을 바꿨다.

그중에서도 얼라인파트너스자산운용의 활약이 단연 눈에 띈다. 최근 카카오가 SM엔터테인먼트 지분을 매집하자 이수만 총괄이 자신의 주식을 하이브에게 양도하는 방식으로 대응했다. 그들 사이의 다툼을 바라보는 전문가들은 얼라인이 이번 사태에 깊숙이 개입했다고 믿는다. 실제로 얼라인파트너스는 SM 측에게 지배구조 개선과 주주 가치 제고를 끊임없이 요구한 것으로 알려졌다.

이번에 불거진 SM 사태를 들여다보면서 느낀 점은 사안이 꽤 복잡하다는 것이다. 얼라인의 지지를 등에 업은 SM의 이사회가 카카오에게 제3자 배정 유상증자 및 전환사채를 발행한 것은 소액주주 이익 관점에서 보면 분명 문제가 있는 조치였다. 일이 그렇게 진행되는 모양새를 보면서, 행동주의펀드가 주주 이익을 대변한다는 명분을 앞세우고 있음에도 불구하고, 궁극적으로는 자신들의 이익에만 몰두하고 있다는 의혹을 떨쳐버리기 힘들다.

⚖️ '코리아 디스카운트' 해소할 계기로

행동주의펀드 역시 돈을 벌기 위해 존재하는 사익 추구 집단이다. 그런고로, 그들이 주주들의 이익을 대변하는 '수호천사'의 역할에만 머무르지 않는다는 점을 분명히 이해할 필요가 있다. 그렇긴 해도, 기업이 주주가치를 높이는 쪽으로 경영하도록 유도하는 것은 꽤 유용한 기능이다. 주주행동주의 펀드의 적극적인 움직임을 통하여 한국 증시의 지배구조가 투명하게 바뀔 수만 있다면 끊임없이 제기되고 있는 '코리아 디스카운트' 해소를 위한 좋은 계기가 될 것이다.

앞에서 살펴봤듯이, 행동주의펀드는 적극적으로 소액주주의 목소리를 대변함으로써 기업가치 보존, 배당 확대, 주가 상승 같은 소액주주들을 위한 회사들의 움직임을 끌어내는 역할을 한다. 하지만 그들의 영향력이 커지면서 그에 대한 부작용을 우려하는 목소리 또한 불거지고 있다. 지나치게 눈앞의 이익을 추구하느라 기업의 장기 경쟁력을 저해한다는 비판도 따른다. 행동주의펀드를 두고 '기업 사냥꾼'이라고 칭하는 이들이 적지 않은 이유이기도 하다.

 정부의 경제정책 담당자들은 행동주의펀드의 한계와 부작용을 잘 이해하고 그에 대한 대책을 세울 필요가 있다. 사실, 행동주의펀드 자체가 좋으냐 나쁘냐를 두고 따지는 것은 의미가 없다. 언제나 그렇듯이, 이 사안도 확고한 기준을 가지고 임하면 된다. 행동주의펀드가 방만하고 무책임한 경영주들을 혼내주는 순기능을 할 때는 이를 적극적으로 지원하고, 경제 질서를 훼손하는 역기능을 한다면 확실하게 제어하면 될 것이다.

 나라 살림을 책임지는 사람들이라면 그 정도쯤은 이미 충분히 인식하고 있으리라 믿으면서, 행동주의펀드가 우리 경제에 보탬이 되는 방향으로 성장, 발전하기를 기대한다.

〈2024년 1월, 나병문〉

이상과 현실의
가상화폐

가상화폐가 다시 출렁이고 있다. 금리 인상과 경제 침체로 인해 소비가 위축되고 있는 와중에도 비트코인의 가치는 지속적으로 상승했다.

비트코인은 작년 하반기 2,000만 원 초반대로 시세가 형성되었으나 지난 16일 2,500만 원대로 급격히 상승하였다. 일각에서는 비트코인의 가치가 여전히 굳건하며 새로운 기술적 트렌드로 인해 올해 가상화폐의 가치 회복이 기대된다고 예측했다.

그러나 한편에서는 보안과 제도적 미비, 쉽게 흔들리는 유동성으로 인해 가상화폐의 가치에 대해 여전히 부정적인 견해가 존재한다. 가상화폐가 화폐처럼 가치 저장 수단으로서 역할을 하기 위해서는 가치에 대해 모든 사람이 공감해야 한다. 그러나 작은 이슈에도 민감하게 변동하는 가격으로 인해 많은 사람들이 가상화폐의 통화 대체 가능성에 대해 회의적이다.

또한 가상화폐가 현실에서는 손에 잡히지 않는 현물이 아니라는 점과 정보통신기술이 부재하다면 거래할 수 없다는 점, 아직까지는 화폐 교환은 가능하나 현물 거래는 불가하다는 점으로 인해 위험자산으로 인식되고 있다.

대표적인 가상자산인 비트코인이 대중에게 알려진 2013년 이후 10

년이 흘렀다. 그동안 가상화폐를 기점으로 다양한 이슈가 있었고 이에 관한 미래 예측 또한 제각각이다.

가상자산 규제 완화로 변화하는 중국

지난해 주목받았던 가상화폐 이슈는 서울시의 수많은 고액 세금 체납자들이 가상화폐를 압류하자 바로 세금을 납부했다는 소식이었다. 세금 6억을 체납한 강남 소재의 병원장은 125억 원대 가상화폐를 보유하고 있다가 이를 압류하자 바로 세금을 납부하였다.

이 시기에 가상화폐에 대한 인식은 주로 장밋빛 미래가 대부분이었다. 주로 젊은 사람들이 가상화폐를 구매했으며 국가별 거래소마다 코인 가격이 다른 점을 이용해 시세 차익을 실현하고자 해외 거래소에서 코인을 사서 국내 거래소에서 파는 김치프리미엄(Kimchi Premium) 현상도 나타났었다.

한편 세력으로 인해 인위적인 급등과 급락이 가능한 가상화폐의 폐해 또한 커다란 이슈가 되었다. 루나 사태는 가상화폐의 허점을 보여주는 대표적인 사례이다. 스테이블 코인의 일종인 루나(LUNA)와 테라(UST)는 기존의 스테이블 코인과 다르게 알고리즘을 기반으로 공급과 수요를 조절해 주어 가상화폐 거래자들 사이에서 각광을 받고 있었다.

그러나 원인 모를 대량의 테라가 매도되면서 순식간에 테라의 가치가 하락하고 시세 방어가 불가능해지자 투자자들이 테라와 루나를 현금화하는 대규모 뱅크런 사태가 발생하였다. 이로 인해 코인 하나당 십만 원 이상 호가하던 가격이 휴지 조각이 되었다.

또 하나의 사례로 가상화폐의 미래에 대해 긍정적으로 외친 벤처캐피털 '파운더스 펀드'의 공동 창업자 피터 틸은 가상화폐 콘퍼런스에서 "가상화폐가 법정화폐를 대체할 것이다"라는 발언으로 가상화폐를 긍정적으로 평가하였지만 정작 본인은 보유하고 있던 억대 규모의 비트코인을 처분하였다. 이후에도 코인계의 JP모건인 FTX의 파산신청 등 가상화폐의 위기가 지속되었다.

이러한 일련의 사건들을 통해 가상화폐는 금융시장에서 후퇴하는 것처럼 보였다. 그러나 올해의 가상화폐에 관한 움직임은 지난해와는 다르게 진행되고 있다.

이상(理想)과 기술개발로 가상화폐의 미래를

중국은 대표적인 가상화폐 규제 국가이다. 과도한 전기 사용과 시장 혼란 등의 이유로 중국은 정부 차원에서 가상화폐 채굴을 전면적으로 금지하고 단속을 통해 채굴장을 폐쇄하였다. 그랬던 중국이 최근 디지털 경제를 주도하기 위한 정부의 정책에 따라 국영 디지털 자산 거래소를 출범하였다.

또한 홍콩 증시에 비트코인 선물 ETF를 상장하는 등 기존의 규제와는 정반대의 행보를 보인다. 메타버스로 불리는 가상공간에 대해서도 정부 차원에서 많은 지원을 하고 있다.

메타버스 산업을 주도하기 위해 텐센트(Tencent), 바이두(Baidu)와 같은 기업들이 가상현실 관련 사업을 할 수 있도록 핵심 정책을 수립하였으며 이들 기업은 현재 거액의 돈을 들여 기술개발을 비롯해 가상공간 관련 사업을 추진하고 있다. 중국의 달라진 행보는 가상공간에서 사용될 수 있는 가상화폐의 활용 가능성 또한 동반하고 있다.

우리나라 또한 가상화폐와 관련하여 많은 변화가 나타나고 있다. 은행들은 금산분리 완화 제도로 인해 본격적으로 가상화폐와 관련한 사업에 진출하고자 한다. 농협(NH) 신한, KB국민, 우리은행은 비트코인, 이더리움과 같은 가상화폐를 관리, 보관하는 수탁사업에 진출하고 있다.

이러한 변화 속에서 앞으로 가치 저장 수단으로서 가상화폐가 앞으로 인정받을지는 아무도 알 수 없다. 그러나 중요한 것은 가상화폐는 현재 전 세계적으로 통용되고 있으며 사람들의 인식 속에 하나의 화폐로서 주목되고 있다는 점이다. 아직까지 가상화폐가 금 또는 달러와 같은 안전자산으로의 역할을 하기 위해서는 제도와 기술, 시스템 등의 보완이 필요하다. 또한 정부 주도의 암호화폐가 만들어졌을 경우 이에 대한 가치변동 또한 고려해보아야 한다.

그럼에도 암호화폐가 여전히 인기를 끌고 있는 현상에 대하여 디지털 사회로 변해가는 현실에서 답을 찾을 수 있다. 인간은 항상 현실보다 더 편리한 세상을 만들기 위해 끊임없는 기술개발을 해왔다. 따라서 사람들이 꿈꾸는 이상(理想)이 현실로 이루어지는 시점에서는 가상화폐가 현재의 화폐를 대체하게 될 수도 있다. 또한 우리는 그때 또 다른 이상을 만들어 또 다른 미래를 기대하고 있을 것이다.

〈2023년 1월, 백승희〉

부동산 침체는
금융시스템 불안으로

경제위기 신호가 곳곳에서 들리고 있다. 미국 실리콘밸리은행(Silicon Valley Bank, SVB)의 파산에 이어 유럽 최고의 투자은행이자 스위스의 글로벌 투자은행인 크레디트스위스(Credit Suiss, CS)가 스위스연방은행(Union Bank of Switzerland, UBS)에 인수되었다.

우습게도 실리콘밸리은행의 파산은 영국 법인이 영국의 경제 매체 '시티에이엠'이 선정하는 올해의 은행에 선정되어 '금융 파트너 역할을 할 수 있어서 자랑스럽다'는 수상소감까지 발표한 지 1주일 만이었다.

이러한 소식들로 투자자들 사이에서는 은행 부실에 대한 공포감이 조성되면서 독일 도이체뱅크(Deutsche Bank)의 부도 위험설로 인해 주가가 20%나 하락하는 현상도 나타났다.

이렇듯 금융위기의 우려가 점차적으로 확산되고 있어 각국의 정상들은 금융시스템의 안정성을 보장하기 위한 대안들을 피력하고 있다.

미국의 경제학자인 마이클 로버츠는 기술 부분의 수익성 저하와 금리 인상이 낳은 자산 가격 하락으로 인해 실리콘밸리 은행이 파산하였다고 분석하였다. 무분별한 투자로 인한 원금 회수 어려움이 사업 전체를 뒤흔드는 것이다.

📛 대출 폭증으로 짙은 금융위기 그림자

주요국들의 은행위기의 그림자는 우리나라에도 드리워져 있다. 우리나라는 무엇보다 부동산 경기의 침체로 인한 금융위기가 높아지고 있다. 금융감독원은 부동산 경기침체로 인해 기업 대출을 중심으로 연체가 발생하는 등 건전성이 악화되고 있다고 발표하였다.

특히 올 초 정부가 차환 리스크를 막기 위해 개정했던 부동산 프로젝트 파이낸싱(Project Financing, PF)이 우려했던 대로 어려움을 보이고 있다. 부동산 프로젝트 파이낸싱이란 부동산 사업계획과 같은 프로젝트의 수익성을 보고 자금을 제공하는 금융기법을 의미한다.

즉, 사업계획을 기반으로 대출을 해주는 것이기에 사업이 계획대로 되지 않았을 경우 채무의 위험이 남아있다. 과거 부동산 프로젝트로 분양을 실패할 경우 프로젝트의 채무를 시공사가 부담했으나 현재는 책임준공 형태로 준공 이후에는 채무를 인수할 의무가 사라지게 되었다. 이에 준공 이후에 미분양이 늘어나게 된다면 PF 대출 연체가 진행되어 금융위험이 나타나게 되는 것이다.

한국은행이 발표한 3월 통화신용정책보고서를 보면, '2022년 국내 PF 대출 잔액은 2008년 이래 역대 최대치로 전 년보다 14조 6,000억 원 증가한 116조 5,000억 원으로 나타났다.

또한 비은행권(보험, 증권, 저축은행, 상호금융, 새마을금고 등)의 부동산 PF 대출 잔액은 은행권 대비 3배에 가깝게 늘어난 85조 8,000억 원으로 집계됐다. 계획안을 기반으로 대출한 금액이 예년에 비해 훨씬 증가했음을 알 수 있다.

🏦 금리 인상으로 악화되는 국내 경제

국토교통부에서 발표하는 '미분양주택현황보고'에 따르면 올해 전국 미분양주택은 7만 5,359가구로 분양이 성업을 누리던 2021년 9월인 1만 3,842가구에 비해 5배 이상 증가하였다. PF 대출 연체 가능성이 이전보다 훨씬 높아진 것이다.

부동산뿐만 아니라 가계 및 기업 부채 또한 늘어나고 있다. 한국은행에 따르면 지난해 가계 및 기업 부채가 3,593조 5천억 원으로 코로나19 이전인 2019년 말(2,779조 2천억 원)보다 29.3% 급증하였다. 무역 또한 글로벌 경기 상황과 반도체 가격 하락 등으로 한국의 10대 수출품 중 자동차를 빼고는 모두 적자의 실적을 기록했다.

이렇듯 기업과 가계경제 전반에서 대출이 늘어나고 있으며 이를 상환할 수 있는 상황은 쉽지 않아 보인다. 그럼에도 불구하고 미 연준은 22일 FOMC 회의에서 기준금리 0.25%를 인상한 베이비스텝을 이어갔다. 영국도 기준금리를 0.25% 올려 현재 4.25%가 되었다.

올해 미국의 FOMC 회의 일정은 지나간 2월 2일과 3월 23일을 제외하고 아직 6번이 더 남아있다. 시장은 미국이 앞으로도 금리인상을 이어갈지 주목하고 있으며 소비자물가지수나 연준위원들의 전망을 통해 한 차례 더 금리 인상을 지속할 것으로 예측하고 있다.

🏦 '뱅크런' 대비 시장 안정을

현재 우리나라의 기준금리는 3.5%로 미국과는 1.5% 정도 격차가 나타나고 있다. 만약 미국이 금리를 한 차례 더 인상하게 된다면 우리나라와의 금리 차는 사상 최대 수준인 2%까지 확대될 수 있다. 그렇다면 외국인 자금 이탈로 인해 원화 가치 하락이 발생할 수 있어 우리나라의 금융 안정성이 우려된다. IMF를 겪고 난 후 우리나라의 외환 관리는 많이 개선되었지만 주식시장이나 산업 투자 측면에서 외국인 자금이 이탈되어 다양한 문제가 발생할 수 있다.

최근 금융시장에서 큰 이슈로 부각되었던 FTX 거래소 파산과 SVB 은행 파산과 같은 사건들이 사람들의 뱅크런(대규모 예금 인출 사태)으로 인해 발생하였다. 인터넷의 발달로 전 세계 상황의 실시간 공유와 SNS의 생활화로 인해 나비효과는 이전보다 훨씬 빠르게 나타나고 있다. 따라서 같은 현상이 나타나지 않도록 사전에 철저한 관리를 통해 위험 경보를 차단해야 할 필요가 있다.

그러기 위해서 금융권에서는 부동산시장의 악화와 부실이 터질 가능성 등을 고려해 미래의 연체율 상승 가능성을 예의주시하고 신중한 대출, 채권관리를 해야 한다. 2007년과 2008년 대형 투자은행들이 잇따라 파산하는 글로벌 금융위기가 또다시 재현되는 것은 아닌지 대한민국 경제주체 모두가 예의 주시해야 한다.

〈2023년 3월, 백승희〉

가상화폐 범죄 처벌 '디지털자산기본법'을

최근 가상화폐와 얽힌 범죄로 인해 흉흉한 사건들이 나타나고 있다. IT 기술의 발달이 새로운 세상을 가져오기도 하였지만 동시에 이를 활용한 신종범죄 또한 높아지고 있다.

경찰청의 조사에 따르면 지난해 가상자산과 관련된 유사수신행위 범죄 피해액은 9,527억 원으로 집계되었으며 신고되지 않은 금액까지 합하면 전체 피해액은 1조가 넘을 수도 있을 것으로 추정된다. 유사수신행위란 은행법, 저축은행법 등에 의한 인가나 허가받지 않거나 등록•신고 등을 하지 않은 상태에서 불특정 다수로부터 자금을 조달하는 행위를 말한다.

한때 장밋빛 수익을 꿈꾸게 했던 가상화폐 테라(Terra)도 일각에서는 유사수신행위에 해당하는 것으로 보고 있다. 신규 투자자를 유치하기 위해 테라의 스테이블 코인을 맡기고 일정 금액의 이율을 받는 것을 의미하는 '앵커 프로토콜'을 만들어 이자수익을 보장하는 구조로 수십 조 원의 투자금액을 유치한 점이 유사수신행위에 해당한다는 것이다.

테라의 공동대표인 권도형은 현재 해외 도피 11개월 만에 몬테네그로에서 체포되어 구금 중이며 우리나라는 권도형의 사건을 자본시장법 위반으로 보고 법무부는 미국보다 하루 먼저 범죄인 인도 청구를 하였다.

그러나 테라·루나 코인에 투자했던 국내 피해자들은 권도형이 국내가 아닌 미국으로 송환되기를 희망하고 있다. 미국으로 송환될 경우 피해받은 돈을 되돌려받지 못할 가능성이 더 높아지는데 투자자들은 왜 미국에서 재판받기를 원할까? 그 이유에는 금융사기법에 대한 법적 처벌 수위가 우리나라와 비교해 미국이 훨씬 높기 때문이다.

🏦 미국의 병과주의 금융사기법

미국은 금융사기에 관대하지 않다. 미국은 기본적으로 범죄 처벌에 있어 개별 범죄마다 형을 매긴 뒤 합산하는 병과주의를 채택하고 있다. 따라서 금융사기가 발생했을 경우 각각의 범죄를 모두 합산하므로 징역 기간에 제한이 없다.

이에 미국에서는 금융사기로 인해 100년이 넘는 징역을 선고받고 교도소에서 생을 마감하는 사례가 많이 있다. 2008년 나스닥 증권거래소 위원장을 지낸 버나드 메이도프가 본인의 사회적 지위를 활용하여 투자자들을 상대로 금융사기를 벌인 사건으로 150년 형을 선고받았었고, 2012년 스탠퍼드 인터내셔널뱅크 산하 은행 등을 통해 고수익 보장을 미끼로 투자자에게 양도성예금증서를 판매했던 앨런 스탠퍼드 회장도 징역 230년을 구형받았다. 이처럼 미국은 금융사기에 대해 엄벌하고 있다.

전기통신금융사기에 대해서도 마찬가지이다. 미국의 연방법 중 「형법」은 전기통신금융사기에 관한 범죄를 사기죄로 처벌할 수 있도록 규정을 두고 있다.

전기통신금융사기로는 피싱(Phishing), 스미싱(SMS Phishing), 파밍

(Pharming), 메모리 해킹(Memory Hacking) 등이 있으며, 파밍은 공식적으로 운영되고 있는 도메인 또는 URL을 탈취하거나 임의로 변경된 DNS로 사용자들이 접속하도록 유도하는 인터넷 사기 기법을 의미한다.

휴대폰이 대중화되면서 다양한 전기통신금융사기가 나타나자 미국은 전기통신금융사기 관련 규정을 만들어 개인신원정보를 범죄 이용이나 불법적인 사취 행위를 처벌하고 있다. 특히 전기통신금융사기로 인해 발생한 직접적인 손해뿐만 아니라 간접적인 손해에 대해서도 보상받을 수 있도록 함으로써 개인정보를 불법적으로 이용하여 금융적인 손실을 가져온 책임에 대해 철저하게 배상하도록 제도를 정립하였다.

구체적으로 개인정보 도용에 관한 범죄에 대해서는 최대 30년까지 징역에 처할 수 있도록 하고 있으며, 특히 피해자가 55세 이상인 경우 최대 10년을 가중한다. 또한 의료 지원비를 겨냥한 보이스피싱 등의 사기로 인해 사망자가 발생한 경우에는 「형법」 제1347조에 의거하여 최대 종신형까지 처할 수 있도록 규정되어 있으며, 「형법」 제2327조에는 보이스피싱 범죄자가 범행으로 취득한 재산과 도구 등을 몰수하도록 되어 있다.

🐖 솜방망이 한국식 금융사기 처벌

우리나라는 미국에 비해 금융사기 처벌에 대한 형량이 상대적으로 가벼운 편이다. 우리나라 법은 대륙법 체계의 가중주의를 따르고 있어 피고인이 저지른 여러 가지 범죄 중에 가장 무거운 죄에 정한 형을 기준으로 다른 범죄의 형을 가중하여 처벌한다.

예를 들어 한 범죄자가 형량 10년과 형량 8년의 두 가지의 범죄를 저질러서 처벌을 받게 된다면 가장 중한 10년을 채택한 후 이를 기반으로 남은 8년의 범죄는 가중 처벌로 4년으로 줄여 18년이 아닌 14년의 형량을 받을 수 있다. 이마저도 반성문을 제출하거나 피해자와 합의가 되었다면 형량이 더 줄어들게 되어 심각한 범죄를 저질렀음에도 솜방망이 처벌이 이루어질 수 밖에 없다.

따라서 앞서 소개한 가상화폐 테라·루나 코인의 사건은 국내로 송환될 경우 미국에 비해 훨씬 형량이 줄어들 수 있을 것이다.

더욱이 우리나라에서 가상화폐는 특정 자산으로 규정되어 있지 않으며 가상화폐 거래소 역시 특정경제범죄법에 포함되어 있지 않다. 이에 가상화폐에 관한 법안 제정 또한 적극적으로 이루어지지 않고 있는 실정이다.

현재 미국은 가상화폐 테라·루나 코인이 미국인들에게도 큰 손실을 가져왔고, 미국 기업들과도 계약을 체결하고 있기에 미국 증권거래위원회(SEC)서 자체적으로 수사에 집중하고 있으며 테라폼랩스의 공동대표인 권도형의 범죄인 인도를 적극적으로 요구하고 있다. 따라서 권도형의 송환국가에 대해 전 세계의 관심이 쏠려 있는 상황이다.

🌀 디지털자산기본법 제정을

우리나라는 현재 가상화폐를 자본시장법 위반과 사기 혐의에 관한 규제를 적용하여 처벌하고 있다. 또한 타인의 가상자산을 서로 간의 합의 없이 자신의 가상자산으로 이체한 사건에서는 특정경제범죄가중처벌등에관한법률 위반으로 보는 등 가상자산 불법행위를 처벌하기 위한 일련의 판례가 존재한다.

그러나 아직까지는 해외 선진국들에 비해 처벌 범위가 체계화되어 있지 않으며 이러한 범죄를 다루기 위한 전담기관 또한 부재한 상황이다. 이로 인해 지금까지 가상자산을 둘러싸고 수많은 피해를 가져왔음에도 불구하고 이에 관한 제도의 미비로 인해 처벌되지 못한 사건들이 많다.

이에 가상자산을 둘러싼 그동안의 문제 등을 계기로 현재 정부차원에서 '디지털자산기본법' 제정을 준비 중이나 갈 길이 아직 멀다.

너무나 당연한 이야기이지만 우리나라가 디지털 시대를 앞서 나가기 위해서는 관련 시장에 관한 제도 점검이 선결적으로 이루어져야 한다. 자원이 부족한 우리나라의 현실에서 앞으로의 먹거리가 될 수 있는 디지털 산업의 부흥과 건전한 경제 구현을 위해서는 논의되고 있는 가상자산에 대한 금융 정의가 선행되어야 한다.

이러한 기초적인 작업들이 함께 선행되면서 정부가 추진하고 있는 「디지털자산기본법」 등이 서둘러 제도화되어야 전 세계의 주목을 받고 있는 가상자산의 범죄를 제대로 처벌할 수 있을 것이다. 그럼으로써 우리나라는 전 세계의 K-금융이라는 또 한 분야의 한류를 보여줄 수 있을 것이다.

〈2023년 4월, 백승희〉

지역경제 선순환은
'지역공공은행'으로

지자체마다 인구 감소, 지역소멸에 대한 위기감이 증폭하고 있다. 사람도 없고, 돈도 돌지 않아 폐장한 5일장 같은 지자체의 지역경제는 침체와 쇠락의 악순환 구조를 벗어나기 어려워보인다. 최근 들어 '지역공공은행'의 필요성과 중요성이 점차 부각되는 근본적 이유일 것이다.

지역공공은행이란, 지자체 예산으로 설립해 시민사회가 주요 의사결정 주체로 참여하는 은행을 말한다. 기존의 시중은행과는 지역성과 공공성의 가치에서 뚜렷한 차이를 띤다. 즉, 지역공공은행은 지자체 금고와 지역민의 예금으로 창출한 신용은 역외로 유출하지 않는다. 따라서 지역 내부에서 지역의 자금과 지역의 경제를 온전히 선순환시키는 핵심가치를 충실하게 추구한다.

물론 경남은행, 전북은행 등 일부 지방은행에서는 지역 재투자 의무를 이미 수행하고 있다. 또 한국은행 '금융중개지원대출' 관련 규정은 지방은행 중소기업 의무대출 비율을 60%로 규정하고 있다. 그러나, 일반은행들의 수익중심주의에 바탕을 둔 지역자금의 역외 유출구조 때문에 지역민의 금융 소외 및 배제, 지자체의 재정분권 등은 여전히 풀기 어려운 난제다.

🏛️ 지자체가 설립하고 지역사회가 운영하고

지역순환경제전국네트워크 공동대표 양준호 인천대 경제학과 교수는 "지역공공은행'은 지역사회를 활성화하고, 지역 내 사회적경제 기업, 시민·도시운동, 영세 소상공인 등 금융 소외계층, 재무구조가 취약한 지역 중소기업 등에 공공적 가치를 고려해 돈을 공급하는 지역의 공공적 가치를 우선하는 역할이 지역공공은행의 목적과 가치"라고 설명한다.

지자체 예산을 수탁해 신용 창조 토대로 삼고, 시민사회가 여신 운용 의사결정에 참여해 지역 내에 필요한 곳에 금융을 공급하는 구조를 지역공동은행을 통해 구축하자는 제안이다. 양 교수는 "지금까지의 구조로는 금융의 지역소외 현상을 막을 수 없다"면서, "시중은행이 지역을 기반으로 창출한 신용자금이 지역에 돌아가지 않는 점, 이러한 '실패'를 보완하고자 지자체가 운영하는 신용보증정책 역시 시중은행과 같은 '신용등급'을 기준으로 두는 바람에 정작 금융이 필요한 시민이 혜택을 보기 어렵다"는 문제점도 더불어 제기한다.

일반적으로 지역공공은행 설립의 필수조건들은 은행 설립 재원, 의사결정 구조, 의사결정 기준 등 세 가지로 정리된다. 구체적으로, 지자체가 출자·설립할 것, 지자체 금고를 수탁할 것, 이를 기반으로 상업은행처럼 '신용창조' 과정을 거쳐 대출 기반을 마련할 것, 지역 시민사회가 은행 의사 결정을 주도할 것, 지역 공공성을 기준으로 대출 대상·금리 수준을 결정할 것 등이다.

양 교수에 따르면, 지역공공은행이 시중은행과 같은 구실을 하려면 법 개정이 필요하지만, 새마을금고 같은 형태라면 현재 상태에서도 충분히 가능하다는 판단이다. 또한 기존의 지방상업은행들도 '지역공공은행'과 경쟁이 아닌 상호호예적이고 상호보완적인 생산적인 상생관계를 얼마든지 맺을 수 있다고 강조한다.

가령, 지역공공은행이 2차 금융시장에서 상업은행이 보유한 채권들을 사들이며, 그 과정에서 금융 소외계층에게 간접적으로 금융을 공급할 수 있고 상업은행들도 저신용 채권을 줄일 수 있다는 것이다. 자금이 필요하지만 신용이 부족한 곳에 지방은행과 함께 공동 투·융자하면, 위험을 줄이면서 지역경제를 활성화할 수도 있다는 것이다.

지역의 농가와 중소사업자를 지키는 보루

최근, 오은미 전북도의원도 지역경제 활성화와 중소 상공인 및 금융약자를 위한 전북형 지역공공은행 설립을 제안했다. 이를 통해 자금의 역외유출을 막고, 지역 내에서의 재투자 및 환류를 통해 지역발전을 도모하자는 요구인 것이다. 지역연고의 전북은행이 지방은행으로서 대출금리 인하 등 사회적 책임과 역할을 해줘야 한다는 요구가 높은 시점에서 제기된 혁신적 대안이라 전북도민들의 주목을 받고 있다.

제주도에서도 지난 지방선거에서 박건도 제주도의원 후보가 지역순환경제 구축을 위한 제주형 지역공공은행을 설립 공약을 발표한 바 있다. 이른바 제주형 지역공공은행은 제주특별자치도 등 공공기관이 보유한 예산, 재산 등을 공적으로 운용하는 공영은행을 의미한다. 이로써 지역에서 발생한 수익을 정책에 연계해 사회적 안전망 자금으로 만들어내자고 주장했다.

특히 제주도에 지역공공은행이 설립되면 기존 상업은행의 금융서비스 이용에 제약을 받고 있는 금융소외계층을 위한 금융 서비스 지원 및 교육, 공익사업 재원마련을 위한 사업투자 지원을 적극 수행할 수 있다는 지역적, 사회적 기대효과를 특히 강조했다.

물론 오늘날 우리 금융산업이 처한 현실에서 지역공공은행 설립을 위해서는 넘어야 할 한계와 난관이 적지 않다. 일단, 현행 은행법은 지자체가 은행 주식의 15%까지만 출자할 수 있도록 규정하고 있다. 지역공공은행이 설립되려면 법 개정 또는 특별법 제정이 선행돼야 하는 것이다.

선진 외국에서는 이미 성공한 사례가 적지 않다. 1919년 미국 노스다코다주 정부 예산 200만 달러로 설립된 노스다코다은행(BND)은 이후 100년 넘게 지역소농·소상공인 저리 금융 지원, 지역대학생 학자금대출, 사회간접자본, 주택 공급 등을 지원하고 있다. 지자체가 지방채를 발행하면, BND가 즉시 구입하는 등 주정부의 모든 자금을 BND가 관리하도록 법제화했다. 캐나다 앨버타주립은행, 독일 스파르카센, 일본 도쿄도립은행 등도 지역공공은행의 역할을 성공적으로 수행하고 있다.

지역에서 '공공적인' 금융을 발휘, 담보할 수 있는 지역공공은행은 지역경제를 살리고 지방자치단체 재정 수준을 양적, 질적으로 제고시킨다. 심지어 통화발행권이 없는 지방자치단체에서도 정부통화 내지 공공통화를 발행한 것과 동일한 수준의 정책 효과를 거둘 수도 있다. 이로써 지자체의 중앙정부에 대한 종속을 완화시키고 지방정부의 지역재생 정책을 원활히 지원함으로써, '지방소멸'의 위기를 막는 지역경제 최후의 보루 역할을 감당할 수 있다.

노스다코타 지역사회가 노스다코다은행(BND)을 설립한 최초의 목적은 '주 정부가 관할하는 지역 안의 농가와 중소사업자(중소 영세기업, 소상공인 자영업자)를 지역 밖의 은행과 금융자본가, 그리고 마피아로부터 보호하기 위해서였다고 한다. 우리 지역에 지역공공은행 절실히 필요한 명확한 이유이자 명분이다.

〈2023년 5월, 정기석〉

지역화폐는
지역경제의 '양화(良貨)'

인구감소, 지역소멸 등에 대처하려는 지역화폐 사업이 존폐위기로 내몰리고 있다. 최근 정부가 2024년도 지역사랑상품권(지역화폐) 예산을 전액 삭감하겠다고 발표했다. 국비 지원이 끊기면 지역화폐 발행은 사실상 어렵다. 재정이 열악한 지방정부에게 독자적인 지역화폐 사업을 기대할 수는 없다. 나아가, 경제활성화, 지역사회 재생을 위한 지역의 노력과 의지는 큰 상처와 타격을 입게 된다.

지난달 말, 행정안전부는 지역화폐 사업 예산 전액 삭감을 포함한 2024년도 예산요구안을 기획재정부에 제출했다. 정부의 지역화폐 예산은 2019년 533억 원, 2020년 6,298억 원, 2021년 1조 2,522억 원으로 증가세를 유지했다. 그러나 지난해부터 6,052억 원으로 대폭 감소했다.

정부는 '지역화폐는 지자체에서 책임지는 것이 맞다'고 주장한다. 마침내 이런 논리를 내세워 2023년 예산부터 기재부는 관련 예산을 전액 삭감했다. 다만, 국회 심의과정에서 전년도 절반 수준인 3,525억 원으로 겨우 명맥을 유지하는 수준에서 타협을 이루었다.

🐷 지역화폐는 지역순환경제생태계의 '혈액'

지역화폐는 통상 5~10% 할인된 가격으로 발행된다. 이 할인 금액 해당 예산을 국비와 지방비로 충당, 지원하는 셈이다. 따라서 정부의 예산이 줄어들거나 삭감되면 지방정부는 지역화폐 발행 규모와 할인율을 축소하거나 중단해야 하는 상황으로 내몰리는 것이다.

더욱이 행안부는 올 2월 '2023년 지역사랑상품권 지침 개정안'을 개악했다. 중소기업이라도 연매출액이 30억 원을 넘는 사업장은 지역화폐 사용처에서 제외할 것을 지자체에 권고했다. 그렇다면 하나로마트 등 농협 경제사업장에서도 지역화폐 사용이 제한된다. 이는 적합한 사용처가 많지 않은 농촌지역 시장경제와 민생의 현실을 전혀 반영하지 못한 무지하고 무책임한 조치이다.

지역화폐란, 지방자치단체나 지역공동체가 해당 지역에서만 유통이 가능하도록 발행한 민간화폐를 말한다. 지역화폐는 법정화폐와 달리 지역에서 자체적으로 발행해 유통하는 보완화폐로서 지역공동체 활성화와 지역경제 재생을 주요 정책 목적으로 삼는다. 코로나19 펜데믹 상황 같은 지역적 재난 상황 등 경제위기 극복을 위한 정책적 목적으로도 요긴하게 발행된다.

지역화폐의 원형은 1820년대 영국의 사회개혁가였던 로버트 오웬(Robert Owen)의 노동바우처(Labour Voucher)로 거슬러 올라간다. 협동조합적 생산과 소비를 바탕으로 한 공동체 구성원 간의 신용증서를 제안하여 지불수단으로 삼았다. 일정 지역의 공동체를 기반으로 한다는 점에서 지역화폐의 원형으로 평가받고 있다.

현대적 의미의 지역화폐는 1983년 캐나다 브리티시콜럼비아주 코 목스 밸리에서 시행된 지역교환거래소(LETS, Local Exchange Trading System) 실험이 시작이다. 이른바 렛츠(LETS)는 개인(회원) 간의 상호 신용을 기반으로 서비스와 재화를 거래(교환)하는 가상의 공동체 화 폐라 할 수 있다.

초기의 지역화폐는 법정화폐에 대한 대안적 성격이 강했으나, 현대 의 지역화폐는 법정화폐와 대립하거나 경합하지 않는다. 대체로 지역 순환 경제 생태계를 형성하기 위한 목적으로 한정된 지역에서만 사용 되기 때문이다. 굳이 법정화폐가 갖는 범용성을 대체하지는 않는다.

지역화폐는 해당 지역의 공동체 상호 간 유통 시스템에 동의한 공 동체에 의해 운영되기 마련이다. 제도의 운용을 위해서는 물리적 형 태의 실물인 화폐, 카드 등을 제작하고 유통하는 비용이 필요하다. 따라서 그만한 재원 조달이 가능한 지방자치단체가 지역화폐를 기획, 운영하는 일반적인 운영주체가 된다. 시민사회단체 등이 주도하는 실 험적인 지역공동체운동 차원의 민간 사례도 적지 않다.

🐷 '야당대표의 예산'이 아닌 '지역주민의 예산'

한국에서는 2000년대 중반부터 지역상품권 사례가 본격 도입되었 다. 2006년 경기도 성남시에서 성남사랑상품권을 발행, 아동수당, 청 년배당 등을 지원하는 정책 수단으로 활용했다. 현 야당 대표가 성남 시장 시절 지역 소상공인 보호 차원에서 처음 도입해 일명 '이재명표 예산'으로도 알려졌다. 이후, 제도가 전국 시도에 전파, 2020년에는 177개 지방자치단체에서 약 3조 원 규모의 제도로 발전되었다.

광역지자체 차원에서는 경기도가 2019년부터 경기지역화폐를 발행했다. 대형마트·백화점·대형매출업소·유흥업소·사행업소를 제외한 지역화폐 동네가맹점에서 현금처럼 사용하고 있다. 일반발행은 도민 전체가 최대 6% 할인 구매하고, 정책발행은 청년배당·산후조리비·아동수당과 같은 복지수당을 지역화폐로 받는 형태이다.

그런데, 현 정부가 '지역화폐 예산 전액 삭감'을 추진하는 정치적인 배경을 염려하는 의견도 없지 않다. 혹여, 성남시와 경기도의 사례를 추진했던 현 야당대표의 대표적 지역정책에 대한 괜한 거부감이나 견제 심리가 작동하는 것은 아닌가 하는.

야당은 지역화폐사업을 옹호하고 있어 지난해처럼 국회 논의 과정에서 삭감된 예산이 부활할 가능성도 없지 않다. 그러나 올해는 지난해와는 상황이 전혀 다르다. 지난해에는 소관부처가 올린 예산을 기재부가 삭감했으나 올해는 아예 소관 부처에서부터 예산을 폐기했다. 폐기한 예산 사업을 기재부가 재심의하는 경우는 드물다고 한다. 귀추가 주목된다.

〈2023년 6월, 정기석〉

시장경제를 살리는
사회적금융

오늘날 우리는 팬데믹과 디지털 전환, 기후위기 등 복합적이고 총체적인 경제 여건과 사회환경의 급변기에 몰려있다. 이를 대비하고 극복하기 위한 금융의 사회적 역할, 또는 이른바 '사회적금융'의 중요성이 강조되고 있다.

사회적금융은 자금을 공급하는 과정에서 참여자와 조직의 역량 강화를 통해 지속가능하게 사회적이며 경제적인 가치를 동시에 창출해야 한다. 무엇보다 사회적금융은 지역사회에 밀착된 경제 주체 간 관계를 변화시켜 정보와 자원의 흐름을 촉진하는 가치창출 전략을 발휘한다. 따라서, 지역사회의 가치를 인정하는 금융 생태계는 사회적금융의 중요한 배후지이자 사회적 가치 확산에 유리한 토대라 할 수 있다.

🪙 사회적금융, 우리 모두의 미래를 위한 금융

지난달 말, (재)한국사회가치연대기금(이사장 송경용)과 (재)금융산업공익재단(이사장 박준식)은 '2023 사회적금융포럼'을 열었다. 포럼의 주제로 정한 "우리 모두의 미래를 위한 금융: 지속가능한 사회를 위한 금융의 역할"은 사회적금융의 역할과 책임을 함축한다.

송경용 이사장은 "전 세계적 팬데믹과 경제위기를 겪으며 더욱 절실해진 지속가능성과 포용성, 그리고 녹색, 디지털 전환의 큰 흐름을 마주하며 기업 및 금융 부문이 해야 할 일에 대해 고민하는 자리가 될 것"을 다짐하고 당부했다.

김영식 전국사회연대경제 지방정부협의회 사무국장은 "안정적으로 사회적금융이 지역에 자리 잡기 위해서는 지역단위 거버넌스 구축 등 지역 사회적금융 활성화 관련 입법의 적극적 추진이 필요하다"고 제안했다. '지역 기반 사회적금융 생태계 구축 방안' 주제 발표를 통해 "그동안 지역 사회적금융 논의는 공급 측면에서의 접근한 경우가 다수였고 기존 금융권과 유사한 평가기준을 적용하여 자금이 '필요한 곳'에 가지 않고 '융자/투자할 만한 곳'에만 자금이 흘러가는 부작용이 발생했다"고 국내 사회적금융의 현주소를 지적했다.

캐시 킴 미국 지역개발신협연합회 인클루시브 캐피탈 사무국장은 "미국에는 지역에 뿌리를 내리고 지역민들에게 금융서비스를 제공하는 금융기관 중 정부로부터 인증받은 지역개발금융기관(CDFIs)이 1,000개 남짓 존재한다"라며, "지역금융은 클린턴 대통령 집권 초반기인 1992년에 정식으로 제도화되어 정부로부터 지원받고 있는, 낙후지역의 금융소외계층들을 위해 일하는 지역밀착형 풀뿌리 금융기관들"이라고 미국의 사회적금융 현황에 대해 설명했다.

캐시 킴 사무국장은 "팬데믹이 줬던 교훈 중 하나는 금융적으로, 경제적으로 어렵다는 것이 이전에는 어려운 지역에 사는 사람들의 문제였다면, 지금은 모두의 문제라는 인식에 다다랐다는 것"이라며 "그러므로 건강한 공동체를 만들기 위해서는 다 같이 풀어야 하는 문제로서 모두 좀 더 포용적이고 지속가능한 공동체로 변화하지 않으면 모두가 어려울 것"이라고 강조했다.

지역 기반 사회적금융 생태계 구축을

김은경 경기연구원 선임연구위원은 "한국에서의 가장 큰 문제는 사회적금융이 사회적 가치를 추구하는 금융임에도 불구하고 중소기업 지원이나 서민 지원을 목적으로 하는 정책금융의 하나로 간주하는 경향으로 공공 주도로 진행되고 있다는 사실"이라고 주장했다.

김 선임연구위원은 "2014년 사회연대경제법(ESS법)을 제정한 프랑스는 2020년 기준으로 프랑스 고용의 10.5%를 사회적경제가 점유하고 있다"라며 사회적금융 활성화가 잘된 사례로 프랑스를 소개했다.

특히 이번 포럼에서는 사회적 가치와 지역개발을 추진하는 사회적경제기업들의 성장을 위해 지역 기반 사회적금융 생태계구축이 선행되어야 한다는 공감대가 이루어졌다. 이를 위해 지역 내 기존 사회적금융(공공과 민간재원)의 공백 파악, 사회적금융 생태계의 공동체적 부(Community Wealth Building) 구축 기반 마련, 다양한 사회적금융 재원을 확보 등의 다양한 제안이 제기됐다.

그런데, 지역단위의 사회적금융을 활성화하기 위해서는 무엇보다 중개기관의 역할이 중요하다. 중개기관은 자금 수요처와 자금 공급처를 연결하고, 자금을 끌어오는 중심축이자 기반이 되는 일종의 플랫폼 역할을 하기 때문이다. 구체적으로, 기존 중개기관 규모화, 사회적금융 중개기관 간의 협업 체계 구축, 신규 중개기관 설립 지원 등이 필요하다. 더욱이, 사회적경제기업은 영리 추구가 주목적이 아니기 때문에 재무제표로만 평가하면 한계가 있으므로 별도로 평가할 수 있는 사회적금융 중개기관이 더욱 필요한 것이다.

기본적으로 지역단위 또는 지역 기반 사회적금융을 활성화하려면 공공재원 정책자금이 마중물처럼 먼저 확보되어야 한다. 이를 마중물이자 촉매자본으로 활용한다면 민간재원 공급량 확충, 그리고 이에 연동한 사회적금융 공급량 확대도 연계될 수 있다. 또 기업 사회공헌 기부금 등 호혜적 자원에 대한 세금 혜택 등 민간 부문 참여 유인을 위한 정책적 지원 제도, 사회적금융의 금융비용 할인 지원, 지역단위 균형 공급 제도 구축 등이 필요하다.

한국사회가치연대기금의 연례보고서에 따르면, 국내에서도 최근 몇 년 사이 사회적금융의 공급액은 가파른 증가세를 보인다. 2017년 900억 원이었던 사회적금융 공급액은 2021년 약 6,550억 원 수준으로 증가, 4년간 연평균 60% 이상 증가세를 기록했다.

'사회적금융'은 정말 돈이 필요한 취약 계층이나 사회적으로 가치가 있는 일에 돈을 융통해 주는 금융을 말한다. 구체적으로 돈. 경제적 이익 그 자체보다 빈곤 퇴치 등의 사회적 가치를 실현하는 것이 목표이다. 다만, 투자하여 수익을 낸다는 점에서 자선 사업과는 개념과 차원이 다른 고도의 금융제도이자 경제행위라고 할 수 있다. 오늘날, 복합적, 총체적 위기 국면에 처한 우리, 모두의, 미래를 위해 사회적금융은 중요하다. 일부 경제공동체의 선택 종목이 아닌, 필수불가결한 기본적인 대안금융으로 점점 우리의 일상생활까지 가까이 다가온다.

〈2023년 6월, 정기석〉

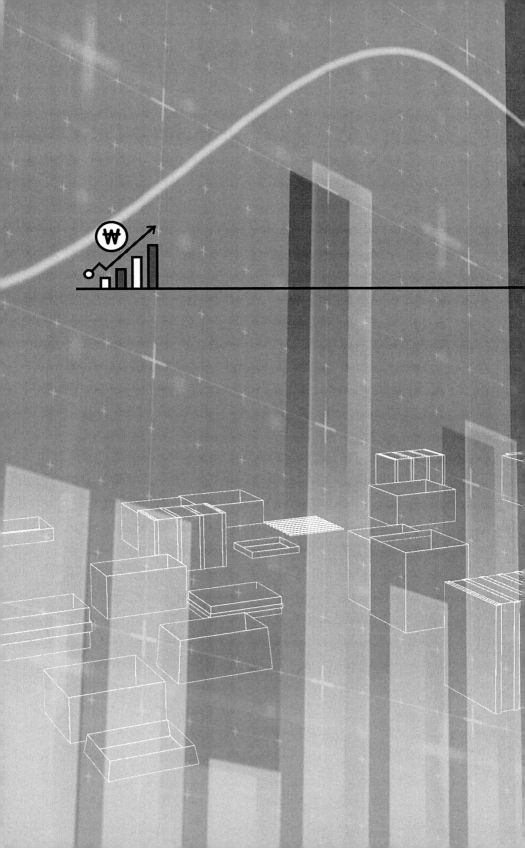

3.

한국산업, 어디로

식품을
왜 국세청이 관할하나?

애먼 소줏값이 도마 위에 올랐다. 음식점과 주점에서 소주 한 병값이 6,000원대로 치솟을 조짐을 보였다. 그러잖아도 난방비, 공공요금 인상 등으로 여론이 안 좋은 상황에서 소줏값까지 들먹이자 정부가 제동을 걸었다. 주류업계를 상대로 실태 조사를 벌이고, 업계 대표들을 만나 인상 자제를 설득했다. 강온 양면 대응에 나선 것이다.

주류업계는 주정인 에탄올의 주재료인 타피오카 가격이 올라 소주 출고가 조정이 불가피함을 토로했다. 주정을 독점 유통하는 대한주정판매가 지난해 주정 가격을 10년 만에 7.8% 올렸을 때 소주 출고가도 80원가량 올렸던 예를 거론했다. 이번에도 같은 방식으로 인상을 시도할 참이었다. 소주병 가격 인상도 거론했다. 소주 공용 병인 녹색병 가격이 개당 180원에서 220원으로 오른 것도 원가 부담 요인으로 열거했다.

공정거래위원회는 역공 모드. 예전에 있었던 소주업체의 가격 담합을 들먹였다. 2010년 11개 소주업체가 소주 출고가격 인상을 밀약, 272억 원의 과징금을 물었던 일을 들췄다. 당시 공정위는 한 회사가 소줏값을 올리면 나머지 업체들도 비슷한 비율로 따라 올리는 담합 행위를 적발했다. 이번에도 여차하면 주류업계의 경쟁 구도와 독과점 가능성을 들여다볼 수 있음을 넌지시 내비쳤다.

정부의 전방위적 압박에 겁을 먹은 주류업계는 가격 인상을 돌연 보류했다. "당분간 소주 가격 인상을 하지 않을 계획이며, 가격 인상과 관련해 정해진 바 없다"고 밝혔다. 소주 가격 인상 논란은 일단락됐으나 출고가 동결은 일시적 현상일 거라는 예측이 많다. 여러 요인을 고려할 때 소줏값 인상은 조만간 다시 거론될 거라는 시각이 지배적이다.

🍶 대한민국 소주 역사는 '흑(黑)역사'

소주는 증류식과 희석식 2종류가 있다. 원래 소주는 증류식 소주를 의미했다. 오늘날에는 가격경쟁력을 앞세워 시장을 석권한 희석식 소주가 대중 술로 자리를 잡았다. 돼지감자나 카사바 등에서 뽑은 전분을 발효시키고 연속 증류해 얻은 고순도 주정을 물로 희석해 감미료를 첨가하는 방식으로 제조한다. 맛은 증류식 소주보다 역하고 독하다는 평가를 받는다.

희석식 소주의 원조는 일본이다. 일본은 1895년 동아시아 최초로 주정을 생산했다. 1899년 희석식 소주를 처음 개발했다. 일제 침략과 함께 한반도에 들어온 희석식 소주는 낮은 생산 원가를 무기로 국내 증류식 소주를 대체하며 시장을 잠식했다. 1909년 통감부 주세법 공표로 1910년부터 국내에서도 고구마로 주정 생산을 개시했다. 1919년 6월 평양에 한반도 최초의 희석식 소주 공장인 조선소주가, 같은 해 10월 인천에 남한 지역 최초의 희석식 소주 공장인 조일양조장이 설립됐다.

한편 조선총독부는 직접세 형식으로 과세가 이뤄지면 세금 인상 시마다 조세 저항이 커질 것을 우려했다. 술이나 담배와 같은 기호품에 대해서는 간접세 과세가 효율적일 것으로 판단했다. 이에 따라 1909년 주세와 연초세 등을 신설했다. 그런데 당시에는 대대로 전해지는 전통주를 집에서 직접 담가 마셨다. 술을 사서 마시는 경우는 드물었다.

1916년 주세령이 시행됐다. 조선총독부의 허가를 받은 전문 주류업체가 아닌 자가 양조한 술에 대해서는 세금을 대폭 인상했다. 허가받지 않은 자가 빚은 술은 밀주로 규정해 엄하게 단속했다. 그 바람에 증류식 소주는 몰락의 길을 걸어야 했다. 일제는 싸구려 술로 조선인의 술 수요를 충족시키고, 전통주 단속을 통해 주세 수입을 올리는 일거양득의 효과를 거둘 수 있었다.

🍶 주류행정은 아직도 일제강점기 수준

일제강점기의 주류행정 구도는 광복 이후에도 그대로 이어졌다. 지금에 와서도 큰 변함이 없다. 소주업체가 술을 제조하면서 알코올을 생산하지 못한다. 주정은 별도로 설립된 전국 9개 주정업체가 제조한다. 또 이것이 대한주정판매로 일괄 납품된 후 각 소주업체로 정부가 책정한 가격으로 판매되는 시스템이다. 주정의 원료 곡물도 정부가 직접 배급하고 있다.

이런 상황에서 술의 품질향상은 꿈도 꾸기 어렵다. 내키지 않겠지만 이웃 나라 일본을 보라. 오랜 기간 부단한 품질향상으로 자국의 전통주 사케를 세계적인 명주 반열에 올려놓았다. 그렇다면 우리는 그동안 뭘 하고 있었는가. 소주와 막걸리 등 대중주 가격을 억누르며 대한민국 주류수준을 형편없이 떨어뜨리고 말았다. 그러고도 잘못을 잘못으로 깨닫지 못하고 있다.

법령상으로도 술은 식품이 아니었다. 위생관리 면에서는 2013년 7월 식품위생법 개정이 되고서야 식품으로 대접받았다. 이 모든 문제의 원인은 엉뚱한 곳에 숨어 있다. 술에 대한 관리 감독을 식품을 관장하는 농림축산식품부가 아닌 세금을 다루는 국세청이 담당하고 있다는 사실이다. 주류면허를 비롯해 생산, 유통, 소비 등에 대한 규제와 관리 감독이 국세청 소관으로 돼 있다.

국세청이 주류를 관장해 세수 증대에 이바지한 것은 사실이다. 하지만 전통주시장을 말살하고 값싼 술로 서민건강을 해쳐온 점 또한 부인하기 어렵다. 시장 질서를 교란하고 국민건강을 희생해 얻은 대가인 셈이다. 그렇다면 지금 와서 그 책임을 누가 어떻게 져야 한단 말인가. 지난 일은 지난 일. 이제라도 바로잡아야 한다. 다행히도 해법은 어렵지 않다. 다음 질문에 답을 하면 된다.

"술은 식품인가? 세금인가?"

〈2023년 3월, 권의종〉

조선 붕당보다 더한
'KT 자리싸움'

감히 말하자면, 대한민국 정치사는 반목과 대립, 그리고 분열의 역사다. 현대 정당의 뿌리를 구태여 찾는다면 조선 중기 붕당(朋黨)에까지 소급한다. 붕당은 학맥과 정치적 입장에 따라 형성된 집단을 일컬었다. 지방에서 성장한 사림파(士林派)는 15세기 말 이후 중앙에 진출했다. 훈구파(勳舊派)로부터 모진 탄압을 이겨내고 16세기 중엽 조선 14대 임금 선조 즉위 뒤 중앙 정계를 장악했다.

학문적 견해 차이에서 출발한 붕당은 당리당략에 얽매여 운영됐다. 비판과 견제, 여론 수렴을 통해 나라를 위한 정책을 만들려는 '착한 동기'는 애초부터 보이지 않았다. 되레 분파의 역사가 시작됐다. 발단은 사소했다. 이조전랑(吏曹銓郎)이라는 벼슬자리였다. 전랑은 조선 시대 6조 중 하나인 이조의 관직 이름으로 정5품 정랑과 정6품 좌랑을 합쳐 부른 말이었다.

품계는 낮았으나 권한은 막강했다. 인사권을 쥐고 있어 요직 중에 최고의 요직으로 통했다. 각 부서 당하관의 천거, 언론 기관인 삼사의 관리 임명, 재야인사의 추천, 후임 전랑의 지명권을 갖고 있었다. 중죄가 아니면 탄핵받지 않았고 승진도 보장됐다. 인사권과 언론권이 집중된 그 자리를 누가 차지하느냐에 따라 권력의 향배가 결정됐다.

1572년 이조전랑에 김효원이 추천됐다. 명종비인 인순왕후의 동생

심의겸은 김효원이 한때 훈구파였다는 이유를 들어 반대했다. 그래도 임명됐다. 1575년 심의겸의 동생 신충겸이 이조전랑에 추천되자 이번 에는 김효원이 반대했다. 전랑의 관직은 척신의 사유물이 될 수 없다 며 대신 이발을 추천했다. 이로써 사림파는 분열됐다. 당시 김효원의 집은 한양의 동쪽, 심의겸의 집은 서쪽에 있어 이를 지지하는 사람들 을 각각 동인과 서인이라 부르게 됐다.

🎗 '임자 없는' 민간기업, 역대 정권의 '먹잇감'

치졸한 자리싸움은 어쩌면 지금이 조선 시대보다 더하면 더했지 덜 하지 않다. 공기업은 물론 금융지주, 포스코 등 이른바 '주인 없는' 민 영기업의 수장 자리는 역대 정권마다 탐내는 먹잇감이었다. KT 최고 경영자(CEO) 자리도 그중 하나다. 이번도 예외는 아니다. KT 수장 자 리를 놓고 벌이는 싸움이 살벌하다. 선출이 3개월째 오리무중이다. 방향과 갈피를 잡을 수 없다.

지난해 12월 KT 이사회는 정관에 없는 연임 우선 심사제도를 통해 구현모 대표의 연임을 결정했다. 비자금 조성과 '쪼개기 후원' 관련 정 치자금법 위반 등의 혐의로 재판을 받고, 미국 증권거래위원회(SEC)에 서 75억 원의 과징금을 받으며 CEO 리스크가 불거진 구 대표의 연임 이 결정되자 여론의 비판이 거셌다. 압박을 느낀 이사회는 대표 선임 절차를 공개경쟁 방식으로 재추진하기로 했다.

다시 진행된 대표이사 공모에서 구 대표는 지원을 철회했다. 2월 이 사회가 추린 최종 후보자는 윤경림 KT 그룹 부문장을 포함해 도합 4 명. 모두 KT의 전·현직 임원이었다. 공교롭게도 대선 캠프 출신자 등 여권이 민 것으로 알려진 정·관계 출신 인사들은 모두 탈락했다. 3월

31일 정기 주주총회에서 윤 후보의 선임 안건이 의결될 예정이다.

윤 후보 선임에 여당과 대통령실이 반기를 들었다. 여당 의원들이 기자회견을 통해 포문을 열었다. "구 대표가 자신의 '아바타'인 윤 후보를 세웠다"며 "이는 내부 특정인들이 '이권 카르텔'을 유지하려는 전형적 수법"이라 비판했다. 대통령실도 가세했다. "공정·투명한 거버넌스가 안 되면 조직 내에서 도덕적 해이가 일어나고, 그 손해는 국민이 볼 수밖에 없다"며 거들었다. 국민연금도 정기 주주총회에서 반대표를 던지겠다는 의중을 시사했다.

국민연금 동원하는 정부·여당 개입은 '부적절'

빌미는 KT가 제공했다. 횡령·배임 혐의를 받는 구 대표가 연임에 나서며 권력이 개입할 여지를 줬다. 그는 KT가 2014년 5월에서 2017년 10월까지 회삿돈으로 상품권을 매입한 뒤 이를 되팔아 현금화하는 '상품권 깡'으로 11억 5,000만 원의 비자금을 조성했고 이 중 4억 3,790만 원을 국회의원 99명에게 불법 후원한 행위에 가담했다는 이유로 벌금형을 받았다.

그러나 정부 지분이 0%인 민간기업의 CEO 선정에 정부·여당이 개입하는 것은 잘못이다. 정당성을 인정받기 어렵다. 국민연금의 스튜어드십 코드를 동원하려는 시도가 사실이라면 이 또한 부적절한 처사다. 스튜어드십 코드는 기관투자자가 의결권을 행사해 기업의 투명경영을 유도하는 자율지침이다. 스튜어드십 코드가 성공적으로 정착하려면 오히려 국민연금이 정부의 영향에서 벗어나야 한다.

국민연금은 자신의 지배구조부터 돌아봐야 한다. 국민연금은 지배구조 면에서 결코 자유롭지 못하다는 평가를 받고 있으며 최근에 국민연금의 독립성 저하를 우려케 하는 일도 있었다. 기금운용위원회 산하 상근전문위원에 비전문가인 검찰 출신이 선임됐다. 전문상근위원은 전문성과 독립성, 대표성 면에서 유자격자여야 한다. 기금운용위는 국민연금의 투자기업 주주권을 자문하는 기구로서 그간에도 금융 회계 전문가가 주로 맡아왔다.

연 매출 25조 원, 재계 서열 12위의 거대 기업 KT를 이끌 CEO는 경영 능력이 출중해야 한다. 조직의 비전을 설정하고 이를 뒷받침할 전략과 전술을 실행하며 구성원을 이끌 발군의 리더십을 필요로 한다. 정권에 잘 따를 자보다 고객의 편익과 주주가치를 높일 인물이 적임자다. 정권이 주인 없는 소유분산 민영기업의 자리까지 탐을 내면 안 된다. '나의 사람'을 꽂으려 할 게 아니라 '나은 사람'이 뽑히게 해야 한다. 예나 지금이나 불변의 진리, 인사가 만사다.

〈2023년 3월, 권의종〉

재건축초과이익환수,
'손질'보다 '손절'

정치권은 영악하다. 당(黨)과 표(票), 이해관계 있는 일에는 민감하다. 그렇지 않은 일에는 무신경, 적당히 넘어가려 한다. 정치가 협상의 산물이라고는 하나, 해도 해도 너무한 측면이 있다. 그 점에서는 정부도 별반 차이가 없다. 거기서 거기, 도긴개긴이다. 꼭 해야 할 일도 여소야대 정국을 핑계 삼아 적당히 타협하려 든다. 그러는 걸 능력과 실적으로 안다. 그러니 피해는 오로지 애꿎은 국민의 몫이 될 수밖에.

적당주의는 부동산 정책에서도 판친다. 재건축으로 생기는 이익 일부를 세금 형태로 환수하는 부담금을 줄이기 위해 발의된 '재건축초과이익환수법 개정안' 처리가 지지부진하다. 지난해 9월 정부가 윤석열 대통령의 대선 공약을 토대로 부담금을 크게 낮추는 법 개정안을 국회에 제출했다. 하지만 논의가 늦어져 시장 혼선이 커지자 정부가 '어중간한' 타협안을 다시 제시한 것이다.

정부안 개요는 이렇다. 조합원 1인당 재건축부담금 부과 면제 기준을 기존 3,000만 원에서 1억 원으로 높이고 초과이익 기준 구간을 2,000만 원 단위에서 7,000만 원 단위로 확대해 부담금을 낮추도록 하는 게 핵심이다. 구체적으로 초과이익 1억~1억 7,000만 원은 10%, 1억 7,000만~2억 3,000만 원은 20%, 2억 3,000만~2억8,000만 원은 30%, 2억 8,000만~3억 2,000만 원은 40%, 3억 2,000만 원 초과는 50%를 부과하는 방안이다.

또 정부가 애초에는 10년 이상 보유자에 대해 최대 50%를 감면하기로 했으나, 수정안에선 20년 이상 초장기 보유자에게는 60%까지 감면하기로 했다. 정부 수정안이 국회에 제출되면서 찬반 논란이 거세다. 일부 재건축 단지에 가구당 수억 원대의 부담금 예정이 통지되면서 재건축시장에 '메가톤급' 파장을 예고하고 있다.

🌀 재건축부담금, 재건축 방해하는 자충수

재건축부담금이 뭐길래. 사업 기간 중 오른 집값에서 건축비 등 개발 비용과 평균 집값 상승분을 뺀 초과이익이 3,000만 원을 넘으면 10~50%까지 부담금으로 징수하는 제도다. 주택가격 급등과 부동산 투기를 막기 위해 2006년 도입됐다. 하지만 주택시장 침체 등의 이유로 2013부터 2017년까지는 시행이 유예됐다가 2018년 다시 시행됐다.

개정안 취지는 일리가 있다. 집값을 잡기 위한 재건축초과이익환수의 당위성도 인정된다. 2006년 노무현 정부가 재건축 단지를 집값 상승의 주범으로 보고 투기를 막는다는 명분으로 재건축에 따른 시세차익의 최대 절반을 세금으로 거두는 법 제정 배경 또한 수긍이 간다. 새 아파트가 다 지어졌을 때 집값에서 재건축 시작 당시의 집값과 공사비용, 재건축하지 않았더라도 올랐을 집값 평균 상승분을 뺀 금액을 재건축초과이익으로 정의한 것도 틀리지 않는다.

문제는 재건축부담금이 재건축을 방해하는 자충수가 될 수 있다는 점이다. 집 지을 땅이 절대적으로 부족한 서울 지역의 경우 재건축이나 재개발 말고는 주택을 공급할 방안이 마땅치 않다. 그러잖아도 공사비 인상에 따른 추가 분담금이 짐이 되는 현재 상황에서 초과이익 부담금까지 더해지면 재건축 사업은 더 어려워질 것이다.

정책 간 충돌이 빚어진다. 재건축초과이익환수는 정부의 주택공급 확대 방향과 정면으로 배치된다. 주택공급을 방해하는 '대못'으로 작용한다. 주택공급 규모를 줄일 뿐만 아니라 기존 주택가격을 끌어올리는 불씨가 될 수 있다. 자동차 운전에 비유하면 한 발로는 액셀러레이터, 다른 발로는 브레이크를 밟는 것과 같은 위험한 결과를 부를 수 있다.

⚖️ 말도 많고 탈도 많은 재건축부담금

미실현이익에 대한 과세라는 것도 커다란 흠이다. 집값이 올랐다고 실현도 안 된 이익에 부담금을 물리는 건 온당치 못하다. 그렇다고 집값이 내릴 때는 이미 낸 부담금을 돌려주는 것도 아니다. 아파트가 준공될 시점에 수익이 얼마나 실현될지, 그래서 부담금이 얼마나 될지를 사전에 전혀 예측할 수 없다. 같은 지역에서 똑같은 용적률 혜택을 받고도 입주 때까지 집값 상승률에 따라 부담금이 달라지는 '복불복', '예측 불가'의 징벌적 과세다.

미실현이익 계상은 손익계산을 불확실하게 해 회계원칙에서도 원칙적으로 금지되는 사항이다. 부담금은 간접조세에 해당하나 개념은 일반 세금과 다를 바 없다. 그렇다면 수익이 확정된 연후에 물려야 맞다. 양도할 때 양도세를, 증여할 때 증여세를, 상속할 때 상속세를 내게 하면 된다. 재산을 보유하는 동안에도 재산세, 법인세(조합), 취득세, 종합부동산세 등을 내는데 개인별로 재건축부담금을 물리는 건 엄연한 이중과세다.

재개발과의 형평성 논란도 있다. 재개발 사업은 공익성을 들어 높은 이익이 발생해도 부담금이 없다. 제도의 실효성 또한 크지 않을 수 있다. 재건축부담금을 줄이기 위해 '고가 마감재'로 치장하는 꼼수가 나올 수 있다. 재건축 공사비용을 부풀려 수익을 줄이는 방법을 생각지 못할 리 없다. 재건축부담금이 크다고 판단되면 개인별 분담분이 늘더라도 고급화로 갈 소지가 크다. 그리되면 부담금은 부담금대로 못 걷으면서 부동산 가격만 뛰게 할 수 있다.

말도 많고 탈도 많은 재건축초과이익환수. 원점에서 재검토해야 한다. 정책은 일관성있고 예측이 가능해야 한다. 임시변통의 땜질식 처방은 근본 해결책이 못 된다. 경제문제를 정치적으로 판단하면 바른 결론에 이르기 어렵다. 서민의 박탈감을 고려해 부담금을 강화해야 한다는 일각의 주장은 국민을 선동하는 포퓰리즘의 극치. 재건축 부담금은 '손질'보다 '손절'이 낫다.

〈2023년 7월, 권의종〉

후쿠시마 오염수는
한국 수산업에 생명수

후쿠시마 오염수 사태는 현재진행형이다. 더 정확히 표현하면 일촉즉발, 악화일로다. 문제가 해결될 기미가 안 보인다. 대립과 반목이 끝없다. 정치가 과학을 삼키고 진영 간 대립이 도를 넘고 있다. 과학적 근거와 객관적 사실에 기반한 합리적 논쟁은 찾아보기 어렵다. 국민 불화, 사회 불안, 정치 불신만 증폭되는 형국이다.

국제원자력기구(IAEA)가 후쿠시마 최종보고서를 발표했다. "일본의 오염수 방류 계획이 국제 안전기준에 부합한다"며, "오염수를 바다에 흘려보내도 사람과 환경에 미치는 영향이 매우 적다"고 결론지었다. IAEA는 이를 토대로 "일본 정부의 방사능 관리실태, 처리 절차, 오염수 분석 과정과 결과에 대해 신뢰하고, 후쿠시마 오염수의 해양 방류 계획이 국제법과 국제 안전기준에 부합한다"고 공표했다.

미국 바이든 정부는 IAEA 최종보고서의 후쿠시마 오염수 분석 결과를 신뢰하고 그 결정을 존중한다는 공식 입장을 밝혔다. 더불어민주당 등 국내 야당은 보고서 내용을 믿을 수 없다는 반응이다. 중립성과 객관성이 없는 일본 편향적 보고서로 간주한다. 후쿠시마 오염수 해양 방류를 반대하는 나라는 전 세계에서 단 두 곳. 중국 정부와 한국 야당뿐이다.

정부는 IAEA와는 별도로 한국원자력안전기술원(KINS)이 2021년부터 일본의 방류 계획에 대해 진행해온 안전성 검증 결과 보고서를 공개했다. 방문규 국무조정실장은 "일본의 계획은 방사성 물질의 총 농도가 해양 배출기준을 충족했고, 삼중수소의 경우 더 낮은 수준의 목표치를 달성해 IAEA 등 국제 기준에 부합함을 확인했다"고 설명했다.

🔥 정치가 과학을 삼키고, 진영 간 대립은 '도 넘어'

'오염수 음용(飮用)'을 두고 벌이는 입씨름이 가관이다. 발단은 한국 원자력연구원 기자간담회에서다. 방사선 분야에서 세계적 석학으로 알려진 영국 옥스퍼드대 웨이드 앨리슨 명예교수 발언에서 비롯됐다. "다핵종제거설비(ALPS)로 처리한 후쿠시마 오염수 1리터가 내 앞에 있다면 마실 수 있다"고 발언했다. 여당은 나흘 뒤 해당 교수를 국회로 초청했고, 그 자리에서 오염수는 1리터가 아니라 그 열 배인 10리터도 마실 수 있다는 답변이 나왔다.

원자력안전위원회는 뒤늦게 '개인적 돌출 발언'이라며 오염수를 마시면 안 된다고 발표했다. 그래도 야당은 정부를 향해 오염수를 마실 수 있느냐고 끈질기게 캐물었다. 이에 정부 관계자들은 "마실 수 있다"고 맞불을 놨다. 한덕수 국무총리는 국회 대정부질문에서 "안전기준에 맞는다면 오염수를 마실 수 있다"고 답했다. 조규홍 복지부장관도 "안전하다고 바닷물을 먹는 사람은 없다"면서도, "마실 수 있다 생각한다"고 말했다.

오유경 식품의약품안전처장 또한 "생각이 다르지 않다"며 동조했다. 지영미 질병관리청장 역시 "국내 기준에 맞는다면 마실 수 있는 조건은 충족한다고 생각한다"고 맞장구쳤다. 서울 노량진 수산시장을 찾은 국민의힘 김영선, 류성걸 의원은 수조 속 바닷물을 손으로 떠서 마셨다. 이를 두고 내년 총선을 노린 '공천수'라는 비아냥이 나왔다.

상황은 그걸로 끝나지 않았다. 후쿠시마 오염수 방류에 반대해 국회에서 단식 중이던 우원식 민주당 의원은 한국을 찾은 IAEA 사무총장을 향해 포문을 열었다. "오염수를 마실 수 있다고 말했는데, 그 정도로 안전하면 일본이 음용수로 마시도록 권할 생각은 없느냐"고 따져 물었다. 라파엘 그로시 사무총장은 국내 언론과의 인터뷰에서 오염수 안전성에 대해 "나도 마실 수 있다. 그 안에서 수영도 할 수 있다"고 말한 바 있다.

🔥 정부의 코페르니쿠스적 전환과 솔로몬의 지혜를

논쟁이나 벌일 때가 아니다. 극단과 극단이 부딪는 사이 경제가 무너지고 있다. 경기가 가라앉고 물가가 솟구치고 수출이 줄어들고 있다. 빚은 태산 같아 이자 부담에 소비가 움츠러든다. 코페르니쿠스적 전환, 솔로몬의 지혜가 긴요하다. 일본 원전 오염수가 한국에 위기인 건 사실이나 기회가 될 수 있음도 깨달아야 한다. 오염수 방류로 막히는 일본 수산물 수출시장을 한국이 선점해야 한다. 한국 수산업이 황금기를 맞을 수 있는 절호의 기회를 놓쳐선 안 된다.

유엔식량농업기구(FAO)가 발표한 '2022 세계 어업·양식업 동향'을 눈여겨보라. 2020년 기준 일본의 해면어업 생산량은 313만 톤, 전 세계 생산량의 약 4%, 순위로는 8위에 올라 있다. 중국 1,177만 톤(15%), 인도네시아 643만 톤(8%), 페루 561만 톤(7%), 러시아 479만 톤(6%), 미국 423만 톤(5%) 다음이다. 한국은 해면어업 생산량이 136만 톤으로 전 세계 생산량의 약 2%, 14위에 머물러 있다.

더구나 우리나라를 포함한 대다수 국가는 오염수 방류와 수산물 수입규제는 별개라는 입장을 견지한다. 현재 일본 원전에 보관 중인 약 137만 톤의 오염수에는 약 2.2g의 삼중수소가 포함돼 있으며 앞으로 30년 동안 희석하여 조금씩 태평양에 방류할 계획이다. 그렇다면 최소 30년 이상은 일본의 수산물 수출이 어렵게 된다. 그렇다면 그 빈자리를 한국 수산물이 차지할 수 있도록 만반의 준비를 서둘러야 한다.

위기는 기회를 동반한다. 노자의 말마따나 화 속에 복이 있고 복 속에 화가 있다. 위기를 위기로 보면 그저 위기일 뿐. 기회로 보면 뜻밖의 기회가 생겨나게 마련이다. 세상만사 하기 나름이고, 기회는 지혜자의 몫이다. 일본 원전 오염수 방류에 대한 정치권과 정부의 현명한 판단과 대응을 학수고대한다. 잘할 수 있으리라 믿어 의심치 않는다.

〈2023년 7월, 권의종〉

꽉 막힌 농업진흥지역,
숨 막힌 농업 선진화

사재기도 병(病)이다. 물건이 있어도 사들인다. 쌓아둘 곳이 없는데도 사 쟁인다. 쓰지 않고 있다 결국에는 버리거나 헐값 처분한다. 그리고서 또 산다. 구매가와 처분가의 차이, 보관 및 관리비용 등 손해가 막심하다. 개념 없는 소비자의 이야기가 아니다. 똑똑하기 이를 데 없는 정부의 현행 '쌀 관리' 방식이다.

정부는 올해도 창고에 보관 중인 쌀 14만t을 처분한다. 가축 사료용으로 7만t, 술 제조 주정용으로 7만t이다. 과거 비싸게 사들여 남는 쌀의 땡처리다. 보관 기한 3년이 지나 매입가의 10~20%에 되판다. 농림축산식품부는 지난해에도 쌀값을 안정시킨답시고 사상 최대 물량인 77만t을 사들였다. 그 바람에 공공비축 재고량이 많이 늘어났다.

4월 기준 정부 쌀 재고량은 적정 재고(80만t)의 2배가 넘는 170만t에 달한다. 2017년부터 지난해까지 공공비축과 시장격리를 위해 정부가 매입한 양곡의 판매손실이 3조 2,865억 원. 같은 기간 재판매 때까지의 재고 양곡 관리비용은 1조 1,048억에 이른다. 이 두 비용을 합하면 4조 3,913억 원, 연평균 7,319억 원의 혈세를 쏟아부은 셈이다.

쌀 소비는 줄고 있다. 2022년 1인당 쌀 소비량은 30년 전의 절반 수준인 56.7kg으로 역대 최저치를 기록했다. 쌀 생산량 감소 속도는 그에 못 미친다. 지난해 쌀 생산량은 376만 4,000t, 국내 수요량보다 15만

5,000t 많았다. 소비는 주는데 과잉 생산으로 재고가 넘쳐난다. 늘어난 재고를 줄이기 위해 싸게 되팔아 매년 아까운 나랏돈을 축내고 있다.

비싸게 사 싸게 되파는 정부 '쌀 관리'

정부가 애쓴다. 논에 벼 이외의 다른 작물을 재배할 때 보조금을 지급하는 '전략 작물 직불제'를 시행한다. 바람직하다. 우리나라의 곡물 자급률은 20% 수준. 쌀을 뺀 곡물의 자급률은 세계 최하위권이다. 작물 다각화를 유도해 식량안보와 농업구조 다변화에 도움이 될 거로 기대된다. 주의할 점도 있다. 지난 정부에서 '타 작물 재배 지원사업'이 한시적으로 시행되다 중단되자 쌀 재배면적이 도로 늘어난 전철을 밟아선 안 될 것이다.

그래봤자 임시방편. 근본대책이 필요하다. 허물을 벗어야 애벌레가 되고, 고정관념을 깨야 발전이 있다. 쌀의 구조적 공급과잉을 해소하려면 벼 경작 농지를 적정 수준으로 줄여야 한다. 걸림돌이 버티고 있다. '농업진흥지역' 제도다. 농지를 효율적으로 이용하고 보전하기 위해 1992년 도입된 '절대농지 제도'가 이름만 바뀐 거다. 농업진흥지역에서는 농업 생산이나 농지개량과 직접 관련되지 않은 토지이용행위를 할 수 없도록 농지법에서 금하고 있다.

농업진흥지역 규제 완화는 오랜 기간 농민의 숙원사업이 돼왔다. 최근 국회 농림축산식품해양수산위원회 전체 회의에서도 논의가 있었다. "쌀 수요가 줄어들면서 쌀이 남아도는데 농업진흥지역을 풀어 쌀 공급을 조절해야 한다"는 의견이 오갔다. 실제로 농업진흥지역의 약 90%가 벼를 재배하는 논으로 구성돼 있다.

농업진흥지역 완화 반대도 만만치 않다. 그랬다간 큰일 나는 줄 안다. 식량안보와 식량 자급을 위협하는 망국적 행위쯤으로 여긴다. 언뜻 일리 있어 보이나 그렇지 않다. 식량안보나 식량 자급을 위해서도 농업진흥지역 신축적 운용은 오히려 필요하다. 농지의 효율적 이용으로 생산성을 높이고 연관산업과 연계를 통해 경쟁력을 강화할 수 있어서다.

🌾 벼 경작 농지를 적정 수준으로 줄여야

정부는 말도 잘한다. 농업을 1, 2, 3차 산업이 융합된 '6차 산업'이라 잔뜩 추켜세운다. 그러면서 시행하는 농지정책은 1차 산업 수준에 머물러 있다. 농지에 주로 벼만 심게 하고 가공이나 유통 사업 등은 일절 못 하도록 막고 있다. 다시 말해, 농지에서는 농산물만 생산하게 하고, 이를 가공하거나 향토 자원을 활용한 체험 서비스 등은 원천 봉쇄하고 있다.

시대착오적 규제는 과감히 깨부숴야 한다. 그래서 선진 농업으로 하루빨리 탈바꿈해야 한다. 그러려면 할 일이 많고 갈 길이 멀다. 네덜란드 푸드밸리, 덴마크 아그리콘밸리 등처럼 농업과 식품이 융합된 농식품복합산업으로 진화해야 한다. 농생명 바이오산업 등과 접목, 새로운 상품을 개발해야 한다.

1차 산업 농업과 2·3차 산업을 연계, 고부가가치를 창출해야 한다. 인공지능(AI), 로봇 기술 등 4차 산업혁명 기술을 활용, 생산성을 혁신해야 한다. 이런 일련의 플랜을 아우르는 미래지향적 비전을 설정하고 담대한 전략과 세심한 전술을 시행, 농업 선진화를 이뤄야 한다.

그러려면 농업진흥지역을 유연하게 운용해야 한다. 그렇다고 전면 해제를 바라는 건 아니다. 농지를 적어도 농식품 산업, 이른바 먹거리 관련 산업만이라도 이용할 수 있게 해야 한다. 그럴 리 없겠으나 만에 하나 쌀 자급이 위협받는 상황이 닥치면 타 용도로 이용하는 농지를 쌀 생산으로 환원하면 될 것이다.

말 나온 김에 하는 얘기지만, 가난한 농민의 재산권 침해도 고려해야 한다. 농지 한 평 가격이 피자 한 판값도 안 되는 상황을 언제까지 방치할 순 없는 노릇이다. 1970년대까지만 해도 논 한 필지를 팔면 서울에 집 한 채는 너끈히 장만할 수 있었다. 지금은 어떤가. 집값은 고사하고 전세보증금에도 못 미친다. 아무리 공익을 위한다지만 사유재산권은 헌법이 보장하는 권리다. 돈은 다 같은 돈, 내 돈이 아까우면 남의 돈도 소중한 법이다.

〈2023년 7월, 권의종〉

'전문직 블랙홀',
'윈윈'의 플러스 유인으로

전문직이 상한가다. 의사·변호사·회계사 등으로 쏠림이 심하다. 청년 인구는 줄어드는데 전문직 자격 취득 행렬은 길어진다. 변호사가 되기 위한 1차 관문인 법학적성시험(LEET) 지원자가 매년 늘고 있다. 금년도 LEET 응시자는 1만 7,360명, 역대 최다를 기록했다. 2013년 9,126명이던 LEET 응시자가 10년간 2배 가까이 늘었다. 지난해 1만 4,620명에 비해서도 18.7% 증가했다.

공인회계사(CPA) 열풍도 못지않다. 올해 CPA 1차 시험 지원자는 1만 5,940명. 지난해보다 527명, 3.4% 늘었다. 2019년 9,677명으로 지원자가 1만 명 밑으로 떨어졌다가 이후 증가세다. 올해 세무사 1차 시험 접수자 또한 1만 6,817명으로 가장 많았다. 2020년 1만 1,672명보다 3년 만에 44.1% 급증했다. 변리사, 법무사, 노무사, 주택관리사, 공인중개사 자격시험 응시자 수도 매번 기록을 경신한다.

전문직 열풍은 대학입시로까지 거슬러 오른다. 의과대학 선호가 압도적이다. 의대를 합격만 할 수 있다면 재수, 삼수, 그 이상도 불사하는 집념의 소유자가 늘고 있다. 올해 대입 정시모집에서 서울대·연세대·고려대 합격자의 29%인 1,343명이 등록을 포기했다. 교차 지원을 한 후 의치한약학 계열로 최종 등록한 것으로 추정된다. 수능 고득점자 10명 중 3명꼴로 복수 지원한 다른 대학의 의학 계열 등으로 옮겨간 것이다.

경천동지(驚天動地)의 대사건은 따로 있다. '초등생 의대 준비반' 출현이다. 서울 대치동이나 목동 학원가를 비롯해 전국 곳곳의 학원들이 초등 의대반을 운영한다. 예전에는 초등학교 사교육 선행 학습의 타깃이 과학고·영재학교 진학이었다. 지금은 격세지감. 의대 선호가 높아지면서 학원들이 의대반으로 간판을 바꿔 달고 있다. 학원 경쟁률이 10대1 수준이라는 사실이 믿기지 않는다.

🏦 전문직 선호, 과도한 쏠림엔 주의를

전문직 선호를 나무랄 순 없다. 개인의 진로나 직업 선택은 존중돼야 맞다. 유망한 직종에 유능한 인재가 몰리는 건 지극히 자연스러운 현상이다. 다만, 전문직 인원이 한정되다 보니 지망자를 다 수용하지 못하는 게 한계다. 그 많은 시간과 노력을 쏟아붓고도 뜻을 이루지 못하면 피해는 고스란히 개인 몫으로 돌아간다. 지난날 사법시험 시절의 '사시 낭인'이 지금 와서 '전문직 낭인'으로 재현될까 두렵다.

전문직 열풍은 인력 수급 불균형을 초래한다. 과학·기술 인재 확보를 어렵게 해 국가 발전에 걸림돌로 작용한다. 전 세계가 첨단 과학기술 경쟁에 올인하는 마당에 국가경쟁력 저하로 이어질 수 있다. 4차 산업혁명 시대에 과학기술 발전을 견인할 자연 계열 상위권 학생의 의대 쏠림은 국가적 낭비다. 70~80년대만 해도 법대, 상대, 공대의 인기가 의대 못지않았다. 그 시절 산업계로 진출한 인재는 대한민국이 세계 10위권 경제 강국으로 도약하는 데 크게 기여했다.

정부는 생각이 짧다. 기껏 낸 아이디어라는 게 의대 정원 확대다. 2006년부터 18년째 3,058명으로 동결된 정원을 풀겠다는 발상이다. 찬반이 엇갈린다. 찬성 측 논지는 이렇다. 의사 수가 늘어나면 그만큼 기대 소득 수준이 떨어져 의대 인기가 하락할 거로 본다. 의대 쏠림이 생기는 것은 다른 직종에 비해 우월적 지위, 양호한 처우, 사회적 존경의 차이에서 비롯된 것으로 진단한다. 의사 수를 늘려 의사의 사회적 지위를 끌어내려야 한다는 논리다.

기업은 돈보다 사람이 먼저라야

반대 의견도 강하다. 정부의 의대 정원 확대 방침이 '의대 블랙홀' 현상을 가속하는 부작용을 낳을 거라는 우려다. 학생 수는 주는데 의대 정원을 늘리면 기회가 상대적으로 늘었다고 오판할 수 있다는 것이다. 그 한 예로 의대 지원 대열에 대학 재학생뿐 아니라 직장인까지 합류하는 현상을 지목한다. 실제로 수능에서 '킬러 문항' 배제가 결정되자 반수 학원에 등록하는 사례까지 생겨난다.

의대 정원 확대로 의사 수가 늘어난다 해도 달라질 게 없다고 본다. 수도권 병원으로의 의사 쏠림, 상급종합병원으로의 환자 쏠림, 소아청소년과, 응급의학과, 뇌심혈관계 등 필수 의료가 아닌 인기 진료 분야로의 쏠림은 여전할 거라는 예상이다. 활동 의사 수의 3분의 1가량이 필수 중증 의료가 아닌 돈 되고 인기 있는 피부, 미용, 성형 등에 쏠려 있는 현실이 이를 방증한다는 해석이다.

두 주장 모두 일리가 있다. 하지만 전문직 쏠림은 인적수급 불균형을 넘어서는 문제다. 나라 장래가 걸린 중대사다. 대비책을 세워야 맞다. 정부가 균형적 인재 양성을 위한 큰 그림을 그려야 한다. 특히 이공계 분야로의 인재 유입을 위해 심리적, 재정적 보상을 강화할 필요가 있다. 기업의 동참이 요구된다. 경영은 결국 '사람 장사'. 돈보다 사람을 먼저 생각해야 한다. 사회구성원 모두의 각성도 긴요하다. 직업에는 귀천이 없다는 사실을 현실에서 체감할 수 있도록 분위기를 조성하고 공감대를 형성해야 한다.

　높은 쪽을 깎아 낮은 쪽과 균형을 맞추는 하향 평준화는 안 된다. 변호사 수임료, 의사 급여, 회계사 보수를 끌어내리는 식의 접근은 삼가야 한다. 자칫 법률, 의료, 회계 등 전문서비스의 질만 떨어뜨릴 수 있다. 난제일수록 '윈윈'의 플러스 유인이 효과적이다. 의대를 가든 공대를 가든 경영대를 가든 공정한 기회, 상응한 대우가 보장되면 인력 쏠림은 저절로 해소될 수 있다. 여건과 대우, 인식이 좋아지면 사람은 몰리게 돼 있다. '쏠림'은 '몰림'으로 풀어야 한다.

〈2023년 7월, 권의종〉

나이를 버려야
기업이 산다

고령화가 광속(光速)이다. 전체 인구 중 65세 이상 비중이 2018년 14%를 넘어 고령사회에 진입했다. 2025년에는 이 비율이 20.6%에 도달, 초고령사회로 접어든다. 한국노동조합총연맹이 고령자고용법 제19조에 명시된 법정 정년을 현행 60세에서 65세로 연장하자는 국민청원에 나섰다. 국민연금 수급 개시 연령이 현재 63세에서 2033년까지 65세로 늦춰지는데 맞춰 정년 연장을 요구한 것이다.

대통령 직속 경제사회노동위원회가 이에 답했다. 법정 정년 연장에 관한 보도자료를 냈다. "단순히 법으로 정년을 연장할 경우 취업을 원하는 청년에게 큰 장벽과 절망이 될 수 있다"며 반대 의사를 표했다. "노령 인구 증가로 고령층 계속 고용 문제를 논의할 필요성에는 공감하나 정년 연장을 법제화하는 것은 부작용이 크다"는 의견을 밝혔다.

또 경사노위는 베이비붐 세대 비중이 큰 우리나라는 급속한 고령화에 잘 대처하지 않으면 성장률 저하는 물론 국가 재정 부담이 커질 수 있다고 지적했다. 고령층이 계속 일할 방법은 다양하다면서, 임금의 연공제적 성격이 강하고 해고 제한 등 노동시장이 경직된 상황에서 정년을 연장하면 기업이 비용을 감당하기 어려울 것으로 내다봤다.

2016년 60세로 정해진 지 7년 만에 다시 불거진 정년 연장. 노사 갈등의 현안으로 떠올랐다. 일부 대기업 노사가 정년 연장을 놓고 마찰을 빚고 있다. 현대차 노조는 60세인 정년을 64세로 연장할 것을 요구했고, 사용자 측은 수용 불가를 밝혔다. 노조는 교섭 결렬을 선언하고 조합원을 상대로 파업 찬반 투표에 들어갈 기세다. 포스코와 한화오션, HD현대 등도 임금 및 단체협상에서 정년 연장 요구안을 사측에 전달했다.

⚖ 정년 연장은 임금체계 개편, 계속고용 병행

정년 연장은 '판도라의 상자'다. 급속한 고령화 진전으로 정년 연장에 대한 사회적 해법을 찾아야 하나, 섣불리 공론화가 힘들다. '쓸만한 일자리'가 부족한 상태에서 정년 연장이 청년층 '밥그릇 뺏기'가 될수 있어서다. 2020년 한국개발연구원(KDI)의 '정년 연장이 고령층과 청년층 고용에 미치는 효과' 보고서 내용이 구체적이다. 고용원 수가 10~999인 규모의 사업체에서 정년을 연장한 고령자가 1명 늘어나면 청년층(15~29세) 고용은 0.2명 감소하고 고령층(55~60세) 고용은 0.6명 증가하는 것으로 분석했다.

정년 관련 사항을 굳이 법으로 정한다면 단순히 정년만 연장해서는 안 된다. 우리나라와 같이 호봉제를 채택하는 경우에는 임금체계 개편과 병행하는 게 바람직하다. 과거 법정 정년을 60세로 연장할 때 임금체계 개편을 노력 조항으로만 넣어 문제가 많았다. 그런 전철을 밟지 않으려면 정년 연장과 임금체계 개편이 함께 이뤄지는 게 좋다. 또 정년 연장은 정년 폐지, 재고용 등을 포괄하는 계속고용 방안과도 연계시켜 검토할 필요가 있다.

고령자 고용은 보편화하는 양상이다. 통계청에 따르면 60세 이상 취업자는 지난해 585만 8,000명으로 사상 최대다. 60세 이상 창업기업도 지난해 12만 9,384개로 관련 통계 작성을 시작한 2016년 이후 가장 많다. 고용노동부에 따르면 60세 정년 이후 근로자를 계속 고용한 기업도 2020년 367개에서 지난해 3,028개로 열 배 가까이 늘었다. 5060세대는 약 1,610만 명으로 전체 인구의 31.2%에 이른다.

법정 정년 연장은 세계적 흐름이기도 하다. 주요국은 10여 년 전부터 정년을 만 65세 이상으로 올리거나 폐지했다. 미국은 1967년 정년을 65세로 정했고 1978년 70세로 올렸다가 1986년 정년 개념 자체를 없앴다. 영국도 2011년 정년 개념을 삭제했다. '노인 대국' 일본의 법정 정년은 65세이나 근로자가 원하면 70세까지 일할 수 있다. 독일은 현행 65세인 정년을 2029년까지 67세로 늦추기로 했다.

🐌 나이는 '특권'이나 '무기'는 아닌데

외국 사례는 참고만 해야지 따라 하면 큰일난다. 나라마다 연령별 구성비 등 처한 형편과 사정이 달라 단순 비교는 무의미하다. 다른 나라의 정년 제도를 무턱대고 원용했다간 엉뚱한 결론에 이를 수 있다. 벤치마킹하려면 제대로 해야 한다. 이들 나라가 정년 연장을 하게 된 동기와 배경, 순기능과 역기능을 종합적으로 검토할 필요가 있다.

'입법 만능주의'는 경계의 대상이다. 모든 문제를 법으로 풀어가려 해서는 안 된다. 법 규정의 범위는 최소화돼야 맞다. 꼭 필요한 사항만 법으로 정하면 된다. 창의와 자율이 생명인 기업에 대고 법으로 '감 놔라, 대추 놔라' 시시콜콜 참견하는 건 득보다 실이 크다. 그 자체가 규제로서 경쟁력을 좀먹는 해악으로 작용한다.

정년 연령은 기업 자율에 맡겨야 한다. 기업이 여러 대안 가운데 자사에 맞는 방안을 선택할 수 있도록 해야 한다. 기업마다 직원의 연령 구성과 인력 수급 상황이 천양지차다. 이런 상황에서 정년을 법으로 획일적으로 정하게 되면 인적자원 관리가 힘들어진다. 기업이 필요로 하는 인력을 필요한 곳에 필요할 때까지 쓸 수 있어야 사회 전체적으로도 효용과 효율이 극대화된다.

제반 정책과 제도의 적용 기준이 나이에 초점이 맞춰져 있다. 실제로 나이만큼 합리적인 기준도 없다. 객관성이 뚜렷하고 계측성도 수월하며 민원의 소지 또한 작다. 그렇대도 나이는 필요조건은 될지언정 충분조건은 못 된다. 나이는 '존중'돼야 하나 '특권'이나 '무기'가 될 수는 없다. 도리어 나이를 버려야 기업이 살고 직원도 살 수 있다. 노사 공존공영의 비책이다.

〈2023년 9월, 권의종〉

삭감된 예산, 멈춰 선 개발, 새로운 새만금은

세계 스카우트 잼버리 대회가 끝나고 새만금을 찾았다. 방문 소회를 칼럼에 담았다. 〈명칭부터 꼬여버린 새만금 32년 잔혹사, '희망 고문' 멈출 때〉라는 긴 제호를 달아 언론에 기고했다. 기사가 나오고 곧바로 메시지 하나가 날아들었다. 김경안 새만금개발청장이 보내온 문자였다.

"명 칼럼입니다. 새만금에 대한 과거 현재 미래를 담은 내용으로 앞으로 기본계획수립에 적극 반영하겠습니다. 혁신적인 내용을 주시면 감사하겠습니다" 얼떨결에 "생각하는 대안을 정리해 보겠습니다"라고 답을 보냈다. 그러자 이번에는 "그래요. 언제든 한번 방문해 주세요" 다시 문자를 보내왔다. 바쁜 고위 관료의 빠른 대응이 놀라웠다.

사실, 칼럼에는 해당 공직자가 듣기 거북한 내용이 다수 포함돼 있었다. '새금만'이 돼야 할 공식 명칭이 '새만금'으로 뒤바뀐 점. 애초부터 정치적 산물로 출발해 8개 정권 내리 희생양이 돼 온 점. 선거 때는 개발을 약속해 놓고 청와대에 입성하면 태도가 돌변한 점. 비전과 전략도 없이 둑을 막고 길을 내고 땅을 메워온 점. 땅의 용도를 농업용에서 산업용으로 계속 바뀌온 점. 새만금 국제공항 건설사업의 예비타당성 조사를 면제한 점 등이었다.

그게 다가 아니었다. 네덜란드 등 외국 사례를 벤치마킹하라고 훈수를 뒀다. 정부와 정치권에는 새만금을 그만 우려먹으라는 경고를 날렸다. 국민과 지역민에 대한 희망 고문을 멈추라는 쓴소리를 쏘아붙였다. 새만금의 허상을 버리고 실상을 찾으라는 충고를 겁도 없이 해댔다. 그런데도 새만금개발청장은 남달랐다. 하찮은 기사 하나에도 귀를 기울였다.

🔥 '시대가 원하는 만큼 내준다'는
네덜란드 주다치

새만금 개발은 지금까지도 32년이 걸렸다. 그동안 방향을 못 잡고 우왕좌왕 갈팡질팡 허둥댔다. 용도가 정해지지 않은 상태에서 도로를 내고 항만을 건설하고 공항을 만들려 했다. 그런데 지금 와서 결과가 어떤가. 잼버리가 파행으로 끝나면서 새만금 사회간접자본(SOC) 관련 예산이 삭감되고 기본계획을 재수립하는 상황에 이르렀다.

새만금은 우리 세대만을 위한 공간이 아니다. 자손만대 대대손손이 활용해야 할 삶의 터전이다. 개발 방향과 활용 방안을 지금 다 정하려 해선 안 된다. 새만금을 앞으로 어떻게 활용할지는 미래 세대가 그때그때 시대 상황에 맞게 정하도록 해야 한다. 어찌 보면, 지금으로서는 '무결정'이 결정이고 '무계획'이 계획일 수 있다.

시간이 약이 될 수 있다. 그런 점에서 네덜란드 주다치(Zuiderzee) 해양 프로젝트는 유용한 벤치마킹 모델이다. 1916년 간척을 시작해 1932년 방조제를 건설, 1,650㎢에 이르는 새로운 땅을 만들어냈다. 하지만 그곳에 가보면 실망할 수 있다. 의외의 상황에 맞닥뜨리게 된다. 사업이 시작된 지 100년이 넘었는데도 부지 대부분이 벌판으로 남아있다.

땅을 그냥 놀리는 게 아니다. 새 땅의 73.4%를 농지로 활용해 농업의 신기원을 일궜다. 해저 모래 산성토양에 농작물이 부적합하고 목초재배가 가능한 점에 착안, 낙농 산업을 대대적으로 육성했다. 친환경·고품질 농산물을 생산해 유럽 전역에 수출, 고수익을 올리고 있다. 네덜란드가 미국에 이어 세계 두 번째 농산물 수출국이라는 게 엄연한 현실이다. 새만금은 어떤가. 우리는 성질이 급하다. 앞으로의 일을 지금 다 정하려 한다. "시대가 원하는 만큼 내준다"는 주다치 기본 방침. 새만금에 시사하는 바가 크다.

(그림) 새만금 수산물 양식, 지형상 '최적', 사업성 '최상'

장기 개발 방향은 후대에 맡기고 지금은 단기 활용 방안을 찾는 게 순서일 수 있다. 땅뿐 아니라 바다를 어떻게 활용할지도 궁리해야 한다. 새만금을 초거대 스마트 수산물 양식장으로 활용하는 게 유망할 수 있다. 인공지능(AI), 자동화, 로봇 등 4차산업혁명 기술을 적용한 스마트 수산물 허브로 개발하는 방안이다. 있는 자산을 활용, 오염에 안전하고 품질이 뛰어난 수산물을 양산하는 내용이다. 이는 전국 2~3위를 차지했던 전북 수산업을 복원하는 수준을 넘어, 새만금이 세계적인 수산업 허브로 자리매김하는 국가적 쾌거가 될 것이다.

지형상으로 새만금은 수산물 양식에 최적이다. 바다 양식의 최대 위험 요인으로 꼽히는 태풍과 해일 등에 안전하다. 33.9km에 이르는 세계 최장의 방조제가 보호막 구실을 하게 된다. 어차피 새만금 담수호 계획은 수포로 돌아갔다. 만경강에서 유입되는 오수 등으로 수질이 6등급까지 떨어졌다. 그렇다면 바닷물을 유통시켜 할 수 있는 산업을 찾는 게 지혜일 수 있다.

시기적으로 맞아떨어진다. 일본 후쿠시마 원전 오염수 방류로 일본 수산물에 대한 거부감이 커지고 있다. 이는 한국 수산업에 절호의 기회가 될 수 있다. 앞으로 최소 30년 이상은 일본의 수산물 수출이 어려워질 것이다. 그 빈자리를 한국 수산물이 파고들어야 하고, 그런 점에서 새만금 수산물 양식은 제격이다. 사업성도 좋다. 1인당 수산물 소비량 세계 1위인 국내 수요를 충족시키는 한편, 수입 대체와 수출시장 개척이 가능하기 때문이다.

새만금 SOC 예산 삭감과 관련, "수요에 맞는 공급의 타이밍을 가져야 한다"는 한덕수 국무총리의 발언을 너무 고깝게 들을 일은 아니다. 빅픽처를 그려야 하는데 그동안 무엇을 해야 할지, 즉 산업에 대한 구상 없이 SOC부터 추진해 왔다. 정부가 지금이라도 이를 바로 잡겠다는데 무슨 토를 달겠는가. 지금부터라도 시간을 갖고 새만금에 대한 기본 구상을 가다듬어야 한다. 희망이 보인다. 맹장 밑에 약졸 없다고, 민심을 경청하며 업무에 진력하는 새만금개발청장과 휘하 공직자에 거는 기대 때문이다. 의기소침 말고 의기충천, 새로운 새만금을 상상하라.

〈2023년 10월, 권의종〉

한국 농업,
'신(新) 하멜 시대'로

"다 줄어드는데 더 늘었다" 국가 예산이 2년 연속 긴축기조를 이어가는 가운데 농축산 관련 예산은 오히려 불었다. 2024년 예산안이 올해보다 증가한 18조 3,330억 원 규모로 짜였다. 정부 총지출 증가율이 2.8%에 그친 데 비해 농림축산식품부 예산은 전년 대비 5.6% 오른 것이다.

농식품부는 자랑하고 싶어 하는 눈치다. "국제 식량시장 불확실성, 원자재 등 공급망 불안, 기후 변화 등에 대응해 식량안보 강화, 농가 소득·경영안정·재해 예방 등에 체계적이고 종합적으로 대응하면서 디지털전환 촉진과 푸드테크·그린바이오 등 신산업을 육성해 농업과 시너지를 높이는데 중점을 뒀다"고 장황하게 설명한다.

내용을 뜯어보면 실망이다. 속 빈 강정이다. 예산의 상당 부분이 비생산적 용도로 쓰이도록 짜였다. 올해 2조 8,400억 원이던 농업직불제 예산이 2024년 3조 1,042억 원으로 확대 편성됐다. 정부양곡 매입량도 40만 톤에서 45만 톤으로 증가했다. 관련 예산 역시 1조 4,077억 원에서 1조 7,124억 원으로 늘었다. 쌀의 생산과 관리를 위한 직불금 지급과 양곡 매입에 총 4조 8,166억 원, 전체 예산의 26.2%가 투입되는 셈이다.

낙후된 농업과 피폐한 농촌을 살린답시고 벌이는 일이다. 그래도 치러야 하는 대가가 지나치다. 쌀은 남아도는데 벼를 재배하라고 나랏돈을 쏟아붓고, 생산된 쌀을 비싸게 사서 싸게 파는 혈세 낭비를 되풀이한다. 정부가 들으면 언짢을지 모르나, 국민 눈에는 농업을 사양산업 취급하고 나중이야 어찌 되든 그저 현상 유지나 하려는 듯 보인다.

🏦 직불금 지급과 양곡 매입에 농업 예산 26.2% 투입

농업은 전통산업이 아니다. 국가와 국민의 앞날을 책임질 미래산업이다. 인류가 존재하는 한 먹거리를 생산하는 농업은 영원무궁한 터. 7조 달러 상당의 농식품 수요는 초거대 시장을 이룬다. 자동차, 반도체, 이차 전지의 수요를 다 합쳐도 이에 못 미친다. 이런 사실을 일찍이 간파하고 차분히 준비해 온 나라가 있다. 농업을 핵심 전략산업으로 육성해 성공 신화를 이어오는 네덜란드다.

네덜란드 농업의 성공이 더 빛을 발하는 것은 불리에서 유리를 창조한 점이다. 위협을 기회로, 단점을 강점으로 바꿨다. 서유럽 저지대 국가, 네덜란드는 4만1,500여㎢의 작은 나라다. 강이나 호수 등을 뺀 육지 면적은 3만3,000㎢에 불과하다. 우리나라 경상남·북도 면적과 비슷하다. 그런데도 농산물 수출액은 2021년 기준 1,084억 달러, 미국에 이어 세계 2위다. 전체 수출에서 농산품이 차지하는 비중이 약 16%를 차지한다.

좁은 국토, 작은 경작지, 높은 인구밀도 등 지역적 인구적 한계를 시장 개방과 자유무역, 기술혁신으로 극복했다. 유럽의 물류 중심지라는 입지 조건도 십분 살렸다. 다종의 농산물로 다양한 수요를 충족한다. 자국 생산물 말고도 해외 농산물을 수입 가공, 재수출하는 비중이 35%에 이른다. 신속하고 효율적인 유통 및 물류 시스템으로 수요 변동에 적기 대응한다. 고품질 제품을 신선도를 유지하며 빠르게 국내외 소비자에 공급한다.

강우량이 많고 일조량이 적어 농작물 재배에 부적합한 기후적 약점을 새로운 농법 개발, 첨단의 기술 혁신으로 극복했다. 유리온실, 수경재배, 해수 재배를 창안했다. 자동화, 로봇, 인공지능 기술을 활용, 생산성 향상과 비용 절감을 동시에 실현했다. 정작 주목할 사실은 따로 있다. 산관학(産官學) 협업에 기반한 혁신 프로세스다. 농업을 연구하고 현장에 적용하며 창의적 교육으로 성과 도출과 기술 축적을 이어가는 점이다.

⑧ '혁신 농업'의 상징 네덜란드, 한국 농업의 미래 좌표

1997년부터 바헤닝언 지역에 푸드밸리(Food Valley) 클러스터를 조성, 산관학 협력체계를 구축한 게 대표적 사례다. 산(産)은 푸드밸리 소사이어티 등 산관학 커뮤니티에 참여, R&D 수요를 창출한다. 관(官)은 연구비 지원, '푸드밸리재단' 설립을 통해 홍보, 커뮤니티 운영, 산관학 연계 활성화를 수행한다. 학(學)은 바헤닝언대학(WU)과 전문 연구소(DLO)를 통합한 바헤닝언대학연구소(WUR)을 구축, 교육과 연구, R&D 실용화를 구현한다.

네덜란드가 하는 걸 우리나라가 못 할 리 없다. 해보지도 않고 안 될 거라고 지레 포기하는 게 문제다. 네덜란드 농업을 견학하기 위해 가장 많이 방문하는 나라 가운데 하나가 대한민국이다. 방문이 방문으로 그치고 연구개발과 실행으로 옮겨지는 시도나 사례가 드문 것은 아이러니다. 인력과 시간 낭비, 나랏돈 허비다.

우리와 비슷한, 어쩌면 더 열악한 여건에서 성공을 일궈낸 네덜란드 농업. 학습의 필요성과 협력의 당위성이 충분하다. 그들의 발달한 시설농업과 고도화한 자동화 시스템 등은 한국 농업에 좌표가 될 수 있다. 기술 협력, 설비 수출, 시장 확대를 위해 네덜란드 또한 한국과의 협력과 교류를 바라는 바다. 보호하고 방어하는 농업은 희망이 없다. 농촌의 현실과 농업의 미래를 더 암울하게 할 뿐이다. '지키는' 농업에서 '이기는' 농업으로 공수(攻守) 대전환이 중요하고 시급한 이유다.

때마침 윤석열 대통령이 오는 12월 빌렘 알렉산더 국왕 초청으로 네덜란드를 국빈 방문한다. 양국 간 우의를 다지고 안보와 경제 분야에서 협력의 폭을 넓힐 것을 기대한다. 반도체 공급망, 원전 건설 등뿐만 아니라, 농업 분야에서도 협력을 구체화하기를 소망한다. 이번 방문에 농업 전문가와 관계자를 대거 대동, '신(新) 하멜시대' 개척을 간곡히 청하는 바다.

〈2023년 10월, 권의종〉

빚에 짓눌린 자영업자, 옥석은 가려야

정부가 소상공인과 자영업자를 위한 금융 지원책을 구상한다. 고금리 부담을 덜어주려는 취지다. 윤석열 대통령이 직접 나섰다. 현직 대통령으로는 처음으로 소상공인대회에 참석했다. "고금리로 인한 금융 부담을 낮추기 위해 저리 융자 자금 4조 원을 내년 예산에 반영했다"며 "고금리 대출을 저금리 대출로 바꿔 주는 특단의 지원 대책을 준비하고 있다"고 밝혔다.

소상공인·자영업자 살리기는 대선 때 윤 대통령의 제1호 공약이다. 빚에 짓눌린 사업자들로서는 대통령의 약속 이행이 가뭄에 단비 같다. 하지만 자영업자들이 이미 빌려 쓴 대출이 적지 않다. 한국은행이 국회 기획재정위원회 소속 양경숙 의원에게 제출한 자료에 따르면, 올해 2분기 기준 자영업자 대출 잔액이 1,043조 2,000억 원에 이른다. 직전 분기보다 9조5,000억 원 늘어난 역대 최대다.

이 와중에 대출금 연체는 늘고 있다. 부실 우려가 커지고 있다. 같은 기간 1개월 이상 대출 원리금 연체액이 역대 최고인 7조 3,000억 원을 기록했다. 전체 금융기관의 자영업자 대출 연체율은 1.15%, 1분기 대비 0.15%포인트 증가했다. 소상공인이 2025년에 갚아야 할 정책자금 대출 원금만도 4조 원이 넘을 거라는 추산이다.

금융권은 속앓이다. 소상공인·자영업자 지원의 필요성을 인정하면서도 대출이 늘어날 경우 건전성이 떨어질 것을 우려한다. 하나금융경영연구소는 '2024년 금융산업 전망' 보고서에서 "대내외 경기 불확실성 확대와 고금리 지속에 따른 소비 부진 등으로 자영업 대출의 연체율이 오르고 있다"며 "내년에도 자영업자 대출 연체율이 오를 가능성이 큰 만큼 건전성 관리를 강화해야 한다"고 주문했다.

빛 폭탄 줄도산 우려 속, 또 '대출 구명복'

한국은행도 같은 입장이다. 2023년 6월에 내놓은 '코로나19 이후 자영업자 대출의 증가세 및 채무상환위험 평가' 보고서에서 지적한 바다. "자영업자 대출 증가세 지속은 회생 불가 자영업자의 구조조정 지연과 잠재부실의 이연·누적을 심화시키는 문제를 안고 있다"고 진단했다. 옥석을 가려 선별 지원을 하지 않으면 금융 부실만 커질 수 있다는 지적이다.

그동안에도 소상공인과 자영업자를 위한 금융 지원책이 없었던 게 아니다. 소상공인 대출 만기 연장·상환 유예와 소상공인 채무조정 프로그램인 '새출발기금' 등을 시행해 왔다. 그런데도 소상공인과 자영업자의 형편은 나아질 기미를 보이지 않고 있다. 전기 요금 인상, 물가 상승, 경기침체 등이 겹치면서 더 힘든 상황에 내몰리고 있다.

세상만사, 양지와 음지가 공존하는 터. 자영업 지원도 기대되는 효과와 더불어 예상되는 부작용과 역기능이 병존한다. 정부가 부실 관리보다 지원 확대에 방점을 두다 보면 득보다 실이 커질 수 있다. 사업성이 없는 '좀비' 자영업자를 존속시켜 부실을 더 키울 수 있다. 이자 부담 경감 지원이 경쟁력이 소진된 한계 사업자에 인공호흡기를 달아주는 꼴이 될 수 있기 때문이다.

자영업자의 금리 부담을 줄여주려는 정부의 의도는 십분 이해된다. 다만, 저리 융자가 금리를 끌어내려 대출 총량을 늘릴 수 있는 점에서 가계부채 억제 방침과 정면충돌한다. 지난 10월 말 기준 전체 금융권 가계대출은 전월보다 6조 3,000억 원 늘었다. 7개월 연속 오름세다. 증가 규모는 2021년 9월 이후 2년 1개월 만에 가장 크다. 총부채원리금상환비율(DSR) 규제를 강화하는 마당에 부실 우려가 큰 자영업 대출을 늘리면 금융 긴축 기조마저 무너뜨릴 수 있다.

ⓦ 견딜만한 빚은 '약', 지나치면 오히려 '독'

　더구나 우리나라는 자영업자 비중이 주요국보다 높은 편이다. 올해 9월 기준 자영업자가 전체 취업자 중에서 차지하는 비율이 19.96%에 이른다. 감소하는 추세이기는 하나, 미국(2021년 기준) 6.6%, ·일본 9.8% 등에 비해 월등하다. 이런 상황에서 한계 사업자에 대한 계속 지원으로 수명을 연장할 경우 악화가 양화를 구축하는 꼴이 돼 자영업 생태계를 왜곡시킬 수 있다.

　빚에 시달리는 자영업자는 당연히 도와야 한다. 다만, 대상을 선별하는 '투트랙' 정책이 절실하다. 취약 사업자를 지원할 때 한계기업 여부뿐만 아니라 회생 가능성도 따져야 한다. 자영업자 간에도 자산 규모나 업종에 따라 부실 위험 등 건전성에 차이가 있다. 따라서 금융 지원 시 개별 사업자의 재무 건전성, 자산 규모, 산업 특성 등을 검토해 회생 가능성을 종합적으로 평가해야 할 것이다.

　나랏돈은 화수분이 아니다. 밑 빠진 독에 물 붓기가 돼선 안 된다. 살릴 자영업자는 살리되 그렇지 못한 곳은 퇴출로 유도함이 마땅하다. 폐업 절차가 복잡하고 비용 부담이 커 어쩔 수 없이 사업을 지속하는 예도 적지 않다. 폐업 절차를 간소화하고 비용 부담을 줄여 퇴로를 터줘야 한다. 폐업 사업자가 근로자로 새 출발 하거나 새 사업을 영위하도록 재기를 도와야 한다.

빚에는 묘한 양면성이 있다. 견딜만한 빚은 약이 될 수 있으나, 지나치면 오히려 독이 되고 만다. 자영업자들이 당장 어렵다고 무조건 도와주는 게 능사가 될 수 없다. 가난은 나라님도 구제하지 못하고, 하늘은 스스로 돕는 자를 돕는다고 했다. 감당하기 힘든 빚을 지우는 거야말로 지고한 선행이 아닌 지독한 악행이 될 수 있다. 빚 폭탄을 안겨 줄도산으로 인도하는 만행에 해당한다. 혈세로 지원하는 정책금융은 '짐'이 아닌 '힘'이 돼야 한다.

〈2023년 11월, 권의종〉

'챗GPT'의 출현,
재앙인가 기회인가?

미국의 인공지능 연구소인 '오픈AI'가 얼마 전 '챗GPT'를 세상에 선보였다. GPT(Generative Pre-trained Transformer)는 말 그대로 자동 회귀 언어 모델이다. 'generative'라는 단어에서 보듯이 단순한 검색이 아닌 뭔가를 생성하는 능력을 갖춘 창의적인 인공지능시스템이라 하겠다. 이는 그동안 인간의 전유물로 여겨졌던 LAD(language Acquisition Device, 언어습득장치)를 보유한 기계의 등장을 의미한다.

챗GPT는 딥 러닝을 사용하여 인간과 유사한 텍스트를 생성한다. 지금까지의 검색 플랫폼들이 단순히 기존의 자료를 검색하는 기능에 머물렀다면 이 기계는 언어나 개념을 생성하고, 사용자와 교감할 수 있다는 점에서 획기적이다. 실제로 요청을 받은 지 몇십 초 안에 그럴듯한 그림을 그려내고, 글을 쓰거나 작곡도 한다. 멀지 않은 장래에 인간과 창의력을 견주는 시대가 다가올지도 모른다는 성급한 예측까지 떠도는 이유다.

챗GPT의 등장은 전문가가 아닌 보통 사람들이 손쉽게 인공지능과 교감하는 세상을 활짝 열어젖혔다. '오픈AI'의 담당자에 따르면 앞으로 비용만 내면 누구나 자유롭게 해당 AI를 사용할 수 있다고 한다. 그렇게 되면, 지식 경제의 생산성은 획기적으로 발전할 것이다. 한편, 혜성같이 등장한 챗봇에 놀란 선진국 기업들은 새로운 기회를 놓치지 않기 위해 너 나 할 것 없이 발 빠르게 움직이고 있다.

구글은 대화형 인공지능 서비스 '바드(Bard)'를 출시했다. '바드'는 구글의 AI 언어 프로그램 '람다(LaMDA)'에 의해 구동된다. 마이크로소프트는 오픈AI에 100억 달러를 투자했다. MS는 자사의 검색 엔진 빙(Bing)에 이 챗봇을 장착한다. 이에 질세라 중국도 AI 산업에 엄청난 지원을 쏟아붓고 있다. 그에 비해 우리나라의 상황은 아직 걸음마 수준이다. 뒤늦게 이동통신 3사가 한국형 AI 서비스 개발에 나선 것은 그나마 다행이다.

🔋 아직 걸음마 단계인 챗봇의 현실

앞으로는 모든 영역에 걸쳐서 인공지능을 품은 기계와의 협업이 거스를 수 없는 대세가 될 것이다. 그런 추세 속에서 챗봇과 관련된 기술 발전의 속도를 미처 따라가지 못하는 개인이나 국가는 당연히 낙오할 수밖에 없다. 하지만 지금 나와 있는 챗봇은 아직 초보 수준이다. 새로운 발명품이 등장할 때마다 그랬듯이, 챗봇 또한 앞으로 적지 않은 시행착오를 겪을 것이 뻔하다.

그중의 하나가 신뢰성에 관한 의문이다. 며칠 전 구글의 주가를 폭락시켰던 '바드'의 오류처럼 부정확하거나 미확인 정보를 무분별하게 확산시킬 위험성도 상존한다. 다음으로, 윤리 의식의 심각한 훼손이다. 누군가가 나쁜 의도를 가지고 정보를 왜곡한다면 그 폐해는 이루 말할 수 없을 것이다. 노암 촘스키(Noam Chomsky)가 지적했듯이 챗GPT는 '첨단 기술을 활용한 표절 시스템'이 될 소지도 충분하다. 이미 그런 사례들이 속속 드러나고 있다.

챗봇의 악용이나 오용을 일삼는 행위가 늘어날수록 우리가 사는 곳은 통제 불가능한 세상이 될 수 있다. 따라서 그에 대한 철저한 규제 장치를 마련하는 것이 급선무이다. 실제로 네이처誌와 셀誌는 AI 를 논문 공동 저자로 인정하진 않겠다고 선언하였고, 사이언스誌는 아예 생성 AI를 활용한 논문을 받지 않기로 했다.

무엇보다도 기계에 지나치게 의존하는 인간은 더 이상 '생각하는 동물'이 아니다. 개인적인 생각을 말하자면, 챗봇을 사용한 문서는 반드시 그 사실을 표기해야 한다. 나아가 챗봇을 이용하여 과제나 보고서를 작성하고 그 사실을 감추는 경우엔 처벌해야 한다. 그것은 인간 지성을 우롱하는 행위이기 때문이다. 하지만 그게 말처럼 쉽지 않다는 데 문제가 있다. 과연 우리 중에 몇 퍼센트나 AI가 작성한 문서의 진위를 자신 있게 가려낼 수 있겠는가?

(❀) 인류의 경쟁 대상 아닌 도구로 활용해야

인류가 첨단과학을 앞세워 신의 마음을 읽으려고 노력했듯이, 이제는 기계가 인간을 앞지르려 하고 있다. 글 쓰는 '챗GPT'의 등장은 '알파고' 때보다 더 큰 충격으로 다가온다. 이제 '생각'은 더 이상 인간의 독점 영역이 아니라는 사실을 인정하지 않을 수 없게 되었다. 그 말은 우리가 지적 영역에서조차 기계와의 대결을 피할 수 없게 되었다는 의미다. 하지만 그렇다고 지나치게 위축되거나 두려워할 필요는 없다. 인류는 도전에 늘 슬기롭게 대응해오지 않았던가?

인공지능과 대등한 입장에서 대결하자는 얘기가 아니다. 그들과 협력하고 공존하되 기계가 흉내낼 수 없는 인간 본연의 존엄성과 창의성을 지켜나가야 한다. 아무리 첨단 기술을 장착했어도 기계는 기계일 뿐이다. 방대하고 복잡한 자료를 검색하고 편집할 수 있을지언정, 그걸 바탕으로 분석하고 예측하는 능력은 여전히 인간의 몫이다. 우리는 똑똑한 인공지능을 인류의 창의성을 구현하는 데 유용한 도구로 사용하면 되는 것이다.

이 세상의 주인은 여전히 인류라는 점을 분명히 하기 위해서라도, 새로운 기계의 출현에 현명하게 대처해야 한다. 명심해야 할 것은, 빛의 속도로 내달리는 변화를 따라잡지 못하고 우물쭈물하다가는 영원한 낙오자가 된다는 사실이다. 현실에 안주하고 미적대다가 작은 연구소에 불과한 '오픈AI'에게 뒤통수를 제대로 얻어맞은 구글의 사례를 교훈으로 삼아야 한다.

우리나라는 이참에 인공지능 산업을 제2의 반도체로 발전시켜야 한다. 정부도 AI 반도체 부문에 4년간 1조 원 이상을 투자하겠다고 밝혔다. 하지만 그것만으로는 충분하지 못하다. 챗봇을 비롯한 인공지능 분야를 우리의 블루오션으로 만들기 위해서는 파격적인 지원을 아끼지 말아야 한다. 그것이 격동기의 승자가 되는 확실한 길이다.

〈2023년 2월, 나병문〉

'IRA'의
거센 파도가

신뉴딜정책(新 New Deal 政策)은 미국의 오바마 대통령이 추진했던 정책으로, 대규모 인프라 투자를 통하여 금융위기를 해결하고 경제를 되살리겠다는 것이 그 핵심 내용이다. 그런데 최근 들어 바이든 행정부가 이 정책을 다시 들고나왔다. 도로, 철도, 항만 등의 개선을 위한 '물리적인프라법안'과 사회안전망 강화와 기후 변화 대응을 담은 '사회복지인프라법안'이 그것인데, 이번에 후자의 명칭을 '인플레이션감축법안'으로 바꾸어 의회를 통과시켰다.

인플레이션감축법(Inflation Reduction Act)은 기후 변화 대응을 위한 대규모 투자, 의료비 절감, 대기업 법인세 증세 등을 담고 있다. 법안 이름이 '인플레이션 감축법'인 이유는 그 안에 에너지와 의약품의 물가를 잡겠다는 목표가 중요한 요소로 들어있기 때문이다. 이 법을 통하여 신재생 에너지 비중을 높이고 에너지 구도를 다각화함으로써 석유나 가스 등 기존 에너지의 물가를 잡겠다는 것이다.

인플레이션을 잡겠다는 명분을 내세우고 있지만, 이 법안의 내막을 들여다보면 다른 의도가 숨어 있다. 바로 미국 우선주의다. 기후 변화와 인플레이션에 대응하기 위해서 전기차 보급을 늘리기로 하고, 전기차 구매 시 보조금을 지급하기로 했는데 거기에 까다로운 조건을 붙였다. 보조금 혜택을 받기 위해서는 반드시 자국(미국) 내에서 생산해야 한다는 것이다. 사실상 미국 내에서 제조한 전기차에만 혜택을 주겠다는 의미다.

이 법은 전기차 가치사슬에서 중국을 배제하려는 분명한 의도를 품고 있다. 그렇다고 중국만 피해를 보는 것이 아니다. 인플레이션 감축법은 한국을 비롯한 미국 이외의 자동차 생산국들, 특히 전기차 생산비중을 키워가는 기업에 매우 불리한 내용을 담고 있다. 현대차와 기아 같은 우리나라 기업들만 하더라도 현재 미국에서 판매 중인 전기차를 모두 자국(한국)에서 생산하기 때문이다.

(※) IRA 직격탄을 맞은 한국 기업들

IRA는 미국 이외의 국가에겐 명백하게 불공정한 법안이다. 때문에, 미국의 강력한 우방인 EU조차도 강한 불만을 표출하고 있다. 우리나라와 일본도 위기의식을 느끼는 건 마찬가지다. 다른 나라 입장에선, 미국 내에서 생산하는 경우에만 세금 감면 혜택과 보조금을 지급하는 것은 아무리 생각해도 지나친 조치이다. 미국의 전방위적인 '바이 아메리칸 정책'이 노골화될수록 국제적으로 환영받지 못하는 이유가 거기 있다.

곳곳에서 터져 나오는 불만에도 불구하고 미국은 여전히 요지부동이다. 그들은 IRA가 결코 보호무역을 추구하는 법안이 아니라고 강변한다. 미국 이외의 나라들에도 이익이 될 거라는 논리다. 그러면서 우방들이 요구하는 법안 개정 요구를 완강히 거부하고 있다.

주지하는 바와 같이, 에너지·기후 변화 대응 관련하여 지급하는 전기차 구매 지원금을 미국 내 생산 기업에 한정하는 주된 이유는 중국을 견제하기 위함이다. 실제로 이 법에는 중국산 부품을 사용하면 불이익을 주는 항목들이 들어가 있다. 중국에서 생산되거나 중국이 관여된 광물이라든지, 중국산 배터리를 사용한 전기차를 혜택 대상에서 제외하겠다는 것이다. 다시 말해서, 미국이나 미국과 FTA를 맺은 국가들의 부품만을 허용한다는 의미이다.

인플레이션 감축법은 타깃(Target) 국가인 중국은 물론, 한국과 일본, EU에 이르기까지 광범위한 대상국들에 영향을 미친다. 한국 기업이 받는 피해도 만만치 않다. 중국을 견제하기 위해 만든 법 때문에 우리나라 자동차 업계가 직격탄을 맞게 된 셈이다. 일각에선 한국의 '이차 전지 산업'이 큰 수혜를 볼 것이라는 전망도 하지만, 그것도 중국 기업인 CATL이 포드 모터 컴퍼니와 제휴를 맺는 방식으로 IRA를 피해 가면서 별로 기대하기 어렵다는 분석이 있다.

당면한 파고(波高) 넘는 게 급선무

현대차의 요청으로 전기차 보조금 대상에 리스 차량이 포함되는 등 약간의 내용 변경이 있었지만, 이 법은 큰 틀에선 여전히 많은 문제점을 내포하고 있다. 급기야, 현대차는 IRA로 인한 피해가 크다고 판단되면 조지아주 공장에 대한 투자를 재검토할 수 있다고 밝혔다. 나름의 방식으로 항의한 셈이다. 윤석열 대통령도 '법대로 시행하겠다'라는 재닛 옐런 미 재무장관의 발언에 대하여 "우리와 미국의 입장이 차이가 있는 것 같다"라며 우려를 표명했다.

우리 정부도 의견서를 작성하여 미국 정부에 제출했다. "IRA 상 친환경차 세액공제 관련 요건들은 한국을 포함한 외국 업체에 부정적인 영향을 미치며, 국제 통상 규범에도 위반 소지가 있다"라고 강조하면서, 북미 지역에 제공되는 친환경차 세액공제 요건을 한국에도 동일하게 적용하거나, 3년의 유예 기간을 부여하는 방안 등을 제시하며 차별적 요소의 해결을 촉구했다. 하지만 미국이 이 요구를 받아들일 가능성은 크지 않아 보이지 않는다.

치열한 경제 전쟁터에서 우방이라고 봐주는 일은 없다. 세계는 훌쩍 커버린 대한민국에 대해 전보다 가혹한 요구를 하고 있다. 미국이 우리나라를 위해 IRA를 완화할지 모른다는 순진한 발상은 버려야 한다. 거기다가 이 법안만 있는 것도 아니다. '반도체 지원법'을 비롯한 다양한 이름의 법안들이 언제 어떤 모습으로 나타나 우리를 압박할지 알 수 없다. IRA 같은 거센 파도는 이제 막 선진국 대열에 들어선 우리가 늘 마주쳐야 할 상수(常數)가 되어버렸다.

새 정부 들어서, 한동안 소원했던 한미 관계가 급속히 복원되어가고 있다. 내달에 미국을 '국빈 방문'하는 윤석열 대통령이 바이든 대통령과 만나면 안보와 외교 등 논의해야 할 사안들이 많을 것이다. 하지만 경제 문제 또한 그에 못지않게 중요하다. 그중에서도 우리 기업들의 생사와 직결된, IRA에 의한 피해를 최소화할 해결책을 얻어왔으면 좋겠다. 국민의 염원이 그것을 가능케 할 거라고 믿고 싶다.

〈2023년 3월, 나병문〉

가공 수출로 먹고사는 한국, 자원외교는 필수

대한민국은 전형적인 자원 빈국이다. 부족한 자원을 해외에서 조달해야 하는 지정학적 취약성을 안고 있는 데다, 수출 비중이 GDP의 절반 가까이나 된다. 거기다 가공무역 비중 또한 매우 높다. 그러기에, 나라 밖에서 무슨 일이 생길 때마다 노심초사할 수밖에 없다. 이런 우리에게 꼭 필요한 것이 자원외교다. 필요한 자원을 제때 원활하게 확보하지 못하면 아무리 뛰어난 기술을 가지고 있어도 무용지물에 불과하기 때문이다.

알다시피, 지금은 첨단 기술을 얼마나 확보하고 있는지가 무엇보다 중요한 시대다. 그것이 한 나라의 경제적 위상을 좌우하는 주된 요인이기 때문이다. 한데, 기술이 첨단화될수록 그것을 구현하는 데 없어서는 안 되는 게 있다. 바로 해당 제품을 만드는 데 필요한 핵심 원재료다. 안타깝게도, 그것들은 일부 국가에 편중돼 있다. 이와 같은 국가 간 부존자원의 불균형은 나라 사이의 협상력에도 지대한 영향을 미친다.

최근 들어, 자원을 가진 나라와 그렇지 못한 나라 간의 관계가 갑과 을의 관계로 굳어지고 있다. 자원 보유국들이 부존자원을 점점 노골적으로 무기화하고 있다는 말이다. 그들의 위세가 얼마나 대단한지는 러시아를 보면 알 수 있다. 러시아는 우크라이나를 침략한 뒤 서방 국가들의 강력한 제재에도 불구하고 1년 이상을 꿋꿋하게 버티고 있다. 그 힘이 어디서 나왔겠는가? 석유나 가스 같은 풍부한 부존자원이 없었다면 애당초 불가능했을 것이다.

러시아의 우크라이나 침공을 계기로 글로벌 공급망이 갈수록 불안 정해지면서, 국제 자원 시장에 이상기류가 형성되었다. 이에 위기를 느낀 나라들이 너 나 할 것 없이 자원 확보에 혈안이 되어 가는 중이 다. 특히 우리나라처럼 부존자원이 빈약한 나라일수록 자원 보유국 의 횡포에 휘둘릴 위험성이 크다. 정부와 기업이 하나가 되어 자원의 안정적 확보를 위한 대책을 서둘러야 하는 이유다.

🌐 세계는 자원 확보 전쟁 중

미국의 바이든 정부는 일찍이 자원전쟁을 예견하고 적극적으로 대 처하고 있다. 석유나 가스 같은 전통적 자원은 물론, 새로운 자원에 도 눈길을 돌리고 있다. 희토류도 그중 하나다. 얼마 전에, 세계적인 전기차 생산 업체인 테슬라가 전기차 배터리의 핵심 원료인 리튬 생 산회사 '시그마 리튬'을 인수하려 든다는 뉴스를 접했다. 그것을 보면 서, 불꽃 튀는 희토류 전쟁의 시작을 알리는 서곡(序曲) 같다는 생각 을 지울 수 없었다.

중국은 어떤가? 알다시피 중국은 희토류를 가장 많이 보유한 국가 다. 그들은 최근 들어 희토류 수출량을 줄이면서 무기화하겠다는 의 도를 숨기지 않고 있다. 실제로 중국은 2010년 9월 동중국해 인근에 서 일본 순시선이 중국 어선을 나포하자 일본에 대한 희토류 수출을 중단했다. 이에 놀란 일본 정부는 체포했던 선원들을 즉시 석방했다. 희토류의 위력이 얼마나 대단한지 실감케 하는 사건이었다.

우리 사정은 어떤가? 한국은 광물 수요의 95%를 수입에 의존하고 있으며, 희토류 대부분을 중국에서 수입하고 있다. 이처럼 높은 해외 의존도는 우리 경제를 언제든 위기로 내몰 수 있다. 그나마 다행스러운 것은, 상황의 심각성을 알아차린 국내 기업들이 서둘러 대책을 세우고 있다는 점이다. 포스코홀딩스는 아르헨티나 소금호수 근처에 수산화리튬 생산 공장을 짓고 있다. SK온, LG화학, LG에너지솔루션도 리튬 확보 경쟁에 뛰어들었다는 소식이 들린다.

우리에게 자원외교가 중요한 이유는 명백하다. 한국이 제조업 강국인 것은 사실이지만, 앞에서 언급했듯이, 자원 빈곤국이라는 결정적인 약점을 안고 있기 때문이다. 사실 우리나라는 OECD 회원국 중에서 해외 자원 의존도가 가장 높다. 그런 만큼 국제 원자재 가격이 들썩일 때마다 엄청난 손실을 감수해야 한다. 역대 정부마다(추진 방식은 달랐지만) 자원외교에 관심을 가졌던 이유가 거기에 있다.

🪙 적극적인 자원외교는 생존전략

자원외교는 정부가 직접 나서서 자원을 확보하는 것을 말한다. 자원을 생산, 유통하는 외국 회사에 투자하거나 지분을 사들이는 방식을 주로 사용한다. 그리하면, 기업이 전담하는 것보다 안정적으로 자원을 들여올 수 있고 잉여분을 다른 나라에 판매할 수도 있다. 물론 그에 따른 위험 요인도 적지 않다. 투자한 외국 기업의 실적이 부진하거나 파산하면 아까운 혈세를 고스란히 날리게 될 수도 있다.

우리는 지난 시절 자원외교에 실패한 경험이 있다. 그것이 트라우마로 남아있다. 하지만 그렇다고 자원외교를 주저하거나 망설여서는 안 된다. 그것은 무책임하고 비겁하다. 물론 각별히 유념해야 할 점도 있다. 해외 자원 개발은 성공률이 낮고 단기간 내에 수익을 낼 수도 없다. 그러므로 계획 단계에선 장기적인 안목으로 신중하게 접근해야 한다. 하지만 일단 결정하고 나면 과감하게 밀고 나가야 한다. 그래야, 때를 놓치지 않는다

세계는 반도체 산업을 통해서 글로벌 공급망이 얼마나 중요한지 깨달았다. 자원 확보도 마찬가지다. 우리의 생존과 미래를 위해서라도 지구상의 공급망 안에서 소외되지 말아야 한다. 물론 그것은 결코 쉬운 과제가 아니다. 하지만 후손들에게까지 자원 결핍을 물려주면 되겠는가? 다만 추진 과정에서 명심해야 할 점이 있다면, 특정 정권이나 개인의 이익을 철저히 배제하고 투명하고 합리적인 의사결정이 이루어져야 한다는 것이다.

자원외교의 특성상 정부가 총대를 메고 강력하게 추진해도 될지 말지다. 그런 난제를 특정 개별 기업에 맡긴 채 손을 놓아서는 안 된다. 국가 백년대계를 위해서라도 민관이 혼연일체가 되어 매진해야 한다. 윤 대통령이 취임한 지도 벌써 1년이 되어간다. 정부는 이제부터라도 외교력을 집중하여 자원 확보에 적극적으로 나서라. 훗날 국민의 뇌리에 자원외교의 신기원을 이루어낸 정부로 오랫동안 기억되길 바란다.

〈2023년 3월, 나병문〉

K칩스법 통과,
협치의 시작인가?

이른바 'K칩스법(조세특례제한법)'이 지난달 30일 국회 본회의를 통과했다. 국가전략산업에 기업이 설비투자를 할 경우, 세액공제 비율을 확대하는 내용이 개정안의 핵심이다. 국내 반도체 산업 육성을 위해 꼭 필요한 이 법안이 통과됨으로써 반도체 업계는 그나마 숨통이 트인 셈이다. 반도체 이외에 이차 전지, 수소와 전기차·자율주행차 등도 세제 혜택 대상에 포함되었다.

이로써 해당 분야 세액공제율은 대기업·중견기업의 경우 현행 8%에서 15%로, 중소기업은 16%에서 25%로 각각 확대된다. 직전 3년간 연평균 투자 금액 대비 투자 증가분에 대해서는 (올해에 한해서) 10%의 추가 공제(임시투자세액공제) 혜택도 주어진다. 이에 따라 대기업 등은 최대 25%, 중소기업은 35%에 달하는 투자세액공제 혜택을 받을 수 있게 되었다.

정부는 "이 법안의 통과에 따라 역대 최고 수준의 지원이 이뤄질 전망이며, 그동안 투자를 망설이던 기업들에 상당한 투자 유인 효과가 있을 것으로 기대한다"라고 밝혔다. 아울러 이번 법 개정에 따라 확정된 반도체 투자 세제 지원이 세계 최고 수준임을 강조했다.

얼마 전까지만 해도 부자 감세라면서 적극적으로 이 법안을 반대하던 야당의 태도 변화가 다소 의외이면서도 반갑다. 아무튼 여야가 국익을 위해서 모처럼 한목소리를 낸 것 같아 흐뭇하고 대견하다. 하지만 아직은 믿음이 덜 간다. 그동안 보여준 정치권의 행태는 이번과는 사뭇 달랐기 때문이다. 진정한 협치의 물꼬를 튼 것인지, 일회성 야합인지는 앞으로의 행보를 지켜본 뒤 판단해도 늦지 않을 것이다.

미·중 패권 다툼 틈바구니에 낀 한국

미국과 중국의 패권 다툼이 점입가경이다. 오늘날 G2라 불리는 이 두 나라는 정치, 외교, 군사, 경제 등 거의 모든 분야에서 사활을 건 대결을 벌이고 있다. 21세기로 들어서면서, 중국의 급부상은 미국 중심의 세계질서에 변화를 요구하고 있다. 몸집을 잔뜩 키운 중국이 사사건건 도전하지만, 미국은 그것을 용인할 의향이 없어 보인다. 그러니 서로 부딪힐 수밖에 없다. 전형적인 투키디데스의 함정(Thucydides Trap)에 걸려든 셈이다.

투키디데스는 그의 저서 《펠로폰네소스전쟁》에서 신흥 강국이 부상하면 기존의 강대국이 이를 견제하는 과정에서 반드시 전쟁이 발생한다고 주장하였다. 그의 이론을 인용한 미국의 정치학자 그레이엄 앨리슨은 현재의 미국과 중국이 바로 그 '투키디데스 함정'에 빠졌다고 보았으며, 그로 인하여 서로 원치 않는 전쟁으로 치닫고 있다고 분석했다.

그리고 보면, 중국은 이제 미국과의 경쟁을 두려워하지 않는 것 같다. 그들의 행보엔 거침이 없다. 얼마 전엔, 중동의 오랜 앙숙이었던 사우디아라비아와 이란이 외교 관계를 회복하도록 중재하며 국제무대에서 자신들의 존재감을 과시했다. 그에 더해서 유럽연합(EU)과 아시아 국가들에 대해서도 갈수록 목소리를 키우고 있다. 이를 두고 파이낸셜타임스(FT)는 "등소평이 주창했던 도광양회(韜光養晦) 외교는 이제 완전히 막을 내렸다"라고 논평했다.

최근 들어 중국은 신냉전, 보호무역 반대를 외치며 미국의 자국 우선주의를 노골적으로 비판하고 나섰다. 한데, 그들의 주장이 억지스러운 면이 있긴 하나 전혀 근거 없는 것만도 아니다. 최근 미국의 행보는 우방국의 입장에서도 당혹스러울 때가 있지 않은가? 그런 상황에서 우리는 선택을 강요받고 있다. 원하든 원치 않든, 중국과 미국 사이의 틈바구니에서 우리가 어떻게 대응해야 할지 결정해야 하는 순간이 점점 다가오고 있다.

📛 정치권의 협치가 최우선 선결과제

미·중 양대 강국의 멈출 줄 모르는 폭주는 세계정세에 엄청난 영향을 미친다. 중국이 그들의 야망을 포기하거나 아니면 미국이 중국에 패권국의 지위를 양보한다면 모르거니와(현실적으로 불가능한 시나리오다), 지금처럼 치킨 게임을 지속한다면 무역분쟁을 비롯한 온갖 형태의 충돌이 끊이지 않을 것이다. 종당엔 군사적 전면전으로 이어질 수도 있다. 그들 사이에 낀 우리로서는 불편하기 짝이 없는 상황이 아닐 수 없다.

반도체시장만 놓고 보더라도 상황이 만만치 않다. 미국은 세계시장에서의 주도권을 놓지 않으려고 무리수에 가까운 공세적 태도를 강화 중이고, 일본 또한 반도체 패권 국가의 부활을 꿈꾸고 있다. 그들은 최근 파격적인 조건을 내걸고 자국에 TSMC 공장을 유치하는 데 전력을 기울이고 있다. 달라진 그들의 모습에서 전에 없던 결기가 엿보인다. 반도체에 사활을 걸다시피 한 우리 앞에 새로운 경쟁자가 출현하게 된 셈이다.

이런 판에 중국이 최근 미국의 반도체회사인 마이크론을 규제하겠다고 나섰다. 일견 미국에 대한 공세적 대응으로 보인다. 하지만 이를 두고 중국의 한 애널리스트는 "한국의 삼성과 하이닉스에 경고한 것"이라고 분석했다. 우리를 향해 "미국 편에 서면 가만히 두지 않겠다"라며 으름장을 놓고 있다는 말이다. 하기야 그들은 기회가 있을 때마다 전가의 보도(傳家之寶)마냥 전랑(戰狼) 외교를 꺼내 들어 주변국을 위협하곤 했다.

답답한 것은, 우리에겐 마땅한 대응 카드가 별로 없다는 사실이다. 이처럼 중차대한 시기에 정치권은 뭘 하는지 모르겠다. 바깥세상이 어떻게 돌아가든 집안싸움에 몰두하느라 위기의식조차 느끼지 못하는 것처럼 보인다. 각자의 지지층 결집만 노리는 패거리 정치의 미래는 보나 마나 암울할 게 뻔하다. 정치권은 이제라도 정신 차리고 협치를 모색해야 한다. 당면한 위기를 타개할 묘수를 짜내는 것만이 그들이 항상 입에 달고 사는 국가와 국민을 위하는 길이다.

〈2023년 4월, 나병문〉

자영업자 어려움,
국가의 책임

　자영업자들의 대출금 연체 현황이 심상치 않다. 한국은행의 자료에 의하면 올해 1분기 말 자영업자 금융기관 대출 잔액은 약 1,034조 원으로 사상 최대치를 기록했다. 코로나19 발생 전인 2019년 4분기에 비해서 50.9%나 불어났다고 하니 그것만으로도 예사롭지 않다. 더 큰 문제는 연체율 급등이다. 수년 동안의 경기침체를 빚으로 버텨온 그들 중 상당수는 한계 상황에 몰리면서 원리금 상환을 감당하지 못하고 연체위기에 내몰리고 있다.

　1분기 말 전체 금융기관 자영업자 연체율은 1.0%에 이른다. 이는 전년 4분기 대비 0.35% 포인트 늘어난 수치다. 2015년 1분기 이후 8년 만에 최고치다. 그중에서도 비은행권 연체율이 2.52%로 은행권 (0.37%)의 6.8배이다. 특히 서민들과 자영업자가 찾는 마지막 제도권 금융이라 할 수 있는 저축은행 연체율은 5.17%나 된다.

　지난 몇 년은 자영업자들에게 고통의 세월이었다. 시장 원리에 맞지 않는 소득주도 성장 정책으로 가뜩이나 타격을 입은 터에 코로나로 인한 거리 두기에 시달리며 맘 놓고 제대로 영업한 날이 거의 없다시피 한 혹독한 기간이었다. 그 결과 상당수의 자영업자는 고락을 같이 하던 직원들을 어쩔 수 없이 내보내야 했고, 빚을 내어 빚을 막으며 고군분투했다. 최근 들어 종업원 없는 1인 자영업자 수가 급격히 늘어난 것도 그런 까닭이다.

금리는 오르고 경기는 악화하는 엄혹한 상황이 이어지면서 점점 더 많은 자영업자가 한계 상황에 직면하고 있다. 수년간 코로나19 충격과 경기 부진의 고통을 금융기관 대출로 힘겹게 버텨온 그들이 풍전등화의 위기를 맞은 셈이다. 아직 코로나 관련 금융지원이 끝나지 않은 상태에서도 그럴진대, 그마저 종료되면 상황이 더욱 나빠질 거라는 불안이 그들의 처진 어깨 위를 무겁게 덮치고 있다.

🪙 자영업자 몰락은 어떻게든 막아야

우리나라는 선진국 중 유난히 자영업자의 비중이 높다. 2022년 말 기준 약 560만 명으로 전체 취업자 수의 20%를 넘어선다. 그 말은 자영업자의 몰락이 곧바로 국가 경제 전체의 재앙으로 이어질 수 있음을 의미한다. 그처럼 중요한 위상을 가진 자영업자들이 너 나 할 것 없이 힘겨운 나날을 보내고 있다. 실제로 그들의 60% 이상은 올 상반기에도 매출 감소를 겪었다. 더 안타까운 것은, 가까운 시일 내에 그런 상황이 개선될 기미조차 보이지 않는다는 점이다.

자영업자들을 가장 고통스럽게 하는 건 비용 증가다. 원자재·재료비, 인건비, 전기·가스 등 공공요금, 임차료 등이 날만 새면 오르고 있다. 그뿐인가? 높은 대출이자와 대출 상환 부담도 날마다 쌓여간다. 그런 사정을 반영이라도 하듯, 자영업자의 절반가량은 연초 대비 대출금 잔액이 증가했다. 매출은 줄어드는데, 꼬박꼬박 그대로 나가는 고정비, 기존 대출이자 상환, 원자재·재료비 등을 감당해야 하기 때문이다.

정부는 코로나19 여파로 피해를 본 소상공인들에게 2020년 2월부터 '코로나19 피해지원을 위한 경영안정자금'을 지원해왔다. 문제는 원리금 상환유예 조치가 오는 9월로 끝난다는 점이다. 대출이 급증한 가운데서도 그동안은 만기 연장, 상환유예 등 금융지원으로 간당간당 버텨왔다. 하지만 이제는 더 이상 버틸 동력을 상실한 채 바닥에 주저앉게 생겼다.

더욱 충격적인 사실은 자영업자의 약 40%가 향후 3년 이내에 폐업을 고려하고 있다는 것이다. 그들을 압박하는 주된 이유는 경기 둔화에 따른 지속적인 영업 부진, 그에 따른 자금 사정 악화 및 대출 상환 부담, 경기회복 전망 불투명 등이다. 당초에 기대했던 방역 조치 해제에 따른 경기회복은 요원하고, 매출은 호전될 기미가 보이지 않는데 대출 부담만 늘어나니 어쩔 수 없이 폐업의 길을 택할 수밖에 없다는 것이다.

자영업자 살릴 '종합 대책' 모색해야

정부는 지난해 9월 코로나19 피해 중소기업·소상공인을 대상으로 한 대출 만기 연장과 상환유예 조치를 추가로 연장한 바 있다. 금융권에서는 이미 여러 차례 연장한 자영업자 원리금 상환유예 지원 종료 시점이 다가오는 만큼 갈수록 자영업 대출 리스크가 커질 것으로 보고 있다. 더욱 우려스러운 것은, 이러한 자영업자들의 급격한 연체 증가는 은행의 건전성을 심각하게 훼손할 수 있다는 점이다.

올해 9월 말 코로나19 관련 금융지원의 종료에 따라 자영업자들의 원금 상환이 시작되면 대규모 부실이 현실로 나타날 것이다. 그들 중 대다수가 대출 원금과 이자를 한꺼번에 갚을 능력이 없기 때문이다. 한국은행도 최근 발표한 '금융안정보고서'에서 "경기회복이 예상보다 지연되고 상업용 부동산 가격이 하락하는 가운데 대출금리 부담이 지금처럼 클 경우, 취약 자영업자를 중심으로 연체 규모가 확대될 위험이 있다"라고 경고했다.

대한민국은 시장경제를 지향한다. 그런 만큼 자영업자의 원리금 상환을 무한정 유예해 주기도 어렵다. 아무리 그렇긴 해도, 지금처럼 어려운 시기에 일률적으로 빚 상환을 독촉하는 것만으로는 해결이 어렵다. 자영업자들이 각자의 능력에 맞춰 상환 계획을 세울 수 있도록 현실적인 지원책이 있어야 한다. 그렇지 않으면, 어쩔 수 없이 제도권 밖 불법 대부업체를 찾는 걸 막지 못할 것이다. 그야말로 파멸로 가는 지름길이 아닌가?

이럴 때일수록 정부와 금융기관의 역할이 중요하다. 그들은 자영업자들의 위기가 곧 나라의 위기라는 엄중한 상황인식을 갖고 전력투구해야 한다. 문제가 불거질 때마다 찔끔찔끔 미봉책으로 넘어가려 들지 말고, 보다 근본적이고 종합적인 대책을 세워야 한다. 그것이 나라 살림을 맡은 이들의 본분이다. 그것이 말처럼 쉽지는 않겠지만, 자영업자들의 고통을 획기적으로 덜어 줄 묘책을 찾아내기를 모두가 고대하고 있다.

〈2023년 7월, 나병문〉

'순살 아파트'가 웬 말,
정신 나간 LH

인천 검단 신축 아파트 지하 주차장 붕괴 사고의 원인은 철근 누락이다. 한데 이런 사례가 하나둘이 아닌 모양이다. 점검 결과, 지하 주차장 붕괴 사고 원인으로 꼽히는 무량판 구조로 시공한 아파트 가운데 무려 15개 아파트 단지 지하 주차장 기둥에서 보강철근이 빠진 것으로 확인되었다. 전국의 공공 아파트 건설 현장에서 그와 같은 사례가 속속 밝혀지면서 한국토지주택공사(LH)의 허술한 공사 관리·책임 문제가 새삼 도마 위에 오르고 있다.

철근 누락 아파트는 앞으로 더 늘어날 것으로 보인다. 정부가 민간 발주 아파트 100여 곳에 대해서 추가로 안전 점검을 진행할 예정이기 때문이다. 당황한 LH도 부랴부랴 대책을 발표했다. 이미 입주를 마친 5개 단지 중 1개 단지는 보완 공사 진행 중이고, 4개 단지는 정밀 안전 점검 후에 보완 공사를 할 예정이란다. 아직 입주 전인 10개 단지 중에서도 6개 단지는 보완 공사가 진행 중이고 나머지 4개 단지도 입주 전에 보완을 마치겠다고 밝혔다.

일차적인 책임이야 공사비를 줄여 부당이익을 취하려는 업체에 있다고 할 것이나, 그렇다고 감독 임무를 도외시한 LH의 책임이 줄어드는 것은 아닐 것이다. 알다시피, LH의 관리 부실과 안전 불감증은 어제오늘의 일이 아니다. 오래전부터 이러저러한 사고가 심심찮게 터지면 갖은 핑계를 대며 면피하기에 바빴던 그들이다. 하지만 이렇게까지 허술할 것으로 생각한 사람은 그리 많지 않았을 것이다.

21세기 대한민국에서 그런 일이 발생했다니 생각할수록 기가 막힌다. 그 같은 후진국형 사고가 여전히 빈번하게 터지고 있다는 사실만으로도 국민의 분노를 사기에 충분하다. 선진국 시민의 자긍심을 여지없이 짓밟는 사건이기 때문이다. LH가 뒤늦게 발표한 대책이란 것도 여론에 떠밀려 뒤늦게 사후약방문을 들고나온 격이다. 하지만 그마저도 왠지 믿음이 가지 않는다.

🏢 시공사에만 책임 떠넘겨

LH는 철근 누락이 시공사의 과실이라고 주장한다. 하지만 공사 발주부터 설계·시공·감리까지 공사 전 과정에 책임을 져야 하는 그들이 관리 부실에 대한 책임에서 벗어나 보겠다고 우기는 건 비겁하기 짝이 없는 면피성 행위다. 사방에서 비난이 쇄도하자, 그제야 LH 사장도 "그동안 LH는 주택에 대해서 발주만 했지, 공사엔 관심이 없었다. 사장으로서 대단히 송구스럽게 생각하고, LH는 모든 분야에 대해 책임질 수밖에 없다"라며 뒤늦게 책임을 인정했다.

일각에선 무량판 구조 공법이 사고 원인이 아니냐며 의심하기도 한다. 하지만 전문가의 견해에 따르면, 무량판의 구조적 위험성보다는 설계·시공·감리 등 건설 운용 과정에서의 문제점이 크다고 한다. 무량판 구조는 보 없이 기둥이 직접 슬래브를 지지하기 때문에 기둥이 하중을 견딜 수 있도록 철근을 튼튼하게 감아줘야 하는 데 필요한 만큼의 철근을 쓰지 않았다는 것이다. 어느 건설업자의 말처럼 무량판 구조에 죄가 있는 것이 아니라는 말이다.

사고가 난 검단 아파트 붕괴도 발주자인 LH 측 설계 오류가 근본 원인이었다. 한 건설업자는 철근과 콘크리트로 짓는 아파트에서 철근을 빠뜨린 것은 애초부터 말이 안 된다고 지적하면서 "LH가 시공사에 이런 도면을 넘겨줬다는 건 제대로 확인도 안 했다는 의미"라며 성토했다. 건축을 모르는 사람의 눈에도 힘없는 시공사에 모든 책임을 떠넘기려는 시도는 억지 주장으로밖에 보이지 않는다.

LH는 상당수 아파트를 무량판 구조로 짓는데, 이는 공사 기간이 상대적으로 짧고 원가 절감 효과가 크기 때문이다. 문제는 LH가 시공사에 넘겨주는 설계서 상당수가 엉터리라는 점이다. LH 업무 시스템에 구조적 문제가 있다고밖에 생각할 수 없다. 그동안 업계 주위에선 뿌리 깊은 안전 불감증을 끊임없이 지적했었다. 하지만 귀 기울이지 않다가 끝내 이런 변고를 당하고 나서야 허둥대는 모습이 안쓰러울 지경이다.

(🏭) 전반적 개혁만이 LH 생존의 외길

더욱 놀라운 사실은 민간 아파트 중 일부는 주거동에도 무량판 구조를 채택했다는 점이다. 이 경우 건물 붕괴 시 인명피해는 불문가지다. 아파트라는 대규모 건물의 특성상 그 규모도 엄청날 것이다. LH의 허술한 공사 관리의 단면을 적나라하게 드러내는 충격적인 장면이다. 이에 국토부는 민간 아파트에 대한 전수조사에 착수하기로 했다. 조사 대상 아파트 단지도 수백 개에 달하므로 어떤 결과가 나올지는 가늠하기조차 어렵다.

사태의 심각성이 드러나자 정치권도 가만있지 않았다. 여야를 막론하고 LH를 강하게 꾸짖는 중이다. 그들은 LH가 설계·시공·감리 등 어느 것 하나 제대로 하지 않았고, 관리 감독 책임에도 무책임했다고 질책하면서 원인 규명과 재발 방지를 소리 높여 외친다. 하지만 피해 당사자들에겐 별로 와닿지 않는다. 그런 공허한 목소리를 내는 시간에 제대로 된 법안 하나라도 만드는 것이 실질적인 도움이 될 것이다.

원희룡 국토부 장관도 책임자에 대한 징계와 고발 조치를 예고했다. 그는 "국민의 신뢰를 받아야 할 LH 공기업이 지은 아파트에서 이런 심각한 문제가 발생한 것은 부끄러운 일"이라며 "LH에 대한 감독 부처로서, 공공주택에 대한 사업 감독을 책임지는 국토부 장관으로서 무거운 책임감을 직접 짊어지고 이런 문제들을 원칙대로 처리하고 국민의 의혹이 없도록 철저하게 대처하겠다"라고 밝혔다.

이번 사고는 조직의 존폐를 고민할 만큼 중차대한 사건이다. LH는 자신들의 존립 목적을 잊지 않았는지부터 심각하게 돌아봐야 한다. 나아가 잘못에 대해 통렬히 반성하고 책임을 지는 것은 물론, 조직을 해체에 가까운 수준으로 대대적으로 혁신해야 한다. 이참에 전관예우, 이권 개입 등에 관한 의혹을 훌훌 걷어내고 확실하게 거듭나야 한다. 과거처럼 미봉책을 앞세워 적당히 넘어가려 든다면 국민이 더는 용납하지 않을 것이다.

〈2023년 8월, 나병문〉

피할 수 없는
AI 대전(大戰)

챗GPT의 출현 이후 세계 디지털 기업들은 저마다 초거대 AI 언어 모델 개발에 사활을 걸고 있다. 그들은 AI(Artificial Intelligence, 인공지능)가 언어 생성뿐만 아니라 거의 모든 영역에서 핵심적인 역할을 하는 것에 그치지 않고, 세상을 재편하는 주인공이 될 것임을 본능적으로 알아챈 것이다. 그리고 그것은 현실이 되어가고 있다. 우리가 원하든 원치 않든 시간이 흐를수록 인류는 인공지능에 더 많은 것들을 의존하게 될 것이다.

AI 시장에서의 국가 간 경쟁도 날이 갈수록 치열해지고 있다. 무궁무진한 성장 가능성을 품은 인공지능 분야에서 주도권을 쥐는 것이야말로 부국강병의 지름길이기 때문이다. 하지만 신흥선진국인 우리나라가 글로벌의 리더를 자처하는 기존 열강(列强)과의 피 튀기는 전쟁에서 승자가 되는 것은 쉽지 않을 것이다. 승자 독식의 특성이 유난히 두드러진 이 분야에서 한번 뒤처지면 따라잡기 힘들다는 사실도 우리를 더욱 긴장시키는 요인이다.

KAIST의 이광형 총장은 모 일간지에 기고한 칼럼에서 이른바 'AI 천하삼분지계(天下三分之計)'를 주장했다. 빠르게 진화하는 AI 분야에서 우리가 어떤 선택을 해야 할지에 관한 그의 탁견은 매우 독특하고 명쾌하다. 위진남북조시대에 제갈량이 주장한 삼분지계는 천하를 셋으로 나누면 세 세력이 서로 견제하기 때문에, 불안하지만 생존 가능성이 높아진다는 논리다. 그는 우리나라도 그 전략을 받아들여 AI 삼국지의 주인공이 되어야 한다고 역설한다.

그의 주장에 따르면, 10~20년 후의 AI 시장은 미국과 중국의 양강 체제로 굳어질 가능성이 크다. 아메리카 대륙과 유럽은 미국이 지배하고, 중국시장은 중국 회사가 지배할 것으로 본다. 하지만 그들의 세력이 미치지 못하는 제3의 시장이 존재한다. 즉, 한국과 일본, 그리고 동남아와 아랍권이다. 우리가 그쪽을 집중적으로 공략하여 석권한다면 AI 분야에서 삼분된 천하의 한 축으로 자리매김할 수 있다는 것이다.

🎙️ 무서운 속도로 진화하는 AI

세계적인 AI 석학 제프리 힌턴 토론토대 명예 교수는 얼마 전 국내 일간지와의 인터뷰에서 "초지능(Super Intelligence)이 된 AI가 작정하고 우리를 속인다면, 인류는 알아차릴 수도 막을 방법도 없다. 그런 상황이 되기 전에 전 세계가 AI 통제에 나서야 한다"라며 AI의 위험성을 경고했다. 딥러닝(심층학습) 연구의 권위자로 'AI의 대부'로까지 불리는 그는 늦어도 20년 안에 사람보다 똑똑한 디지털 지능이 출연할 것으로 예측했다.

힌턴 교수는 AI의 진화가 다양한 '사회적 위험'을 불러올 수 있다고도 했다. AI 때문에 일자리가 사라져 실업자가 대량으로 발생할 수도 있고, 무책임한 가짜뉴스가 난무할 개연성도 크다는 것이다. 그는 오픈-소스(Open Source) AI에 대해서도 강한 우려를 표명했다. 사기나 사이버 공격 방법을 AI에 더 쉽게 학습시킬 수 있어서 테러 집단이나 독재 정권에서 악용될 수 있다는 것이다. 그러면서 "그걸 막기엔 이미 너무 늦었다"라고 토로했다.

하지만 AI를 지나치게 우려의 시선으로만 바라볼 필요가 없다는 주장도 적지 않다. '인공지능의 미래'의 저자인 제리 카플란(Jerry Kaplan) 박사는 "인간보다 똑똑한 생성형 AI가 회의자료를 정리하는 개인 비서 역할을 하는 것은 물론 포럼 연설, 조언, 경고, 고객 및 법률 의료 상담에 도움을 줄 것이라며, 생성형 AI는 인간과 달리 자신의 이익을 위한 열망을 갖는 존재가 아닌 만큼 잘만 활용하면 세상을 긍정적으로 바꿔놓을 것"이라고 강조했다.

UAM(Urban Air Mobility, 도심항공교통) 개념을 처음 정립한 우버(Uber Elevate) 출신 에릭 앨리슨(Eric Allison) 조비에비에이션(Joby Aviation) 부사장도 "인류 역사에서 새로운 혁신적 도구와 기술이 나올 때마다 이런 논쟁은 항상 반복됐고 AI도 마찬가지다. 하지만 AI로 인해 생산성이 높아지고 경제적 파이가 커지면서 인류에게 더 많은 기회가 생길 것"이라며 AI의 미래를 낙관했다.

🌏 다가오는 건곤일척(乾坤一擲), 산업전쟁

앞서 언급한 이광형 총장의 분석처럼 AI 혁신을 주도하기 위해서는 남다른 기술력이 있어야 하고, 넉넉한 자본을 확보해야 한다. 생산된 제품과 콘텐츠를 소화할 우호적인 시장이 존재해야 하는 것은 물론이다. 한데, 우리나라의 경우 AI 기술력은 세계 선두권이지만, 자본력이 상대적으로 열세하다는 약점이 있다. 시장 상황도 경쟁국인 미국과 중국에 비해 유리할 게 없다. 하지만 그렇다고 낙담할 정도의 상황은 아니다.

정부와 기업들의 최근 행보는 꽤 긍정적이다. 며칠 전 삼성전자가 5세대 고대역폭 메모리(HBM)와 GDDR7 D램 등 차세대 메모리 솔루션을 전격적으로 발표했다. 국내 최대 기업인 삼성이 인공지능 시대에도 반도체 기술 혁신을 주도하겠다는 의지를 확실하게 표명한 셈이다. 특히 HBM은 여러 개의 D램을 수직으로 연결해 데이터 처리 속도를 혁신적으로 끌어올린 D램으로 생성형 AI인 챗GPT 등장 이후 세계적으로 주목받고 있는 제품이다.

국내 유력 통신사들도 AI를 새로운 성장 동력으로 삼아 해외시장 진출을 서두르고 있다. SK텔레콤은 글로벌 통신사 도이치텔레콤과 통신에 특화된 거대언어모델(LLM)을 개발하기로 했으며, KT는 태국 정보통신(ICT) 회사인 자스민 그룹과 함께 태국어 기반의 LLM을 구축한다고 밝혔다. 정부도 AI 산업의 중요성을 주시하고 있다. 윤석열 대통령은 얼마 전 '대한민국 초거대 AI 도약' 회의를 주재하는 자리에서 AI 경쟁력 향상과 신뢰성 강화를 주문했다.

AI의 위험성에 대한 거듭되는 우려에도 불구하고 대세는 이미 정해졌다. 인류가 걸어가는 길에 인공지능과의 동반은 돌이킬 수 없으며, 이 분야를 선도하는 국가가 세계를 제패(制霸)하게 될 것이다. 나라의 존망이 걸린 큰 전쟁에서는 국력을 집중해도 승리를 장담하기 어렵다. 이같이 중차대한 시기에 정쟁(政爭)이나 일삼으며 힘을 허비해서야 되겠는가? 너나없이 냉철하게 돌아봐야 할 때다.

〈2023년 10월, 나병문〉

저성장 시대,
기술 혁신으로 돌파하라

최근 발표된 보도에 따르면 우리나라와 서방 주요 7개국(G7) 간의 1인당 국민소득 격차가 갈수록 벌어지고 있다. 3년 전만 하더라도, G7의 일원인 이탈리아를 추월하며 잠깐이나마 우리 어깨에 힘이 들어간 적이 있었다. 하지만 2021년에 재역전을 허용하더니, 작년엔 1인당 명목 국민총소득(GNI) 35,990달러를 기록하여 이탈리아에 무려 1,700달러 이상 뒤처진 것으로 나타났다.

이와 같은 격차는 지난 몇 년간 성장이 부진한데다 고물가에 원화 가치마저 떨어진 탓이다. 올해 성장률이 이탈리아를 다소 웃돌 거라는 예상이 맞아떨어진다 해도, 원화 가치가 유로화보다 더 떨어지면 양국 간 격차를 좁히는 게 힘들다는 게 전문가들의 견해다. 이탈리아가 G7 가운데 소득이 가장 낮은 나라임을 고려하면, 여타 G7 회원국과의 비교는 무의미해 보인다. 문제는 그 같은 현상이 단시일 내에 개선될 조짐이 보이지 않는다는 데 있다

한국은행의 경제통계시스템(ECOS)에 따르면 지난해 연평균 원/달러 환율은 1,291.95원으로, 2021년 대비 12.89% 절하(가치 하락)됐다. 최근의 환율 환경이 우리에게 우호적이지 않음을 보여주는 자료다. 이창용 한국은행 총재가 국회 기획재정위원회 국정감사에서 현재 우리나라의 경제 상황을 '경기침체기'라고 진단하면서, 내년도 경제성장률 전망을 원점에서 재검토하겠다고 밝힌 것도 그런 상황과 무관치 않아 보인다.

그는 또 "지난 전망에서 내년 성장률을 2.2%로 예상했는데, 중국 경제와 중동 사태에 따라 예측하기 어려운 상황이 됐다"라고 분석했다. 러시아와 우크라이나의 전쟁에 더하여 예기치 못한 이스라엘·하마스 전쟁까지 터지는 등 복잡한 대외 변수를 고려한 발언이라고 볼 수 있다. 다만 그는 "우리나라가 다른 나라들과 비교해 최악의 상황은 아니며, 미국을 제외한 여타 선진국들보다 양호한 성장률을 유지하고 있다"라며 극단적인 비관론을 경계했다.

압축성장 시대의 종언(終焉)

돌이켜보면, 최빈국의 상징이었던 우리나라는 매우 짧은 기간 내에 선진국으로 도약했다. 일제에서 해방되고 얼마 되지 않아 동족 간의 전쟁을 치르면서 나라 살림이 극도로 피폐해졌지만, 모두가 허리띠를 졸라매고 앞만 보고 달린 덕에 1977년에 1인당 GDP 1천 달러를 달성했다. 그 후로도 10여 년 동안 연 10% 전후의 성장률을 기록할 정도로 고도성장기를 구가했다(1980년 제외). 마침내 1994년 1인당 GDP 1만 달러라는 금자탑을 쌓아 올렸다.

이는 지구촌 전체를 통틀어 유례를 찾아보기 힘든 눈부신 압축성장이다. 하지만 21세기에 들어서 고도성장의 막은 내리고 서서히 저성장 시대로 진입하게 되었다. 물론 국가 경제가 어느 정도 성장하면 성장률이 떨어지기 시작하는 건 당연하며, 그것은 다른 선진국들도 이미 겪은 과정이다. 문제는 최근 들어 우리나라의 경제성장률이 너무 가파르게 추락한다는 데 있다.

국제통화기금(IMF)은 10월에 발표한 '세계경제전망'을 통하여 세계 경제성장률이 지난해 3.5%에서 올해 3.0%, 내년 2.9%로 둔화한다고 전망했다. 우리나라 성장률 전망치는 그보다도 훨씬 낮다. 코로나19 팬데믹 발생 전까지 세계는 저물가, 저금리 환경에서 번영을 구가했다. 하지만 그런 호황은 이제 종말을 고했다. 바야흐로 고물가, 고금리, 저성장의 '새로운 체제(New Regime)'로 재편되고 있으며 한국도 예외가 아니다.

세계가 '전시(戰時) 체제'로 돌입하면서 글로벌경제 전체가 크게 흔들리고 있다. 전쟁의 여파로 극심한 인플레이션이 몰려온 탓에 가계와 기업의 실질 구매력이 감소하고 자금 조달도 어려워졌다. 미국 같은 기축통화 보유국은 상대적으로 안정적인 통화가치를 유지할 수 있지만, 환율 변동성에 취약한 우리나라는 곧바로 큰 타격을 받을 수밖에 없다. 무엇보다 안타까운 일은 서민들의 삶이 갈수록 팍팍해지고 있다는 사실이다.

초격차 기술력 확보로 제2의 도약을

현대경제연구원의 주원 경제연구실장은 "한국경제가 다시 한번 도약하기 위해서는 먼저 경제의 기초 체력을 높이기 위한 노동·자본 등의 양적 생산요소 확충이 시급하고, 동시에 기술·인적자본 등의 질적 생산요소의 경쟁력을 강화할 필요가 있다"라고 주장했다. 한종희 삼성전자 부회장도 "기술과 품질은 최우선으로 지켜야 하는 본원적 경쟁력이다. 시대가 변해도 기술 선도는 최고의 가치이며 품질은 양보할 수 없는 핵심 경쟁력이다"라고 역설했다.

알다시피, 이웃 나라 일본도 1991년 이래 장기불황을 겪었다. 사람들은 일본이 금융권 부실 채권 증가로 무너졌다고 알고 있지만 근본적인 원인은 다른 데 있다. 그들은 1990년대에 들어 급격하게 발전하는 정보 기술의 중요성을 간과했다. 기존의 패러다임에 안주한 탓에, 새로운 기술 경쟁 시대에서 승기(勝機)를 놓친 것이다. 오랜 시간이 흐른 뒤에야 깨닫게 되었지만, 아직도 그때 입은 타격을 회복하느라 고전하는 중이다.

우리는 일본의 전철을 밟아서는 안 되며, 그들의 실패를 타산지석(他山之石)으로 삼아야 한다. 다행스럽게도, 오늘날의 대한민국은 세계적인 제조업 강국이다. 몇몇 분야에선 이미 일본을 앞섰다. 거기서 얻은 자신감을 바탕으로 기술 혁명을 선도해야 한다. 미래는 창의력을 바탕으로 한 기술 시대가 될 것이며, 기술력의 우열이 국력의 차이를 결정지을 것이다. 이는 누구도 부인하기 힘든 자명(自明)한 이치다.

우리나라가 기술 선도국이 되기 위해선 AI, 반도체, 이차 전지, 전기차 등 유망 산업에서 초격차 기술력을 확보해야 한다. 그러려면 그 분야의 R&D 투자를 획기적으로 늘려야 한다. 또한 창의적 인재 육성에 힘써야 한다. 이 땅의 청년들을 한 명이라도 더 걸출한 산업 전사로 키워내야 한다. 경쟁국들의 공세가 갈수록 거세지는 마당에 우물쭈물할 겨를이 없다. 지금은 정신 바짝 차리지 않으면 한순간에 낙오자로 전락하는 시대임을 잊지 말자.

〈2023년 11월, 나병문〉

사후약방문,
중국발 요소수 대란

지난달 30일 중국 수출입을 총괄하는 해관총서가 우리나라의 한 대기업이 수입 예정이었던 중국산 산업용 요소의 수출을 보류시켰다. 이미 수출 검사까지 마친 상태인데 무슨 이유에서인지 배에 실리지 못한 것이다. 이에 대해 재중(在中) 원자재 전문가는 "10월 중순부터 중국 내에서 30일 걸리던 요소 수출 검사가 60일로 늘었다. 이번 수출 보류는 중국 당국의 의지가 있었다고 봐야 한다"라고 전했다.

그와 관련하여 정재호 주중 한국대사는 "지난달 중국 '질소비료공급협회'가 회원사에 질소 비료(요소 비료 포함) 수출을 자제하고 중국 국내에 우선 공급할 것을 요청한 이후, 실제 통관 애로사항이 파악됐다"라고 밝혔다. 한발 더 나아가 중국 정부는 요소 수출 물량을 국가별로 제한하는 '쿼터제'를 검토 중인 것으로 알려졌다.

이처럼 중국이 한국으로의 요소 수출 통관을 보류하자, 시장에선 제2의 요소수 대란이 불거지는 게 아니냐는 우려가 커지고 있다. 이에 정부는 현재 보유 중인 재고와 중국 外의 나라들에서 수입할 물량을 합쳐 3개월분 이상의 차량용 요소 재고가 확보됐다며, 지난 사태와는 양상(樣相)이 전혀 다르다고 강변하고 있다. 하지만 업계에선 2년 전의 요소수 품귀 현상을 떠올리며 불안에 떨고 있다.

일각에서는 이번 사태 초기부터 정부의 대처가 안일하기 짝이 없었다고 지적한다. 실제로 요소수 품귀 조짐은 지난 9월부터 감지되었다. 대형 마트에서는 차량 요소수를 한 사람당 한 개씩으로 판매 제한했고, 온라인 쇼핑몰에서도 요소수 판매가 일시 중단됐다. 뒤이어 중국이 요소 수출을 중단한다는 외신 보도가 나오고, 국내에서 요소수 품귀 현상이 벌어지는 중에도 정부는 태평스럽게 '별문제가 아니다'라는 태도를 꿋꿋하게 견지했다.

🌏 알면서도 거듭 당하는 이유는?

이번 사태의 주범인 요소수는 요소를 원료로 해서 만든다. 요소수는 경유 차량이 배출하는 질소산화물(NOx)을 질소와 물로 분해하는 제품이다. 대형 공장이나 발전소에서도 매연 방지를 위해서 사용한다. 발전·수송 등 산업 전 분야에 걸쳐 필수 소재인 셈이다. 그렇게 중요한 품목이라면 진작에 국내 생산 체제를 갖춰서 해외 의존도를 낮췄어야 했다. 그걸 알면서도, 이런저런 이유를 들어 미적대다가 이번에 또 당하게 된 것이다.

현재 한국의 중국산 요소수 의존도는 91%에 달한다. 2년 전(71%)보다도 훨씬 높아졌다. 2021년 요소수 대란 이후 한때 67%까지 떨어졌던 중국산 비중이 다시금 90% 넘게 증가한 까닭은 무엇일까? 가장 큰 이유는 가격 차이다. 지정학적인 이유로 중국산 요소 가격이 다른 나라에 비해 한참 저렴하다 보니, 수입업체들이 수입선(輸入先) 다변화를 시도하지 않고 중국산에 의존하기 때문이다.

수입업체들도 할 말이 없는 건 아니다. 그동안 베트남과 카타르 등지로 수입처를 다변화하려 애썼지만, 지리적으로 가까운 중국에 비해 물류비용이 비싸다 보니 어쩔 수 없이 중국산으로 눈길을 돌릴 수밖에 없는 구조라는 것이다. 정부 안팎에서조차 중국산 요소의 저렴한 가격 탓에 공급처 다변화가 쉽지 않다는 말이 나오는 걸 보면, 그들의 하소연을 두고 근거 없는 투정이라고 몰아붙이기만 하는 것도 가혹하다.

다급해진 정부는 중국과의 외교채널을 통해 관련 내용을 계속 협의하겠다고 밝혔다. 하지만 그 정도로 해결될 문제가 아닌 듯싶다. 정부는 일찌감치 요소를 포함한 핵심 품목의 생산 기반을 확대하고, 수입처 다변화를 위해 '공급망안정화위원회'를 설립하겠다고 약속했지만 지켜지지 않았다. 국회도 한심하긴 마찬가지다. 지난해 10월에 '경제 안보를 위한 공급망 안정화 지원 기본법'이 발의되었건만 1년 3개월이 지난 지금까지 감감무소식이다.

🐏 실패 교훈으로 항구적 대책을

사태가 심각해지자, 추경호 부총리는 11일 '경제안보공급망 관계장관회의'를 주재하는 자리에서 "중국 등의 요소 할당관세를 내년까지 연장하고, 요소의 국내 생산시설 구축 방안을 검토하겠다"라고 밝혔다. 뒤이어 산업통상자원부도 산업 공급망 전략회의를 열고, 흑연·요소·리튬 등 185개 공급망 핵심 품목의 특정국 의존도를 평균 70%에서 50% 밑으로 낮추기로 했다.

이번 사태가 진정된다고 해도 미봉책에 그칠 뿐, 중국의 '자원 무기화' 칼춤은 언제라도 되풀이될 것이다. 그들의 치졸한 행태는 어제오늘의 일이 아니고 요소수에 한정된 것도 아니다. 중국은 갈륨, 게르마늄, 인조흑연, 인산암모늄 등 원자재 전반에 걸쳐 상대국의 발목을 잡을 만한 것을 골라 시시때때로 수출을 중단하곤 했다. 갈수록 기승을 부리는 그들의 힘자랑과 조롱을 언제까지 참고 견뎌야 한단 말인가.

가격 경쟁력 때문에 어쩔 수 없다고들 말하지만, 이젠 그런 핑계로 넘어갈 단계는 지났다. 말 그대로 특단의 대책이 필요하다. 근본적이고 체계적인 대응 없이는 제3, 제4의 사태를 막을 수 없기 때문이다. 그와 관련해서, 성태윤 연세대 교수는 "글로벌 공급망 이슈에서 특정 국가에 전적으로 의존하는 상황은 피해야 한다. 가격이 더 비싸더라도 여러 국가에서 조달하는 안전망을 구축하고, 그에 필요한 정책적·금융적 지원을 해야 한다"라고 강조했다.

"그동안 우리는 뭘 했나"라는 자성이 앞선다. 그렇게 당하고도 정신 차리지 못한 정부와 국회, 거듭되는 저들의 횡포에 대증 요법(對症療法)으로만 버티던 기업, 모두에게 책임이 있다. 지난 일이야 어쩔 수 없지만, 지금부터라도 국가안보의 필수 조건인 전략물자의 안정적인 확보책을 강구(講究)해야 한다. 무슨 일만 생기면 허겁지겁·우왕좌왕하다가 진정되면 금세 잊어버리는 상습적 건망증을 고치지 못한다면, 훗날 어떤 재앙이 우리 앞에 들이닥칠지 걱정이다.

〈2023년 12월, 나병문〉

경제위기일수록
산업인재 양성을

새해가 밝았다. 새해의 소식은 경기불황과 경기침체로 인한 전 세계의 위기대응 소식이 주를 이루었다. 경제협력개발기구(OECD), 한국개발연구원(KDI), 한국은행과 같이 경제성장률을 예측하는 주요 기관들은 일제히 2023년 한국의 경제성장률을 1%대로 예측하였다.

수출이 주요 경제 동력인 우리나라의 수출 증가율은 전기 대비 마이너스이며 전 세계시장에서 우리나라의 수출이 차지하는 비중은 2.9%로 중국, 대만 등의 국가들의 전 세계 수출 점유율이 지속적으로 상승하는 것에 비해 제자리걸음을 하고 있는 것으로 나타났다.

팬데믹 이전 시대인 2018년과 팬데믹 이후 시대인 2022년의 소비자 물가 상승률을 비교해보면 1.5%(2018년)에서 5.1%(2022년)로 급격히 상승했다. 더욱이 올해 우리나라의 경제는 금리 인상으로 인해 소비와 투자마저도 감소하고 있어 예년보다 더 어려운 한 해가 될 것으로 보인다.

기업들은 위기가 왔을 때 가장 먼저 구조조정을 실행한다. 가장 손쉽게 비용을 절감할 수 있기 때문이다. 영업이익 등이 줄어든 기업들은 경기침체가 장기간 이어질 것을 예측하고 구조조정에 돌입하였다. 특히 정보통신 기술을 적극적으로 도입하여 비대면 서비스를 정착한 금융사들은 점포 축소 등으로 불필요한 인력을 감축하고자 본격적인 감원에 나섰다.

이에 5대 시중 은행들은 희망퇴직 신청에 들어갔다. 신한은행은 전년보다 신청 대상자가 확대되어 신청가능 연령층이 40대로 낮아졌다. 우리은행은 직급에 따라 희망퇴직 신청을 받는 등 작년인 2,000여 명보다 더 증가할 것으로 예측했다. 그나마 다행인 것은 퇴직 조건이 좋아짐에 따라 희망퇴직 신청이 예전과는 달리 인기가 있는 상황이다.

🔖 높은 교육열에 비해 직업 탐구는 부족

금융권 외에 다른 산업들도 구조조정을 진행 중으로 IT업계인 카카오와 네이버는 구조조정 대신 신규 채용 축소, 인센티브 상승률 조정 등을 통해 예산 집행이 효율적으로 이루어지는 데에 집중했다. 이로 인해 올해 신규채용은 예년에 비해 대폭 줄어들어 청년들의 실업률 또한 증가할 것으로 보인다.

따라서 올해는 수많은 퇴직자들이 나올 것으로 예상되며 이들이 구직자로 전환되어 새로운 일자리를 찾기 위한 시도가 진행될 것이다. 미래에셋에서 발간한 퇴직과 은퇴 동향 분석 보고서에 의하면 우리나라의 퇴직 평균 연령은 49.3세로 퇴직 시 평균 근속 기간은 12.8년으로 나타났다.

이는 평균수명이 100세까지로 늘어난 점을 고려할 때 퇴직 이후에도 살아온 시간만큼을 더 살아야 하는 상황임을 알 수 있다. 만약 국민연금을 10년 가입하여 수령할 수 있는 자격이 있다 해도 달라진 연금제도에 따라 조기노령연금을 58세에 받을 수 있다.

때문에 퇴직 평균 연령인 49.3세에 은퇴한다고 하면 은퇴 후 거의 10년의 기간 동안 수입원을 만들 수 있도록 해야 한다. 따라서 최근

에는 퇴직 후에도 수입을 창출할 수 있도록 사교육을 받는 사례가
흔치 않다.

직업은 인간의 생애에 많은 영향을 미친다. 직장인들이 수면을 제
외한 대부분의 시간을 직장에서 보내듯이 직업의 선택은 한 사람에
게 있어서 매우 중요하다.

🎧 직업 다양성으로 돌파구를

그러나 우리나라는 교육열이 높은 데에 비해 다양한 직업에 대한
고민이 부족하며 선호하는 직업이 현재까지도 소수의 분야로 획일화
되어 있다.

교육부와 한국직업능력연구원에서 2022년에 전국 초·중·고 학생을
대상으로 조사한 설문결과에 따르면 중, 고등학생들이 가장 선호하는
직업은 교사인 것으로 나타나 기성세대들의 선호 직업과 크게 다르
지 않은 것을 볼 수 있었다. 또한 희망 직업이 없다는 학생은 점점 늘
어나는 추세로 청소년들 사이에서 여전히 다양한 직업의 이해가 부재
함이 나타났다.

그나마 다행인 것은 최근 젊은 사람들 사이에서 원하는 일에 대한 진
지한 탐구에 따라 도시를 벗어나 농촌, 어촌과 같은 도서산간지대에서
성공적인 창업을 하는 사례가 점차 늘어나고 있다는 점이다. 적성과 관
심사를 찾아 자신만의 일터를 다져나가면서 수익을 실현해나가는 이들
의 만족도는 매우 높으며 대부분 평생 직업으로 받아들이고 있다.

이러한 시도는 전통적인 일자리가 신기술과 결합함으로써 빛을 발하

고 선구적인 몇 사람의 홍보와 마케팅을 통해 나타난 현상으로 전문직만 추대받는 우리나라의 답답한 현실에서 긍정적인 신호로 느껴진다.

따라서 처음 직업을 선택하는 일이 평생 직업이 되고 창직이 될 수 있도록 청소년기부터 직업과 관련한 다양한 교육이 필요하다. 우리나라의 교육문화가 국영수만 강조하는 성적 위주의 교육이 아니라 자아 탐구와 직업을 연계하는 교육과정 또한 체계화되고 전문화된다면 개인의 직업 선택 또한 자연스러워질 것이며 고용이 쉽지 않은 상황이더라도 개인에게는 나름의 돌파구를 갖게 할 것이다.

🐏 연령대별 직업 체험 기회를

독일과 같은 유럽 국가들은 마이스터(Meister)와 같은 제도를 도입하여 전통적인 기술에 첨단 교육을 접목하여 지속적으로 전통산업을 발전시키고 인재를 육성하고 있다. 이에 따라 목수나 농부와 같은 노동집약적인 직업에 대한 자부심 또한 높은 편이다.

예나 지금이나 일자리에 대한 수요와 공급은 일치하지 않고 있다. 실제로 고용 분야에 있어서는 구직자는 항상 일자리가 없다고 하지만 산업 분야에서는 인력부족으로 외국인마저 고용하는 상황이다.

이는 특정 직업만을 선호하기에 나타나는 현상으로 우리나라는 인력 공급 불균형 현상을 극복하기 위한 방안으로 이민정책과 난민 수용에 대한 검토 이전에 국내 안에서 근로가 가능한 인력의 역량을 최대한 끌어올려 각종 산업에 종사할 수 있도록 해야 한다.

이를 위해 연령대별로 다양한 직업에 대한 전망과 체험을 제공함으로써 직업을 탐색하고 개인의 적성을 매칭할 기회가 주어진다면 소수 직업에만 해당하는 차별적 선호를 해소할 수도 있을 것이다. 또한 이를 통해 다양한 분야의 인재양성을 꾸준히 한다면 각 분야의 성장과 함께 새로운 고용창출 또한 기대할 수 있지 않을까 한다.

〈2023년 1월, 백승희〉

챗GPT 대비
'AI부작용 처벌법'을

기술 강국인 우리나라의 관심사는 현재 챗(Chat)GPT라는 신기술을 향하고 있다. 윤석열 대통령은 올 초 행정안전부 등 업무 보고에서 공무원들이 인공지능 챗GPT를 활용하여 업무를 효율적으로 활용하도록 주문했다.

챗GPT란 세계 최대의 인공지능(AI) 연구소인 '오픈 AI'가 제작한 대화형 챗봇 서비스로, 생성AI(Generative AI)의 대표적 모델인 GPT(Generative Pretrained Transformer) 기술을 기반으로 하였기에 그 약자를 따서 챗GPT로 불린다.

챗GPT는 질문에 맞춰 머신러닝을 통해 데이터를 수집·학습하여 의미 있는 텍스트를 생성하기도 하고 코딩이나 복잡한 계산도 한다. 따라서 챗GPT는 문서 작성, 작사, 소설 창작, 프로그램 등 다양한 분야에 활용되고 있다.

미국 와튼 스쿨의 한 교수는 학생들에게 챗GPT를 활용하여 MBA 핵심 코스의 한 기말시험을 치르게 한 후 채점한 결과 B 또는 B- 학점을 줄 수 있는 정도의 수준을 갖추었다고 밝혔다.

필자 또한 칼럼 작성을 위해 특정 주제를 챗GTP에게 작성하도록 하였더니 글의 구조나 문장 작성 등에서 평이하여 그런대로 참고는 되었다.

그러나 제한된 자료 수집으로 내용이 풍부하지 않았고 정확하지 않은 정보까지 포함되어 있었으며 글이 다소 편향되어 철저한 분석과 신뢰성이 요구되는 고급 글쓰기에 활용하기에 아직은 무리가 있었다. 하지만 난이도가 높지 않은 단순 정보제공 목적의 글쓰기에는 충분히 활용가능해 보였다.

글로벌 빅테크 기업, 챗GPT 경쟁 본격화

현재 전 세계 빅테크 기업들은 챗GPT를 핵심 사업으로 설정하여 시장에 서비스를 출시하고 있으며 이에 따라 본격적으로 챗GPT 사업 경쟁이 시작될 것으로 예상되고 있다.

챗GPT 서비스 산업에 진출한 주요 기업들로는 미국은 Open AI, 구글, 메타(구 페이스북), 아마존 등이 있고 중국은 바이두, 화웨이, 우리나라는 네이버, 카카오, SK 텔레콤, LG 등의 기업들이 있다. 미국의 한 일간지는 챗GPT에 최소 700개 이상의 기업이 경쟁을 벌이고 있다고 보고한 바 있다.

주요 선진국에서는 이미 챗GPT를 업무에 활용하고 있다. 먼저 '챗GPT의 아버지'라 불리는 오픈 AI 창업자 샘 알트만은 한 핵융합 기업에 챗GPT를 도입하여 직원들의 업무 속도를 높이도록 하였다.

영국의 로펌에서는 챗GPT에게 문서의 초고를 만들거나 고객에게 드릴 메모를 작성하도록 하고 있다. 미국에서는 개인 맞춤형 의류 판매를 위한 고객 자료를 분석하거나 MS오피스에 챗GPT를 적용하여 새로운 서비스를 제공하는 등 기업 분야에서 적극적으로 활용하고 있다.

우리나라는 교육 분야에서 챗GPT에 적극적인 입장이다. 교육부가 주최한 포럼에서는 챗GPT를 교육에 활용하는 방향으로 가야한다는 의견이 지배적이었다. 이미 일부 대학에서는 학습과 교육에 챗GPT를 윤리적이고 생산적으로 사용할 수 있도록 안내하고 있다.

이러한 전 세계의 동향과 더불어 최근 기술혁명으로써 주목받은 기술의 집합체들을 살펴보면 메타버스, 가상화폐, NFT, 챗GPT 등으로 앞으로 인간은 지금보다 더 많은 것들을 디지털화하게 될 것이며, 기존에 하던 대부분의 일들을 인공지능에게 시키게 될 것이다.

챗GPT 악영향 최소화하려는 선진국들

앞으로 챗GPT의 알고리즘이 발전해 나간다면 머지않아 인간이 원하는 것 이상의 결과물을 만들어 낼 수 있을 것이다. 그러나 인공지능은 선과 악, 옳고 그름에 대한 개념이 없기에 자료를 인용함에 있어서도 선별하지 못하는 치명적인 단점이 있다.

우선 기밀정보와 개인의 민감 정보 입력에 대한 논의가 있다. 인공지능은 편향된 정보뿐만 아니라 보안 정보, 사람들의 사생활 침해, 인권, 안전 등에 있어서 부작용을 가지고 있다. 이에 거짓 정보 제공, 선동, 기밀 누출 등 챗GPT의 결과물로 인한 다양한 피해 사례가 존재한다.

그뿐만 아니라 챗GPT가 학습한 데이터 중 보안이 걸려있거나 유료 데이터인 것들을 인공지능이 학습함으로써 저작권 위반에 대한 논란 또한 일고 있다.

이에 각국에서는 무분별한 인공지능 결과물로 인한 피해를 예방하기 위해 인공지능을 규제하는 법안을 만들고자 다양한 준비를 진행하고 있다.

영국은 인공지능으로 인한 산업 규모와 관련 분야, 규제 등의 내용이 담긴 인공지능 백서를 집필하였고 이를 기반으로 내년에 규제 법안을 도입할 예정이다. 유럽은 '인공지능법' 등을 제정하고 챗GPT 등 인공지능이 사용된 원데이터의 저작권을 공개하도록 하였다.

미국은 「인공지능 권리장전 청사진」을 발표하고 인간이 차별받지 않을 권리, 개인정보를 보호받을 권리, 안전하고 효과적으로 사용할 권리, 인공지능 작동 방식에 대해 충분한 설명을 들을 권리, 인공지능 대신 사람을 선택할 수 있는 권리를 발표하였다.

🐖 한국에 맞는 인공지능 부작용 처벌법을

그 어느 나라 보다도 신기술 습득이 빠르고 디지털화가 잘된 우리나라 또한 챗GPT가 가져올 상황을 예측하고 대비해야 한다. 우리나라는 올해 2월, '인공지능법'을 만들어 국회 상임위원회를 통과하였다. 이에 3년마다 인공지능 기본계획을 수립해 인공지능 정책 방향, 투자, 인력양성 등의 정책을 수립하도록 하였다.

그러나 이는 인공지능을 활용한 산업발전이 주목적으로 인공지능이 사회에 빠르게 적용됨으로써 나타나게 될 부작용에 대한 규제는 부재하다. 앞서 설명한 바와 같이 챗GPT로 인한 인간의 피해 사례는 현재에도 지속되고 있다. 이에 인공지능으로 인한 피해 발생 시 이에 대한 책임과 처벌에 대해 명확하게 할 수 있는 기준이 제시되어야 한다.

이를 위해 구체적으로 제시되어야 할 규제는 첫째 처벌 대상과 범위를 구체화해야 한다. 인공지능으로 인해 사람이 상해 또는 죽음에 이르는 경우 그 책임 대상과 처벌 수위에 대해 명확히 제정해야 한다.

둘째, 손해 보상에 대한 내용을 정립해야 한다. 인공지능으로 인해 국가 또는 산업에 심각한 손해를 입히는 경우에 대해 손해배상 내용이 명시되어야 한다.

셋째, 불완전함이 반복되지 않도록 강제화해야 한다. 인공지능이 윤리를 위반한 경우 재발하지 않도록 수정 또는 재설계하도록 구체적인 지침을 명시해야 한다.

일론 머스크는 '챗GPT에 맞서는 진실 GPT를 만들겠다'고 표명하였다. 이는 챗GPT의 위험성과 오류에 대해 경계하는 발언이다. 그렇지만 철저한 대비를 한다면 사람들이 원하는 기술과 인간의 공존은 가능할 것으로 좀 더 세밀한 제도를 마련하여 앞으로 다가올 재해를 예방할 수 있을 것이다.

〈2023년 5월, 백승희〉

설악과 제주는
상품이 아닌 자연

설악산은 상품이 아니다. 그냥 스스로 그러한 자연일 뿐이다. 상업적 민간 유원지도 아니다. 보호받고 있는 국립공원이다. 미국이든, 스위스 알프스 자락이든 국립공원에 케이블카가 설치된 곳은 단 한 곳도 없다. 국립공원은 자연을 있는 그대로 보전하려고 국가가 지정한 특별한 구역을 말한다. 그러나 정부는 설악산은 그저 돈 되는 상품으로 보고 마치 상업적 민간 유원지처럼 개발하려는 천박한 토건족의 인식 수준을 보여주고 있다.

지난달, 환경부 원주지방환경청은 양양군의 '설악산 오색삭도(케이블카) 환경영향평가 재보완서'에 대한 '조건부 동의' 의견을 통보했다. 사업예정지는 국립공원 중에서도 중요구역인 자연보존지구인 데다 유네스코 생물권보전지역, 백두대간 보호지역 핵심구역 등으로 이중삼중으로 지정, 보호를 받고 있는 지역이다. 천연기념물인 산양을 비롯한 멸종위기에 처한 희귀종들이 서식하는, 한반도는 물론 세계적으로 소중한 자연유산이라 할 수 있다.

40여 년을 끌어온 이 문제는 이제 설악산만의 문제가 아니다. 본격적인 국립공원 환경파괴의 서막을 알리는 우울한 서곡인 셈이다. 이제 케이블카 개발은 설악산 한 곳에 그치지 않을 것이기 때문이다. 지금 케이블카를 신청하려고 기다리는 지자체가 전국에서 40여 곳이 넘는다. 가장 규제가 심했던 설악산에 케이블카가 설치되면 케이블카

허가는 남발될 게 뻔하다. 한때 전국 지자체마다 출렁다리 개발 광풍이 불었듯 케이블카 개발 광풍이 불어닥칠지 모른다.

설악산 케이블카는 관련 5개 국책연구기관은 이미 부적합 판정을 내린 사안이다. 국립환경과학원, 국립기상과학원, 국립생태원 등 관련 전문기관은 일제히 양양군 재보완서가 여전히 미흡하다면서 부정적 의견을 냈다. 환경부는 이를 무시하고 조건부 동의 결정을 한 것이다. 게다가 정부가 내세우는 지역경제 활성화의 명분인 사업성, 경제성도 보장할 수 없다는 점이다. 양양군은 1년 탑승 인원을 60만 명으로 추산했으나 그 정도로는 채산성도 맞지 않는다는 분석도 제기된다.

(💰) 제주도에 공항은 더 필요없다

설악산에 이어 제주도도 환경부는 환경부로서 본연의 책임과 역할을 포기하기로 했다. 지난 8일, 제주 제2공항 사업 전략환경영향평가서에 대해 '조건부 협의' 결론을 내린 것. 지난 1월 국토부가 제출한 전략환경영향평가에 대해 한국환경연구원 등 전문 검토기관의 검토를 거친 결과 상위 및 관련 계획과의 부합성이 인정되고, 반려 사유에 대한 보완이 평가서에 적정하게 반영되는 등 입지타당성이 인정된다고 밝힌 것이다.

지난 정부 시절인 2021년에는 환경부가 국토부의 전략환경영향평가서를 반려한 바 있다. 비행안전이 확보되는 조류 및 서식지 보호방안에 대한 검토 미흡, 항공기 소음영향 재평가시 최악 조건 고려 미흡 및 모의 예측 오류, 다수의 맹꽁이(멸종위기 야생생물 2급) 서식 확인에 따른 영향 예측 결과 미제시, 조사된 숨골에 대한 보전가치 미제시 등을 명확한 부적합 사유로 명시했다.

이때 한국환경연구원은 공항의 '입지 타당성'으로 자연환경 보전 측면에서 두 가지 기준의 충족을 제시한 바 있다. 하나는 조류 충돌을 낮춰서 안전을 확보하는 것, 또 하나는 국제보호종과 멸종위기종 등을 보호하여 종 다양성을 지키는 것. 그런데 다양성을 지켜야 한다는 목적과 조류 충돌을 방지해야 한다는 목적이 "서로 상충되어 근본적 문제해결은 미흡한" 상태이므로 공항으로서 입지타당성이 확보되지 않았다는 의견을 제시했다.

그럼에도 지난 8일, 마치 국토부는 기다렸다는 듯, 환경부와 입을 맞춘 듯 정부가 제주 제2공항을 탄소배출을 최소화하고 신재생에너지를 사용하는 친환경 공항으로 만들기로 했다며, '제주 제2공항 개발사업 기본계획 보고서'를 제주특별자치도에 송부하고 의견 제시를 요청했다. 이는 기본계획 수립을 위해 필요한 절차로, 전략환경영향평가 통과 이후 중단된 기본계획 수립 절차를 재개함에 따른 조치라고 국토부는 설명했다. 제2공항 사업을 추진하겠다는 공표를 한 셈이다. 단지 정부가 바뀌었을 뿐인데 동일 사안에 대해 환경부의 의견이 정반대로 돌변한 이유가 석연치 않다.

🐞 토건족의 난개발은 환경파괴 범죄

국토부가 송부한 제주 제2공항 기본계획(안)의 주요 내용은 친환경 공항 및 제2공항 건설·운영에 지역이 적극 참여하는 '도민과 함께 만들어가는 공항' 추진을 담고 있다고 전해진다. 정작 여론조사 결과 등을 통해 확인한 다수의 제주도민들의 "제주에는 공항이 더 필요없다"는 반대의견은 정부는 무시하겠다는 것인가.

국토부 관계자는 "제주도가 주민의견을 충분히 수렴해 의견을 정부에 제시한다면 이를 충실히 검토해 기본계획에 반영할 것"이라고 한다. "제주도의 균형있고 지속가능한 발전에 기여하는 공항으로 계획되도록 지역사회 내에서 건설적 논의가 활발하게 이뤄지길 바란다"고 덧붙인다. "제주도에 공항은 더 필요없다"는 제주도민들은 과연 의견이 충분히 수렴, 반영되리라는 기대가 생기지 않는 건 괜한 불신이자 피해의식일까.

지금 제주도민, 환경단체는 "환경부가 제주 제2공항 건설계획 전략 환경영향평가에 '조건부 동의'한 것은 사실상 국가 환경보전이라는 부처의 존립 근거를 스스로 파기한 것과 다름이 없다"며 "제도도민의 생존권이 달린 중대사안이므로 제주도민 주민투표로 결정하자"며 일제히 비판하며 반대 투쟁에 나섰다.

이처럼 설악산 케이블카에 이어 제주 제2공항까지 현 정부의 국토 난개발은 본격적으로 노골화되고 있다. 토건 기득권을 앞세워 국토를 유린하고 자연을 파괴하며 생명을 경시하고 있다. 지금 EU(유럽연합)은 2019년 말 '유럽 그린딜(European Green Deal)'을 발표, 2050년 기후 중립국 달성 목표를 제시했다. 또 '생물다양성 전략'으로 2030년까지 유럽의 생물다양성을 본격 회복하려고 한다. 지금 한국의 환경부는 환경을 파괴하려는 이상한 역주행을 범하고 있다.

〈2023년 3월, 정기석〉

지역을 구매하는
'팬슈머', '관계인구'

인구 감소, 경제 위축, 지역공동화로 이어지는 지역소멸의 위기감이 점증하고 있다. 지역의 '정주인구'는 더 이상 지역에서 태어나지 않고, 지역을 자꾸 떠나고, 지역에서 홀연히 사라지고 있다. 이를 정책이나 제도로 대응하는 건 사실상 불가능하다. 궁여지책으로, 지자체마다 지역소멸에 대응하는 각종 대책을 꺼내 들고 나서보지만 역부족이다.

최근 그나마 현실적인 차선책이 등장했다. 이른바 '관계인구', 또는 '생활인구' 늘리기다. 전북 정읍시는 지역과 농촌의 다양한 자원을 알리고, 지역에 관심 있는 관계인구 확대를 도모하려는 정책을 펼치고 있다. 서울시 50+세대(만40~65세)를 대상으로 '2023년 농어촌 워킹홀리데이 in 전북' 사업이다. 농·어업 농어촌 일자리플러스센터 구축사업의 일환으로, 전문 경험과 지식을 갖고 있는 서울시 중장년을 지역 내 기관 및 경영체에 배치하려는 것이다. 이로써 기업에게는 활성화 대책을 지원하고, 서울시 중장년에게는 일자리 활동과 지역 탐색 기회를 제공하는 등 정읍 지역과 특별한 관계를 맺는다는 취지이다.

순창군은 도농교류 활성화를 통한 '농촌사랑 동행순창' 프로젝트를 추진하고 있다. 도시의 병원, 주민단체 등 140개 단체와 '농촌사랑 동행순창' 협약을 체결했다. 특히, 대구, 경북, 경남 등의 기관, 단체들도 적극 참여, 영·호남 지역교류 확대와 상생발전이라는 시대적 의미까지 구현하고 있다. 순창형 도농교류 모델로 순창에서 워크숍, 팸투어,

농촌 체험 등 다양한 교류 행사에서 숙박비, 식비, 프로그램 참가비 등을 지원한다. 생활인구·관계인구를 늘리려는 목적임은 당연하다.

🌀 '관계인구'는 원주민 같은 '팬슈머(Fansumer)'

관광 및 휴양산업이 강점인 제주와 강원지역에서는 관계인구를 유치하기 위해 '워케이션(Workation)'이 활발하다. 제주도 호텔에서는 낮에는 일하고 퇴근 후에는 호텔 수영장이나 인근 관광지, 맛집을 찾아다니는 워케이션족들을 흔히 볼 수 있다. 지자체와 관련 기업들이 서로 제휴, 직장인을 대상으로 '일일 오피스 패키지', '워케이션용 장기 숙박 상품' 등을 속속 내놓고 있다. 강원도관광재단은 인터파크와 '산으로 출근, 바다로 퇴근'이란 워케이션 상품을 출시했다.

'일(Work)'과 '휴가(Vacation)'의 합성어인 워케이션은 말 그대로 휴가지에서 원격으로 근무하는 업무 방식을 뜻한다. 농어촌 빈집이나 유휴시설 등이 워케이션 시설로 활용되고, 여가 시간에 즐길 각종 관광·체험 프로그램 등을 제공하고 있다. 충남지역에서도 천혜의 해양 관광지가 몰려있는 서해안을 중심으로 여행과 레저, 힐링과 체험에 초점을 맞춘 워케이션 프로그램을 개발하고 있다.

이처럼 '관계인구'란 주민을 제외하고 해당 지역에서 생활하는 생활인구를 뜻한다. 즉, 특정 지역에 이주·정착하지는 않았으나 정기·비정기적으로 지역을 방문하면서 지속적인 관계를 유지하는 사람을 일컫는다. 인구감소지역 지원 특별법 제2조(정의)에 따르면, '생활인구'란 특정 지역에 거주하거나 체류하면서 생활을 영위하는 사람으로서 「주민등록법」상 주민과 통근, 통학, 관광, 휴양, 업무, 정기적 교류 등의 목적으로 특정 지역을 방문하여 체류하는 사람으로 정의하고 있다.

즉, '관계인구'는 주민을 제외한 통근, 통학, 관광, 휴양, 업무, 정기적 교류 등의 목적으로 특정 지역을 방문하여 체류하는 사람을 말한다.

관계인구에 대한 지원은 지방자치단체가 조례로 정한다. 즉, 특별법 제15조(생활인구의 확대 지원)에 국가와 지방자치단체는 인구감소지역 내 생활인구를 확대하기 위하여 필요한 지원시책 등을 수립·시행하고, 지방자치단체는 조례로 정하여 생활인구에 대한 시책을 적용할 수 있다. 이에따라, 최근 들어 지자체마다 관계인구에 정책과 시책의 초점을 맞추고 있다. 종전의 '주민' 늘리기에서 '지역 연고자' 늘리기로 인구 감소 대응시책의 기조가 변하고 있는 것이다.

관계인구로서 가장 중요한 역할과 효과는 '팬슈머'라 할 수 있다. 팬슈머는 '팬(Fan)'과 소비자라는 뜻의 '컨슈머(Consumer)'를 합성한 신조어다. 제품의 기획, 유통 등 과정에 관여하는 소비자를 일컫는 말이다. 이들의 특징은, 제품의 팬으로서 제품을 적극적으로 소비하지만, 무조건 제품을 칭찬하지 않고 비판이나 간섭도 서슴지 않는다는 점이다.

무엇보다 팬슈머는 일상적인 도농교류처럼 농산물 등 생산물 구매 활동에 그치지 않는다. 의, 식, 주의 소비 활동, 사회, 문화, 정치, 경제 활동 전반에 걸쳐 해당 지역에 대해 충성도가 높은 팬슈머 역할을 수행한다. 특히, 지역에서 문화, 예술, 교육, 학술, 관광, 휴양, 업무, 취미, 봉사 등의 광범위한 영역으로 팬슈머의 활동이 다각화, 다양화되고 있어 관계인구 늘리기를 견인하는 선도적인 집단으로 부각되고 있다.

🐟 관계인구는 지역재생과 국가균형발전의 열쇠

정부나 국회도 농산어촌의 '관계인구' 확대가 도농상생 및 국가균형 발전을 위한 효과적인 정책 대안이라는 인식이 커지고 있다. 대도시 인구 집중을 완화하는 동시에, 지역의 쇠퇴, 공동화에 대응하는 지역 사회 활성화 정책을 견인할 수 있다고 기대하는 것이다.

지난달 국회에서 열린 '지방소멸위기에 대응한 국가균형발전정책 방향과 과제' 토론회에서도 한국농촌경제연구원은 성주인 연구위원의 주제발표를 통해 지방소멸과 대도시 집중 등 국가적인 지속가능성위 기에 대응하기 위한 정책 대안으로 '관계인구' 확대를 제안했다. "관계 인구는 농산어촌 마을의 잠재적 정주인구로, 마을사업 운영을 위한 인적 자원이자, 마을 활성화를 위한 외부 지원 주체가 될 수 있다"고 주장했다. 농촌경제연구원의 조사 결과에 따르면 현재 농산어촌의 관 계인구 비율은 19.3~35.3%로 파악되고 있다.

또한 이형석 행정안전부 균형발전제도과장은 지방소멸 대응을 위해 '관계인구'를 '생활인구'로 발전시키고, 나아가 '정주인구'가 될 수 있도 록 해야 한다고 강조했다. "인구감소 지역에 대한 체계적 지원을 위해 올해부터 '인구감소지역 지원 특별법'을 시행하고 있고, 이를 근거로 통근과 통학, 관광 등 지역에서 실질적인 활동을 하면서 지역의 활력 을 높이는 사람까지 인구로 포함하는 '생활인구' 개념을 도입했다"고 설명했다.

그동안 인구감소, 지역소멸이라는 범국가적 위기상황에 대응한 정 부의 정책이나 시책은 일회적이고 단기적이었다. 가령, 출산장려금 지 원, 취창업·취창농, 이주·정착 지원 등의 효과로는 근본적인 문제를 해결할 수 없다. 관계인구는 지역의 상품과 서비스는 물론, 지역의 역사, 공간, 지역의 정서, 나아가 지역의 전망 등의 인문사회적인 지역성까지 소비하고 공감하고 공유한다. 지역에 온기와 활력을 더해줄 수 있을 것이다. 인구감소, 지역소멸 대응은 물론, 나아가 지역재생과 국가균형발전의 출구를 찾는 열쇠가 될 수 있을 것이다.

〈2023년 8월, 정기석〉

정교한 ESG 공시
로드맵을

지난달 금융위 등 금융당국은 '한국판 ESG 공시기준 로드맵' 발표를 8~9월로 연기했다. 이대로는 삼성전자나 현대자동차 같은 대기업조차 규정을 못 지킨다는 업계의 우려가 크기 때문이다. 페널티 타격을 입고 마침내 ESG 정책에 대한 논란만 커질 것이라는 문제 제기다.

당초 예정대로라면 대기업은 당장 2025년부터 ESG 의무공시가 적용된다. 발등의 불이다. 그러나 로드맵에 구체적인 시행방안과 방식에 대한 세부 내용이 보이지 않는다는 게 업계의 걱정이고 불만이다. 제대로 준비할 시간이 부족하다는 대체적인 업계의 분위기다.

만일, 무리하게 추진해 모호한 규정이 적용될 경우 기업은 '공시 위반' 페널티를 받게 된다. 투명한 기업 공시를 강조하는 해외기관이나 해외투자자들은 한국의 ESG 의무공시 로드맵을 지켜보고 있다. 마냥 업계의 사정만 봐주면서 규정을 완화하고 일정을 늦춰줄 수는 없는 노릇이다.

글로벌한 ESG를, 다만 한국에 맞는 ESG를

2025년부터 자산 2조 이상 코스피 상장사는 ESG(환경·사회·지배구조) 공시가 의무화된다. 2030년에는 코스피 전 상장사로 ESG 공시 의무가 확대된다. 현재 유럽연합(EU), 미국 등 해외 주요국, 국제지속가능성기준위원회(ISSB) 등 관련 국제기구에서는 ESG 공시 기준 마련을 위한 논의가 빠른 속도로 진행되고 있다. 한국도 글로벌 추세에 효과적으로 대응하기 위해서는 ESG 공시 제도를 적당히 피할 수 없는 상황인 것이다.

금융위는 초기에 일단 기후 분야(E)를 중심으로 ESG 공시 기준을 마련하려는 로드맵이다. 기업의 현실적인 부담을 고려하겠다는 의도다. 이어 순차적으로 사회 분야(S)와 거버넌스 분야(G) 등으로 기준을 확산하려는 신중한 포석이다. 무엇보다 ESG 검증 체계의 신뢰성 제고를 위해 ESG 공시 정보의 독립 기관 검증도 준비하고 있다.

ESG란 기업의 비재무적 요소인 환경(Environment)·사회(Social)·지배구조(Governance)를 뜻하는 말이다. 투자 의사 결정 시 사회책임투자의 관점에서 기업의 재무적 요소들과 함께 고려한다. 사회책임투자란 사회·윤리적 가치를 반영하는 기업에 투자하는 방식이다. 따라서 기업의 ESG 공시는 투자자들의 장기적 수익과 기업 행동의 사회적 공헌을 동시에 충족할 수 있다.

오늘날, 세계적으로 많은 금융기관에서 ESG 평가 정보를 활용하고 있다. 2000년 영국을 시작으로 스웨덴, 독일, 캐나다, 벨기에, 프랑스 등 주요 선진국들이 연기금을 중심으로 이미 ESG 정보 공시 의무 제도를 도입했다. 유엔은 2006년 출범한 유엔책임투자원칙(UNPRI)을 통해 ESG 이슈를 고려한 사회책임투자를 장려하고 있다.

이처럼 세계 경제의 뉴노멀이 ESG로 전환되는 건 글로벌 대세다. 이제 선진국은 물론 한국의 기업들에게도 ESG는 기업 윤리 차원의 선택이 아니다. 생존과 직결된 필수사항이다. 특히 반도체, 자동차 등 수출 중심인 국내 산업은 더욱 그렇다. 만일 글로벌 ESG 공시 기준을 충족시키지 못하면, 수출 중단을 각오해야 한다. 당연히 국가 경쟁력 자체까지 위협이 될 수 있다. 마땅히 국내 기업의 ESG 공시 역량 강화를 위해 글로벌 스탠다드를 철저히 따라야 한다. 다만, 국내 경제와 산업 여건, 기업 부담도 균형 있게 고려해야 함은 물론이다.

업계에서는 정부의 지원을 요구하고 있다. 지원책이 충분해야 ESG 공시가 산업 혁신으로 이어질 수 있다는 주장이다. 산업별 지원, 혁신에 대한 인센티브, 조기·장기투자, 금융권의 협조, 산업별 벤치마킹 등에 이르는 ESG 정책을 총괄하는 정부부처가 필요하다고 제안한다.

ESG, 인증 책임 없이 신뢰 없다

또한 회계전문가들은 ESG 정보의 신뢰성을 높이기 위해서 회계법인처럼 적격한 인증기관이 필요하다고 주장한다. ESG 인증 자격제도를 도입해야 한다는 것이다. 일정한 자격을 갖춘 자만 ESG 인증에 참여할 수 있어야 한다는 것이다.

최근 한국공인회계사회는, 전 세계적으로 ESG 정보 공시·보고가 증가하면서 신뢰성 있는 ESG 정보에 대한 요구가 커지고 있다는 현황을 소개했다. 고품질의 인증이 ESG 정보의 신뢰성 확보를 위한 핵심 요소라고 강조했다. 아울러 실효성 있는 ESG 인증제도를 수립하기 위해 인증 의무화와 더불어 인증기관 및 인증인의 적격성 확보 방안이 마련되어야 한다고 제안했다.

국내 회계 관련 전문가들에 따르면, 국내 기업이 발간한 지속가능성 보고서의 92%가 자율적으로 인증을 받고 있다고 한다. 인증인의 자격 및 책임을 담보하는 장치 없이는 '신뢰성 제고'라는 인증 효과를 달성하기 어렵다고 지적한다. 관련 연구 결과, 지속가능성 보고서 인증기관이 회계법인일 경우 신뢰성이 높고, 주가 및 기업가치에 더 긍정적인 영향을 미친다는 주장도 주목할만하다.

아울러 민간공인 ESG 자격증의 도입 필요성도 제기되고 있다. 현재 110개의 ESG 관련 민간등록자격증이 있다. 95%가량은 지난해 이후 등록된 것으로 집계됐다. 반면 해외에서는 국제기구나 공인회계사회가 ESG 관련 교육 프로그램을 운영하고 자격을 부여하고 있다고 한다. 인증 의무화 여부 못지않게 인증 의무화 시기와 인증 방법의 문제 또한 중요하게 보인다.

ESG 공시 의무화는 물론, 기업의 ESG 공시정보에 대한 독립된 기관의 검증도 의무화할 필요가 있다. 이들 검증기관에 대한 규율체계도 마련되어야 함은 물론이다. 구체적으로는 인증범위에 대한 명확한 정의와 법정공시 정보에 대한 인증 의무화 방안도 도입할 필요가 있다.

인증제공자(인증기관)의 범위와 인증인(개인)의 자격도 명확히 정리되어야 한다. 대부분의 국가에서 회계법인 외에도 일정한 자격을 갖추고 인가받은 독립된 제3자의 인증서비스 제공을 허용한다. EU는 법정감사인, 회계법인, 인가받은 독립적인 인증서비스제공자 등 주체가 ESG 인증에 참여하고 있다. 이때, '인가받은 독립된 인증서비스제공자도 회계법인과 동일한 인증품질을 갖추어야 하는 건 당연하다.

〈2023년 8월, 정기석〉

지역을 즐기며 살리는
워케이션

올해 '소멸 위험' 지자체는 118곳으로 늘어 전체의 절반을 넘어섰다. 저출산과 초고령화에 맞서는 지자체들은 '지방소멸' 대응책 마련에 사활을 걸고 있다. 최근 문체부가 본격 추진하고 나선 워케이션 시범사업에도 지자체들이 적극 호응하고 있다.

워케이션(Workation)이란 일(Work)과 휴가(Vacation)의 합성어이다. 말 그대로 근로자가 원하는 곳에서 업무와 휴가를 동시에 할 수 있는 새로운 근무방식을 뜻한다. 지난달 문체부는 지역의 새로운 워케이션 프로그램을 발굴, 지자체 등에서 추진하고 있는 기존 관광 프로그램과 연계하는 계획을 밝혔다. 지자체마다 지역관광 활성화로 이어질 수 있다는 기대가 크다.

전국 16개 지역에서 20개 시범 프로그램을 내놓았다. 특히 중소·중견기업 종사자는 아이비케이(IBK) 기업은행에서 참가비를 추가로 지원한다. 서핑을 즐길 수 있는 양양 워케이션 프로그램, 어촌마을 체험·휴양을 통해 몸과 마음을 치유하는 남해 지족, 완도 등, 한옥에서 일하며 '불멍'이나 '별멍' 등 자연 속에서 평화롭게 쉴 수 있는 곡성 워케이션 프로그램 등이 대표적이다.

(🐷) 일과 쉼이 하나 되는 새로운 노동문화

워케이션은 코로나19 이후 우리나라에 본격 소개되기 시작했다. 처음에는 단순히 재택근무의 일환이거나 일부 기업에만 한정되는 임직원 복지 이벤트 차원이었다. 지금은 새로운 근로문화로 자리 잡는 분위기다. 워케이션을 통한 지역관광 활성화는 물론, 관계인구 또는 생활인구로 연결되면 지역경제 활성화 효과도 기대되기 때문이다.

워케이션이란 휴가지에서 일을 병행하는 새로운 근무형태이기도 하다. 일의 효율과 삶의 활력을 함께 누릴 수 있는 뉴노멀 시대의 새로운 노동문화라고 할 수 있다. 일본에서 시작된 이후 국내에서도 코로나19가 장기화되면서 사회적 거리두기 정책으로 재택근무와 워케이션이 확산되는 추세다. 업무의 효율성과 동기 부여, 직원 복지 등 측면에서 긍정적 평가를 얻고 있는 것이다.

워케이션은 휴가지에서 관광과 휴양을 즐기면서 업무를 한다는 점에서 원격근무나 재택근무와는 성격이 다르다. 원격근무와 재택근무의 목적은 어디까지나 '일'이라는 한 가지 목적에만 집중된다. 반면 워케이션은 휴양과 업무라는 두 가지 목적을 동시에 추구한다.

제주도는 단연 '워케이션'의 성지로 떠오르고 있다. 국내의 대표적 관광지인 제주도는 이미 워케이션 활성화 여건과 환경지 조성되어 있다. 워케이션 수요층을 수용할 수 있는 오피스 시설도 다양하게 구축되어 있다.

기업들의 워케이션 도입 분위기도 제주도의 이해나 상황과도 잘 맞았다. 그동안 제주관광의 문제점 중 하나는 '잠시 스쳐가는' 관광이었다. 그런데 워케이션은 지역에 한동안 머무르며 소비하는 새로운 트렌드를 조성했다. 지역관광 활성화, 지역상권 재생에도 기여했다.

특히 제주도 동북쪽 바닷가마을 세화리는 워케이션의 명소로 떠올랐다. 이 마을의 공유 오피스를 이용하려는 금융, IT, 식품, 온라인 쇼핑몰 등 다양한 대기업과 중소기업들이 줄을 이었다. 지난해에는 20개 기업 600여 명이 이용했다. 워케이션은 인구 증가로 이어졌다. 2016년 1~2,000명에 못 미치던 세화리 인구는 올해 6월 2,271명으로 늘어났다. 인구가 10% 이상 증가한 것이다.

제주도는 워케이션의 성지로

제주도 도정 차원에서 준비도 남달랐다. 현 제주 도지사는 '글로벌 워케이션 조성과 주민주도형 워케이션 산업 육성'을 공약으로 내걸었을 정도다. 실천전략도 구체적이다. 워케이션 프로그램 운영, 워케이션 거점 조성, 카름스테이-마을관광 연계 워케이션 산업 육성, 마을·지역과 함께하는 로컬 관광, 컨벤션 내 공유 오피스 및 휴게공간 조성 등이다.

세부적인 실천 사업으로는, 하드웨어 부분에서 워케이션 기업 유치를 위한 오피스는 공공형과 민간형으로 나눠 조성하고 있다. 공유업무시설은 기본적으로 업무 데스크를 제공하고 회의실 또는 세미나실, 휴게공간, 식당 또는 카페를 부대시설로 운영하고 있다.

특히 민간형의 경우 제주의 큰 강점으로 내세우고 있다. 지역별로 개성 있고 멋진 워케이션을 특화한다는 구상으로 구좌읍 세화리의 '세화질그랭이센터'를 비롯해 마을공동체 및 지역 숙박시설 등과 연계한 14개의 오피스를 운영하고 있다.

소프트웨어 측면에서는 제주의 다양한 민간 오피스와 연계한 워케이션 경비를 지원하는 오피스 바우처 지원사업, 제주에서 워케이션을 하는 동안에는 업무시간 외에는 충분히 여가와 휴식을 즐길 수 있도록 다양한 프로그램을 지원하고 있다. 가령, 9월부터 수도권 기업에서 지정된 민간 워케이션 시설을 이용할 경우 직원 1인당 최대 52만 원 상당의 오피스 및 여가 프로그램 이용 바우처를 제공받게 된다.

설악산의 공동화도 워케이션으로 극복을

제주도 못지않은 관광지인 동해안의 지자체들도 워케이션 사업이 활발하다. 강릉시의 강릉관광개발공사는 최근 기업 중심의 관광산업 환경 기반 조성을 위한 워케이션 페스티벌을 열었다. 자연에너지 활용체험, 마음 충전 프로그램, 자원재활용 프로그램 등 3가지 주제로 진행된 이번 행사에는 총 16개의 지역 중소기업이 참여했다.

속초시는 설악산을 중심으로 하는 휴양형(산림형) 워케이션인 '체크 IN 설악'을 진행하고 있다. 문체부의 2023년 지역 연계 관광 활성화 사업 일환으로, 변화하는 관광 트렌드에 대응하면서 향후 설악동의 워케이션 사업 추진을 준비한다는 방침이다.

지금 설악산, 설악동은 해안가 주변 관광객 쏠림현상으로 심각한 공동화 현상을 겪으며 침체에 빠져 있다. 속초시는 '설악동 워케이션' 추진으로 비수기 설악동 체류 생활인구를 유치해 지방소멸위기에 대응하려는 목적이다. 나아가 설악동·속초시·속초시 외 지역을 연계하는 1석 3조의 지역소멸 대응 효과까지 기대하고 있다.

워케이션은 단순히 새로운 관광 트렌드나 휴가 방식에 그치지 않는다. 기업의 입장에서는 새로운 업무 및 기업문화를, 개인의 입장에서는 새로운 근로 방식이나 노동 패러다임을 제시할 수 있다. 나아가 지자체 등 지역의 입장에서는 지역관광, 지역상권 등의 활성화를 통해 지역소멸 대응을 위한 실질적 해법을 제시할 수도 있다. 워케이션으로 지역을 즐기면서 지역을 살릴 수 있다.

〈2023년 9월, 정기석〉

'RE100'을
아십니까?

2030년까지 정부는 신재생에너지 전력 비중을 20%로 끌어올린다는 목표를 정했다. 그런데 관련 예산은 오히려 줄어들었다. 주무부처인 산업부는 관련 기술과 시장의 성숙, 수익성 향상 등 민간의 역할을 강화하는 방향으로 사업 효율화가 필요한 시점이라 예산을 감축한다고 설명하지만 이해는 쉽지 않다.

내년 신재생에너지 금융·보급 지원 예산도 반토막이 났다. '신재생에너지 금융지원 사업'은 신재생에너지 관련 설비를 확충하는 사업자에게 낮은 금리로 자금 지원을 하는 사업이다. 지난해만 해도 이 사업의 지원을 받아 718GWh 규모의 신재생에너지가 생산·보급되었다.

주택과 건물 등에 태양광발전 설비를 설치하면 보조금을 지급하는 '신재생에너지 보급지원 사업'도 예산 삭감으로 차질이 우려된다. 민간의 수요는 늘어나는데 지자체 등의 지원 예산은 줄면서 사업이 조기 종료되고 사업 축소가 불가피할 전망이다.

지구촌은 탄소중립의 시대로

최근 한국은행이 발표한 '국내 기후 변화 물리적 리스크의 실물경제 영향 분석' 보고서에 따르면 탄소중립 정책을 펴지 않고 현재의 기후 변화 정책을 유지할 경우 지역별로 최대 6.3%의 부가가치 감소가 나타날 것으로 전망했다.

무엇보다 서울에 비해 대구와 부산, 경남, 전북 등 지역이 더 크게 타격을 받으면서 수도권과 지역 간 격차가 커질 수 있다고 지적했다. 특히 산업별로는 부동산업(-20.99%)과 건설업(-9.70%) 등의 부가가치 생산이 줄어드는 것으로 나타났다. 산업의 특성상 에어컨 등 냉방장치 설치를 늘려야 하는 등 에너지 비용이 더 많이 들기 때문이다.

아직 기후 변화에 둔감한 한국 정부와는 달리 지금 지구촌은 탄소중립의 시대에 본격적으로 접어들었다. 2015년에 파리협정 전후를 기점으로 미국, 독일, 일본, 중국 등 67개국이 21세기 중반인 대략 2050년까지 국가 단위의 탄소배출을 순 배출 기준으로 0으로 만드는 탄소중립 선언을 한 바 있다.

2050년까지 기업에서 사용하는 전력의 100%를 재생에너지로 대체하자는 국제적 기업 간 협약 프로젝트도 본격 작동되고 있다. 'RE100(Renewable Energy 100)'으로 불린다. RE100은 직접 사용하는 에너지를 재생에너지로 바꾸자는 취지의 일종의 자율적이고 자발적인 캠페인이라 할 수 있다.

한국개발연구원 등은 2021년 발간 연구보고서에서, 미래에 RE100에 한국기업들이 참여하지 않는다면 반도체 수출이 최대 31% 하락한다는 부정적 전망을 내놓았다. 아울러 중·장기적으로 제조업 중심, 수출 주도의 한국경제 전체에 미칠 악영향을 예방하기 위해 국가 차원의 전략적 대응이 필요하다고 지적했다.

(🌏) 'RE100'은 의무는 아니지만 필수

우려했던 대로 올해 RE100으로 인해 수출이 좌절되는 사례가 발생했다. 전기차 새시와 모터 부품을 제조하는 한 국내기업이 스웨덴 볼보로부터 2025년까지 모든 제품을 재생에너지로만 생산해 납품해 달라는 요청을 받은 것이다. 그러나 국내기업은 이와 같은 볼보의 요구조건을 충족하지 못해 납품 계약이 무산되고 말았다.

물론 RE100이 수출 거래에서 강제 의무 준수사항은 아니다. 설사 RE100을 달성했다고 해당 기업이 사용하는 전력이 100% 재생에너지로 생산된 것도 아니다. 다만 RE100 인증을 받으면 기업이미지도 제고되고 실제로 재생에너지 보급을 확산, 결과적으로 탄소중립에 기여하는 사회적 효과를 거두고 있는 게 사실이다.

현실적으로 RE100 달성의 진가는 해당 기업의 소비 전력만큼 REC(Renewable Energy Certificate, 신재생에너지공급인증서)을 구매했다는 데 의미를 부여한다. 정부는 1MWh의 신재생에너지 발전 시 지급하는 REC를 거래할 수 있는 별도의 시장을 운영하고 있다. 이 시장을 통해 한국수력원자력, 지역난방공사 등 신재생에너지 공급자들이 별도의 이익을 얻을 수 있다.

아울러 기업들은 RE100 달성을 위한 REC의 가격이 부담이 될 때, 자체 태양광 설비를 갖추거나 에너지 소비를 줄이려는 자구책을 추진할 수밖에 없을 것이다. 결국 REC는 RE100 달성과 탄소중립을 촉진하는 효과를 발휘하게 되는 셈이다.

(이미지) RE100은 기업과 국민의 공통 숙제

RE100 달성은 그 기업 자체에만 한정되므로 실효성에 의문이 제기되기도 한다. 그래서 애플, 구글 등 글로벌 기업들은 협력업체에게 RE100 참여를 독려하고 있다. 자발적 참여라고는 하지만 협력업체 입장에서는 새로운 압박과 규제로 받아들여질 수도 있다. 심지어 불참 기업들이 져야 할 책임을 오히려 선도적인 참여 기업들이 떠안게 되는 불합리한 상황도 벌어질 수 있다.

RE100에서 재생에너지가 아닌 원자력에너지를 배제하는 문제도 논란거리다. 원자력에너지의 탄소배출량이 태양광 에너지보다 낮다며 배제를 재고하라는 주장이 없지 않은 것이다. EU와 미국 등에서는 RE100 인증에 SMR(소형 모듈 원전) 수준의 원자력에너지 포함 주장이 제기되었다.

RE100은 단순하게 탄소배출량의 정도로 판단할 문제는 아닌듯하다. 일반적 재생에너지와 원자력은 성격 자체가 근본적으로 다르기 때문이다. 재생에너지는 규모의 경제를 달성하면 점점 발전 원가가 낮아진다. 그러나 원자력에너지는 그렇지 않다. 안정성을 추구할수록 발전원가가 오른다.

제조업, 수출 위주의 한국에게는 RE100이 관세처럼 무역장벽으로 느껴질 수 있다는 걱정도 크다. 중추 산업인 반도체, 자동차, 조선업, 철강, 화학 등 산업에 소요되는 막대한 전력을 재생에너지로 충당한다면 수반되는 비용 등으로 인해 마치 무역장벽처럼 작동할 수 있다는 말이다.

그런데 이와 같은 한국기업들의 걱정은 오해나 기우로 여겨진다. RE100은 특정 국가의 법률이나 국제조약이 아니라 기업들의 자발적인 참여로 이루어진 협약에 불과하다. 게다가 반드시 재생에너지를 사용할 필요도 없이 REC 구매로 해당 산업 지원을 표명하는 것으로 대체할 수도 있기 때문이다.

'RE100'은 불과 2년전만 해도 다소 낯설었다. 한 유력 대선후보조차 미처 용어를 알지 못했을 정도로. 하지만 RE100은 이제 기업의 기본 경영전략이자 국민의 기초 생활상식이 되었다. 심각한 기후위기와 탄소중립 시대에 기업과 국민이 함께 풀어야 할 공통 숙제가 되었다.

〈2023년 12월, 정기석〉

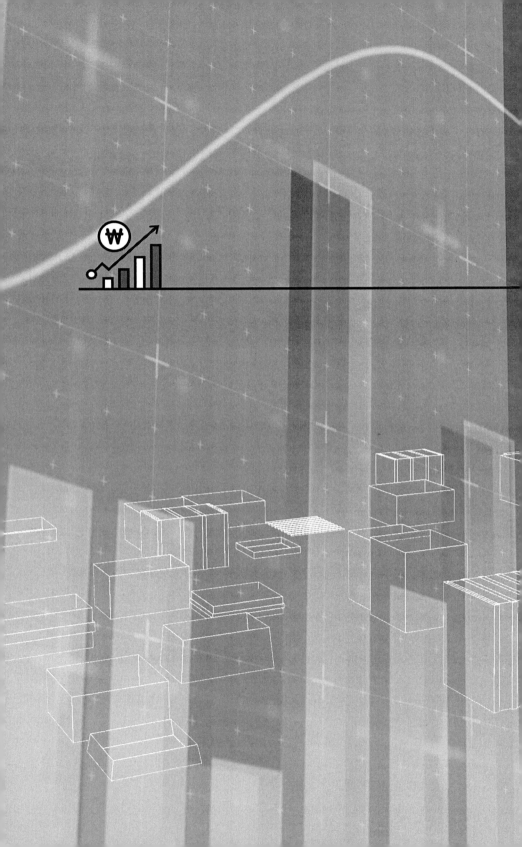

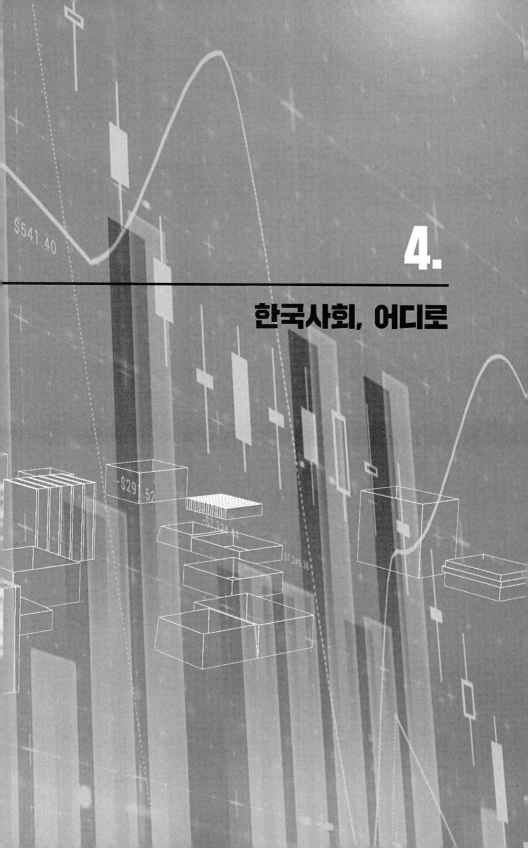

4.

한국사회, 어디로

일하는 노인,
연금 깎는 국가

노인들이 뿔났다. 시니어 단체 12곳이 뭉쳤다. 고용보험법 개정을 촉구하는 연대회의를 결성했다. 65세 이후 신규 취업자를 실업급여 적용대상에서 제외하는 고용보험법 제10조 2항 삭제를 요구하는 집단행동에 나섰다. 2025년이면 우리나라가 초고령사회에 진입하고, 근자에 와서 국민연금 개혁과 고령자 계속 고용, 노인 기준 연령 상향이 사회적이슈로 대두되는 가운데 나온 움직임이라 더 귀추가 주목된다.

언뜻 봐도 기이하기는 하다. 65세 이전에 취업해 고용보험에 가입한 사람은 65세 이후 실직을 해도 실업급여를 받을 수 있다. 하지만 65세 이후 새로 취업한 사람은 실업급여가 적용되지 않는다. 실업급여 연령 기준을 연금이나 다른 복지제도 적용 연령을 고려한 법 취지는 일리가 있다. 65세 이상은 국민연금, 기초연금 등 다른 사회보장제도로 보호받을 수 있어 중복 수급을 막으려는 의도로 여겨진다.

비현실적 발상이다. 사회안전망이 탄탄할 때나 통할 수 있는 논리다. 우리나라와 같이 고령층의 상당수가 연금만으로는 노후를 보내기 빠듯해, 일해서 돈을 벌어야 하는 상황에서는 가당찮다. 오히려 안정적으로 일자리를 찾도록 도와주는 실업급여 확대가 긴요하다. 통계청 자료를 보라. 지난해 55~79세 인구 1,509만 8,000명 중 연금을 받는 비율은 49.4%, 절반에도 못 미친다. 월평균 수령액도 69만 원에 불과하다.

국민연금연구원의 '빈곤전망 모형 연구' 보고서도 같은 맥락이다. 한국의 노인빈곤율이 2020년 기준 38.97%다. 경제협력개발기구(OECD) 회원국 가운데 가장 높다. 노인 10명 중 4명은 중위소득의 절반도 안 되는 돈으로 살아간다. 보고서는 노인빈곤율이 이처럼 높을 수밖에 없는 이유로 소득 구성에서 국민연금 등 공적 이전소득이 차지하는 비중이 낮은 점을 꼽았다. 한국은 이 수치가 2020년 25.51%로 일본이나 호주의 60%대에 크게 못 미친다.

📿 노인빈곤율 OECD 최고국가의 노령연금 삭감

독일과 영국, 프랑스 등도 공적연금 수급 개시 연령과 실업급여 적용 연령의 상한을 맞춰 중복 수급을 제한한다. 고령화 진도가 우리보다 빠른 일본은 65세 이상 취업자에게 일시금 형태로 고령자 실업급여를 지급한다. 하지만 이들 국가는 우리와 사정이 판이하다. 우리나라보다 노인빈곤율이 낮고 연금의 소득대체율은 높다.

국민연금의 명목 소득대체율은 42.5%다. 기금 고갈을 늦추느라 이를 매년 낮춰 왔고 2028년까지 40%로 낮아진다. 수치에 함정이 있다. 가령 생애 평균 소득이 400만 원이라 해서 국민연금을 160만 원 받는 게 아니다. 명목 소득대체율은 40년 가입을 전제로 한다. 따라서 평균 국민연금 가입 기간이 18.7년인 점을 고려하면 실질 소득대체율은 22%로 낮아진다.

65세로 실업급여 연령을 제한한 데는 또 다른 이유가 있다. 안정적 일자리를 구하기 힘든 고령 근로자에게 실업급여를 확대할 경우 단기 일자리를 전전하며 실업급여를 반복 수급할 수 있다는 우려 때문이다. 이 또한 탁상행정의 소산이다. 실업급여 반복 수급에 대한 규제는 노령층보다 청년층에 초점을 맞춰야 할 것이다. '실업급여를 받는 게 일하는 것보다 낫다'는 생각에 취업과 실업을 상습적으로 되풀이하는 젊은 층이 적지 않다.

고령자 노동에 대한 인식을 달리해야 한다. 현실적으로 고령자를 고용하는 곳이 많지 않을뿐더러 노인이 일자리를 골라 다닐 처지가 못 된다. 설사 그럴 수 있다 한들 65세 넘어 일터를 옮기면 몇 번이나 옮기겠는가. 또 그래서 실업급여를 받으면 얼마나 더 받겠는가. OECD는 한국의 실업급여제도가 근로 의욕을 떨어뜨리는 요인으로 작용함을 그동안 누누이 지적해 왔다.

⚙ 정년 연장, 노인 일자리 확대, 복지 시스템 조정을

노년층 근로 의욕을 떨어뜨리는 제도는 이 말고도 더 있다. 재직자 노령연금 삭감제도 역시 그중 하나다. 현행 국민연금법은 연금 수령자의 월 소득이 일정액을 넘으면 연금을 삭감하게 돼 있다. 최저 5%, 최고 50%를 최대 5년간 깎는다. 일을 안 하면 연금을 100% 다 주고, 일해 근로소득이 있으면 덜 주고 있다.

소득이 부족해 국민연금을 담보로 대출까지 받아 쓰는 경우가 허다한 마당에 알량한 노령연금을 깎고 있다니. 도무지 이해하기 어렵고 도대체 말이 되지 않는다. 심하게 표현하면, 그저 가만히 있다 죽으라는 얘기나 다름없다. 명분과 실익이 없고 일할 맛만 떨어뜨리는 재직자 연금 삭감제도는 폐지함이 마땅하다. 전문가와 언론 등이 폐지를 줄기차게 건의해 왔건만. 정부는 '쇠귀에 경 읽기', '말귀에 동쪽 바람'쯤으로 무시하고 흘렸다.

솔직히 말해 일하고 싶은 사람은 세상천지에 없다. 편히 살고 싶은 건 인간의 본능이다. '파이어족(Financial Independence, Retire Early)'을 꿈꾸는 청년층뿐 아니라, 고령층도 편히 살고 싶은 마음 간절하다. 1인당 국민소득 3만 5,000달러, 세계 10대 경제 강국에 살면서 노후 준비를 제대로 못 한 탓에 노구(老軀)를 이끌고 노동 현장을 맴도는 처지가 한스러울 뿐이다.

만시지탄이나 어찌 보면 지금이 개혁의 적기일 수 있다. 국민연금 개혁과 고령자 계속 고용을 추진하는 현시점이 정년 연장, 노인 일자리 확대, 복지 시스템 조정 등을 논의할 더 없는 호기라 할 수 있다. 노인 빈곤 해소는 국가적 책무다. 노년무전(老年無錢)을 개인 탓으로만 돌린다면 국가가 존재할 이유가 없다. 대한민국은 민주공화국. 주권은 국민에게 있고 국민의 권리와 이익을 위해 국정이 운영돼야 맞다. 종(鐘)은 국민을 위해 울려야 한다. 그것도 우렁차게.

〈2023년 2월, 권의종〉

이름만 바꾸는
지방 국립대

불황일수록 잘되는 업종이 있다. 간판업이다. 장사가 안돼 업주가 자주 바뀌다 보면 간판 교체가 빈번해진다. 소매업만의 일일까. 대학에서도 이런 일이 벌어진다. 교육부가 국립대의 학교명을 변경하는 내용을 담은 '국립학교 설치령' 일부 개정안을 입법 예고했다. 학령인구 감소로 신입생 충원에 어려움을 겪는 지방 국립대가 학교명에 '국립'을 추가하도록 허용한 것이다.

학교명 변경을 신청한 곳은 총 13곳. 강릉원주대 공주대 군산대 금오공대 목포대 목포해양대 부경대 순천대 안동대 창원대 한국교통대 한국해양대 한밭대 등이다. 이들 대학은 학교명에 이미 '국립'이라는 명칭을 사용 중이다. 사립대와 구분하기 위한 일종의 홍보 수단으로 '국립'을 강조하려는 의도다. 정부령 개정은 사후적 추인에 불과하다. 개정안이 통과되면 이들 대학은 상징물, 관인 등에도 '국립' 명칭을 쓸 수 있게 된다.

오죽했으면 대학들이 학교 이름까지 바꾸자 했을까. 공감이 간다. 존폐위기에 내몰린 지방대학의 절박한 현실을 적나라하게 보여준다. 이들 13개 대학의 평균 신입생 충원율은 2020학년도 99.7%에서 지난해 95.5%로 떨어졌다. 안동대는 99.9%에서 79.8%로, 군산대는 99.8%에서 83.3%로 충원율 하락 폭이 두드러졌다.

지방대들이 '국립'으로 간판을 바꿔 달게 되면 인지도 면에서 일시적으로는 도움이 될지 모른다. 근본 처방은 못 된다. 그러기에는 인구 절벽에 따른 학령인구 감소가 심각하다. 국내 출생아 수가 지난해 24만 명대로 추락했다. 이는 2022학년도 기준 102개 수도권 4년제 대학 입학정원 19만 7,333명과 35개 지방 국립대 입학정원 6만 673명을 더한 25만 8,006명보다도 적은 수다.

교명 변경보다 교육 혁신과 자구노력 먼저

교명 변경보다 시급한 과제가 수두룩하다. 교육서비스 질부터 높여야 한다. 산업구조의 변화에 대응하는 혁신과 학생 중심 교육을 선행해야 한다. 정원 감축 등 구조조정 노력도 필수다. 13개 대학의 총정원은 2020년 2만 2,615명에서 지난해 2만 2,631명으로 되레 16명 늘었다. 정부 예산으로 운영되는 국립대학이라 해서 자구노력은 안 하고 덜렁 교명 변경을 요구하는 대학이나, 이를 넙죽 승인하는 교육부나 사려 깊지 못한 건 마찬가지다.

학령인구 감소 대비도 해야 한다. 2006년부터 16년간 282조 원의 천문학적 예산을 쏟아붓고도 합계출산율 0.78명이라는 참담한 결과를 빚은 정부의 저출산 대책을 너무 믿어선 안 된다. 해마다 줄어드는 국내 고교 졸업생 모집에만 목을 맬 게 아니다. 해외로도 눈을 돌려야 한다. 다국적 학생을 유치해 외국어로 강의하는 선도적 대학들을 벤치마킹할 필요가 있다.

'간판 교체'의 흑역사는 금융권이 원조일 수 있다. 시중 은행 대부분이 이름이 바뀌었다. 저축은행의 역사는 명칭 변천사라 할 수 있다. 모태는 '무진(無盡)회사. 무진회사는 지하 금융의 허점을 활용해 탈세와 고리 대출을 일삼았다. 이런 폐단을 없애기 위해 정부가 '신용금고'를 만들었다. 신용금고는 은행이 아니어서 은행법 보호를 받지 못했으나 은행법 의무도 지지 않다 보니 불법 자금 유통 경로로 악용되기도 했다.

1972년 대통령 긴급명령으로 8.3 사채 동결 조치가 발동되면서 지하 금융, 이른바 사채시장을 제도권 금융으로 흡수하면서 신용금고가 '상호신용금고'라는 이름으로 바뀌면서 양성화됐다. 2001년 3월 상호신용금고법이 상호저축은행법으로 개정되면서 이름이 다시 상호신용금고에서 '상호저축은행'로 바뀌었다. 2009년 상호 단축이 허용되면서 지금의 '저축은행'이라는 이름이 사용되기에 이르렀다.

🏦 여러 차례 이름 바꾼 저축은행의 선례를

이름이 여러 차례 바뀌어도 저축은행의 태생적 한계는 여전하다. 일반 은행보다 불리한 여건에서 수익을 내야 하는 불평등 구조다. 은행에서 거절된 신용도 낮은 고객을 대상으로 고금리로 대출을 하는 수밖에 없다. 부동산 프로젝트 파이낸싱(PF) 등 고수익·고위험 사업에 치중하게 되고, 이를 위해 고금리 예금을 유인해야 하는 악순환에서 헤어나기 힘들다. 그만큼 부실 확률이 높아지고, 부동산 경기가 나빠지면 기관 존립까지 위협받는 곤경에 처하게 마련이다.

작금 저축은행이 처한 상황도 비슷하다. 부동산 경기가 꺾이면서 부동산 PF 사업장의 지연과 중단 우려 등으로 고위험 사업장 비중이 높은 저축은행권이 부실화로 연쇄적 타격을 입을 수 있다는 경고가 잇따른다. 저축은행의 자본건전성에 경고등이 켜지며 '제2의 저축은행 사태'가 재현될 수 있다는 주장이 꼬리를 문다. 실제로 소규모 저축은행을 중심으로 국제결제은행(BIS) 기준 자기자본비율이 급감하는 상황이다.

저축은행이 겪는 어려움을 은행으로 이름을 바꿔 단 탓으로만 돌릴 순 없다. 그렇다고 그와 전혀 무관하다고 할 수도 없다. 은행도 아니면서 은행 이름을 달고 있다 보니 소비자에게 은행으로 오인되는 혼선을 빚을 수 있다. 높은 이자율만 보고 분식회계를 한 부실 저축은행의 후순위채에 투자했다 막대한 피해를 봤던 2009년 저축은행 사태가 바로 그러한 예다.

형식이 실질을 능가할 수 없다. 하지만 현실에서는 형식이 실질에 영향을 미친다. 겉에 드러나는 이름과 속에 있는 실상이 일치해야 하는 이유다. 국립이라는 이름을 내세워 학생을 모집하려는 대학은 은행 이름을 달고 나서 저축은행에 어떤 변화가 있었는지를 살펴야 한다. 이름이 중요하나 이름만 중요한 건 아니다. 표리부동보다 명실상부가 낫다.

〈2023년 4월, 권의종〉

'천 원의 아침밥',
이면의 진실

　한국인은 '밥심'으로 산다. 밥에 민감한 민족이다. '식사했느냐'가 인사말이고 '언제 밥 한번 먹자'가 관심 표현이다. '밥 논쟁'이 돌연 대학가로 번졌다. '천 원의 아침밥'이 단연 화제다. 밥상 물가가 다락같이 오른 판에 천 원짜리 한 장으로 아침 식사를 할 수 있다니. 대학생들에게는 꿈만 같고 가뭄에 단비 같은 희소식이다.

　대학생이 천 원을 내면 농림축산식품부가 천 원을 지원하는 구조다. 올 한해 150만 명분의 아침밥이 이런 방식으로 제공될 계획이다. 애초는 예산이 15억 원으로 책정됐으나, 여야가 합의해 30억 원으로 늘렸다. 서울특별시 등 지방자치단체들도 동참을 발표했다. 관내 지역의 대학들이 천 원의 아침밥을 제공하도록 도울 것을 밝혔다.

　결식률이 높기는 하다. 2021년 농림축산식품부 조사에 따르면 20대 절반 이상이 아침 식사를 거른다. 얄팍한 주머니 사정과 아침 일찍 일어나 식사를 준비하는 게 여의찮아서일 것이다. 대학 구내식당 앞에는 아침부터 긴 줄이 늘어선다. 삼각김밥이나 컵라면도 천 원이 넘는 고물가 시대인데도 따뜻한 쌀밥에 서너 가지 반찬, 뜨끈한 국물을 단돈 천 원에 먹을 수 있어서다. 고단한 대학생들의 건강과 지갑을 수호하는 든든한 지킴이인 셈이다.

　대학생의 끼니 걱정을 덜어주려는 시도가 참으로 훌륭하다. 지원 규모를 늘리는 쪽으로 방향을 잡은 것도 더없이 잘한 일이다. 하지만 유익한 정책이라 해서 모두 선량한 것은 아니다. 겉에 드러나는 성과에만 집착할 게 아니라, 눈에 안 보이는 형평성과 파급효과도 고려해야 하는 이유다. 천 원의 아침밥 사업도 찬찬히 들여다보면 이면에 불편한 진실이 허다히 가려져 있음을 금세 확인할 수 있다.

MZ세대 표심 노리는 포퓰리즘 '물씬'

MZ세대 표심을 노리는 싸구려 포퓰리즘 냄새가 물씬 풍긴다. 서로 자기 성과라고 우겨대는 정치권의 행태가 방증하는 바다. '우리가 한 거다' '너네는 예산을 삭감하고 반대한 사업이다' '결국 우리 정권이 내놓은 정책이다' '아니다. 아이디어는 우리가 낸 것이다' 등. 설왕설래 옥신각신이 끝없다. 잘된 것은 자기 공(功), 잘못된 것은 상대 과(過)로 돌리는 한국 정치의 몰상식. 언제나 고쳐질지 기미조차 안 보인다.

적반하장도 유분수지, 이게 어디 정치권에서 생색낼 일인가. 자랑을 해도 가장 큰 비용을 부담하는 대학이 해야 맞다. 아침밥 평균 단가는 낮게 잡아도 4~5,000원 선. 농림축산식품부 지원금 천 원과 지자체 지원금 천 원에 학생 부담금 천 원을 받아도 대학은 끼니당 최소 1~2,000원을 감당해야 한다. 구내식당 운영시간을 늘리고 인력도 더 뽑아야 한다. 그게 다 돈이다.

14년째 등록금이 동결된 대학으로서는 인건비와 식대 등에 대한 추가 지출 여력이 제한적이다. 정부나 지자체도 사업에 참여하려면 홍보용 보도자료 배포에 앞서 대학에 대한 지원책을 내놓는 게 순서다. 감춰진 속셈은 따로 있지 싶다. 대놓고 말하기 꺼려지나 초중고생에는 없는 투표권이 대학생에는 있다는 점을 그 영리한 정부와 정치권이 생각지 않았을 리 만무하다.

계산속이 영악하다. 천 원의 아침밥이 최소의 예산으로 최대의 효과를 거두는 '경제적' 사업임을 놓치지 않는다. 대학생 전체를 상대하는 사업이면서 실제 천 원의 아침밥을 이용하는 학생은 극소수라는 사실이다. 대학별 차이는 있겠으나 하루 평균 이용자 수가 기껏해야 100명 내외, 많아 봐야 200명 남짓에 불과하다. 규모가 큰 대학의 학생 수를 1만 명 내외로 볼 때 그 비중이 1~2%의 미미한 수준이다. 정치권으로서도 군침이 돌고 구미가 당길만하다.

정책은 성과보다 형평성과 파급효과를

일관성은 눈곱만큼도 없다. 정치권의 태도 돌변에 이제 신물이 난다. 2011년 당시 오세훈 서울시장이 아이들 무상급식 시행 여부를 시장직을 걸고 찬반 투표를 벌였다. 보편이냐 선별이냐 논쟁이 극심했다. 여야의 논리가 극명히 갈렸다. 그런데 웬걸. 지금 와서는 서로 더 못 지원해 안달이다. 10여 년의 세월이 지나면서 생각이 바뀐 것인지. 어린아이는 선별 지원이 맞고 대학생은 보편 지원이 타당하다는 것인지. 도무지 갈피를 잡을 수 없다.

명분도 의지도 약하다. 진정 대학생을 도우려면 아침 식사에 그칠 게 아니다. 대학생의 경제적 부담이 아침 식사뿐인가. 애초 사업 취지에는 남아도는 쌀 소비 증대도 포함돼 있었다. 내내 시큰둥하던 정부와 지자체가 뒤늦게 관심을 보인 까닭 중 하나다. 그렇다면 쌀소비 증대와 대학생 지원의 일거양득인 천 원의 아침밥을 점심 식사로까지 확대 못 할 이유가 없어 보인다.

형평성 또한 문제다. 대학생만 지원하는 게 맞는지 따져봐야 한다. 대학에 진학하지 않은 같은 또래의 청년층에 역차별이 될 수 있다. 공부하는 대학생은 아침밥을 천 원에 먹게 하고, 일하는 젊은이는 굶겨 출근시키는 게 과연 맞는 일인가. 아침 장사하는 대학 인근의 식당에 미치는 영향도 살펴봐야 한다. 이들의 피해를 줄이기 위해서는 대학생들이 구내식당뿐 아니라 대학 인근 상권에서도 식사할 수 있도록 바우처를 지급하는 것도 하나의 대안이 될 수 있다.

호응이 큰 천 원의 아침밥. 이를 계기로 대학생을 포함한 모든 이의 끼니 걱정이 덜어지면 좋을 것 같다. 그러지 못하는 현실이 안타까울 따름이다. 그래도 이왕 도울 거면 제대로 도와야 맞다. 어설피 할 바에는 안 하느니만 못하다. 일부 대학의 미담에 그치는 게 차라리 나을 수 있다. 옛말 틀린 거 하나 없다. 먹는 것 갖고 함부로 하는 게 아니다. 까딱 잘못했다간 불화와 분란만 불러들일 수 있다.

〈2023년 4월, 권의종〉

학자금 지원,
'대출' 말고 '후원'

'학자금 무이자 지원'이 논란이다. 취업 후 학자금 상환 특별법 개정안이 국회 교육위원회에서 더불어민주당 단독으로 의결된 게 발단이다. 취업 후 학자금 상환이 뭐길래. 대학생이 대출받아 등록금을 내고 졸업하고 소득이 생기면 원리금을 갚게 하는 제도다. 대출금 상환을 시작하기 전에 생긴 이자도 모두 갚아야 한다.

개정안은 일정 소득을 올리기 전, 즉 취직하기 이전에 해당하는 기간의 이자는 면제해 주는 내용이다. 대출금 상환이 시작돼도 육아휴직·실직·폐업 등으로 소득이 사라지면 그로 인한 유예 기간에 붙는 이자를 면제하는 조항도 담겼다. 재난 발생으로 상환을 유예할 때도 이자를 면제할 수 있도록 했다. 대출 기간의 이자를 모두 갚게 하면 부담이 크다는 게 민주당 측 논리다.

국민의힘 소속 교육위원은 법안 강행 처리에 반발, 의결에 불참했다. 재정 부담, 도덕적 해이, 대학 미진학 청년과 취약 계층과의 형평성 문제 등을 들어 반대했다. "고졸 이하 청년은 대출 혜택 자체가 없고, 서민 소액대출도 이자율이 3~4%임을 참작하면 학자금 대출 이자 1.7%를 중산층 청년까지 면제해 주는 것은 포퓰리즘이라는 비판에서 벗어날 수 없다"고 반박했다.

이어 "이 법안은 소득 분위 8구간 청년에게까지도 이자를 면제해

주게 돼 있는데, 그럴 재정이 있다면 저소득 자립 청년을 지원하는 게 형평성과 정의에 부합한다"고 덧붙였다. 이에 야당은 "학자금 대출 이자 1.7%를 면제해 주면 한 달에 만 원 정도 혜택이 생기는데, 만 원의 이자 지원이 과연 포퓰리즘인가"라며 반문했다.

🎓 교육은 백년지대계, 재정 지출 최우선

정치가 이성을 잃었다. 감정에 치우쳐있다. 말 마디마디에 가시가 돋쳐있다. 다른 당이 내놓은 법안은 일단 반대부터 하고 본다. '내로남불'식 후진 정치의 전형이다. 법 개정으로 혜택을 보게 되는 대학생은 안중에도 없다. 당리당략에 맹종하며 국민과 나라의 장래는 신경조차 안 쓴다. 말도 안 되는 궤변을 늘어놓으며 자기주장만 관철하려든다. 진짜 꼴불견이다.

싸울 때도 말은 가려 해야 한다. '포퓰리즘'은 함부로 써서는 안 되는 용어다. 자칫 상대를 헐뜯고 국민을 깔보는 불손한 언사가 될 수 있다. 사전적 의미는 대중의 견해와 바람을 대변하려는 정치 사상과 활동이다. 대중에 호소, 다수를 위한 정책을 만들고 다수의 지지를 얻어내려는 노력을 뜻한다. 다수의 지배를 강조하고 직접적인 정치 참여를 강조한다. 민주주의와 맥을 같이 하는 긍정적 언어다.

부정적 의미도 강하다. 포퓰리즘을 대중의 인기만을 좇는 대중추수주의 또는 대중영합주의로 보는 시각이다. 우리나라에서 특히 그러하다. 지도자가 정치적 편의나 기회주의적 의도로 포퓰리즘을 활용, 실제로는 비민주적 행태와 권력을 강화하는 방편으로 삼는다. 권력과 대중의 정치적 지지를 얻기 위해 비현실적인 정책을 내세울 뿐, 국가와 국민이 아닌 특정 집단의 정치적 목적을 위한 도구로 이용한다. 굴

곡진 한국 정치사가 어쩌면 그런 예일 수 있다.

그런 점에서 학자금 대출에 대한 미취업 활동 기간에 발생한 이자를 면제하는 법 개정을 포퓰리즘으로 매도하는 건 어불성설. 뜻도 제대로 모르면서 걸핏하면 포퓰리즘을 외쳐대는 한국 정치의 민낯이 창피스럽다. 판단은 본질에 충실해야 한다. 이야기가 곁가지로 흘러선 안 된다. 더구나 교육은 백년지대계, 국가경영의 핵심과제다. 그에 드는 비용은 재정 지출의 최우선 순위에 둬야 맞다.

🐷 10대 경제 강국에 돈 없어 공부 못 하는 국민

국가 구성의 3요소는 영토, 국민, 주권이다. 국민 없는 영토와 주권은 의미가 없다. 국가 흥망은 국민의 자질에 좌우되고, 국민의 능력은 교육을 통해 길러진다. 변변한 부존자원 하나 없는 우리나라가 세계 역사상 최단기에 선진국에 진입한 데는 교육의 힘이 컸다. 밥은 굶어도 가르쳤고 논밭을 팔아서라도 등록금을 댄 나라는 대한민국 말고는 지구상에 전무후무하다.

세계 10대 경제 강국 반열에 오른 지금 와서 돈 없어 공부 못 하는 일은 최소한 없어야 한다. 그 정도 재정을 감당할 능력은 된다. 독일, 프랑스 등 서구 선진 제국을 보라. 대학 등록금이 없다. 세계 굴지의 장학재단은 외국 학생도 장학금을 줘가며 공부시킨다. 우리도 그 정도는 못 할망정 자국민에 대한 학자금 이자 지원 정도는 해야 맞다. 대학생뿐 아니라 국민과 나라의 미래를 위해서도 꼭 필요한 일이다. 그런 '좋은' 포퓰리즘은 다다익선이다.

한 발 더 나가야 한다. 취업 이후 기간에 대한 이자도 면제할 필요가 있다. 취업해도 상당수가 최저임금 수준의 급여를 받고 있다. 학자금 대출 상환이 여간 버거운 게 아니다. 취업 후 학자금 대출을 포함한 한국장학재단의 모든 학자금 대출에 대해 이자를 면제하고 원금만 나눠 갚게 해야 한다. 장기적으로는 원금까지도 국고에서 지원하는 방안을 추진해야 한다. 이는 국가교육 책임제 강화를 표방한 윤석열 정부의 교육 개혁과도 부합한다.

'도덕적 해이' 거론도 마뜩잖다. 학자금 대출 이자를 면제받으려 안 다닐 대학을 다닐 거라는 소리로 들려서다. 대학 미진학 청년이나 취약 계층과의 형평성 문제를 제기하는 것도 가당찮다. 그게 그렇게 마음에 걸리면 그들에게도 상응하는 지원을 하는 게 도리일 터. 그러지도 못하면서 한쪽만 도우려면 모두 돕지 말자는 '하향 평준화' 발상에 말문이 막힌다. 사촌의 배가 아파도 논은 사야 한다.

〈2023년 5월, 권의종〉

'이중 국적' 허용하듯
'복수 주민등록'도

행정안전부가 큰일을 했다. 국가 총인구가 감소하는 상황에서 지방소멸에 대한 효과적인 대응책을 내놨다. 지역에 체류하며 지역의 활력을 높이는 사람까지 인구로 보는 '생활인구' 제도를 새로 도입했다. 지역여건, 체류 목적, 정책 활용 가능성 등을 고려해 생활인구 시범 산정 대상 지역으로 강원 철원군 등 7개 시·군을 선정했다.

생활인구 산정은 교통·통신의 발달로 이동성과 활동성이 늘어나는 생활유형을 반영하기 위해서다. 주민등록인구뿐만 아니라 월 1회, 하루 3시간 이상 체류하는 사람과 외국인까지 포함하는 개념이다. 생활인구 파악을 통해 객관적·과학적 통계에 기반한 맞춤형 정책 추진이 가능해졌다.

생활인구의 활용 영역은 무한하다. 가령 국가산단과 농공단지 보유로 인근 도시지역의 통근자가 많은 지역은 생활인구 산정 결과를 산단 내 근로자 복합문화센터 건립, 근로자 임대주택 사업, 입주기업 지원 등에 활용할 수 있다. 주말 비(非) 숙박 관광객이 많은 지역은 성별·연령대별 생활인구 분석을 통해 맞춤형 관광·숙박 인프라를 구축, 관광객의 체류 시간을 늘릴 수 있다.

교육감은 생활인구를 참작해 유치원과 초·중·고등학교를 통합 운영할 수 있다. 학교의 교사(校舍)나 체육장의 설립 기준도 완화할 수 있다. 지방자치단체장은 수도권에서 인구감소지역으로 이전하는 사람에게 지자체가 소유하는 공유지를 우선 매각할 수 있다. 법무부 장관은 인구감소지역에 체류하는 외국인 중 영주자격이나 장기체류자격을 받은 사람에 대한 사증 발급 절차, 체류자격의 변경, 체류 기간의 연장 등의 요건을 완화할 수 있다.

ⓦ 생활인구 산정으로 통계 기반 맞춤형 정책을

행안부는 관계부처와 함께 생활인구 활성화를 위한 특례 발굴과 국비 지원사업 추진 등 재정적·제도적 후원을 지속한다. 장기적으로는 생활인구 데이터를 민간에 개방, 창업과 신산업 육성 등에 활용할 수 있도록 뒷받침한다. 통계청과 개인정보보호위원회와 협업, 성별·연령·체류 일수 등 유형별 생활인구를 산정·공표하고 그 활용 범위와 분야를 늘려갈 방침이다.

인구는 한 나라 또는 일정 지역에 사는 사람들을 말한다. 지금까지는 주민등록상 등록인구에만 초점이 맞춰져 왔다. 앞으로는 인구의 이동성과 활동성을 반영하는 생활인구까지 산정한다. 만시지탄의 감이 없지 않다. 서울시는 2018년 3월부터 서울에 거주하거나 출퇴근, 관광, 의료, 등하교 등의 목적으로 서울을 찾는 생활인구를 추계, 정책에 활용해오고 있다.

인구 산정은 활용에 목적이 있다. 그런 점에서 행안부가 인구 감소와 지역 간 인구 유치 경쟁을 극복하기 위해 생활인구를 파악하고자 하는 것은 의미가 크다. 하지만 이는 시작에 불과하다. 생활인구 산정 대상을 '국가균형발전 특별법'에 따라 지정된 인구감소지역에 국한하는 정도로는 활용 대상과 범위가 좁다. 정책의 입안과 개선, 민간부문 활용을 더 늘려야 한다.

농지와 주택 정책부터 손봐야 한다. 젊은 층의 '지방 한 달 살기', '두 지역 살아보기', '로컬유학' 등이 유행이다. 5060 은퇴 세대의 귀향도 증가세다. 지방 거주에 관심이 크나 일부 지역을 빼고는 다주택자 중 과세로 주택 취득이 어렵다. 하는 수 없이 농지를 사들여 그 위에 '세컨하우스' 형태의 농막을 지어놓고 오가며 지내는 경우가 흔하다.

🐢 공부(公簿) 위주의 인구 체계, 생활 중심으로

최근 농림축산식품부는 '농지법 시행규칙' 개정안을 입법 예고하면서 농막 논란에 불을 붙였다. 현행법상 농막은 농자재를 보관하거나 농작업 중 일시 휴식을 위해 농지 위에 설치하는 시설로 정의된다. 규모는 연 면적 20㎡(6평) 이하, 주거 목적으로는 사용할 수 없다. 주민등록 전입이 안 된다. 세면장을 만들거나 정화조를 묻을 수 없다. 야간 취침도 불가능하다. 공들여 지은 농막을 다시 돈 들여 허물어야 한다.

정부는 제 발로 찾는 귀향을 돕기는커녕 훼방만 놓고 있다. 지방경제 활성화를 위해 규제 풀 생각은 안 하고, 농막을 주택처럼 사용한다며 농지법 위반을 걸어 강제 철거나 하고 있다. 지방행 '연어 귀환'의 물길을 막고 있다. 국민 삶의 질 향상과 지방 발전을 외면하고, 거주 이전의 자유를 보장한 헌법 정신의 위배를 서슴지 않고 있다.

공부(公簿) 위주의 인구 체계는 시대착오적이다. 생활인구 중심으로 바꿔야야 맞다. '주중엔 서울, 주말엔 지방', '며칠은 이 도시, 며칠은 저 도시', '주중 지방 근무, 주말 서울 거주' 등 다지역 생활패턴을 반영하는 인구 관리가 긴요하다. 따지고 보면 현행 주민등록제도는 한곳 정착이 필요했던 농업사회의 유물이다. 복수 지역 거주와 생활이 보편화한 지금에 와서는 안 맞는다.

지자체 예산과 교부금을 비롯한 행정체계가 온통 주민등록인구에 초점이 맞춰져 있다. 그러다 보니 지자체마다 주민등록인구 늘리기에 혈안이 돼 있다. 신규로 전입해 오면 축하 메시지를 발송하고 일정 기간 거주하면 지역화폐 등을 선물하는 등 지극정성, 야단법석을 떤다. 아껴 써야 할 나랏돈을 선심 쓰기에 경쟁적으로 쏟아붓고 있다.

법은 도구에 불과할 뿐 목적이 될 수 없다. 법이 현실을 따라가야지, 현실이 법을 따라갈 순 없다. 세상만사 마음먹기 나름. 고정관념과 선입견, 관행의 매너리즘에 빠지면 개혁하지 못한다. 기발하고 엉뚱해야 혁신을 이룬다. '이중 국적'도 허용하는 마당에 '복수 주민등록'을 못 할 아무런 이유가 없다. 지역에 살면 주민이고 머무르면 인구다.

〈2023년 8월, 권의종〉

'일괄지급식' 기초연금,
일하는 노인은 더

보건복지부 산하 자문기구인 국민연금재정계산위원회가 오랜 침묵을 깼다. 국민연금 보험료율을 현행 9%에서 15%로 높이고, 연금 수급 개시 나이를 65세에서 68세로 늦추는 방안에 무게를 둔 연금 개편안을 공개했다. 소득대체율은 현행 40% 유지를 권고했다. 국민연금 고갈을 막기 위해 '더 내고, 그대로 받고, 늦게 받는' 방안에 힘을 실은 것이다.

연금 개혁의 공은 정부로 넘어갔다. 정부는 재정계산위의 권고안을 토대로 국민 의견 수렴 등을 거쳐 10월 말까지 '국민연금 종합운영 계획안'을 마련해 국회에 제출할 예정이다. 국민연금 보험료, 소득대체율, 수급 개시 연령 등을 바꾸려면 국회에서 국민연금법을 개정해야 하기 때문이다.

재정계산위는 국민연금 보험료율 인상만 거론한 게 아니다. 소득 하위계층을 후하게 지원하도록 기초연금 제도를 손질할 것을 권고했다. 수급 대상을 줄이는 대신 저소득 노인에는 지급액을 늘릴 것을 제안했다. 급격한 고령화 진전으로 기초연금 수급자가 급증함에 따라 현행 제도가 지속 불가능하다는 판단에서다.

기초연금은 국민연금에 가입하지 못했거나 짧게 가입한 무(無)·저(低) 연금자 등 저소득 노인에 보충적인 노후 소득을 제공하기 위한 제도다. 2014년 도입됐다. 대선 때마다 복지 공약으로 등장하면서 인상을 거듭해왔다. 여기에 물가 상승률까지 반영한다. 현재는 65세 이상 노인 중 소득 하위 70%로, 소득 인정액이 선정기준액 이하 경우 매달 32만 3,180원이 지급된다. 윤석열 대통령의 대선 공약대로라면 기초연금 지급액이 월 40만 원, 부부 합산 64만 원까지 늘어난다.

🏦 기초연금 부부 수령액이 국민연금 상회

기초연금 지급액이 늘다 보니 국민연금과 형평성 문제가 불거진다. 기초연금 부부 수령액 64만 원이 국민연금의 가구당 월평균 수령액 57만 원을 넘어선다. 젊을 때 국민연금을 안 낸 사람이 받는 기초연금 수령액이 국민연금 납부자의 평균 수령액보다 많아진다. 가만히 있어도 공돈을 받는 판에 10년 이상 허리띠 졸라매고 국민연금 보험료를 내온 게 후회스럽다.

기초연금 수령자도 불만을 터뜨리는 건 마찬가지. 국민연금 연계감액 제도 때문이다. 국민연금 수령액이 기초연금의 150%, 올해 기준으로 약 49만 원을 초과하면 기초연금 수령액이 최대 50%까지 삭감된다. 국민연금이나 기초연금 모두 소득 재분배 기능이 있는 복지 혜택이라 특정인이 과다 수급하는 걸 막아야 한다는 게 정부가 내세우는 표면적 이유다.

올해 기준으로 노인 656만 명이 기초연금을 받고 있다. 여기에 23조 원의 세금이 투입된다. 갈수록 태산, 첩첩산중이다. 기초연금 수급자가 2030년이면 914만 명, 2050년에는 1,330만 명으로 늘어날 전망이다. 기초연금 재정소요액도 매년 늘어 2050년이면 125조 4,000억 원에 달할 거라는 게 국민연금연구원의 전망이다. 제도 내용으로 보나 수급자 급증 상황으로 보나, 현행 기초연금 제도가 지속하기 어렵다는 점에는 다들 이견이 없다.

그런 점에서 재정계산위의 기초연금 개선 권고는 만시지탄이기는 하나 시의적절하다. 정부가 국민연금에 가입해 노후를 준비해 온 국민에게 유인책을 주지는 못할망정 불이익을 당하게 하는 것은 온당치 못하다. 고쳐야 맞다. 그냥 내버려 뒀다간 연금제도에 대한 불만을 넘어 정부 정책 전반에 대한 불신으로 번질 수 있다.

ⓢ 탁아부모의 세·연금, 연금 재원 환류 선순환을

저소득 노인에 대한 기초연금은 늘리되 지급 대상은 축소할 필요가 있다. 나이와 소득 요건만 충족하면 일괄적으로 지급하는 현행 방식은 문제가 있다. 예산 부담이 크고 도덕적 해이가 우려된다. 그런 점에서 일하는 노인에게는 기초연금 지급액을 더 배려할 필요가 있다. 노인으로서도 무료히 지내는 것보다 뭔가 사회에 보탬이 되는 일을 하면 좋을 것이다. 돈도 벌고 보람도 느끼고 정신적·육체적 건강도 지킬 수 있는 일석다(多)조다.

노인의 활동 가능 영역은 찾아보면 얼마든지 있다. 어린이 돌봄도 그중 하나다. 실제로 60·70세대 중 상당수가 손자를 돌보고 있다. 맞벌이 자녀를 위해 조부모나 외조부모가 손자 양육을 돕고 있다. 자녀가 인근에 살면 다행이나 그렇지 못하면 '원정 돌봄'을 불사한다. 조부모와 외조부모가 번갈아 가며 손자를 돌보는 가정도 적지 않다. 이럴 때 정부가 나서야 한다. 기초연금과 노인의 사회활동을 연계하는 '엑티브 시니어 지원 프로그램'을 가동할 필요가 있다.

활동 가능한 노인이 이웃의 아이를 돌보고 기초연금을 더 받는 형식이다. 노인도 하루 2~3시간 정도의 활동은 할 수 있다. 어린이의 식사, 목욕, 등하교 등은 도울 수 있다. 멀리 사는 내 손자는 그 동네 노인이, 이웃에 사는 남의 손자는 우리 동네 노인이 돌보면 된다. 내리사랑이라고 내 손자나 남의 손자나 다 귀엽고 예쁘지 않은가. 그런 점에서 손주 돌보는 조부모에 월 30만 원을 주기로 한 '서울형 아이돌봄비' 제도는 참신하다. 다른 지자체의 벤치마킹 감이다.

그리만 되면 아이를 맡긴 젊은 부모는 마음 놓고 직장에 나가 일할 수 있다. 돈을 벌어 세금과 연금을 내면 그 돈이 기초연금과 국민연금의 재원으로 환류되는 선순환 구조를 이루게 된다. 별도의 예산 없이도 어린이 돌봄, 연금 재원, 노인 일자리, 경력단절 등 제반 사회적 난제 해결과 비효율 해소에 도움이 된다. 사소하고 시시하게 느껴질지 모르나, 지금까지 이런 정도의 '나비효과'를 낸 정책도 없었다. 그랜드해야 정책이 아니다. 알고 보면 디테일이 전부다.

〈2023년 9월, 권의종〉

무너지는 필수의료,
'햇볕정책' 명약(名藥)

2024년도 상반기 레지던트 1년 차 전기모집 선발 결과가 처참하다. 소아청소년과 25.9%, 산부인과 67.4%, 외과 83.6%, 응급의학과 79.6% 등이다. 필수의료가 중대위기를 맞고 있다. 환자들이 응급실을 전전하다 골든타임을 놓치고, 지역병원들은 의사를 못 구해 문을 닫아야 할 판이다.

필수의료 분야를 기피하는 주요 원인 중 하나로 '의사 사법 리스크'가 꼽힌다. 대한의사협회 의료정책연구원이 2023년 10월 전국 의사 1,159 명에게 필수의료 기피 현상의 원인을 설문한 결과만 봐도 그렇다. '낮은 의료수가'라는 응답 58.7%에 이어 두 번째로 많은 15.8%의 응답자가 '의료사고에 대한 법적 보호 부재'를 지목했다. 실제로 국내 의사 1,000 명당 연간 기소 건수는 2.58명으로 일본(0.01명) 등에 비해 크게 높다.

윤석열 대통령도 공감한 부분이다. 2023년 10월 필수의료 혁신 전략회의에서 필수의료 분야 '의료사고 면책 범위 확대'를 언급했다. "소아청소년과에 의사가 부족한 가장 큰 원인은 이대목동병원 사태 같은 것이 작용했다고 보고 있다"며 "기본적으로 일단 형사 리스크를 완화시켜 줘야 한다"고 말했다. 그러면서 "의사가 환자를 치료하는 것과 관련해서 송사에 늘 휘말리고 법원, 검찰청, 경찰서를 왔다 갔다 하게 되면 돈을 아무리 많이 준다 해도 안 한다"고 말했다.

일부 로펌 등을 중심으로 소송을 부추기는 의료 환경도 문제다. 병원들이 법무팀을 가동해야 하고 법률사무소 관계자들이 무시로 병원을 드나드는 현실이다. 의사들로서는 심리적 위축으로 방어적 진료에 나설 수 있다. 혹시라도 형사 처벌을 받을 경우 의사로서 앞길이 지장을 받고, 민사 책임을 물게 되면 평생을 빚쟁이로 살아갈 수 있어서다.

⑧ '의료인 형사처벌 특례 법제화' 시급

정부도 마냥 손 놓고 있었던 것은 아니다. 의료사고에 대한 의료진의 사법적 부담을 완화하는 '의료인 형사처벌 특례 법제화'를 추진한다. 법안이 여야 합의로 국회 보건복지위원회를 통과했으나 법제사법위원회에서 11개월째 표류 중이다. 현행법 체계상 의사에만 형사처벌 면제가 가능한지와 적용 범위에 대한 법리적 해석이 쟁점이다.

보건복지부가 형사처벌 특례법 추진 외에도 의료사고에 대한 중재·조정 체제 전환 및 책임보험·공제 기구 마련, 불가항력적 의료사고 국가보상도 강화와 등 여러 방안을 제시한 만큼 대안이 선회할 가능성도 있다. 의정(醫政) 간 미묘한 견해차도 감지된다. 정부는 의료사고가 발생 시 소송 외에는 분쟁을 해결할 절차와 제도가 충분치 않아 소송에 집중된다고 판단한다. 이에 의료진은 사법적 부담으로 인해 필수 의료 기피 현상이 발생한다는 지적이다.

의료는 본질적으로 신체를 침습하는 행위다. 원치 않는 결과가 언제든 발생할 개연성이 크다. 그런 점에서 의료인 형사처벌 특례 제도의 필요성과 당위성이 충분하다. '소송 천국' 미국도 다수의 주(州)에서 '고의성'이 입증되지 않으면 의료과실로 의사를 형사 처벌하지 않는다. 의료과실로 형사 책임을 물으려면 의사가 '의도적으로(Intentionally)', '고의로(Knowingly)', '무모하게(Recklessly)' 의료행위를 했는지가 입증돼야 한다. 민사소송에서도 의사가 과도한 부담을 지지 않도록 손해배상 한도를 정해 놓은 주들이 많다.

일반 행정에서도 '적극 행정 면책 제도'를 운용한다. 공직자 등이 공공의 이익을 증진하기 위해 고의 또는 중과실 없이 업무를 적극적으로 처리한 결과에 대해 그 책임을 면제하거나 감경해 주고 있다. 적극적으로 일하는 과정에서 발생한 잘못의 책임을 면제함으로써 해당 공직자를 보호하고 다른 공직자의 적극적인 업무 수행을 유도하기 위함이다.

⑧ 환자와 의료인, 치료와 회복의 협력 관계

정부가 추진하는 의과대학 정원 확대도 필수의료 붕괴를 막을 수 있는 당장의 대책은 못 된다. 지금 의대 정원을 늘려도 최소 10년 뒤에나 의사로 활동이 가능하다. 저출산에 따른 의료 수요 감소도 고려의 대상이다. 통계청의 '장래인구추계: 2022~2072년'의 저위 시나리오에 따르면 출산율이 0.6명 선이 깨진다. 2026년에 0.59명까지 내려갈 것으로 내다 본다. 출생아 수가 2060년 9만 8,000 명, 2070년 8만 8,000 명, 2072년 8만 7,000 명까지 감소할 것으로 예상한다.

이와 같은 초저출산 상황에서 산부인과, 소아청소년과 등에 지원자가 늘기를 바라는 건 어불성설의 탁상행정이다. 사법 리스크로 필수의료 분야에 대한 지원은 오히려 줄어들 수 있다. 사회 전제적으로도 득보다 실이 클 수 있다. 재수·반수생 증가 등 입시 과열, 이공계 인재 유출과 공백, 인기과로의 쏠림 현상이 심해질 수 있다. 우려는 이미 현실화되고 있다.

국민은 언제 어디서나 필요한 진료를 받을 수 있어야 하고, 의사 또한 자긍심을 갖고 진료할 수 있는 의료체계가 마련돼야 한다. 그러기 위해서는 의료사고 법적 부담 완화, 공정하고 충분한 보상체계 구축, 전공의 업무부담 경감 등 근무여건 개선, 상생·협력의 의료전달체계 실현이 전제돼야 한다.

환자와 의료인은 치료와 회복을 위한 공동의 목표를 가진 협력자 관계다. 환자는 의료인을 신뢰해야 치료할 수 있다. 의료인 또한 환자가 있어야 성취감을 갖고 의료행위를 할 수 있다. 환자와 의사 모두 윈윈하는 길이다. 겨울 나그네의 외투를 벗게 만드는 건 강한 바람이 아닌 따뜻한 햇살. 사법 리스크 위협이 존재하는 한 필수의료 붕괴를 막을 수 없다. 햇볕정책은 북한 말고 의료에 잘 듣는 명약(名藥)이다.

〈2024년 1월, 권의종〉

양육사각지대 해소로
인구문제 해결을

우리나라의 출산률이 또다시 낮아졌다. 정부에서는 출산율을 높이고자 다양한 제도를 내놓았으나 제도 수요자인 젊은 부부들의 반응은 없어 보인다. 저조한 출산율로 인해 정부는 수년 전부터 다양한 해결책을 모색 중이며 산업현장과 교육 등의 분야에서는 임시방편으로 외국인을 대상으로 취업과 교육을 진행 중이다.

미국 경제방송 CNBC는 지난해 국제통화기금(IMF)의 통계를 인용하여 우리나라는 국내총생산(GDP) 규모로 따졌을 세계 10대 경제대국에 진입했다는 분석을 내놓았다. 이처럼 통계적으로 는 우리나라가 과거에 비해 훨씬 경제적으로 풍요로워졌으나 역설적이게도 출산율은 OECD 국가 중 최저이다. 이러한 결과는 우리나라의 젊은이들이 2세를 나아야 할 만큼 국가를 편안하게 느끼지 않고 있다고도 생각해볼 수 있을 것이다.

실제로 한 결혼정보 회사가 25~39세의 미혼남녀를 대상으로 조사한 결과에 따르면 응답자 4명 중 3명이 저출산 문제가 심각하다고 인식하면서도 '양육 비용'과 '육아에 드는 시간과 노력' 등의 이유로 출산이 우려된다고 하였다. 또한 한국사회복지연구회에서 발표한 연구에서는 20~30대 미혼 여성 중 결혼과 출산이 필수라고 생각하는 사람은 4%밖에 없는 것으로 나타나 앞으로 출산율은 더욱 낮아질 수 있을 것으로 예측되었다.

이렇듯 우리나라의 경제 수준이 상승함에도 불구하고 경제적인 문제로 출산을 기피하게 되는 것은 그동안 투입 대비 산출의 효율성만을 강조한 경제논리가 지금 시대에서는 적합하지 않기 때문이기도 하다.

아이를 키우기 불안한 한국사회

정부의 육아정책은 과거에 비해 많이 발전하였다. 정부는 여성의 사회참여 비율이 높아진 점을 고려하여 어린아이를 둔 가정의 경제활동과 양육이 안정적으로 병행될 수 있도록 육아제도를 여러 번 개편하였지만 여전히 부족한 점이 많다.

그 중 미취학 아동의 부모라면 누구나 공감하는 것이 어린이집 입소의 어려움이다. 출산과 동시에 어린이집 신청을 하여도 국공립 어린이집의 입소 대기는 기본적으로 1, 2년을 기다려야 하는 경우가 대부분이다. 일부 어린이집의 경우 대기 없이 바로 입소할 수도 있지만 잇따른 아동학대 사고의 소식이 심심치 않게 들리면서 학부모들은 장시간의 대기를 감안하고도 국공립 어린이집 위주로 입소대기를 신청하게 된다.

그러나 원하던 어린이집에 아이를 보내도 아동 학대에 대한 걱정으로부터 자유롭지는 않다. 국공립 어린이집 또한 아동학대로 인한 충격적인 기사가 연달아 보도되고 있으며 이로 인한 엄마들의 커뮤니티 사이트에는 학대에 대한 기준을 두고 어린이집에서 의심되는 사건들을 중심으로 갑론을박이 이어지고 있다.

어린이집 대신 가정에서 양육을 하는 과정 또한 편안하지만은 않다. 올해 2월 영유아 복지서비스(보육료, 유아학비, 양육수당, 부모급여, 아동수당)를 신청하는 복지로 사이트는 불통이었다. 정부는 양육의 짐을 덜어주고자 만 0세(1~11개월) 아동에게는 70만 원, 만 1세(12~23개월) 아동에게는 35만 원을 지급하기로 했다. 이에 복지로 사이트에 접속하여 13개월(2022년 1월에 태어난 아이) 아이의 수당을 신청하는 버튼을 누르자 2022년 1월 1일 이전 대상자만 신청이 가능하다는 메시지창이 떴다. 시스템 오류라고 뜨면 기다렸다가 다시 신청할 테지만 대상자가 아니라는 메시지가 뜨자 알고 있던 정보가 잘못된 건 아닌지 우려가 되었다. 주민센터 담당자의 확인을 거쳐서야 시스템이 잘못된 것을 확인하였다. 현재까지도 복지로 사이트는 영유아 복지서비스 신청이 중단된 상태이다.

아이가 아플 때 보내는 병원 또한 소아과 의사가 없어 응급상황이 와도 응급실 진료를 받지 못하고 있다. 지방 소도시들의 상황이 아닌 서울 강남과 목동 등 학군이 좋다는 지역의 대형병원 이야기다. 저출산으로 인해 소아청소년 환자가 줄어들었을 뿐만 아니라 의료사고 시 소송에 대한 부담, 의사들의 기대에 충족되지 않는 수가 등으로 소아청소년과에 지원하는 의사가 줄어들어 나타난 현상이다.

양육 사각지대에 놓인 소중한 생명들

한편 소중하게 태어난 생명들은 다양한 이유로 방치되고 있다. 최근 미혼모가 생계를 위해 일을 나가자 혼자 방치된 아이가 사망하는 안타까운 사건이 발생했다. 부모 입장에서는 굶어죽느니 결정한 어쩔 수 없는 선택이지만 돌이킬 수 없는 사고를 불러일으키게 된 것이다.

(사)한국미혼모지원네트워크의 정보에 따르면 홀로 아이를 키우는 미혼모들은 대부분 출산 사실을 주변에 알리기가 어려워 가족을 비

롯한 지인들의 도움을 받기가 어렵다고 한다. 실제로 홀로 아이를 키우는 가정을 지원하는 제도를 살펴보면 현재 저소득 한부모 가정의 경우 자녀 1명당 아동 양육비를 월 20만 원 지급받게 된다. 학용품비와 같은 아동교육지원비는 8.3만 원을 받게 되고 생활보조금은 가구당 월 5만 원을 받도록 되어 있다.

요즘과 같이 높은 물가수준을 고려했을 때 지원 금액은 제도라는 형식만 갖추어져 있을 뿐이지 어려움을 해결하기에는 턱없이 부족한 정도가 아닌 전혀 도움을 받지 못하는 수준이다. 이혼 가정의 경우 한쪽 부모의 양육비 미지급에 대해서도 강제성이 없는 권고 수준에 불과하다.

최근 들어 점차 많아지고 있는 미성년자의 출산 또한 청소년산모 대상자가 만 14세 미만인 경우 법정대리인 동의가 있어야만 출산지원금을 받을 수 있으며, 육아에 미숙한 미성년자 부모를 위한 별도의 지원이나 교육 등은 알려져 있지 않다.

2030세대들의 마음을 얻는 정책을

이렇듯 출산을 한 다양한 양육 대상자의 제도를 살펴보았을 때 우리나라는 아이를 낳아 키우기에는 쉽지 않아 보인다. 운 좋게 아이를 건강하게 낳아 무사히 아동기를 지나 청소년기를 맞이하게 되었다고 해도 경쟁이 심한 우리나라의 사회에서는 입시에 대한 스트레스와 대학 입학이라는 관문을 또 거쳐야 한다. 이에 젊은 세대들은 환경으로 인한 통제 불가능한 어려움을 떠안고 사느니 출산 포기를 선택하고 있다.

따라서 저출산 현상을 개선하고 싶다면 우선 2030세대들의 원하는 것을 다시 한번 살펴봐야 한다. 이들이 생각하는 안정적인 사회의 모습과 삶의 방식 그리고 미래에 대한 계획을 파악한다면 현재의 출산과 육아에 대한 제도에 대해 정확하게 평가할 수 있을 것이다.

유독 선거철에 중시되는 2030세대들을 위한 정책이 평상시에도 중요하게 논의되고 정립된다면 우리나라의 인구문제는 자연적으로 해소될 것으로 본다.

〈2023년 2월, 백승희〉

인구 디스토피아,
독일 이민정책이 해답

인구절벽으로 인한 대책 마련으로 외국인 유입이 주요한 대책으로 떠오르고 있다. 지방 소도시와 대학, 건설현장, 식당과 같은 일터에는 이미 외국인이 주요 일꾼으로 없으면 안 되는 존재가 된 지 오래다. 학령인구의 감소로 위기에 직면한 대학 내에서도 외국인 학생들을 유치하기 위해 MOU를 맺는 등 다양한 전략을 제시하고 있다.

현재 우리나라는 혈통주의에 따라 부모가 한국인인 경우에만 국적을 부여하고 있으며 국적 및 시민권, 선거권과 같은 사회·정치적 영역에서는 외국인을 배제하고 있다.

이러한 상황에서 정부는 국민통합위원회에서 '이주민 동행 특별위원회' 회의를 마련하여 이주민의 권익과 사회적응을 위해 노력하고 사회의 인식변화에 대해서도 살펴보아야 한다고 하였다. 법무부 또한 프랑스, 네델란드, 독일 3국과 교류를 통해 이민청 설립을 준비하고 있으며 서울시는 올 하반기부터 필리핀 가사 도우미를 비전문취업 체류 자격으로 입국시켜 외국인 가사도우미 시범사업을 추진할 예정이다.

이처럼 우리나라는 저출산으로 인한 인구절벽 문제를 이민 제도로 해결하고자 하고 있다. 이에 법무부에서 주목하고 있는 독일의 이민정책과 현황 등에 대해 조명함으로써 우리나라가 나아가야 할 방향을 모색해 보고자 한다.

🌏 독일의 이민정책 발전 과정

독일은 최근 혁신적인 정책을 내놓았다. 베이비부머 세대들의 은퇴로 인해 인력이 부족해지자 이민자의 이중국적을 허용하고 독일에서 5년간만 거주해도 시민권을 취득하도록 하였다. 이를 통해 독일은 고령화 저성장을 탈피하고자 하고 있다.

독일의 이러한 파격적인 이민정책은 오랜 기간 동안 독일이 지속해 온 이민정책과 식민지 지배에 대한 경험과 노하우가 있기 때문이다.

독일은 30년 전인 1991년 통일을 했다. 동독과 서독의 경제적 번영의 차이로 오랫동안 경제침체를 겪었지만 점차적으로 회복하고 있다. 독일은 통일 이전인 1950년부터 독일 사회에 필요한 노동 인력을 확보하기 위해 한시적 체류만이 허용되는 초청근로자를 모집했고 1955년부터 1973년까지 국가 간 협정을 통해 외국인 근로자를 받아들였다.

이후 1973년부터는 가족이민을 허용하고 통합을 위한 지원으로 학교 및 교육정책을 펼쳤다. 현재 독일은 전문적 능력을 갖춘 인재들에게 이민을 장려하고 있으며 모든 이주민들에게 처음부터 독일어를 학습하게 하여 통합을 이루도록 하고 있다.

오랜 시간 동안 이민정책을 발전시켜 온 독일은 이민자들이 사회에 자연스럽게 융화되어 적응하도록 사회 통합정책을 준비했다. 그러나 한편에서는 외국인 범죄에 대해 범죄혐의가 없는 외국인이더라도 범죄를 저지를 개연성이 있다면 즉시 추방할 수 있도록 제도적 장치를 마련했다. 이에 독일은 적극적인 이민정책으로 경제성장을 이루고자 한다.

그러나 분열을 통일로 만든 경험이 있던 독일도 한 때는 이민정책을 실패하였다. 독일 메르켈 총리는 2010년 독일 다문화주의의 실패를 지적하며 '터키나 아랍공동체와 같은 다른 문화권에서 온 사람들을 통합하는 것이 힘들다'는 의견을 제시한 바 있다. 독일 외에도 프랑스와 같은 국가들은 난민 문제로 인한 다양한 사회적인 문제가 발생하였다. 이로 인해 유럽 사회의 한편에서는 난민 수용에 대한 반대가 입장이 굳건하다.

🐍 다양한 이민정책 체계적 준비를

좋은 법이더라도 상황에 맞게 가져와야 한다. 우리나라는 과거 식민지 지배를 받아온 나라로 다른 나라를 통치해 본 경험이 없다. 따라서 외국인이 대거 유입되었을 때 이에 대한 관리와 강경한 대응이 우려스러운 상황이다. 인구절벽 시대로 인해 외국인 정책의 변화가 필요하지만 대한민국 사회가 발전하는 방향으로 가야 하며 대한민국 국민의 안전과 이익을 위협해서는 안된다.

고용노동부에 따르면 지난해 우리나라에 비전문 취업비자(E-9)를 발급받아 입국한 외국인 근로자는 8만 4,969명으로 나타났으며 체류 중인 비전문 외국인 근로자는 총 26만 4,000명으로 조사됐다. 비전문취업자는 입국 연령에 제한이 없으며 한국어능력시험과 취업 교육이 면제된다.

아직 통계적인 수치로 정확히 공개된 바는 없지만 한국에 거주하는 외국인들을 인터뷰한 결과 현재 우리나라에서 일을 하고 있는 외국인들 중 노동자로서 일하는 외국인들은 최소한의 생활비를 제외하고는 월급의 80%를 본국으로 송금하는 것으로 나타났다.

이를 통해 살펴봤을 때 외국인들이 국내에 유입됨으로써 인력난 문제는 해결할 수 있지만 부가적인 경제효과는 기대하기 어려운 상황이다. 이런 원인에는 돈을 벌기 위해 한국에 체류하는 목적이 가장 크기도 하지만 외국인들이 지역사회의 동반자로서 연대하기 위한 문화가 부재하고 함께하기 위한 프로그램이나 콘텐츠가 많지 않기 때문이기도 하다.

유럽 나라들이 아프리카, 튀르키예 등 이민자들의 흡수 정책에 실패한 가장 큰 이유는 공존보다는 서로의 문화와 삶의 공간을 구분한 것에서부터 시작되었다. 따라서 현재 우리나라도 일에 관한 분야에서뿐만 아니라 봉사나 여가 분야에 있어서도 협업할 수 있는 콘텐츠를 제공하여 공감대 형성을 갖게 해야 할 것이다.

둘째, 학령인구 감소로 인해 한국 사회가 위기인 만큼 우수한 학문적 성과를 가진 학생들과 연구원들을 유치하여 국가 경쟁력을 향상시켜야 한다. 핵심 기술이 국가의 경쟁력을 좌우하는 만큼 지식인을 유입하여 서로 간의 지식을 교류할 필요가 있다.

셋째, 대한민국의 영주권을 취득하기 위한 조건으로 한국의 대학 입학에 대한 의무 사항을 지속할 필요가 있다. 대학은 고등교육 기관으로서 전문화된 지식뿐만 아니라 미래를 준비하는 젊은 청년들과의 교류의 장이다. 따라서 이민을 준비하는 외국인들이 대학을 통해 한국 사회와 문화를 체득하고 흡수할 수 있는 좋은 시간이 될 것이다.

마지막으로 포용적인 이주민 정책을 펼치되 범죄를 범한 이민자에 관한 관리 또는 추방 방안을 구체적으로 계획해야 한다. 외국인들의 마약 범죄가 지속적으로 높아지는 등 대한민국의 안전이 위협을 받는 시점에서 외국인들의 범죄를 제재할 수 있는 강도 높은 법안을 만들어야 한다.

　독일은 범죄를 저지를 개연성이 있다고 판단되는 정황만 가지고도 외국인을 추방할 수 있다. 발전적인 부분에 대해서는 포용하되 사회적 문제가 야기되는 근원에 대해서는 철저히 차단하여 부정적인 효과를 미연에 방지해야 한다.

　대한민국의 미래가 이민정책에 달려있다. 장기적인 관점에서 세부적인 정책 설계를 하여 글로벌 국가로 거듭나는 대한민국이 되길 바란다.

〈2023년 5월, 백승희〉

'관계인구'의
고향사랑

    정부가 또 어이없는 실수를 저질렀다. 올해 1월 1일부터 시행 예정이던 '고향사랑기부금' 제도를 2년 후로 연기한 것. 2025년으로 연기된 금융투자소득세 시행 시기와 묶여 2년 뒤로 시행이 미루어졌다. 주관부처인 기재부는 "실무자의 단순 실수에 의한 오류로서 연내 법을 다시 개정해 당초대로 올해부터 시행되도록 조치하겠다"고 급히 밝혔다. 하지만 정부의 책임감과 제도의 진정성에 대한 지역의 실망과 불신은 어찌할 것인가.

    기재부는 지난해 고향사랑기부에 대한 세액공제 시행 시기를 2023년에서 2025년으로 2년 유예하는 내용의 조세특례제한법(조특법) 개정안을 국회에 제출, 통과됐다. 대다수 지자체가 전담팀을 구성하는 등 기부금 유치 확보전을 벌이고 있는데 기재부의 황당한 실수로 제도의 대국민 홍보 분위기에 찬물부터 끼얹은 셈이다.

    고향사랑기부금 제도는 개인이 거주지가 아닌 지방자치단체에 500만 원 한도로 일정 금액을 기부하면 소득세에서 세액공제해주는 제도를 말한다. 기부금액 10만 원 이하는 세액이 전액공제되며 10만 원 초과 금액은 16.5%의 세액공제를 받는다. 또 기부금액의 30% 수준인 지역 특산물도 답례품으로 지급된다. 기부금으로 조성된 기금은 아동, 청소년, 취약 계층 등 주민 복리 증진을 위한 공익사업에 주로 활용한다.

💰 일본의 '고향납세제'를 벤치마킹

이 제도는 2008년부터 일본에서 도입된 고향납세제도를 벤치마킹한 것이다. 일본에서는 지자체의 세수를 늘려 인구감소, 지역경제 침체를 해소하는 데 이 제도가 큰 도움이 되었다고 한다.

이 제도에 대한 한국의 기대도 일본과 다르지 않다. 정도의 차이는 있을지언정 수도권을 제외한 우리 지역은 거의 모든 지자체마다 인구감소, 지역소멸의, 불안과 위협에서 자유롭지 않다. 우여곡절 끝에 도입된 고향사랑기부금제는 지자체의 절박한 위기감을 그대로 방증하는 것이라 할 수 있다.

지금 243개 지지체마다 기부금 유치 홍보전, 각축전에 본격 돌입했다. 선행모델인 일본의 사성과를 보더라도 재원 확보 등에서 지자체마다 격차는 벌어질 수밖에 없다. 제주도, 강원도 등은 광고전까지 불사하고 나섰다. 기부금으로 조성된 기금이 중앙의 눈치를 보지 않고 자율적으로 활용할 수 있어 지역활성화를 위한 요긴한 재원으로 활용할 수 있다는 기대가 큰 것이다.

일본은 2014년부터 국가의제로서 '지역창생'을 기화로 민간재원 조달경로가 확대되며 지역활성화 성과를 보이기 시작했다는 평가다. 중앙의 행정에 예속된 위탁프로젝트에서 벗어나 장류적이고 혁신적인 지자체 주도 사업방식으로 변화가 일어난 것이다. 그 대표적인 성공사례가 바로 민간으로부터 자발적이고 다각적인 자금유입을 유도한 고향납세(ふるさと納稅) 제도라 할 수있다.

일본의 제도는 한국보다 더 파격적이다. 일단 대상, 금액, 횟수는 무제한이다. 공제상한액 중 자기부담금(2,000엔)을 제외한 만큼 공제 혜택이 주어진다. 조성된 기금은 지자체의 경제를 활성화시키기 위한 재생사업에 쓰이고 지역특산물이나 서비스를 답례품으로 제공하니 안 팔리던 지역물품·서비스를 지자체가 사주니 지역시장, 지역일자리 등 지역경제도 촉발하고 지역홍보 효과도 거둘 수 있다. 결과적으로 지방 재정 안정을 위한 세원도 증대됨은 물론이다.

🪙 운영주체는 민간의 기부자와 답례자

한국형 고향사랑기부금 제도에 거는 기대효과는 일단 세액공제 혜택을 들 수 있다. 기부자는 10만 원까지 전액 세액공제가 된다. 기부 금액의 30% 수준의 답례품을 받으므로 사실상 10만 원을 내고 13만 원을 돌려받는 셈이다. 10만 원 이상의 금액은 세액공제율이 16.5%로 줄어든다.

얼핏 기대만큼 활성화되지 못한 정치기부금 제도와 유사해보여 불안하다. 하지만 정치기부금 제도와는 근본적인 차이가 있다. 정치기부금은 정치인의 개인 경비로 사용되지만 고향사랑기부금은 지자체의 공적 재원으로 공공의 목적을 위해 사용된다. 어쩌면 모금 성적이 지자체장의 업적으로 평가받을 수 있기 때문에 지자체마다 경쟁적으로 유치전을 펼칠 수밖에 없는 명분과 실익이 있다.

또 고향사랑기부제의 주체는 민간이라는 점이 특징적이다. 기부자와 답례품 생산자가 모두 민간이다. 특히 답례품으로 제공할 지역 특산물, 사회적 서비스, 공공프로그램 등은 지역주민이 핵심 주체다. 기부자는 단순히 시혜적인 후원자에 그치지 않는다. 기부할 지역을 스스로 판단해 결정하고 이후 그 기금이 지역의 문제를 해소하고 지역활성화에 기여하는 과정과 결과를 모니터할 마음과 자세를 갖춘 이른바 '관계인구'의 역할을 자임하는 것이다.

'관계인구'란 개념 역시 한국보다 지역소멸의 위협을 먼저 감지한 일본에서 2016년에 처음 제안된 개념이다. 특정 지역에 거주하진 않지만 여가·업무·사회적 기여 등 다양한 활동을 통해 지역과 관계를 맺고 있는 인구를 뜻한다. 귀농 등 도시민 유치, 정주인구 증가가 쉬운 과제가 아니므로 반드시 정주인구를 늘릴 필요는 없지 않을까 하는 발상의 전환에서 비롯된 개념이라 볼 수 있다. 고향사랑기부금 제도를 통해 관계인구가 단지 학자나 연구원들의 공허한 탁상공론 말장난이 아님이 실증됐으면 하는 기대가 생긴다.

모름지기 새로운 제도에 대한 우려와 걱정은 없을 수 없다, 고향사랑기부제도 또한 과도한 기부금 유치경쟁, 답례품 선정 과정의 불합리한 이권 개입, 기부금을 통한 정치적 이권 쟁취 등의 다양한 부작용들이 상상가능하다. 당연히 기금은 조성과정부터 사용내역까지 투명하게 공개되어야 한다. 답례품 선정과 기부금 활용처도 공정하게 집행되어야 한다. 그게 아니면, 민간은 으레 관이 벌이는 굿이나 보고 떡이나 먹으려 한다면, 이 제도도 자꾸 실수하거나 결국 실패할 것이다.

〈2023년 2월, 정기석〉

학교폭력,
마을교육공동체가 해법

'학폭(학교폭력)'은 참혹한 사회악이다. 우리 사회의 뿌리 깊은 구조 악이다. 넷플릭스 글로벌 순위 1위를 기록한 한국 드라마의 주제가 될 정도로 심각한 사회병리현상이다. 오늘날 '학폭'은 단순한 학교의 문제, 교육의 문제를 넘어선 지 오래다. 학교나 교육당국의 힘으로 예방되거나 해결될 가능성은 크지 않다. 심각한 사회 단위의 문제, 망국적인 국가 차원의 숙제로 자리 잡았다.

학교폭력의 피해자 학생은 평생 트라우마를 안고 살아간다. 우울증이나 불안장애가 오는 경우가 흔하고, 심지어 불안감과 죄책감에 시달리다 극단적 선택을 하는 경우도 적지 않다. 심지어 학폭 피해자는 피해자가 아닌 경우보다 가해자가 될 확률도 높다는 연구 보고도 있다. 가해 학생은 물론, 피해자를 보호해주지 못한 학교 교사, 부모들에 대한 보복심리의 후유증이 아닐까 두렵다.

물론 학교폭력 문제를 예방하거나 근절하려는 대책이나 법이 없는 건 아니다. '학교폭력예방 및 대책에 관한 법률'은 이미 2004년 1월에 제정되었다. 법에서 '학교폭력'이란 학교 내외에서 학생 간에 발생한 신체·정신 또는 재산상의 피해를 수반하는 행위로 정의하고 있다. 국가 및 지방자치단체는 학교폭력을 근절을 위해 필요한 제도적 장치를 마련할 책임과 의무가 있다고 법은 규정하고 있다.

이 법에 따르면, 교육과학기술부장관은 이 법의 목적을 달성하기 위해 정책의 목표·방향을 설정해야 한다. 교육감은 시·도교육청에 학교폭력의 예방과 대책을 담당하는 전담부서를 설치·운영해야 한다. 학교의 장은 학교에 대통령령으로 정하는 바에 따라 상담실을 설치하고, 전문상담교사를 두도록 규정하고 있다. 관련해서 각종 자문위원회도 운영되고 있다. 그럼에도 '학폭'의 문제는 우리 학교 현장에 여전히 횡행하고 있다. 교육정책이나 실정법으로 통제하거나 단죄해서 해결될 문제가 아니라는 말이다.

⚙ '학폭', 학교 밖 마을(지역)에서 해결해야

당연히 학폭 문제 앞에서 학교, 교육당국 등 주요 교육 책임주체가 아무 노력도 하지 않는 건 아니다. 가령 교육부는 소통·공감·체험 중심의 학교폭력예방 프로그램을 운영하기도 한다. 시도교육청, 푸른나무재단 등 민간단체 등이 각 교육공동체를 대상으로 지역으로 찾아가는 릴레이토론, 참여연극·강연회, 확장 가상 세계(메타버스)를 활용한 예방교육 등을 시행한다. 이를 통해 학생들의 소통·공감 능력 및 학교폭력 대처 역량 함양, 학교폭력 이해 제고, 지역사회·학교에 학교폭력예방 문화 확산을 기대한다는 취지이다.

그러나 학교 안에서만, 교육당국의 힘만으로 '학폭'의 문제가 해결되리라는 기대가 크지 않다. 근본적으로 학폭의 문제는 학교의 문제, 교육의 문제가 아니라 사회의 문제이기 때문이다. 그래서 학폭의 문제는 학교나 교육당국이 아니라 사회가 나서야 비로소 해결될 수 있다. 구체적으로 학교 밖의 마을공동체와 지역사회가 학교에 힘과 뜻을 합쳐 '배움과 삶'이 하나되는 '마을교육공동체'를 이루어야 학폭 문제의 실마리와 돌파구를 거기서 찾을 수 있을 것이다.

'마을교육공동체'는 교육을 중심으로 학교, 마을, 자치단체가 역할을 분담하고 공동의 가치를 실현하려는 목표를 추구한다. 한 명의 아이를 기르기 위해서는 마을이 학교가 되고 주민이 교사가 되는 새로운 교육 패러다임을 지향한다. 이때, 마을주민, 지역사회 구성원들의 주체적 참여는 가장 중요한 선결과제다. "우리 아이들의 교육은 우리 마을에서 책임지겠다"는 주체 의식과 학교와 지역 간의 긴밀한 협동과 연대가 성패의 열쇠이다.

이렇게 학교 안과, 학교 밖을 유기적, 융복합적으로 연계해 지역의 가용 인적 물적 자원을 최대한 활용, 학교와 마을, 학생과 선생, 그리고 마을주민과 지역사회 구성원들이 서로 배우고 가르치며 돌보고 보살피는 '마을교육공동체'가 우리 사회 곳곳에 필요하다. 무엇보다 협력과 나눔의 공동체 문화를 배우고 건강한 민주시민, 건전한 어른으로 성장하는 그런 마을교육공동체에서 배우고 살아가는 학생들이 학교폭력이라는 사회악을 저지를 수는 없을 것이다.

근본적으로 학폭 등 우리 교육의 문제를 해결하려면, 학교 안에서만 이루어지는 학생교육이나 학원 안에서 벌어지는 주입식 입시교육에서부터 벗어나야 한다. 또, 학교의 범위와 규모는, 지역주민을 위한, 또는 지역사회가 주체가 된 정상적인 교육과 상식적인 학습의 장으로 이른바 '지역사회학교'의 수준과 차원으로 양적으로, 질적으로 혁신될 필요가 있다.

(🌀) 교육은 '배움과 삶과 일'이 하나 되어야

무엇보다 마을교육공동체가 꾸리는 지역사회학교에서는 '지역에서 나도 먹고살고, 남과 이웃도 먹여 살릴 수 있는 직업적 생활기술'부터

가르쳐야 한다. 마을학교에서 학교협동조합도 만들고, 사회적경제 교과서도 서로 가르치고, '먹고사는 생활기술'도 몸으로 익히며, 어릴 때부터 건전하고 건강한 민주시민이자 생활인으로서 살아가는 데 요긴한 지식과 기술과 품성을 더불어 가르치고 배울 필요가 있다.

마을교육공동체의 궁극적 목적과 가치는, 학교와 마을(지역사회) 사이의 지속가능한 연대와 협력 시스템을 구축하는 것이다. 학교, 지역사회, 교육청, 지자체, 시민사회, 주민 등 모든 마을교육공동체 참여·주도 주체들이 지역 고유의 교육적 시각과 철학을 토대로 '배움의 공동체'를 중심이자 기반으로 삼는 길이다. 그렇게 각 교육주체들이 서로 배우고 가르치면서 '배움과 삶과 일'이 하나되는 교육공동체를 자각하고 구현하는 일이다.

가령 '배움과 삶'이 하나되고, '삶과 일'이 하나 되는 이른바 '지역사회 생활기술 직업전문학교'의 교문을 활짝 열자. 그 학교에서는 우리 아이들이 입시와 출세가 아닌 선량하고 건강한 민주시민이자 국가의 국민으로서 생업과 생활에 쓸모 있는 진짜 공부, 참교육에 매진할 수 있을 것이다. 그 정상적이고 상식적인 학교에서는 이 사회에 대한 불만과 미래전망에 대한 불안에서 비롯되는 사회적 병리현상인 학교폭력의 문제는 일어나지 않을 것이다.

〈2023년 3월, 정기석〉

지방소멸대응,
'탈(脫) 수도권'으로

매년 1조 원의 예산이 투입되는 지방소멸대응기금의 실효성에 의문과 우려가 커지고 있다. 지방소멸대응기금은 저출산, 고령화로 인한 지방소멸위기를 극복하고 방지하기 위해 지방자치단체 기금관리기본법 및 시행령을 개정, 지난해 처음으로 도입되었다. 올해부터 2031년까지는 매년 1조 원의 예산이 투입된다.

그런데 출발이 좋지 않다. 지난해 지자체 100여 곳에 배분된 지방소멸대응기금은 주로 생활인프라에 편중되거나 지역관광사업으로 전용되는 사업이 많았다. 애초 기금의 취지와 목적에 걸맞지 않게, 기존의 유사·유관 지역개발사업의 아류사업 수준에 그친 경우가 적지 않았다는 분석이다.

당초 지방소멸대응기금 추진 사업은 사업의 목표, 분야, 구체적 시행방식 등이 중앙부처 차원에서 결정된 하향식 지원 방식이 아니라, 지역이 스스로 수립하는 전략과 투자계획을 통해 주도적으로 추진하는 상향식 지원 정책을 표방하고 있다.

89개의 인구 감소지역과 18개 관심지역에서 제출한 투자계획 평가를 거쳐, 평가 결과에 따른 지방자치단체별 지방소멸대응 기금 배분금액이 결정되는 사업이다. 해마다 1조 원씩 10년간 지원되는 기금의 사용처는 주로 일자리 창출, 청년인구 유입, 생활인구 확대 등 다양한 인구활력 증진사업에 사용된다.

그러나, 심지어 공적 기금이 지자체장의 공약 이행을 위한 '쌈짓돈'으로 전용되고 지역개발사업 판에 끼어든 토건, 컨설팅 용역업자들의 '눈 먼 돈'으로 전락한다는 의심과 비판마저 심심치않게 제기될 정도다.

(ⓦ) 행정 지연, 관광 치중, 기금집행률 30% 이하

최근 전북도가 지방소멸 대응기금 활용·실적과 개선점을 진단·분석 해본 결과, 도내 시·군이 추진해 온 사업안 59건 가운데 83%에 해당 하는 49건이 기금 집행률이 30%에도 못 미치는 것으로 파악됐다.

진안군, 무주군, 장수군의 농어촌 상수도 물복지확대사업, 남원시 와 장수군의 생태힐링에코캠핑 삼천리길 조성사업, 정읍시와 김제시 등 10개 시·군이 펼쳐온 지역품은 대학 중고교 연계 인재 육성사업 등이 주요 사업들이다. 집행률 부진의 주 요인은 행정절차가 지연되었 다는 점이 지적되고 있다. 당연히 지연된 사업의 기금은 불용예산으 로 처리되어 익년으로 이월되었다.

전북도의 각 지자체가 행안부에 제출한 지방소멸 대응 기금 사용 계획서를 살펴봐도, 기금이 적재적소에 활용되지 못하고 있는 실상은 그대로 드러난다. 남원시의 지리산권 관광 휴양 벨트 조성, 지리산권 '워케이션' 빌리지 조성, 미꾸리 공유 양식 플랫폼 구축 등은 기금의 기본 취지와 거리가 있는 관광사업에 치중된 것이다. 무엇보다 남원시 가 1순위 투자로 계획했던 '지리산권 공공 산후조리원 건립' 예산은 한 푼도 배정되지 않았다. 김제시도 캠핑장 조성, 김제형 노량진 공시사 관학교 운영 사업에 관련 기금이 쓰였고 진안군, 임실군, 부안군 역시

관광 사업과 시장 리모델링 사업에 예산을 편성한 것으로 확인됐다.

타 지역도 예외가 아니다. 지난해 제출된 전국의 500개가 넘는 사업계획서 가운데 130여 건이 문화·관광 분야에 집중됐다. 또 대부분 기금 본연의 취지와 목적과는 다소 거리가 있는 정주 여건 개선에만 편중되는 사업들이 주류를 이룬다. 지역의 고유한 특성과 사업여건에 따른 차별성도 보이지 않고 사업의 기대효과도 뚜렷하지 않다.

경북도의 경우, 군위에는 청소년을 위한 전용 문화·정보 공간 조성에 57억 원, 고령에도 청년 전용과 아이 돌봄 공간 조성에 58억 원, 성주에는 어르신을 위한 종합 복지타운 조성에 82억 원, 청도에도 어르신의 문화 예술 향유를 위한 공간 조성에 78억 원, 영천에는 은퇴자들의 생활 거주 시설 조성에 42억 원, 방문객을 위한 숙박 시설 조성에 56억 원을 집행한다.

(🏛️) '지역예산'보다는 '지역주민'을 먼저 지역으로

이와 같은 상태라면, 신속하고 완성도 높은 사업효과를 기대하기는 커녕, 추후 정부평가에서 낮은 평점을 받음으로써 야기되는 불이익마저 걱정해야 할 처지이다. 보다 심각한 문제는 애초 사업계획 단계부터 완성도, 실효성이 떨어지는 B등급, C 등급의 사업안이 적지 않다는 점이다. 처음부터 원만한 추진과정이나 완성도 높은 성과물을 기대하기는 무리였다는 말이 된다.

그렇다면 문제의 근본적인 해결 방법은 기금 집행률 제고와 실효성 높은 사업안 발굴 등으로 정리할 수 있다. 지방이 소멸위기를 근본적으로 해소하려면 정부의 지원 및 평가기준에 맞춘 단기적인 사업안보다는 중장기적이고 종합적인 관점에서 선택과 집중 전략으로 접근해야 사업의 완성도와 실효성을 기대할 수 있는 것이다.

그런데 지역에는 그런 사업계획을 논의하고 수립할 지역사회 전문가를 찾기 어렵다는 게 한계다. 대개 지역의 현실과 특성을 잘 모르는 외부의 전문 용역업자들이 중앙의 사업지침과 평가기준에 맞춘 지방소멸 방지기금 사용계획을 천편일률적으로, 기계적으로 수립하는 경우가 일반적이다. 그래서 집행도 잘 안되고, 실효성도 기대하기 어려운 '불요불급하고 저급한 사업계획'들이 지자체마다 난립하는 구조악의 고리가 끊어지지 않는 것이다.

무엇보다 기금의 사업계획을 잘 세우기 위해서는, 인구정책이나 인구동향 전문 연구기관 등의 인구정책 전문가가 지역의 인구 동향을 중장기적으로 파악, 분석해서 지역의 정책 기초자료를 생산하고, 그 기초자료를 근거로 삼아 지방소멸대응기금 사업계획을 수립하는 노력이 선행되어야 한다.

아울러 지방, 또는 지역의 주인이자 지방소멸대응사업의 책임주체 역할을 맡아야 할 지역주민이 사업계획 수립 단계부터 주도적으로 참여해 말 그대로 내발적이고 상향식의 마스터플랜을 구상하는 게 상책이다.

그래야, 해묵은 지역민원 사업이나 지자체장의 공약사업이 기금사업으로 둔갑하거나 기왕의 일반적인 지역개발사업처럼 토건 사업으로 전락하는 예정된 실수와 실패에서 벗어날 수 있다. 물론, 지방소멸대응정책 이전에 지방소멸 근본 원인인 지역불균형, 지역양극화 해소를 위한 '탈(脫) 수도권 정책'이 국력이 집중되어야 함은 상식이다.

〈2023년 5월, 정기석〉

지역개발 예산,
'기본소득'과 '자치기금'으로

한국의 농촌지역개발사업은 문제가 많다. 한마디로 하향식, 관주도, 토건형 모델로 설계되고 시행되기 때문이다. 1970년대 국가 주도의 물리적 환경개선 위주 개발지향적 '새마을운동'으로 촉발된 태생적 한계마저 안고 있다. 1980년대 들어 농촌정주생활권 개발, 농공단지 조성, 소도읍 활성화 등에 이어, 1990년대 농지제도 폐지, 개발제한구역 해제 등으로 농촌지역 난개발의 흑역사로 점철된다.

2000년대 들어서야 비로소 국토균형발전, 상향 공모식 농촌지역개발사업 등의 전향적, 혁신적 정책이 도입되었다. 그러나, 현장은 정책과 제도를 따라가지 못한 게 사실이다. 우선 중앙정부에 예속된 유사·중복 사업의 주체 간 갈등과 시행착오가 근본적인 문제점이다. 2000년대 이후 농식품부를 비롯해 농진청, 행안부, 문화부, 국토부 등의 각종 농촌지역개발 유사·관련사업이 중복적으로 양산되었기 때문이다. 이 과정에서 부처 간 헤게모니 다툼, 중앙과 지방의 불협화음, 행정과 주민의 갈등만 야기하며 파행과 시행착오의 사례가 난무했다. 그럼에도 정부는 '개발'이라는 토건적, 전시행정용 제도와 사업의 관성과 관행, 정책 체계와 패러다임에서 좀처럼 벗어나지 못하고 있다.

중앙정부 예산에 의존하다 보니 타율적인 단기사업 위주로 추진되는 시행방식에서 벗어날 수 없다. 지역현장에서는 지자체장의 교체 등 외부 환경 변화에 따라 연속성이나 지속가능성을 담보하기 어렵다. 중장기적인 비전과 전략이 부재한 상태로 단위사업 형태의 단기사업만 소모적으로 반복되고 있다. 사업비를 대부분 중앙정부에 의존하면 지역별로 독자적, 자율적인 사업의 계획이나 추진은 어렵다. 출렁다리나, 둘레길이나, 복합문화복지센터나, 송어잡기체험축제처럼 기존사업이나 타지역의 유사사례를 모방하고 답습하는 비생산적이고 소모적인 사례가 만연할 수밖에 없다.

⊛ '한국형 농촌지역개발사업'은 예정된 실패 중

이처럼, 이른바 '한국형(식) 농촌지역개발(사업)' 문제는 정책모델 설계의 오류라는 태생적이고 본질적인 사업모델의 한계를 안고 있다. '마을만들기'등 농촌지역개발사업의 취지와 목적을 '산업적인 농촌관광지화' 또는 '상업적인 생태공원화' 등 물리적인 성과물 조성사업과 동일시하고 있다. 그래서, 하드웨어 조성 위주의 토건사업에 집중했다. 그 결과, 외부인(도시민 체험객, 선진지 견학단, 공무원 시찰단 등)의 구경거리나 체험거리에 불과한 신원미상, 정체불명의 조악한 관광지, 공원 등이 전국 도처의 마을과 지역에 무차별적으로 산재되었다. 사실상 개점휴업, 유휴시설로 전락되는 사례가 다반사다.

또, 상부의 비전문 행정조직과 외부의 상업적 용역업체가 주도하는 예산시혜성 사업목적과 전시행정용 사업평가 위주의 '토건식, 관광용, 도시형 관제 농촌지역개발' 사업시스템도 불안하다. 상부의 평가용, 외부의 소비용 '마을만들기'에 경도, 내부인(원주민, 귀농인, 출향인 등)의 생활과 생존을 보장하지 못한다. 지역주민의 삶의 질 향상을 위한 '사회적이고 생태인 마을살이 또는 마을살리기'로 사업의 계획, 추진 시스템을 재정립해야 한다.

무엇보다, 사업을 책임질 운영주체가 불분명하거나 부재한 것은 실패의 핵심병인이다. 마을공동체사업 등 농촌지역개발사업의 성패는 곧 사업의 3대 책임주체인 '행정, 주민, 전문가'의 자세와 역량의 정도로 결정된다. 그런데, 행정은 사업에 임하는 진정성과 지원역량이 미흡한 편이다. 주민은 사업에 대한 이해도와 내발적 역량이 부족한 편이다. 이런 행정과 주민의 부족한 점을 보완하고 지원하는 역할의 전문가 집단은 전문역량과 책임의식이 미비하다.

특히, 행정의 정책 오류 또는 실패가 가장 큰 문제이다. 농촌지역개발사업 문제의 가장 유력한 발원지는 해당정책을 개발하고 예산을 집행하는 '행정'이라 할 것이다. 사업의 권리와 책임을 온전히 독점하고 있기 때문이다. 농식품부 등 중앙정부나 각급 지자체 등 행정은 농촌지역개발사업의 본질적, 궁극적 목적과 목표에 대한 인식이 부족하거나 결여되어 있는 것으로 보인다. 단순하고 단기적인 생활기반 및 환경 개선사업 위주의 개별단위 물리적 토건사업에 치중하고 있다. '농촌지역사회의 지속발전가능한 재생 및 농촌지역주민의 삶의 질 향상'이 이 사업의 목적과 목표가 아니던가.

더욱이 중앙이나 지역이나 행정 하부에서는 건축, 농정, 도시, 주택 등 각 부서마다 사업이 분산 추진되고 있다. '행정 칸막이'로 인한 비효율과 불통의 여지가 상존하는 구조에 빠져있는 것이다. 사업의 총괄·기획 기능과 전담부서가 부재한다는 말이다. 행정에서 위원장 등 일부 주민을 중심으로 사업을 추진하는 경우도 다발하기도 한다. 심지어 행정편의를 우선하다 마을주민 간 갈등과 공동체 붕괴 빌미까지 제공하는 지경이다.

🦬 주민 등 사업운영주체 사이의 사회적 자본부터

지역주민들도 준비와 학습과 훈련이 부족하기는 마찬가지다. '농민 등 농촌지역 주민'들이 미처 농촌지역개발사업의 사전 이해와 경험이 없는 상황에서 관련 사업에 선정되고 지원되는 경우가 흔하다. 마을이든, 지역이든 지역개발사업으로 성장하여 자립할 수 있으려면 최소 몇 년의 준비기간이 필요하다. 그동안 주민은 사업에 대해 상부의 행정이나 외부의 지원조직과 협력하고 협업해서 지속적이고 체계적으로 학습하고 훈련해야 한다. 일회적이고 기계적인 주민역량강화 프로그램으로는 역부족이다.

심지어, 행정과 주민이 풀지 못하는 문제를 대신 해결해야 할 '전문가'의 역할과 성과는 행정과 주민의 요구와 기대에 크게 미달한다. 더욱이 2004년 이후 단일사업 최대 100억 원 규모의 농촌마을종합개발사업이 시행되면서 농촌지역개발관련 전문업체들이 우후죽순처럼 난립, 전문가의 개념과 관련 컨설팅시장이 교란되는 양상마저 목격되고 있다. 근본적으로는 외부의 용역전문가들에 의뢰, 의존하지 말아야 한다. 지역주민 스스로 마을사업의 기획과 관리와 운영을 책임질 수 있도록 주민전문가(마을사업가)부터 양성해야 한다. 주민전문가가 일종의 주민직영 자조·자치 중간지원조직이라는 공적 조직을 거점으로, 사설 전문용역시장이 수행한 제반업무를 거의 대체할 수있어야 한다.

이와 같은 법, 정책, 제도의 개선이나 전환보다 더 시급하고 중요한 건 사회적 자본이 다. 무엇보다 농촌지역개발사업의 성공적 추진 및 성과를 위해서는 농촌지역사회 및 농촌마을공동체 안에 내재·축적된 사회적 자본의 여부 및 정도가 관건이다. 농촌지역사회 및 농촌마을공동체 내부에서 공동체 구성원끼리 서로 긴밀하게 협력하고 연대하며, 서로 신뢰하고 존중하고 배려하고 나누는 한편, 공동체의 규범과 관계망을 형성, 강화함으로써 농촌지역 공동체의 문제 해결과 지속가능한 발전에 기여하는 유무형의 자산으로서 '사회적 자본'의 생산과 축적이 마을 안에, 지역 내부에 선행되어야 한다.

🏦 '지역주민 기본생활소득'과 '지역공동체사업 공동자치기금'으로

이처럼, 현행 지역단위 공모사업 보조금 지원방식의 지역개발 정책과 사업의 효과와 성과는 부진하고 불확실한 게 확실하다. 지방소멸 및 인구감소 위험 대응, 국토균형발전 취지 및 목적의 지역개발 또는 지역활성화라는 목적과 가치를 위한 전향적으로, 혁신적인 정책의 변화가 요구된다. 우선, 예산집행 패러다임부터 보다 효과적이고 합리적으로 전환할 필요가 있다. 가령, 농촌 등 지역개발사업 관련 각 중앙부처의 해당예산의 조정 또는 재편을 통해 '지역주민 기본생활소득' 직불제를 도입하자. 재원 조성은 얼마든지 가능하다.

예를 들어, 2023년도 전북 진안군의 농촌지역 개발 관련(농업·농촌 분야, 국토 및 지역개발 분야 등) 예산은 1,311억 원으로 총예산 5,184억 원의 25.5% 점유하고 있다. 농업·농촌 분야 1,165억 원으로 총예산의 22.5%, 국토 및 지역개발 분야는 156억 원으로 총예산의 3%를 차지한다.

2023년 4월말 현재 진안군 전체주민수는 24,664명으로 주민 1인당 월 300천 원을 '지역주민 기본생활소득'으로 지급하면 연간 887억 원의 예산이 소요된다. 이는 진안군 연간 총예산의 17.1%에 해당된다. 기존의 농촌지역개발 관련 예산과 대비하면 67.2% 정도이다.

지역주민 개인 단위로 지급되는 기본생활소득 외에, 지역(마을)공동체단위로 '지역공동체사업 공동자치기금'도 따로 조성, 지원할 필요가 있다. 마을공동체 복지(공동돌봄 등) 증진, 공동체 시설 유지·관리, 마을 경관·환경 보전·관리, 마을 역사·문화 자산 보전·관리 등에 공동기금이 쓰인다.

　예를 들어, 진안군의 경우 기본생활소득 지급액의 10% 해당액을 별도 적립한다면, 887억 원의 10% 해당액인 88억 원이 책정된다. 이는 진안군 총예산의 1.7%, 농촌지역개발 관련예산의 6.7%에 불과한 금액이다. 개인별 기본생활소득과 지역공동체별 공동자치기금의 합계는 976억 원으로 진안군 연간 총예산의 18.8% 정도이다.

　지역소멸을 막고 지역을 되살리기 위한 방법이 없는 게 아니다. 관련 정책이나 해당 사업이 없지 않다. 필요한 예산이 없는 것도 아니다. 단지, 행정부, 입법부 등의 주요 결정권자들이 지혜로운 결심과 용기 있는 결단을 주저하고 있을 뿐이다.

〈2023년 7월, 정기석〉

'고향 군위군'이
사라졌다

외갓집은 참 멀었다. 서울에서 지도로도 이미 천 리 길을 넘어서는 남녘 끝마을에 가까웠다. 몇년에 한 번쯤 어머니를 따라나서던 유년에는, 가는 내내 다시 돌아올 수 없는 구만리 장천을 헤매는 기분이 들었다. 심지어 천길 낭떠러지가 도사리고 있는 지구별의 끄트머리로 향하는 심정에 사로잡혀 잔뜩 겁을 먹곤 했다.

그러나 길고 고된 여로의 끝에 다다른 외갓집은 다른 세상이었다. 늘, 설화 속에나 등장하는 상서로운 외딴섬의 풍광으로 들뜬 어린아이를 기다리고 있었다. 그건 지독한 멀미와 막막한 지루함으로 점철된 고행길을 얼마든지 보상받고도 남을만한 값어치 있는 시간여행처럼 느껴졌다. 어쩌면 그토록 다가가기 힘든 먼 곳에 떨어져 있었기에 더욱더 간절히 '그곳에 가고싶'어했다. 내 유년의 이상향이 바로 외갓집이었던 것이다.

어머니를 닮은 외할머니, 외할머니를 닮아있는 외할아버지, 어머니처럼 생긴 외삼촌과 이모들, 형제나 자매같이 낯익은 외사촌들, 외갓집 마당을 닮은 논과 밭, 외갓집 기둥을 닮은 뒷마당 대나무, 외갓집 반찬 거리를 닮은 뒷산과 앞들의 야생초들, 외갓집 초가지붕을 닮은 뒷산 양지바른 곳 조상님의 무덤들, 외갓집에서만 맡을 수 있는 수상하게 맛있는 여러 가지 냄새들, 그리고 분명히 남인데도 가까운 친척인 양 반갑고 따뜻하게 맞이해주던 시골 마을의 순박한 사람들의 따뜻한 온기.

지금 농촌 마을에는 빈집이 넘쳐난다. 농식품부의 농촌빈집실태조사에 따르면 5~6만여 동에 이른다고 한다. 농사를 지어서 먹고살기 힘들거나, 늙어 꼬부라져서 더 농사지을 힘이 없는 농민들의 이농, 폐농으로 폐가나 흉가로 전락해가고 있다. 빈집이 많아지니 마을도 덩달아 점점 비어간다.

그런데 빈집의 문제는 그 마을의 문제로 끝나지 않는다. 농촌의 문제로만 끝나지 않는다. 이게 사실 더 큰 문제다. 농촌이 비어가는 동안 도시는 힘겹게 터져나가기 때문이다. 지나치게 많은 사람들과, 지나치게 많은 집들과, 지나치게 심한 생존경쟁으로, 도시의 삶은 숨이 막힌다. 도시민들은 도시를 벗어나려 아우성을 치고, 떠나온 고향마을이 그리워 흐느끼며 산다.

지금 우리가 아무 일도 하지 않으면, 머지않아 우리 농촌 마을의 외갓집은 모두 빈집이 되고 만다. 그 누구도, 다시는, 농촌 마을로 돌아가지 못한다. 그리운 외갓집을 찾아가지 못하게 된다.

군위군민이 대구광역시민으로 전향했다

지난 1일, '경북 군위군'이 대한민국 지도에서 사라졌다. 정확하게는, 경북도에서 대구광역시로 행정관할구역이 변경된 것이다. 군위군은 인구소멸 위험지수 0.11로 전국 1위를 기록한 지자체다. 소멸위험지수는 65살 이상 노인 대비 20~39살 가임여성의 비율을 따져 산출한 지수를 말한다.

지자체 자체가 소멸하기 전에, 군위군 전체가 빈집이 되기 전에 나름대로는 특단의 조치를 감행한 셈이다. 경북 군위군에서 대구시 군위군으로 변경되고 나니 변하는 게 많다. 지역전화번호는 054를 유지하지만 국가기초구역번호(우편번호)는 43100으로 바뀐다.

광역시로 편입되지만 농업 분야의 보조사업 지원은 기존 수준으로 지속된다. 법적 근거인 '대구광역시 농업·농촌 및 식품산업 지원에 관한 조례'를 내년부터 시행할 예정이다. 자체 농민수당 조례 개정을 통해 농민수당도 현재와 동일한 수준(가구당 60만 원)을 유지한다. 농업 유통체계도 자연스레 군위군의 산지와 대구시의 소비자간 유통단계와 비용이 줄어드는 효과도 기대된다. 군위농민들이 대구시민이 되지만 농사를 짓는데 불이익이나 손해를 보지 않는 셈이다.

'농어업인의 삶의 질 향상 및 농어촌지역 개발촉진에 관한 특별법'에 따른 농어촌학교에 해당하기 때문에 농어촌특별전형도 그대로 유지된다. 삼국유사 등 군위군의 특별한 관광자원을 바탕으로 대구시 연계 프로그램을 개발, 지역경제 활성화와 지속가능한 관광발전도 꾀한다. 이밖에, 각종 경조사, 의료보건 관련 관련 수당, 보험, 축하금 등의 복지서비스도 수혜 범위와 수준이 광역시에 걸맞게 높아질 전망이다.

🐷 그러나, '경북 군위군'은 소멸했다

이처럼 군위군은 전국 1위 인구소멸 위험지역에서 3대 광역시로 도농복합지역으로 변신했다. 소멸위기에서 겨우 벗어난 군위 지역주민들의 기대도 크다고 한다. 농업, 관광 등 대부분 분야의 시장이 확대될 뿐 아니라, 신공항 에어시티 국제공항도시, 미래모빌리티, 인공지능, 스마트농업 등 첨단 산업인프라를 조성하면 경제 지형까지 바꿀 수 있다는 야심찬 미래청사진을 펼치고 있다.

반면, 우려와 걱정이 없는 건 아니다. 대구시 편입 전의 군위군은 고령인구 비율 전국 1위, 인구소멸위험지수 전국 1위, 경북도 재정자립도 최하위라는 '3관왕의 멍에'를 안고 있는 취약한 지자체였다. 대구 공항 이전이라는 정책적 명분과 실익에 매달려 인구 2만 3,000여 명의 군위군의 부채와 숙제를 대구시가 일단 떠안은 게 아니냐는 비판적 여론도 적지 않다.

군위군의 사례는 지역소멸의 위험으로 내몰린 우리 지역, 지자체에 시사하는 바가 가볍지 않다. 소멸위험을 피하는 실질적인 해법과 출구를 제시하는 의미와 효과도 있을지 모른다. 다만, '경북 군위군'을 고향으로 삼고 살아온 출향인들은 그리운 고향, 따뜻한 외갓집으로 다시는 돌아갈 수 없는 건 확실하다.

〈2023년 7월, 정기석〉

'지방시대'가 아니라
'지역시대'라야

　현 정부에서는 기존의 국가균형발전위원회와 지방자치분권위원회를 지방시대위원회로 통합, 지난 7월 공식 출범했다. 그동안 두 위원회가 서로의 기능을 분산적으로 수행하며 상호 연계가 미흡했다는 일부 지적이 없지 않았다. 지방자치분권 및 지역균형발전에 관한 특별법 시행령도 제정했다. 지방시대 국정과제와 지역공약을 총괄할 대통령 소속 지방시대위원회의 위상과 목적이다.

　지방시대위원회는 지방시대 국정과제와 지역공약을 총괄하는 콘트롤타워 역할을 맡는다. 지방시대 종합계획을 수립하고 각종 균형발전시책 및 지방분권 과제를 추진하는 중요한 역할이다. '대한민국 어디서나 살기 좋은 지방시대'를 슬로건으로 내걸었다.

　우동기 위원장은 "이젠 살고 있는 지방이 다르다는 이유만으로 기회와 생활의 격차가 생기는 불평등을 멈추어야 할 때"라고 위원회의 소임을 강조한다. "소멸위기에 놓인 지방을 살릴 수 있는 마지막 기회라는 생각으로 관련 제도를 만들고 정책을 수립하며 지방이 주도적으로 정책을 펼치고 중앙이 지원하는 상향식 균형발전 체계를 만들어 가겠다"고 중책을 맡은 포부를 밝혔다.

🏛 지방의 불평등을 멈추는 콘트롤타워로서

구체적으로는 지방투자 촉진을 위한 핵심제도인 기회발전특구의 제도적 기반이 마련됐다. 혁신도시, 연구개발특구 등이 기회 발전 특구에 선정될 수 있는 길이 열린 셈이다. 국가와 지방자치단체는 기회발전특구에 투자하는 개인 또는 법인에 대해 행정·재정적 지원을 할 수 있다. 특히 조세특례제한법, 지방세특례제한법 등에 따라 국세 또는 지방세 감면이 가능하다.

또한 시·도별 지방시대위원회 출범, 지방시대 종합계획 수립 등을 통해 지역에서 자체적으로 수립한 기초를 토대로 중앙의 부문별 계획을 반영한 지방시대 종합계획을 수립하려는 계획이다. 기존의 중앙정부 주도의 하향식 종합계획의 틀에서 벗어나겠다는 생각이다.

이것 말고도 지방시대위원회가 앞으로 감당해야 할 숙제는 넘친다. 지방소멸, 일자리·경제, 교육문제라는 어젠다는 해법이 잘 보이지 않는다. 재정·예산권은 여전히 지방자치단체가 중앙에 의존하는 구조에서 매달려있다.

그동안의 국가균형발전 계획, 각종 정책지원사업에도 불구하고 수도권과 비수도권의 교육환경은 천지차이다. 사회경제환경, 공공서비스 등 지역격차도 더욱 심화되었다. 혁신도시의 공공기관에는 지역인재를 별로 찾아볼 수 없다. 주중에는 혁신도시에서 일해 소득을 얻고 주말에는 다시 수도권으로 귀가해 생활하며 소비한다.

🏦 지방이라는 말은 중앙의 식민지라는 뜻

전북대 강준만 명예교수의 표현을 빌면 '지방'은 '중앙'의 식민지다. 지방이라는 한국의 변방, 주변부, 사각지대에는 중앙에 대한 피해의식, 비굴함, 열등감, 모멸감, 적개심만 가득하다. 강 교수는 "지방은 정치·경제·문화·교육·언론 등 전 분야에서 서울에 종속된 '내부식민지'라고 개탄하고 있는 것이다. "지방정부는 자율성도 낮을뿐더러 재정 독립성도 약하며, 특히 인사와 예산의 종속은 지방정부의 '중앙에 줄 대기' 경향을 키웠다"고 일갈한다.

"국가는 지역 간의 균형 있는 발전을 위하여 지역경제를 육성할 의무를 진다" 대한민국 헌법 제123조 제2항이다. 국가의 균형발전은 헌법적 가치를 지닌 국가의 중요한 책무이다. 지금 수도권은 11.8%의 면적으로 인구, 취업 인원, 지역 내 총생산의 절반을 독차지하고 있다. 국토가 극도로 불균등하게 이용되고 비효율과 불평등이 심각하다는 위험지표이다.

무엇보다 지역 불균형과 격차는 '지역감정'의 뿌리이자 결과로 나타난다. 수도권과 비수도권, 대도시와 중소도시, 도시와 농촌, 경부축과 비경부축 사이에 다양한 차원의 격차와 반감이 발생한다. 심지어 동일한 행정구역 안에서조차 지역격차가 상존하는 엄혹한 현실이다. 서울특별시 안에서 강남과 강북, 도농복합지역에서 도시지역과 농촌지역의 불균형, 차별을 보라.

해묵은 국가과제인 지역 불균형을 해소하고 지역 간의 협력과 통합을 위해서 지방분권, 지방자치는 국가 발전의 핵심 어젠다이다. 더욱이 오늘날 지역불균형 또는 차별의 원인이 결국 권력의 중앙집중에 있기 때문에 지방의 자율과 분권은 미룰 수 없는 숙제다. 지금처럼 지역마다 중앙정부의 한정된 재원과 기회를 선점하고 쟁취하기 위한 투쟁을 벌이면서 지역 간의 협력과 통합을 모색한다는 것은 어불성설이고 위선이고 기만이다.

근본적으로는 '지방'이란 용어를 고쳐 써야 한다. 일단 어의부터 부적절하고 부정확하다. '지역'이라고 해야 분명하고 정확하다. 지방이란 용어는 '서울'을 중앙으로 보고 나머지 지역은 변두리 또는 나머지를 보는 시각과 인식이 내심 깔려 있는 것이다.

지역발전 정책의 패러다임도 바뀌어야 한다. 그동안 우리 지역발전 정책은 '장소(Place)'에 매달렸다. '시설(Hardware)' 중심의 토건사업에 집착했다. 지역발전의 궁극적 대상이자 성과는 장소나 시설이 아니라 '사람(Humanware)'이나 '프로그램, 콘텐츠(Software)'라야 한다. 그래야 창의적이고 혁신적이고 지속발전 가능한 지역발전과 성장이 가능하다. 마침내 지역마다 고유의 특성과 자원을 지역활성화의 동력으로 활용할 수 있다.

결국 지역발전 전략과 정책은 그 지역을 가장 사랑하고 가장 잘 아는 그 지역의 주민들이 주도하고 책임져야 한다. 한마디로 지역의 '자율'과 '책임'에 기초한 지역발전정책이라야 한다. 지역분권, 지역주권, 지역책임경영의 주체는 정부나 행정이 '참여하는 시민의 공동체조직'이라야 한다. 그래야 모든 국민들이 '민주주의의 학교'인 지방자치의 주인, 민주공화국의 주권자 노릇을 할 수 있다.

〈2023년 9월, 정기석〉

'노후난민'을 위한
나라는 없다

한국의 노인들은 가난하다. 한국은 세계 10대 교역국으로 선진국 반열에 들어섰지만 노인들의 사정은 그렇지 않다. 그것도 OECD(경제협력개발기구) 국가 중 가장 가난한 편에 속한다. 주관적 감정이나 불만이 아니라 통계로 나타난 객관적인 사실이다.

통계청의 '2022 고령자 통계'에 따르면, 우리나라 65세 이상 노인 고용률은 2021년 기준 34.1% 수준이다. OECD 평균인 14.7%의 2배 이상으로서 OECD 회원국 중 가장 높은 수준이다. 실질 은퇴연령도 72세로 OECD 회원국 중에 가장 높다. 가장 길게 열심히 일하는 편이다. 그럼에도 66세 이상 고령자의 상대적 빈곤율이 43.2%로 OECD 회원국 중 노인빈곤율 1위를 기록하고 있다.

이는 공적연금에 투입되는 정부지출이 적은 게 근본적 이유라고 할 수 있다. OECD의 '한눈에 보는 연금 2021 OECD'(Pensions at a Glance 2021)에 따르면 2017년 기준 한국 정부가 공적연금에 투입한 재정은 전체 정부지출의 9.4%로 전체 회원국 중 아이슬란드(6.2%) 다음으로 낮다.

OECD 회원국들은 평균적으로 전체 정부지출의 18.4%를 투입, 한국의 약 2배 수준이다. 한국의 GDP 대비 공적연금 지출은 2.8%로 OECD 평균(7.7%)의 절반도 되지 않는다.

🏦 노인빈곤율은 노인자살률로 연결

2022년 국민기초생활보장 수급자 현황을 살펴봐도 한국의 노인빈곤 상황은 심각하다. 2022년 기초생활보장급여 일반수급자 10명 중 4명에 해당하는 39.7%가 65세 이상의 노인 인구로 밝혀졌다. 노인인구의 비율은 2017년 28.9%에서 불과 5년만에 10% 가까이 가파르게 증가한 셈이다.

가구 유형별 수급자 분포에서도 노인가구는 32.2%로 가장 많다. 장애인가구 13.8%, 모자가구 10.6%, 부자가구 2.9% 등 취약 계층 가구 전체 59.5%의 절반 이상을 차지하고 있다. 심지어, 수급자의 29.4%가 월소득이 아예 없는 '0'원이다. 40만 원 이하는 60.9%에 달한다.

이와 같은 한국의 노인빈곤율은 곧 노인자살률로 직결, 이미 심각한 사회문제로 불거지고 있다. 65세 이상 노인자살률은 2019년 기준, 인구 10만 명당 46.6명 수준이다. 이는 OECD 평균 17.2명의 2.7배에 달하는 수치이다.

보건복지부의 '2020 노인 실태조사'에 따르면, 노인이 자살을 생각하는 주된 이유는 건강(23.7%)과 경제적 어려움(23.0%)이었다. 외로움(18.4%)이나 배우자 또는 가족 사망(13.8%)보다 비중이 컸다.

🏦 한국의 '노인난민'과 일본의 '노후난민'

한국사회의 전조 증상을 먼저 나타내는 일본도 상황이 좋지 않다. 종신고용제도는 무너지고 노후를 대비할 자금은 마련되어 있지 않은 게 일본 50대의 현실이다. 일본에서는 기본적인 노후 자금도 준비되지 않아 경제적인 어려움을 겪는 이들을 '노후난민'으로 부른다.

종신고용의 종말은 이미 일본 경제가 급성장했던 80년대부터 예견되었다. 은퇴 후에는 고정적인 일자리를 구하기 어렵다. 아르바이트와 같은 한시적인 일을 하는 '중년의 프리터족'을 양산하고 있다. 단기적인 비정규직이라도 구하려고 넷카페에서 머무는 이른바 '넷카페 난민'도 등장했다. 일을 열심히 해도 빈곤층에서 벗어날 수 없는 '워킹푸어'가 일상화된 건 물론이다.

일본의 '노후난민'은 이미 남의 나라 얘기가 아니다. 한국에서도 이미 '노인난민'이 속출하고 있다. 고령화로 수명은 늘어났지만 가족의 돌봄을 받지 못하고 사회적 부양도 제대로 받지 못하는 노인을 그렇게 부르기 시작했다. 자식들과 떨어져, 사회로부터 격리 또는 고립되어 독거노인으로 살아가는 처지가 난민들과 크게 다르지 않다는 의미다.

최근 국가인권위는 빈곤 때문에 쉬지 못하고 일할 수밖에 없는 노인에게 기초연금을 더 지급해야 한다고 보건복지부장관에게 권고했다. 현행 기초연금제도는 65세 이상 노인의 소득하위 70%에 해당하는 모든 사람에게 월 30만 원을 지급하고 있다.

그런데, 이는 고령층 소득 격차 확대에 기인한 소득 불평등을 고려하지 않은 지급방식으로서 노인층 내 소득 불평등을 완화하기 위해서 취약 계층을 표적화해 재설계할 필요가 있다는 제안도 하고 있다. 소득하위 노인에게 더 많은 기초연금액이 지급될 수 있도록 소득수준에 따라 기초연금액을 차등 지급해야 한다는 내용이다.

기초연금 등 공적연금 재설계해야

아울러, 기초생활보장 급여를 산정할 때 기초연금 수급액을 소득에서 제외하는 방안을 검토할 것도 권고했다. 현행 기초연금제도와 기초생활보장제도는 65세 이상 기초생활보장급여 수급자가 기초연금을 받게 되면 그 금액만큼 기초생활보장급여에서 공제돼 사실상 기초연금을 못 받게 되는 상황이 발생할 수 있다.

인권위는 빈곤으로 자살하는 65세 노인자살률이 OECD 평균보다 3배 가까이 높고, 상대적 빈곤율 1위라는 심각한 상황을 반영했다고 권고의 배경을 설명하고 있다. 이번 권고를 계기로 노년의 끝자락에서 다른 방안을 모색하기가 어려운 빈곤노인을 위한 사회적 안전망이 더욱 두텁게 보장될 수 있기를 기대한다고 덧붙였다.

참여연대는 공공부조제인 기초생활보장제도를 통한 보호, 기초연금, 농지·주택연금 등 공적연금 확충, 노인 일자리 확충, 50대 중고령층 노동시장 연장 및 직업전환 교육 등의 대안을 꾸준히 제시하고 있다. 지금 '노후난민'을 위한 나라는 없다. 그러나, 우리는 모두 노인이 된다.

〈2023년 11월, 정기석〉

김포는
이미 서울 메가시티

여당은 김포시의 서울특별시 편입을 적극 추진하고 있다. 정부와 협의해 김포시민들의 의견을 수렴하는 공론화 과정을 거치고 사업 타당성을 검토한 후 특별법까지 제정한다는 구상을 밝혔다. 그런데 발표 시기와 상황이 석연치 않은 게 문제다.

이런 일련의 관련 절차를 밟으면 물리적으로 실행되는 시기는 내년 총선 이후가 될 전망이다. 야당과 시민사회는 김포 서울편입 제안이 김포시민이나 서울시민을 위한다기보다 졸속적인 총선용 지역개발공약이라고 그 진의를 의심하고 있다.

물론 여당은 총선용이 아니라고 부인하고 있다. 당 대표는 김포를 서울로 편입하는 게 바람직하다고 당 내부 검토 결과 이미 결론을 내렸다고 밝혔다. 나름대로 편입 타당성 논리도 마련해두었다. 김포를 기반으로 서울 강서권, 서북권의 배후 경제권도 발달하고 해외 무역, 외국인 투자, 관광이 서울시 발전에 기여할 수 있다는 것이다.

김포시뿐 아니라 서울시와 인접한 소도시들까지 덩달아 들썩이고 있다. 하남시, 광명시, 구리시 등이 생활권, 통학권, 직장과 주거지의 통근 상황 등을 고려한 서울 편입 필요성과 타당성을 제기하고 있다.

🎞 서울은 이미 세계적인 메가시티

서울은 이미 만원이다. 메가시티(Megacity)라고 할만하다. 메가시티란 1,000만 명 이상의 인구가 밀집된 도시를 의미한다. 현재 서울시 인구는 930여만 명에 달한다. 수년 전 1,000만 명을 돌파했으나 주택, 고용 등의 이유로 서울이 인근 소도시로 전출한 인구 때문에 1,000만 명을 밑돌고 있으나 사실상 메가시티라고 할 수 있다.

게다가 메가시티는 도시의 행정구역만으로 정의되는 것이 아니다. 도시의 영향력이 미치는 인접 지역까지 포함하는 개념이다. 도시의 생활권, 교통권, 경제권 등을 고려하여 결정되는 것이다. 그래서, 서울은 행정구역으로는 1,000만 명 미만의 인구를 가지고 있지만, 서울과 생활권, 교통권, 경제권을 공유하는 수도권으로 확대하면 2,500만 명 이상의 인구가 살고 있는 세계적인 규모의 메가시티로 규정된다.

한때 비수도권 지역인 부산, 울산, 경남을 묶는 '부울경 특별연합(부울경 메가시티)'도 추진된 적이 있다. 그런데 부울경 메가시티의 목표는 서울과 수도권처럼 행정구역으로 초거대도시를 이루는 게 아니었다. 일단 권역 내의 주민들이 교류와 거래와 활동이 원활한 '생활권역'을 만들어 지역사회를 유지하고 재생하도록 '인구 댐' 기능을 발휘하는 게 최우선 과제였다.

이런 메가시티의 진정한 목표라는 관점에서 살펴볼 때, 김포시의 서울시 편입은 그 필요성과 명분이 다소 부족해 보인다. 이미 김포시는 서울시의 메가시티 안에 들어와 생활권, 교통권, 경제권을 충분히 공유하고 있기 때문이다. 그러니까 김포시는 이미 기능적으로는 서울특별시이기 때문이다. 부울경 메가시티가 추구했던 '지역사회를 지탱

하는 인구 댐' 기능과는 전혀 무관한 공허하고 추상적인 정치적 발상에 불과하기 때문이다.

🐌 부울경 메가시티는 부산에만 집중

현재 부울경 메가시티 논의는 중단된 상태이다. 현 부산시장은 메가시티 추진을 주장하지만 경남도지사와 울산시장은 반대하고 있는 형편이다. 경남 서부 지역에서 반대하고 빨대 효과로 인해 상권이 부산에 집중된다는 이유를 든다.

부산시장, 경남도지사, 울산시장 등의 현 지자체장은 모두 여당 출신 지자체장이다. 지난해 경남도의회는 메가시티 추진계획 폐지 조례까지 통과시키며 논의 자체를 종식시켰다. 이와 같은 부울경 메가시티 좌초 사례는 지역의 사활이 달린 메가시티 논의가 단순한 정치적, 정략적 논리로 진행될 수 없다는 방증이라 할 수 있다.

그렇다면, 김포시의 서울시 편입 구상을 통한 서울 메가시티론 역시 서울을 위한 정치적 노림수나 다름없을 것이다. 부울경 메가시티론을 통해 설파한 비수도권 지역의 수도권 대항하기 위해 '생활권역 통합' 논리가 서울의 과식과 과점을 강화하는 비합리적인 논리로 변질되고 있는 것이다.

서울은 이미 세계적인 초거대도시 메가시티다. 김포시 등 서울시 인접 소도시의 편입을 통한 '서울 메가시티론'은 아무런 이유나 필요가 없다. 서울시는 원래 자족 기능이 없는 도시라고 할 수 있다. 경기도, 인천의 인구, 토지, 자원 등의 행정적, 정책적 지원시스템이 가동되지 않으면 독자적인 운영과 존립이 불가능하다.

그래서 '수도권 광역도시계획협의회' 등을 통해 경기도, 인천시와 더불어 교통·환경 등 각종 도시문제 현안을 긴밀히 연구하고 유기적으로 협의한다. 경기도나 인천시의 일부 지역을 굳이 서울로 편입하지 않더라도 2,500만 명이 생활하는 이른바 '서울·수도권 생활권역 메가시티'는 원만하게, 원활하게 작동하고 있다.

메가시티는 공생·상생의 생활권 만들기

이와 같은 이유로, 경기도지사와 인천시장은 굳이 불요불급한 서울 확대에 반대한다. 경기도와 인천시는 그동안 땅, 사람 등 서울에 필요한 인적·물적·공간적 자원을 내어주고 재정 등 그에 상응하는 보상과 실리를 얻었다. 그러나 서울 확대론은 서울에 그저 내어주고 빼앗기기만 하는 일방적 구도로 전환될 위험이 크다.

일반적으로 메가시티는 국제적 경제, 정치, 문화의 중심지로서 국제적인 거래와 협력의 허브 역할을 발휘하는 초거대규모의 행정구역이다. 따라서, 다종다양한 사회적인 문제와 도전에 직면한다. 인구과밀, 환경오염, 에너지낭비, 과잉경쟁, 범죄, 빈곤, 불평등 등의 난제들이다.

무엇보다 인력, 자원 등 메가시티 집중 현상이 심화되면서 지역 불균형이 가중, 지역소멸을 촉발한다. 아울러 인구가 과잉되고 자원이 과밀된 도시는 본연의 도시의 기능과 효율도 저하된다. 환경오염과 기후 변화가 가속화되면서 대기오염, 수질오염, 소음오염, 폐기물 문제, 자연재해 등에 시달린다. 소득, 교육, 직업, 성별, 인종, 종교 등에 따른 사회적 불평등과 차별이 상존한다.

이번 김포시 서울 편입론을 통해 살펴본 서울 메가시티론은 공허하다. 논리적으로 허구적이고 실리적으로 허망하다. 메가시티는 사람끼리 교류하고 돈이 거래되는 '공생과 상생의 생활권 만들기'가 진정한 목표라야 한다. 표를 주고받는 정략적인 선거권 만들기, 또는 일종의 개리맨더링은 정치적 술수에 불과하다. 김포시 서울 편입론은 그런 의심과 오해를 풀기 쉽지 않을 것이다.

〈2023년 12월, 정기석〉

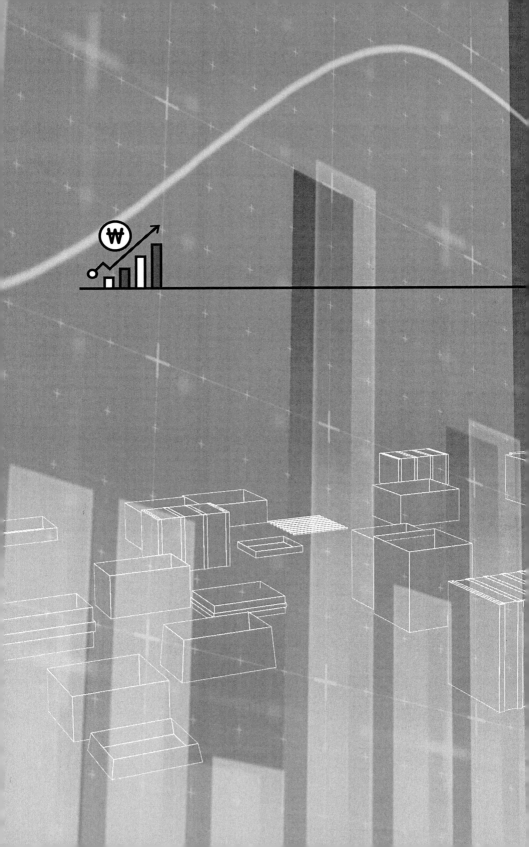

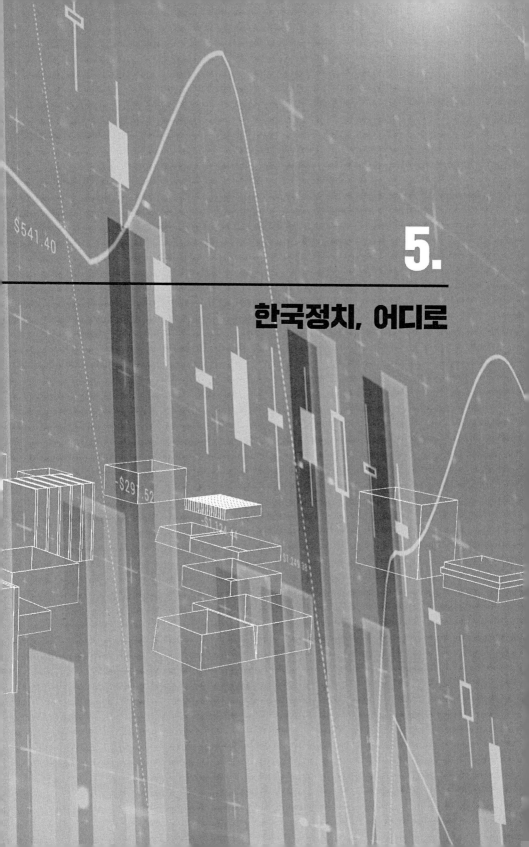

5.

한국정치, 어디로

너도나도
'특별자치단체'

'특별자치단체' 열풍이다. 너도나도 신청하는 모양새다. 부작용이 걱정된다. 일반자치단체와 형평성 문제가 불거질 수 있다. 특례요구 남발로 중앙부처와 협의는 더 힘들어질까 두렵다. 특별자치단체란 관련 특별법에 근거해 고도의 자치권을 보장받는 행정구역을 말한다. 행정·재정 부문에서 중앙정부가 갖고 있던 권한과 기능 중 일부를 부여받고, 재정 특례를 통해 중앙정부로부터 다양한 재정 지원을 받게 된다.

자치경찰제 시행, 교육자치권 확대, 중앙권한 이양, 자치입법권, 자치재정권 부여 등 독자적 체제를 갖출 수 있다. '특별자치' 지위를 부여받은 광역자치단체는 제주가 맨 먼저다. '제주특별자치도 설치 및 국제자유도시 조성을 위한 특별법'에 따라 제주특별자치도가 2006년 7월 1일 출범했다. 특별자치도 출범과 함께 기초자치단체인 4개 시·군이 통합돼 단일 광역체제로 개편됐다.

두 번째 특별자치단체는 세종이다. 2010년 12월 제정된 '세종특별자치시 설치 등에 관한 특별법'에 따라 세종특별자치시가 2012년 7월 1일 출범했다. 세 번째는 강원이다. 강원특별자치도법이 2022년 5월 29일 국회를 통과했다. 전북도 2024년 1월 특별자치도로 변신한다. 2022년 12월 28일 전북특별자치도법이 국회 문턱을 넘었다.

경기와 충북도 특별자치도 추진에 나섰다. 경기는 경기북부특별자치도 추진단을 꾸렸다. 충북은 특별자치도 설치 등의 내용을 담은 '중부내륙지원특별법'을 검토 중이다. 광주와 전남도 특별자치단체 설립을 추진하기로 합의한 상태다. 서울특별시를 제외한 전국 16개 시·도 가운데 절반인 8곳이 특별자치 지위를 갖거나 추진 중이다. 여기에 광역시까지 빼면 특별자치를 추진하지 않은 곳은 충남, 경남, 경북 단 세 곳뿐이다.

특별자치단체 '열풍', 충남 경남 경북 3곳 빼고

배고픈 건 참아도 배 아픈 건 참기 어려운 터. 남은 광역자치단체도 샘이 나지 않을 수 없을 것이다. 중앙정부로부터 권한을 이양받고 예산을 지원받는 커다란 이익과 혜택을 마다할 이유가 없기 때문이다. 이들도 머잖아 특별자치단체 추진 대열에 합류할 것이다. 이러다 전국 모든 광역자치단체가 특별자치 지위를 얻게 되면 어찌 될까. 말 그대로 특별한 경우에 허용돼야 할 특별자치단체의 취지가 크게 빛바래고 말 것이다.

지금도 특별자치단체마다 '특별함'이 없다는 지적이다. 실제로 23개 조항인 강원특별자치도법과 28개 조항인 전북특별자치도법을 비교해 보면 조항 내용이 별반 다를 게 없다. 16년 전 특별자치도가 된 제주의 경우 '국제 관광', 세종의 경우 '행정 수도'라는 특징이 있었다. 강원과 전북은 그런 지향점이 눈에 띄지 않는다. 전북의 경우 출범 전까지 '농생명 수도' 기반을 만들고, 새만금 연계 효과를 거둘 수 있는 특례를 찾아낼 요량이다.

강원과 전북은 제주와 세종과 또 다른 점이 있다. 기초자치단체를 그대로 유지해야 한다. 도와 시·군의 권한과 책임 등을 규정한 기존

법 조항과 모순이 발생한다. 예를 들어 도시계획을 수립할 때 현행 국토계획법상엔 광역지자체는 광역도시계획을, 기초지자체는 도시기본계획 등을 수립해야 한다고 돼 있다. 특별자치도의 경우 도시기본계획을 직접 세울 수 있다 보니 일선 시·군과 충돌이 생길 수 있다.

행정안전부와 강원도가 관련 법령을 살펴본 결과, 이런 충돌 소지가 9,000여 개에 이르는 것으로 파악됐다. 그도 그럴 것이 올해로 특별자치도 출범 17주년을 맞는 제주조차 여전히 '무늬만 특별하다'는 지적이 나온다. 인구와 관광객 수, 예산 등 면에서 양적 성장을 이뤘으나 고도의 자치권 보장 등에서는 한계가 있었다는 평가다.

🎯 지방자치 선진화 모델 새롭게 구축해야

중앙정부 지원에서도 문제가 발생한다. 특별자치단체는 특별한 성격과 지위를 주고 예산지원과 권한을 위임하는 것이다. 국무조정실 안에 지원위원회를 두고 행정·재정적 지원 방안을 마련할 수 있다. 특별자치단체가 난립하게 되면 애기가 달라진다. 유사 성격의 위원회가 통합되고, 위원회 운영도 '정치 논리'에 따라 나눠주기식으로 흐를 공산이 크다. 한정된 예산을 쪼개주다 보면 개별 자치단체에 돌아갈 몫은 줄어들 수밖에 없다.

이쯤 되면 특별지자체에 대한 전면적인 재검토가 필요해 보인다. 특별자치단체를 신청해 올 때마다 특별법을 제정하는 것이 과연 합당한 방식인지 따져봐야 한다. 그보다는 전국 모든 광역자치단체가 특별자치단체로 지정되는 것을 전제로 통합법을 운영하는 게 나을 수 있다. 그리고 법률로 각 지역에 맞는 특별자치단체 운영 기준을 정하는 게 바람직할 수 있다.

내친김에 여기서 한 걸음 더 나아가야 한다. 중앙정부의 권한을 지방자치단체로 과감하게 이양하는 시대적 흐름에 부응, 선진화된 지방자치 모델을 새롭게 구축하는 일이다. 이 과정에서 지역별 특성에 맞는 지방자치제도를 세심히 설계하고 행정사무를 자주적으로 처리할 수 있는 최적의 대안을 마련해야 할 것이다.

그간의 과정이나 저간의 사정이야 어찌 됐든 특별자치단체 구상은 잘한 일이다. 맞는 방향이다. 더욱이 광역자치단체가 주도해 정부와 공감대를 이루고 정치권과 협력을 얻어 만들어낸 만큼 제도의 취지를 잘 구현해야 한다. 지역자치권 확대를 통해 지역적·역사적·문화적 특성과 지역 고유의 역량과 차별화된 강점을 살려 고도의 '특별한' 자치 시대를 열어야 한다.

〈2023년 1월, 권의종〉

거꾸로 가는 경제,
文정부 타령 그만

동장군이 유난스레 기승을 부렸다. 전북 진안에서 '역(逆)고드름'이 얼었다. 영하 17도를 밑도는 한파가 이어지며 마이산 탑사의 2개 정화수 그릇에서 7~10cm가량의 역고드름이 하늘을 향해 솟아올랐다. 고드름은 위에서 아래로 어나 역고드름은 아래쪽에서 하늘을 향해 거꾸로 자라난다. 탑사 역고드름은 그릇 안에 담긴 물이 얼어 부피가 커지면서 덜 얼어붙은 표면으로 물이 밀려 나와 위로 솟구치며 생기는 현상이라는 설명이다.

국내에서 역고드름을 볼 수 있는 장소는 3곳 정도라 한다. 경기 연천군 경원선 폐터널과 충북 제천시 덕산면 한 사찰의 동굴 등이다. 경기와 충북의 역고드름은 천정에서 녹아떨어진 물방울이 바닥에 떨어진 뒤 천천히 얼면서 위쪽을 향해 생기는 것으로 알려져 있다. 이런 역고드름을 보기 위해 혹한의 겨울에도 탐방객이 붐빈다는 소식이다.

경제도 극심한 혹한기다. 경제지표가 '역고드름'처럼 거꾸로 향하고 있다. 성장이 뒷걸음친다. 2022년 4분기, 전기 대비 -0.4% 성장했다. 2020년 2분기 -3% 이후 2년 6개월 만의 역성장이다. 대내외 성장 동력 약화가 예상되는 올해가 더 문제다. 해외 기관은 올해 우리나라 경제성장률 전망치를 1%대로 예상했다. 경제협력개발기구(OECD) 1.8%, 국제통화기금(IMF) 1.7%, 아시아개발은행(ADB) 2.3%, 신용평가회사 피치 1.9% 등이다.

국내 기관 전망치는 더 짜다. 한국개발연구원(KDI) 1.8%, 한국경제연구원 1.9%, 하나금융경영연구소 1.8%, 한국금융연구원 1.7%, 현대경제연구원 1.8% 등 1% 후반대다. 수출과 소비가 예상보다 부진한 모습을 보이면서 1%대 성장도 위태롭다는 우려마저 나온다. 노무라증권은 우리나라가 올해 -0.7% 성장에 그칠 거라는 역성장 전망치를 내놨다.

🝢 지금 한국은, 극심한 경제 혹한기

한국경제사를 거슬러 볼 때도 역성장은 낯설고 드물다. 경제성장률이 1%대 이하 저성장을 기록한 적이 별로 없었다. 구태여 따지자면 코로나19가 확산한 2020년 -0.7%, 글로벌 금융위기가 발발한 2009년 0.8%, 외환위기가 덮친 1998년 -5.1%, 2차 석유파동 직후인 1980년 -1.6%, 건국 초반인 1956년 0.6% 등 5개년도뿐이었다.

국제수지도 역방향이다. 2022년 무역수지는 474억 6,700만 달러 적자를 기록했다. 경상수지도 같은 해 11월 6억 2,000만 달러 적자 전환 후 마이너스 흐름을 이어갈 기세다. 글로벌 긴축기조가 장기화하며 최대 교역국인 중국과 미국의 경기침체 우려가 크고, 반도체 등 주력 품목의 수출 부진이 발목을 잡았다. 부존자원 부재와 내수시장 한계로 해외에서 먹거리를 찾아야 하는 우리나라로서는 최악의 상황을 맞고 있는 셈이다.

연금 고갈은 한층 더 빨라진다. 5차 재정추계에 따르면, '보험료율 9%, 소득대체율 40%, 65세부터 연금 수급'의 현행 조건을 유지할 경우 국민연금기금은 2040년 1,755조 원으로 정점을 찍은 뒤 2041년 적자 전환에 이어 2055년이면 완전히 바닥난다. 4차 재정추계와 비교하면 기금 수지가 적자로 전환하는 시점은 1년, 고갈하는 시점은 2년 앞당겨졌다. 저출산·고령화 추세가 이어지고 연금 개혁을 미뤄 온 결과다.

부동산시장 또한 역주행 모드다. 장기간 지속해온 집값 하락으로 아파트 실거래가가 공시가격을 밑도는 역전거래가 속출하고 있다. 아파트 등 부동산 매매가에 이어 전세가가 동반 급락하면서 역전세난이 펼쳐지고 있다. 어느 조사에 따르면 최근 서울 아파트 전세 거래 가운데 20%가량이 2년 전보다 전세금을 낮춰 계약한 것으로 나타났다. 집주인이 임차인을 붙잡기 위해 전세 이자를 대신 물어주는 경우가 속출한다. 집주인과 세입자의 처지가 역전되는 기이한 현상이 일상사가 되고 말았다.

⊛ 수단과 방법 총동원해 경제 살려야

역류 현상은 이게 다가 아니다. 금융시장에서는 장단기 금리 간 역전이 벌어진 지 벌써 오래다. 그런가 하면 전국 주유소에서는 경유 가격이 휘발유 가격보다 비싼 가격 역전이 이어지고 있다.

한번 돌아선 추세는 반전이 쉽지 않다. 그래도 거꾸로 가는 경제 흐름은 되돌려놔야 한다. 언제까지 지난 정부의 아마추어적 실정과 무차별적 돈 풀기 등을 비난하고 있을 순 없다. 수단 방법을 총동원해 경제 살리기에 매진할 때다. 얼어붙은 경제를 녹이고 가라앉은 경기를 끌어올리는 게 급선무다. 위축된 거래를 활성화하고 왜곡된 가격 기능을 정상화해야 한다. 경제활동을 옥죄는 규제를 발본색원하고 현실에 안 맞는 정책과 제도를 뜯어고쳐야 한다.

복지부동은 늘 경계의 대상이다. 대통령이 직접 나서서 다그쳐야 마지못해 움직이는 상의하달식 체계에서는 되는 일이 없다. 주무 부서가 심도 있게 검토해 보고하면 대통령이 경청하고 다수 의견을 수렴해 신중히 결정을 내려야 실수가 적어진다. 정부 중심이 아닌 국회나 대통령실 주도의 의사결정 방식으로는 복잡다기한 현안에 대한 적절한 해법을 내놓기 어렵다.

지나친 낙관 또한 금물이다. 연초엔 하반기에 경기가 좋아지고, 하반기엔 내년 가면 경제가 살아날 거라는 상투적 표현은 그만해야 한다. 듣기 거북하고 보기 민망할 따름이다. 위기가 곧 기회라는 판에 박힌 언사도 삼가는 게 좋다. 더는 믿음이 안 갈뿐더러 이제 지긋지긋하고 신물이 난다. 때아닌 '역고드름' 신드롬. 한겨울 구경꾼엔 가벼운 볼거리가 될지언정, 지친 경제엔 무거운 골칫거리다. 넘어야 할 산이다.

〈2023년 2월, 권의종〉

'월드클래식' 야구의
'월드클래스' 스타

2023 월드베이스볼클래식(WBC)이 남긴 여운이 제법 길다. 우승 트로피는 일본에 돌아갔다. 한국은 8강 진출도 못 하고 예선 탈락했다. 상실감이 컸으나 얻은 것도 없지 않다. MVP로 선정된 일본인 야구선수 오타니 쇼헤이에 대해 그간 몰랐던 사실을 새롭게 알게 됐다. 그가 15세 때 작성했다고 알려진 '만다라트(Mandarat) 자기계발법'에도 세간의 관심이 쏠렸다.

만다라트 기법은 1979년 마쓰무라 야스오(松村寧雄) 클로버 경영연구소장이 고안한 사고(思考)법. 책으로 발간된 후 일본 기업에서 경영 전략과 업무 개선 등 아이디어 창출에 활용됐다. 1990년 미국에서 출간된『일본에서 창조된(Created in Japan): 모방자에서 월드클래스 혁신가가 되기까지』라는 책에서는 '일본 4대 브레인스토밍 기법' 중 하나로 소개됐다. 만다라트라는 명칭은 사용하는 도표가 불교화 양식인 '만다라'를 닮아서다. 연꽃을 닮았다고 해서 연꽃(Lotus Blossom) 기법으로도 불린다.

원리는 단순하다. 가로세로로 세 칸씩 구성된 아홉 칸 네모 상자 가운데 칸에 핵심 목표를 써넣고, 그 주변 여덟 칸에 핵심 목표 달성을 위한 세부 목표를 적는다. 이 여덟 개 세부 목표를 다시 바깥에 있는 여덟 개의 가로세로 세 칸의 네모 상자 가운데 칸에 각각 옮겨 적은 다음, 각 세부 목표를 달성하기 위한 구체적인 실천 과제를 주변 여덟 칸에 적는다. 이렇게 하면 총 64개의 실천 과제가 완성된다.

오타니가 세운 가장 중앙 핵심 목표는 '8구단 드래프트 1순위'였다. 세부 목표로는 몸만들기, 제구력, 스피드 160km/h, 변화구 등 야구의 기술적인 것과 야구와 관련이 없을 것 같은 '인간성'과 '운(運)'을 넣었다. 배려, 감사, 예의, 인사, 쓰레기 줍기 등을 실천 사항으로 정했다. '운은 다른 사람 등에 업혀 온다', '행운은 노력으로 얻는 것', '쓰레기 줍기는 다른 사람이 버린 행운을 줍는 일'이라는 그가 15세 때 했다는 말들이 놀랍기만 하다.

🐝 하드워킹(Hardworking)+네트워킹(Networking)

세부 목표의 하나인 인간성은 몸에 밴듯하다. 대회가 끝나고 미국 마이애미 공항에 도착한 오타니의 머리 위에 일본 대표팀이 아닌, 체코 대표팀의 모자가 씌워 있었다. 일본과 1라운드에서 만난 체코는 자국에 프로 리그가 없어 본업이 따로 있는 '투잡' 선수들을 주축으로 대표팀을 꾸렸다. 이들이 최선을 다해 경기에 임하는 모습이 야구팬들에 진한 감동을 줬다. 오타니 또한 자신의 방식으로 체코팀에 응원을 보낸 것이다.

실천 사항 가운데 하나인 상대에 대한 배려도 정상급이다. 오타니는 야구 경기 중 침을 뱉지 않는다. 방망이를 부수는 거친 상황에서도 의연히 대처한다. 심판과 살갑게 얘기를 나누거나 다른 선수들과 활짝 웃으며 대화한다. 고액 연봉 선수가 이따금 휘말리는 술과 도박, 마약 스캔들과는 거리가 멀다. 흡연은 안 하고, 술 역시 '먹고 싶은 생각이 들지 않아' 안 마신다고 한다.

오타니를 설명할 때 빼놓을 수 없는 가장 큰 장점은 하드워킹(Hard-working)의 성실성이다. 야구에 대한 열정과 몰입이 지나칠 정도다. 타의 추종을 불허하는 지독한 연습벌레다. 2020년까지 운전면허도 없었던 그다. 집과 훈련 센터만 오가는 생활을 이어왔다. 누구의 작품인지 몰라도 그에게 붙여진 '야구 수도승(Baseball Monk)'이라는 별명은 그에게 안성맞춤이다.

위인전 속 인물들도 자기 일에 몰두하는 모습으로 그려져 있다. 옛날얘기다. 작금의 현실에서는 혼자의 힘만으로 해결할 수 있는 일이 거의 없다. 고군분투 식의 하드워킹만으로는 한계가 있다. 다른 사람의 도움을 받을 수 있느냐 없느냐에 따라 일의 성패나 성과가 좌우되곤 한다. 하드워킹으로 몰두하는 사람들과 네트워킹(Networking)을 잘해야 한다는 추론이 가능하다.

(🏆) 대한민국은 '월드클래스 인재 부국'

경제에서도 하드워킹과 네트워킹, 둘 다 필요로 한다. 관료 집단이 우수하다 한들 그들의 열심만으로는 역부족이다. 복잡다단, 변화무쌍한 경제 현상에 대처가 힘들다. 장단기 대책 마련은커녕 현안 대응조차 버겁다. 그렇다고 공무원 수를 무한정 늘릴 수도 없다. 세종의 집현전, 성종의 홍문관, 정조의 규장각 같은 싱크탱크를 따로 두기도 어렵다.

해법은 어렵지 않다. 하고자 하는 강한 의지만 있으면 된다. 대한민국은 인재 부국이다. 유능한 국민과 전문가들이 각계각층에 포진해 있다. 정부가 두 눈 부릅뜨고 인재를 찾아 귀를 쫑긋이 세워 고견을 구하면 된다. 그러려면 '오타니적' 자기 노력과 희생이 필요하다. '자기 사람' 챙기는 못된 인사 관행부터 걷어치워야 한다. 그 나물에 그 밥, 좁디좁은 인재풀을 무한 확장해야 한다.

지금은 앉아서 세계를 굽어다 보는 세상. 국민 여론이나 전문가 의견 수렴쯤은 마음만 먹으면 식은 죽 먹기다. 네트워크의 뜻이 뭔가. 그물(Net) 치는 일(Work) 아닌가. 그물을 치지 않고 어찌 고기를 잡을 수 있단 말인가. 바다에는 물고기가 그득한데도 먹거리가 없어 쫄쫄 굶고 있는 거나, 전문가를 지근에 두고도 활용치 못해 낭패를 당하는 거나 어리석기는 매한가지다.

경제도 결국은 '사람장사', 사람이 전부다. 사람 잘못 쓰면 망하는 지름길이다. 프로의 전문성을 총동원해도 시원찮을 판에 아마추어를 기용한다면 결과가 뻔하다. '월드클래식' 야구에서는 패했지만, '월드클래스' 스타, 오타니에게는 배워야 한다. 문제에 접근하는 치밀한 과학성을, 해법 도출을 위한 무한한 성실성을, 그리고 인재 귀한 줄 아는 따뜻한 인간성을.

〈2023년 4월, 권의종〉

공기업 '나눠먹는'
지방 이전

2차 공공기관 지방 이전 발표가 임박했다. 2003년 노무현 정부에서 출발한 공기업 지방 이전 '시즌 2'다. 지방자치단체 간 유치 경쟁이 뜨겁다. 강원은 한국은행·금융감독원 등 32개, 광주는 한국에너지기술평가원 등 35개, 전남은 농·수협중앙회 등 41개, 울산은 한국지역난방공사 등 21개, 전북은 한국투자공사 등 40여 개 기관을 이전대상으로 선정하고 유치전에 나섰다.

애초 예상보다 많은 500여 공기업이 이전대상으로 거론된다. 지자체 간 물밑 경쟁이 과열 양상이다. 지역갈등으로까지 번질 기세다. 지자체별로 수십 개 기관을 유치하려는 바람에 중복기관도 여럿 나온다. 한국마사회의 경우 경남, 전북, 전남, 제주 등 4개 지자체에서, 한국공항공사는 충북, 전남, 경북, 경남, 제주 등 5개 지자체에서 유치 의사를 밝혔다.

혁신·비혁신도시 간 갈등도 격화된다. 1차 이전 때 혁신도시가 아니라는 이유로 밀린 지역은 2차 이전은 비혁신도시여야 함을 주장한다. 논산시·제천시 등 13개 지자체는 공동성명까지 발표했다. "1차 이전이 혁신도시로 제한되면서 인근 구도심의 공동화, 다른 지방 도시와의 양극화가 심화했다"며 "2차 이전은 인구감소 도시의 구도심이 대상이 돼야 한다"고 주장한다. 이에 10개 혁신도시도 "지속적인 발전을 위해서라도 공공기관을 추가 유치해야 한다"며 맞선다.

2019년 1차 이전 때 전국 10개 혁신도시에 153개 공공기관이 지방으로 옮겨갔다. 수도권과 지방 간 불균형 발전을 해소에 목적이 있었다. 수도권은 인프라가 집중돼 비약적 발전이 있었으나 지방은 지속적 인구 유출로 침체위기에 시달렸다는 이유였다. 공공기관 1차 지방 이전은 2005년 기본계획이 수립됐고 2014년 시행되어 2019년에 끝났다.

1차 이전 성과분석 후, 2차 이전을

지역균형발전은 윤석열 대통령의 관심사이기도 하다. 당선인 시절 전국 17개 시·도 단체장과의 간담회에서 "지역균형발전은 우리가 선택할 수 없는 필수 사항이 됐다"고 강조했다. 아직 이전 지역과 대상 기관이 결정되지 않은 상태에서 전국의 모든 지자체가 나서 유치 경쟁을 벌이다 보니 주무 부처인 국토교통부가 내심 고심이 큰 눈치다. 자치단체장들도 이전이 뻔히 힘든 줄 알면서도 지역민심을 의식해 괜히 힘을 쓰고 있는 것은 아닌지.

난제에는 숙고가 필요하다. 공공기관 지방 이전에 따른 인적·물적 비용이 천문학적 규모다. 시일이 오래 걸리고 미치는 파급효과가 지대하다. 한 번 하고 나면 돌이킬 수도 없다. 지방 이전을 1, 2차에 나눠서 하는 점을 지혜롭게 헤아릴 필요가 있다. 단순히 공공기관이 다수라서 이전을 두 번에 걸쳐서 하는 것으로 쉽게 생각해선 안 된다. 그보다는 1차 이전에 따른 성과를 분석해 보고 그에 따라 2차 이전을 결정하라는 의미로 받아들이는 게 합당할 것이다.

공공기관 지방 이전에 따른 수도권 인구과밀이 해소됐는지부터 살펴봐야 한다. 2014년부터 공공기관이 본격적으로 이전하면서 수도권에서 지방으로 인구 유입이 2015년 8만5,000명 늘었다. '반짝' 효과에 그쳤다. 2018년 이후 수도권 집중이 도로 시작됐다. 2020년 지방에서 수도권으로 11만6,000명 순유입됐다. 2016년 국회예산정책처에 따르면 2013년 2.766명이던 지방 이전 공공기관의 자발적 퇴직자가 2015년 3,143명으로 2년 새 13.6% 는 것으로 파악됐다.

지역별 특화산업이 육성됐는지도 짚어봐야 한다. 2014년 전라북도는 전북혁신도시를 서울, 부산에 이어 제3의 금융중심지로 만들겠다는 포부를 밝혔다. 이듬해 2015년 국민연금공단이 전북혁신도시로 이전하면서 금융중심지 개발이 본격 시작됐다. 하지만 국민연금을 따라 전북으로 이사한 관련 기업은 극소수였다. 그나마 일부는 인력을 못 구해 철수를 결정했다.

🔥 금융전문가, '분산보다 집중' 필요성 제기

국민연금도 핵심부서인 기금운용본부를 전북으로 옮기고 업무에 차질을 빚었다. 기금운용 특성상 필수인 해외 교류가 힘들어지고 정보교환이 어려워졌다. 퇴사자 증가로 인력 충원에도 난항을 겪어야 했다. 2018~2022년 기금운용본부를 떠난 운용역이 137명에 달했다. 지금도 매년 300여 명 정원의 10% 내외 직원이 이삿짐을 싸고 있다. 급기야 국민연금은 서울 강남사옥에 스마트워크센터를 개소, 운용역의 업무환경을 개선하는 대책을 내놓기에 이르렀다.

한국개발연구원(KDI)이 2021년 발표한 '공공기관 지방 이전의 효과 및 정책 방향' 보고서를 주목할 필요가 있다. 공공기관 이전으로 인한 인구 증가와 지역서비스업의 고용 창출이 지역발전에 미치는 영향이 제한적인 것으로 분석됐다. 공기업 지방 이전을 통한 지역균형발전이 한계를 드러낸 것이다. 좁디좁은 나라에서 그것도 '나눠먹기식' 공기업 지방 이전이 득보다 실이 큼이 입증된 셈이다.

김대종 세종대 교수는 금융공기업의 경우 분산보다 집중의 필요성을 제기한다. 과거 한국거래소, 금융예탁원, 기술보증기금 등이 부산으로 옮겨간 뒤 한국의 금융경쟁력은 오히려 떨어졌음을 지적한다. 영국 컨설팅그룹 지엔(Z/Yen)의 국제금융센터(GFCI) 평가에 따르면 2015년 각각 7위, 24위였던 서울과 부산의 국제금융센터지수가 2023년 각각 10위, 37위로 하락했다.

곤욕스러워도 정부가 결단을 내려야 한다. 기존 일정과 공약에 얽매이거나 지자체 반발을 의식하면 되는 일이 없다. 국가 이익 극대화의 거시적 관점에서 이전을 결정해야 맞다. 2차 이전을 기정사실로 하고 이전 지역과 기관을 정하는 식의 구태의연한 접근은 금물이다. 그랬다간 1차 때 부작용과 시행착오를 반복해야 한다. 해야 할 일을 안 하는 것도 문제려니와 안 해도 될 일을 하는 것 또한 해악이다. 그나마 취약한 공기업 경쟁력을 갉아먹는 자해일 뿐이다.

〈2023년 5월, 권의종〉

시장(市場) 이기는 정부는 없다

한국전력공사가 휘청댄다. 전대미문의 경영위기다. 오랫동안 밑지고 팔다 보니 적자 폭이 커졌다. 전기를 팔면 팔수록 손해를 보는 역마진 구조다. 우크라이나 전쟁 등으로 국제 에너지 가격이 폭등하면서 액화천연가스(LNG), 유연탄 등 연료비·전력 구매비가 늘었으나 전력 판매 가격은 오르지 않았다. 정부가 물가 상승을 우려해 전기요금 인상을 막아 온 때문이다.

그 결과 한전은 올해 1분기 21조 5,940억 원 매출에 6조 1,776억 원 영업 손실을 기록했다. 2021년 2분기 7,529억 원 적자 이후 8분기 연속 마이너스 행진이 이어졌다. 2021년 5조 8,000억 원, 2022년 32조 6,000억 원 적자가 났다. 올해 1분기까지 누적 적자가 연결 기준으로 44조 6,000억 원에 달했다.

한전은 부족한 운영 자금 조달을 위해 회사채 발행으로 버티고 있다. 올해 발행된 한전채는 25조 원, 채권 발행액이 77조 원에 이른다. 올해 1분기 이자 비용만도 6,411억 원. 1일 평균 71억 원이 이자로 나간다. 지난해 같은 기간 대비 3배 규모다. 자회사들이 내는 이자 비용까지 합치면 1조 480억 원. 1일 평균 이자 비용이 116억 원에 달한다. 지난해 말 기준 한전의 부채는 192조 8,000억 원, 부채비율은 460%까지 높아졌다.

보다 못한 정부가 뒤늦게 전기요금 인상을 단행했다. 지난해 4·7·10월 세 차례에 걸쳐 kWh(킬로와트시)당 19.3원 올렸다. 올해 들어서도 kWh 당 1월 13.1원, 5월 8원 인상했다. 서울 여의도 남서울본부 매각 등 25조 7,000억 원의 고강도 자구책도 내놨다. 그래도 한전의 재정건전성 회복에는 역부족. 전기요금 추가 인상 압박은 더욱 거세지고 있다.

🐷 한전을 위기로 내몬 산업자원부

전기요금 억제는 한전 부실로 그치지 않는다. 주주 피해로 이어진다. 한전 지분 33%를 가진 한국산업은행에 불똥이 튀었다. 한전의 적자는 지분법 평가에 따라 지분율만큼 산은 손실로 전가되는 구조다. 한전 손실로 산은은 지난해 8조 원가량 적자를 봐야 했다. 2022년 산은의 당기순이익은 개별 기준으로 4,649억 원이었으나, 연결 기준으로는 7조 원 적자였다. 이는 또 산은의 국제결제은행(BIS) 자기자본비율 저하로 이어져 작년 말 13.40%에서 올 3월 말 13.08%로 급락했다.

어이없는 낭패는 해외 발(發)로 전해졌다. 미국 정부가 한국의 값싼 산업용 전기요금이 철강업계에 사실상 보조금 역할을 하고 있다고 지적했다. 지난 2월 현대제철이 수출하는 후판에 1.1%의 상계관세를 물려야 한다는 내용의 예비판정 결과를 발표했다. 상계관세란 수출국이 직·간접적으로 보조금을 지급해 수출된 품목이 수입국 산업에 피해를 초래할 경우 수입 당국이 해당 품목에 관세를 부과해 자국 산업을 보호하는 조치다.

한전보다 사정이 더 딱한 곳이 있다. 다름 아닌 대학이다. 정부의 가격 통제로 2009년 이후 15년 동안 단 한 차례도 등록금을 올리지 못했다. 소비자물가지수가 2009년 83.9에서 2022년 107.7로 오른 점을 고려하면 이 기간 등록금이 28.4% 깎인 셈이다. 그러고도 여태까지 대학이 망하지 않고 있는 게 신통하다.

고등교육법 제11조는 '직전 3개 연도 평균 소비자물가 상승률의 1.5배를 넘어서지 않는 선에서 등록금을 인상할 수 있다'고 규정하고 있다. 하지만 있으나 마나 한 내용이다. 오히려 교육부는 국가장학금 제도를 통해 사실상 강제적으로 대학의 등록금 인상을 막아 왔다. 국가장학금 II유형의 지원대상 학교를 등록금 인하·동결 대학으로 한정하는 방식을 통해서다.

등록금을 올리지 못하는 대학으로서는 정부의 재정지원 사업에 목을 맬 수밖에 없다. 정부 재정지원이 대학의 주된 수입원이 된 지 오래다. 나랏돈으로 연명하는 실정이다. 교육부는 올해도 고등·평생교육지원 특별회계 신설로 확충된 재원을 바탕으로 일반재정지원을 지난해보다 1.4배 늘렸다. 학생 교육과 학문 연구에 진력해야 할 교수들이 허구한 날 대학 평가나 재정지원 신청 자료나 만들고 있다.

🎓 대학 생존을 위협해 온 교육부

교육부가 재정지원 사업을 볼모로 대학의 손발을 묶어 놓다 보니 대학에는 자율성이란 없다. 헌법 제31조 4항은 '대학의 자율성을 법률이 정하는 바에 의해 보장한다'고 명시하고 있다. 이 또한 선언적 규정에 불과하다. 현실은 딴판이다. 교육부가 초법적 권한을 행사하며 대학의 자율성을 짓누르고 있다. 입학정원, 학생 선발 방식, 온라인 강의 비중 등 교육부 규제의 손길이 미치지 않는 곳이 없을 정도다. 금융 관치는 저리 가라다.

일부 대학은 정부의 패널티를 무릅쓰고 등록금 인상을 단행했다. 4년제 대학 193곳 중 17곳이 올해 등록금을 올렸다. 그중 12곳이 상대적으로 재정이 열악한 지방대. 대학 총장을 대상으로 한 설문 조사 내용도 예사롭지 않다. 49.1%가 올해나 내년 중 등록금 인상을 검토하겠다고 답했다. 그 사이 대학의 경쟁력은 바닥으로 추락했다. 2022년 스위스 국제경영개발대학원(IMD)이 발표한 대학경쟁력 순위에서 한국은 63개국 중 46위로 처져있다.

이 모든 게 '시장 무시'의 당연한 귀결이다. 가격 억제에 따른 '나비 효과', 시장 경시(輕視)로 인한 '부메랑'이다. 정책이면 뭐든 다 할 수 있다는 믿는 정부 때문에 빚어지는 결과치고는 너무도 가혹하고 치명적이다. 정책 전환이 급선무다. 경쟁력 제고를 위해서는 규제는 풀고 가격은 현실화해야 한다. 지금까지 시장(市場)을 이기는 정부는 없었다.

〈2023년 6월, 권의종〉

윤석열 정부 1년, '개혁 버킷리스트'

윤석열 정부가 출범 첫돌을 맞았다. 지난 1년 동안의 성적이 어쨌나. 노동, 교육, 연금 등 3대 개혁 추진과 정부 혁신에 시동을 걸었다. 코로나바이러스 감염증 일상회복과 재도약 지원, 약자복지 강화, 마약 등 중대 사회범죄 근절에 박차를 가했다. 과학기술·인재 강국 본격화에도 팔을 걷어붙였다.

외교 안보 측면에서는 새 지평을 열었다. 한미동맹 구현, 미래지향적 한일관계 복원, 보훈 문화 창달 등 대한민국 국격을 높이는 터닝포인트를 마련했다. 경제 부문에서의 성과도 가볍지 않다. 민간·기업·시장 중심 경제로 운용 전환, 원전 생태계 복원, 규제 개혁 착수, 6대 국가 첨단산업 육성의 기반을 다졌다.

안심할 단계가 아니다. 당면한 현실이 지난(至難)하다. 국가 운영이 쉽지 않다. 특히 경제 상황이 역대 어느 정부 때 못지않다. 악재가 즐비하다. 물가와 금리, 환율이 동시에 오르는 '3고(高)' 복합위기를 맞고 있다. 재정과 무역에서 쌍둥이 적자가 출현했다. 5월 기준 무역적자가 300억 달러에 달했다. 1분기 관리재정수지 적자가 54조 원, 연간 정부 전망치(58조 원)에 근접했다. 빚은 태산과 같다. 국가채무는 3월 말 기준 1,053조 6,000억 원을 기록했다. 한국은행은 올해 경제성장률 전망치를 1.4%로 낮췄다.

대외변수도 위협이다. 글로벌 공급망 혼란과 경기 둔화, 수출 부진의 와중에 수입물가마저 급등세다. 경제학에서 가장 두렵게 여기는 '스태그플레이션'이 현실화하고 있다. 우크라이나 전쟁 장기화, 미국 연준(Fed)의 금리 인상은 여전한 위험 요인이다. 중국의 리오프닝에도 국내 기업의 대(對)중국 수출은 늘지 않고 있다. '퍼펙트 스톰' 위기라는 표현이 결코 과장이 아니다. 윤석열 대통령도 경제가 '태풍 위기권'에 들어섰음을 작심 경고한 터다.

🪙 개혁의 얼개는 마련, 실행할 전략과 전술은 미진

걱정이나 하며 뚜렷한 대안을 내놓지 못하는 사이 새 정부 출범 1년이 훌쩍 지났다. 그동안 개혁의 얼개를 마련하고 방향은 설정한 셈이나, 이를 실행할 세부적이고 구체적인 전략과 전술은 미진한 편이다. 가다 서다를 반복하는 완행열차 같다. 주 69시간 근무 논쟁으로 노동 개혁이 차질을 빚고, 연금 개혁안 도출이 지지부진하기만 하다. 각종 규제 또한 그대로다.

상황이 상황인 만큼 사안의 경중완급(輕重緩急)을 따져 '버킷리스트'를 만들어 체계적으로 추진할 필요가 있다. 공공부문 개혁이 급선무다. 정부조직 비대화와 생산성 저하가 심각하다. 비효율이 만연해 있다. 방만 경영으로 공기업은 공(空)기업 됐다. 금융은 관치에 찌들어있다. 국민의 부담을 덜어주고 양질의 공공서비스를 제공하기 위해서는 공공부문 체질 개선이 선결 과제다.

노동 개혁도 필수다. 산업 경쟁력을 높이고 일자리 창출에 주안점을 둬야 한다. 경직적인 노동법 개정과 제도 개선으로 노사의 자율성과 선택권을 넓혀야 한다. 공정한 채용 기회와 합리적인 임금 체계 확립으로 노동시장의 공정성을 높여야 한다. 주 52시간제 보완, 중대재해처벌법 보완, 노조 파업 시 대체근로 허용, 노조 회계 투명성 제고, 불법 파업에 대한 엄정한 대응도 법적·제도적으로 슬기롭게 풀어야 한다.

연금 개혁도 미룰 수 없다. 국민연금을 포함한 공적연금을 혁신해야 한다. 사회적 합의를 통해 지속가능한 공적연금 시스템을 만들어 내야 한다. 국민연금 고갈을 더는 방치할 수 없다. 5차 재정추계 결과, 2055년이면 국민연금 기금이 소진된다. 보험료율(현행 9%), 연금 지급 연령, 가입 기간, 소득대체율(현행 40년 가입 기준 40%), 기금운용 체계를 원점에서 재검토해야 한다. 공무원·군인·사학연금에도 언제까지 매년 수조 원씩을 투입할 수 없다. 건강보험, 고용보험도 동일한 문제에 직면해 있다.

🔞 공공·노동·연금·교육·세제·규제·재정 등
7대 개혁 시급

교육 개혁도 속도를 내야 한다. 초중고교 기초학력 강화, 대학 구조 개혁, 디지털기반 교육 혁신, 첨단분야 인재 양성, 국가교육책임제 강화 등에 정책 역량을 집중해야 한다. 암기 위주 교육에서 탈피, 문제 해결에 필요한 정보를 발굴·활용해 가치를 창출하는 창의적 교육으로 전환이 필요하다. 학령인구 감소 대응, 고교체제와 대입 전형 개편, 수도권·의대 쏠림에 따른 인적자원 불균형 해소, 교육재정교부금 개선 등도 긴급 처리 현안이다.

세제 개혁도 빼놓을 수 없다. 종합부동산세와 재산세 등 주택 보유세를 포함한 부동산 세제 전반의 개편과 정상화가 요구된다. 법인세율 인하, 상속·증여세 부담 완화, 금융투자 세제 개편도 현실에 맞게 조정돼야 한다. 규제 개혁도 고삐를 조여야 한다. 불필요한 규제와 애로를 찾아 없애야 한다. 재정 개혁 또한 다급하다. 국가채무, 재정적자 등 국가 재정건전성 지표가 일정 수준을 넘지 않도록 관리하는 재정준칙 법제화를 국회가 더는 미뤄선 안 된다.

목록을 뽑아놓고 보니 공교롭게도 대부분 과거 정부가 한 일이다. 적폐 청산한답시고 적폐를 양산한 꼴이 됐다. 잘못은 애당초 안 해야지 한번 한 잘못은 바로잡기 힘들다. 몇 배 더 힘이 든다. 시간 낭비, 돈 낭비, 인력 낭비가 막심하다. 개혁을 미적미적 미루다간 현 정부 임기 내에도 못 할 수 있다. 그리되면 위기 극복은커녕 위기에 정복당하고 말 것이다.

새 정부가 들어서며 개혁 추진에 대한 기대감이 컸다. 물론 개혁을 체감하기에는 지난 1년이 충분치는 않았다. 그렇다고 남은 4년도 긴 시간이 아니다. 그래도 개혁은 꼭 해야 한다. 위기 극복과 경제 회생, 민생안정을 위해 개혁 말고는 달리 방도가 없다. 윤석열 정부가 성공하고 대한민국이 번영할 필연적 선택이다. 정치와 정부가 한층 더 분발해주기를 고대하는 이유다.

〈2023년 6월, 권의종〉

특별자치도 성공의 필요조건, '중·대선거구제'

특별자치도(特別自治道) 시대가 본격화되고 있다. 2006년 7월 1일 제주특별자치도를 필두로 2012년 7월 1일 세종특별자치시, 2022년 6월 11일 강원특별자치도가 '특별자치' 지위를 부여받아 운영되고 있다. 2024년 1월 18일에는 전라북도가 4번째 특별자치도로 출범한다. 경기도와 충청북도 등도 특별자치를 추진한다.

특별자치도는 관련 특별법에 근거해 고도의 자치권을 보장받는 행정구역을 말한다. 행정과 재정 부문에서 중앙정부가 갖고 있던 권한과 기능 중 일부를 부여받는다. 재정 특례를 통해 중앙정부로부터 다양한 재정 지원도 받는다. 즉, 자치경찰제 실시, 교육자치권 확대, 중앙권한 이양, 자치입법권, 자치재정권 부여 등 독자적 발전 체제를 갖추게 된다.

자치권 보장은 특별자치도 설치와 지원위원회, 국가균형발전특별회계, 사무위탁, 주민투표, 조직, 재정, 인재선발, 인사교류와 파견, 주민참여, 감사위원회 구성 등이 있다. 개발 특례는 국·공유 재산 대부, 인허가 의제, 조세 및 부담금 감면 등이며, 경제자유특별지구 지정은 자유무역지역과 투자진흥지구 등이 있다.

특별자치도의 움직임이 왠지 어설프고 뭔가 조급하다. 사전 준비 없이 법부터 만들어놓고 허둥대는 모양새다. 도가 특별자치도로, 도의회가 특별자치도의회로, 교육청이 특별자치도교육청으로 명칭이 바뀌고, 국가 위임 사무가 추가된 거 말고는 딱히 손에 잡히는 게 없다. 특별자치도가 돼서 무엇이 어떻게 달라지고 지역과 주민에게 어떤 실익이 돌아오는지 체감하기 어렵다.

법부터 만들어놓고 허둥대는 특별자치도

특별자치도는 바쁘다. 비전과 전략을 마련하기 위해 외부 전문기관에 용역을 발주하고, 시군과 각 분야 전문가로 구성된 특례사업 발굴단을 가동한다. 다른 특별자치도와 협의체를 구성해 정보를 공유한다. 실질적인 지방분권과 지역 경쟁력 제고로 도민 복리 증진과 국가 발전에 이바지한다는 법 목적 구현에 애쓴다. 특별자치도라는 그릇에 어떤 비전과 특례를 담아야 할지 고심을 거듭한다.

그래서 나오는 결과가 만족스럽지 못하다. 전략이라는 게 가짓수만 많지 알맹이가 없다. 시군에서 제출받은 제도개선과제를 단순 정리한 수준에 불과하다. 창의성 발휘를 위해 머리를 쓰기보다 전례 답습으로 몸 쓰기에 치중한 느낌을 준다. 자치단체장은 의욕에 넘쳐 동분서주 애를 쓰나 이를 뒷받침하는 시스템은 허술하고 구태의연하다. 특별자치도 이름에 걸맞은 특별한 산업, 특별한 제도, 특별한 전략 등을 개발하는 추가적인 각고의 노력이 긴요해 보인다.

선결 과제는 따로 있다. 특별자치는 집짓기와 같다. 기초가 튼튼해야 한다. '정치 안정'이 전제돼야 한다. 비전과 전략이 아무리 훌륭해도 정치가 불안하면 특별자치는 '사상누각'이 되고 만다. 예산권을 틀어쥔 정치권이 양분돼 사사건건 다투고 상대 당의 제안은 반대부터 하고 보는 지금 같은 상황에서는 특별자치 추진이 힘들다. 특정 정당 국회의원 일색인 전북특별자치도의 경우는 더더욱 그렇다.

그런 점에서 특별자치도만이라도 한 지역구에서 2명 이상을 선출하는 중·대선거구제 도입이 바람직하다. 중·대선거구제는 인물 선택 범위가 넓어 여러 정당의 후보가 골고루 뽑힐 수 있어 '대치'가 아닌 '협치'가 가능하다. 중앙 정치에서는 이견이 있어도 지역 현안에서만큼은 공조가 이뤄질 수 있다. 특별자치도에서 중·대선거구제 효과가 입증돼 전국적인 선거제도 개편으로 이어질 경우 망국적인 정치대립을 종식하는 금상첨화의 성과를 거둘 수 있다.

🌐 정치가 불안하면 특별자치는 '사상누각'

중·대선거구제는 국민도 원한다. 도입에 공감하는 목소리가 커지고 있다. 국회 정치개혁특별위원회 조사 결과가 희망적이다. 선거구당 3~5명을 선출하는 중선거구제 선호 의견이 39.7%~41.6%, 5명 이상 선출하는 대선거구제 선호 비중이 3.6%~7.7%였다. 두 제도의 선호 비중을 합하면 최대 절반에 육박한다. 현행 소선거구제는 승자독식의 정치 과열을 초래하고 극한 대립을 조장하는 해악으로 작용해왔다.

윤석열 대통령도 중·대선거구제 도입의 필요성을 강조했다. 올해 초한 언론과의 인터뷰에서 "모든 선거구를 중·대선거구제로 하기보다는 지역 특성에 따라 한 선거구에서 2명, 3명, 4명을 선출하는 방법도 고려해볼 수 있다"고 공개적으로 언급한 바 있다. 김진표 국회의장도 여야에 조속히 선거법을 개정해달라고 주문했다.

정치 안정은 국가 발전과 연관이 깊다. 스위스가 대표적 사례다. 스위스가 금융업을 발판으로 세계 최부국으로 도약할 수 있었던 데는 정치적 중립국 지위에 기인한 바 컸다. 1, 2차 세계대전을 거치면서 부자들은 돈을 맡길 안전한 나라를 찾았다. 독일과 영국, 어느 쪽도 믿을 수 없었다. 전쟁에 지는 순간 돈이 휴지 조각이 되어 버리기 때문이었다. 결국 돈을 끝까지 지켜줄 나라는 스위스밖에 없다고 판단했고, 그 결과 스위스 은행으로 어마어마한 돈이 몰려들었다.

미국, 영국, 독일, 싱가포르 등 선진 제국의 번영도 기실 알고 보면 정치 안정에 기초한다. 이점 우리가 눈여겨봐야 한다. 이제라도 거대 양당과 현역 의원이 기득권을 내려놓고 선거제도를 중·대선거구로 전환해야 하는 이유다. 정치가 안정돼야 특별자치가 성공함은 물론 경제 성장과 나라 발전도 성취된다. 이를 억지 사자성어로 표현하면 '선안후성(先安後成)', 안정이 먼저고 성장은 나중이다.

〈2023년 7월, 권의종〉

명칭부터 꼬여버린
새만금 32년 잔혹사

"노령에 피는 햇살 강산은 열려, 금만경 넓은 벌에 굽이는 물결, 복되라 기름진 땅 정든 내 고장, 억만년 살아나갈 정든 내 고장" 1962년 10월에 만들어진 '전북도민의 노래' 첫 소절이다. 작곡가 김동진의 친일 인명사전 등재와 작사자 김해강의 친일 행적 논란으로 2019년 사용 폐기된 노래의 가사를 지금 와서 뜬금없이 소환하는 것은 '새만금'이라는 명칭 때문이다.

노랫말 첫 마디에 등장하는 금만평야(金萬平野). 동진강 하류의 김제평야와 만경강 하류의 만경평야가 합쳐진 지명이다. 금만평야 서쪽에 지어진 새만금은 김제~만경에 이르는 금만평야보다 훨씬 크고 넓은 새 땅이 생긴다는 뜻으로 붙여진 이름이다. 그렇다면 공식명칭이 '새금만'이 돼야 하나 '새만금'으로 앞뒤가 바뀌었다. 행정구역상으로도 김제시에 만경읍이 속해 있다.

명칭부터 꼬여버린 새만금 32년의 개발사는 질곡의 잔혹사다. 애초부터 정치적 산물로 출발했고, 이후로도 8개 정권의 희생양이 돼왔다. 시련의 시작은 노태우 정부 때다. 1987년 대통령 선거 당시 '호남 달래기' 일환으로 전북 표심을 얻기 위해 선거 엿새 앞두고 새만금개발 공약이 발표됐다. 청와대에 입성한 노태우 정부는 태도가 돌변했다. 쌀이 남아돌자 예산 부족 등의 이유로 개발을 미뤘다.

새만금개발사업은 1991년 7월 당시 김대중 신민주연합당 총재의 건의로 논의가 제기되며 속도를 내기 시작했다. 같은 해 11월 28일 새만금개발의 시작을 알리는 기공식이 열렸다. 순항은 잠시. 사업 6년 차인 1996년 돌연 복병을 만났다. 간척사업으로 조성된 경기 지역의 시화호가 '죽음의 호수'로 변하자 환경 단체가 새만금개발의 전면 재검토를 요구하고 나섰다.

용도 불분명 상태에서 뚝 막고 길 내고 땅 메워

지루한 법정 다툼은 2001년부터 2006년까지 이어졌다. 결국, 법원이 정부의 손을 들어주면서 새만금개발은 합법적 추진의 길이 열렸다. 소송은 6년 정도 걸렸으나 새만금개발은 10년가량 지체됐다. 2006년 4월 물막이 공사가 끝났고, 2007년 노무현 정부는 새만금 땅의 용도를 농업 100%에서 농업 70%, 산업 30%로 변경했다.

이명박 정부 초기에는 새만금개발사업이 속도를 내는 듯했다. 새만금을 '동북아 경제 중심지'로 개발하겠다는 계획이 발표됐다. 70%로 정했던 농업용지 비율이 30%로 낮추고 산업용지 비율을 늘렸다. 개발 의지는 역시 오래가지 못했다. 2009년 초 4대강 살리기 사업이 본격화하면서 새만금개발은 뒷전으로 밀렸다. 2010년 새만금 방조제 전 구간이 완공됐다. 2011년 새만금 종합개발계획이 확정됐고, 2012년 새만금특별법이 제정됐다.

박근혜 정부 들어 새만금개발사업은 다시 속도를 냈다. 문재인 정부는 새만금 국제공항 건설사업의 예비타당성 조사를 면제했다. 윤석열 정부 취임 후 1년여 동안 새만금개발사업에 6조 6,000억의 민간 자본 산업 투자가 이뤄졌다. 새만금 국가산업단지 1·2·5·6공구가 제1

호 투자진흥지구로 지정됐다. 남북도로 완전 개통에 이어 새만금 산단이 이차 전지 특화단지로 지정됐다. 하지만 세계 스카우트 잼버리가 파행으로 끝나면서 새만금개발에 급제동이 걸렸다.

정부가 새만금 국제공항·신항·신항 철도 건설 등을 포함한 '새만금 기본계획'을 재수립하기로 했다. 애초 잼버리 대회 유치와 지역경제 활성화를 이유로 공항과 신항만 건설 등이 추진됐으나, 새만금 사업의 적정성을 재검토하기로 한 것이다. 국토교통부가 공항·철도·도로 등 새만금 사회간접자본(SOC)사업의 필요성과 타당성, 균형발전 정책효과를 다시 따질 기세다.

(W) 네덜란드 자위더르제이(Zuyder Zee)
벤치마킹을

안타까우나 나쁘게만 생각할 일은 아니다. 새만금 관련 7대 SOC사업에 약 10조 원의 예산 투입이 예정돼 있다. 동서도로와 남북도로는 완공됐으나 국제공항과 새만금 신항, 신항 철도, 새만금~전주 고속도로, 새만금 내 지역 간 연결도로 등 5개 사업은 앞으로 5조 7,000억 원 이상의 국비를 더 투입돼야 한다. 차제에 철저한 검증을 거쳐 사업 규모와 시행 여부를 결정할 필요가 있다.

새만금개발에 대한 뚜렷한 방향 설정이 긴요하다. 그동안은 개발에 대한 비전도 전략도 없었다. 설계도도 없이 집을 지어 온 꼴이 됐다. 새만금을 어떤 용도로 활용할지를 놓고 우왕좌왕, 갈팡질팡하며 그저 뚝을 막고 길을 내고 땅을 메워왔다. 1990년대 초 새만금개발사업이 설계될 당시에는 매립지 모두를 농지로 조성하려 했으나 이후 산업용지 비율을 계속 늘려왔다. 농업용지가 산업용지로 바뀌어 가는 양상이다.

이 대목에서 네덜란드 자위더르제이(Zuyder Zee)를 벤치마킹할 필요가 있다. 1920년대 대규모 바다 간척 사업을 시작해 1932년 자위더르 방조제를 건설하며 1,650㎢에 이르는 새로운 땅을 만들었다. 이 중 73.4%를 농지로 활용해 농업의 신기원을 일궜다. 해저 모래 산성 토양에 농작물이 적합지 않고 목초재배가 가능하다는 점에 착안해 낙농 산업을 대대적으로 육성했다. 친환경·고품질 농산물을 생산해 유럽 전역에 수출하고 있다.

새만금을 그만 우려먹어야 한다. 정부와 정치권이 안될 것을 알면서도 될 것 같다는 희망을 주어서 더는 국민과 지역민을 고통스럽게 해서는 안 된다. 1966년 252만 명이던 전라북도 인구가 지금은 176만 명으로 30.1% 줄었다. 전국 지자체 중 최대 감소 폭이다. 지금도 매년 1만 5,000명의 인구가 순유출된다. 잼버리는 실패로 끝났으나 이를 계기로 새만금의 허상을 버리고 실상을 찾아야 한다. 더디 가도 바로 가야 한다.

〈2023년 9월, 권의종〉

'지역인재 채용',
특정 대학 동문회

    공공기관 지역인재 채용이 어언 시행 10년째다. 지역인재 채용은 지방 이전 공공기관이 소재지 대학 졸업자를 일정 비율 이상 뽑도록 하는 제도다. 2013년부터 2019년까지 153개 수도권 공공기관이 지방으로 이전했다. 이에 발맞춰 이전 공공기관에서 지역인재 채용 제도가 도입됐다.

    지역인재 채용 목표치는 2018년 18%부터 시작됐다. 매년 3%포인트씩 올라 2022년 30%에 이르렀다. 제도가 엇나간다. 특정 대학 편중이 심해진다. 서울 출신의 지역 이동을 막아 전국적 인재 균형을 이루려던 애초 취지와 달리 지역 내 인력 불균형을 심화시키고 있다.

    중앙일보가 박대수 국민의힘 의원실과 함께 지방으로 이전한 임직원 500인 이상 공공기관 19곳의 2020~2023년 지역인재 합격자 출신 학교 현황'을 조사한 결과가 놀랍다. 특정 대학 쏠림이 지나치다. 어느 한 대학의 출신자 비율이 전체 지역인재 합격자의 절반을 초과하는 공공기관이 전체의 3분의 2를 넘는다.

    전북 주재 공공기관의 지역인재 전형에서 전북대 출신이 70~80%를 차지했다. 국민연금공단의 경우 2020~2022년까지 지역인재 대졸 합격자 142명 중 112명, 78.9%가 전북대 졸업자였다. 한국식품연구원은 합격자 9명 중 8명, 88.9%가 전북대 출신이었다. 광주·전남에서는 전남대 출신이 강세다. 한국농어촌공사의 경우 지난 3년간 지역인재 합격자 43명 중 32명, 74.4%가, 한국전력공사는 2020년부터 올해까지 합격자 337명 중 203명, 60.2%가 전남대 출신자이었다. 한전KDN도 같은 기간 합격자 108명 중 65명, 60.2%가 전남대 출신으로 채워졌다.

특정 대학 쏠림, 서울 출신 역차별, 지역 출신 불이익

대구광역시에서는 경북대, 경남에서는 경상국립대로 쏠림이 현저했다. 대구로 이전한 한국가스공사는 2020년부터 2022년까지 전체 합격자 53명 중 34명, 64.2%가, 신용보증기금은 2020년부터 올해까지 총 126명 중 73명, 57.9%가 경북대 출신이었다. 경북에 소재한 한국도로공사는 48.1%가, 한국전력기술은 62.1%가 경북대 출신으로 집계됐다.

지역대학은 그래도 성에 안 찬다. 공공기관 채용을 더 늘리기를 바란다. 지방소멸에 대비하려면 더 많은 지역인재 채용이 필요하다는 의견이다. 현행 30%인 지역인재 채용 비율을 50%로 올릴 것을 주장한다. 지난해 3월 대통령선거를 앞두고 26개 지방 4년제 대학 입학처장 협의회가 '공공기관 2차 이전과 지역인재 채용 비율 50% 확대'를 촉구했다. 지역에 기반을 둔 국회의원도 지역인재 채용 비율을 늘리는 법 개정안 발의에 경쟁적이다.

지역인재 채용을 둘러싼 잡음이 끊이지 않는다. 가장 큰 쟁점은 지역인재의 기준이다. 혁신도시법에 따라 지방 인재는 최종 학력, 고등학교 또는 대학교 소재지로 측정된다. 지방에서 초중고를 나와 수도권 대학을 졸업하고 지방으로 돌아와 취업할 때는 지역인재 혜택을 못

받는다. 반면, 초중고를 수도권에서 마친 거주자가 지역대학을 졸업하면 지역인재에 해당한다. 명백한 논리적 모순, 엄연한 역차별이다.

지역 간 형평성도 문제다. 지역별 공공기관 수와 대학 수가 차이가 있는데도 채용 범위를 이전 지역으로 한정하고 채용 비율을 같게 적용하다 보니 유불리가 발생한다. 가령, 4년제 대학 수가 부산은 14개, 제주는 2개인데 채용 비율은 30%로 동일, 부산에 있는 대학 출신은 제주에 있는 대학 출신보다 불리하다. 이 밖에도 개인의 평등권과 자유권 침해, 블라인드 채용과의 모순 등이 문제점으로 지적된다.

🏅 지역인재 채용 비율은 극소화, 지원 범위는 극대화

지역인재 채용의 또 다른 피해자는 공공기관이다. 인력 하향 평준화를 피할 수 없다. 공기업도 기업이고, 경영은 '사람 장사'다. 우수 인재를 유치해야 좋은 성과를 낼 수 있다. 지역인재 채용 확대가 공공기관 경쟁력 저하로 이어지면 공기업은 '공(空)기업'이 되고 만다. 그로 인한 피해는 고스란히 국민 몫으로 돌아간다.

그런데도 공공기관은 꿀 먹은 벙어리 행세다. 서슬 퍼런 정부에 잔뜩 주눅이 들어 말 한마디 못하고 속만 끙끙 앓고 있다. 애꿏은 채용 절차 탓이나 하고 있다. "블라인드 채용을 하다 보니 뽑아놓고 보면 합격자 출신 대학이 1~2곳에 몰려 있다"며 남 말하듯 한다. 지원자 풀이 좁아 어쩔 수 없다며 "지역 소재 대학이 한정돼 있어 특정 대학 쏠림을 피하기 어렵다"는 변명을 쏟아낸다.

지방소멸위기를 목전에 두고 지역 균형발전을 위해 지역대학 출신을 우대하려는 정책적 취지는 십분 이해한다. 그래도 정도껏 해야 한다. 이대로 가면 공공기관이 특정 대학 동문회로 전락할 판이다. 인사관리 등 경영 전반에 부담으로 작용하게 마련이다. 누군가의 희생을 전제로 일부를 우대하는 이른바 '제로섬 게임'에 해당하는 지역인재 채용은 최소 수준에 그쳐야 맞다. 지역인재의 채용 비율은 극소화하고 대상과 범위는 극대화할 필요가 있다.

시·도 단위 기준의 채용 대상을 호남권·영남권·충청권 등으로 광역화하거나 지방 전체로 확대하면 그나마 나을 것이다. 지역 초중고 출신에게도 문호를 개방해야 한다. 규제가 경쟁을 누르고 예외가 원칙을 넘보는 제도는 결국 실패하고 만다. 제도를 시행하다 보면 예상치 못한 문제가 생길 수 있다. 하지만 실제로 그런 일이 발생하면 바로잡아야 한다. 시행 10년을 맞아 이런저런 역기능이 불거지는 지역인재 채용. 과감히 손볼 때도 됐다.

〈2023년 10월, 권의종〉

에밀 졸라의
'행동하는 양심'

『목로주점』을 쓴 프랑스 소설가 에밀 졸라를 이해하려면 '드레퓌스 사건'을 알아야 한다. 1894년 참모본부에서 근무하던 프랑스 포병 대위 드레퓌스가 반역죄로 체포된 사건을 말한다. 보불전쟁 후 19세기 후반 프랑스를 휩쓴 군국주의, 반유대주의, 강박적 애국주의 때문에 억울하게 옥살이한 드레퓌스의 간첩 혐의를 놓고 프랑스 사회가 격렬하게 투쟁했던 정치적 스캔들이다. 국가권력이 자행한 대표적인 인권 유린, 간첩 조작 사건으로 인구에 회자된다.

드레퓌스의 필체가 프랑스 정보요원이 파리 주재 독일대사관에서 빼돌린 문서의 필체와 비슷하다는 이유만으로 체포돼 종신형을 선고받고 남아메리카 프랑스령 기아나에 있는 속칭 '악마의 섬'에 유배된다. 범행의 증거, 동기, 시기, 방법 등이 불명확한 상태에서 무리하게 기소됐다. 실질적으로는 유대인이라는 이유가 드레퓌스를 진범으로 몰아갔다. 1897년 진범이 구속됐으나 군부는 사건을 은폐 조작 후 진범을 풀어 줬다.

격노한 에밀 졸라는 1898년 1월 대통령에게 보낸 공개장 '나는 고발한다(J'accuse)'를 신문에 게재, 군부의 부도덕성을 대중에 고발하고 진실을 세상에 알렸다. 세계 각지에서 3만 통 넘는 격려의 편지와 전보가 쏟아지며 그를 지지했다. 미국 작가 마크 트웨인은 뉴욕 헤럴드에 "군인과 성직자 같은 겁쟁이, 위선자, 아첨꾼은 한 해에도 백만 명

씩 태어나지만, 잔 다르크나 졸라와 같은 인물이 태어나는 데는 5세기가 걸린다"는 기고문으로 지지를 표했다.

1904년 드레퓌스에 대한 재심이 청구됐고, 1906년 대법원에서 무죄가 선고되며 사건은 종결됐다. 사실 졸라는 이 일에 굳이 나서지 않아도 됐다. 인세 수입으로 넉넉히 생활할 수 있었고 문학의 거장으로 존경까지 받았다. 그런데도 그는 진실의 편에서 '행동하는 양심'을 앞장서 보여 줬다.

🅦 반대를 위한 반대, 선량치 못한 선량(選良)

행동하는 양심은 우리에게도 친숙한 개념이다. 김대중 전 대통령이 즐겨 쓴 명언이자 어록이기도 하다. 2006년 전남대와 공주대 특별강연에서 처음 언급했다. 2009년 6.15 남북공동선언 9주년 국제포럼에서 "행동하는 양심이 됩시다"라고 연설했다. 실제로 그는 1970년대 박정희 정부의 독재와 싸웠을 때부터 이 말을 교훈으로 여기고 살아온 것으로 알려져 있다.

성경 야고보서 2장 17절과 26절이 의미심장하다. "믿음에 행동이 따르지 않으면 그런 믿음은 죽은 것입니다", "혼이 없는 몸이 죽은 것과 마찬가지로 행동이 없는 믿음도 죽은 믿음입니다" 15절과 16절은 더 아프게 찌른다. "어떤 형제나 자매가 헐벗고 그날 먹을 양식조차 떨어졌는데 여러분 가운데 누가 그들의 몸에 필요한 것은 아무것도 주지 않으면서 평안히 가서 몸을 따뜻하게 녹이고 배부르게 먹어라 하고 말만 한다면 무슨 소용이 있겠습니까?"

안타깝게도 한국 정치에는 행동하는 양심이 안 보인다. 오히려 '행동하는 양심'이 준동한다. 대의기관의 역할이나 책임은 찾아보기 어렵다. 무슨 앙갚음이라도 하려는 듯 반대를 위한 반대에 골몰한다. 자기 당이 선호하는 사업의 예산은 마구 올리면서, 다른 당이 추진하는 사업의 예산은 눈에 불을 켜고 깎으려 든다. 선량치 못한 선량(選良)의 실상이다.

국회 산업통상자원중소벤처기업위원회 전체회의에서 원전 분야 예산 1,820억 원 삭감을 야당 단독으로 의결했다. 혁신형 소형모듈 원자로(i-SMR) 기술 개발 333억 원, 원자력 생태계 지원 1,112억 원, 원전 수출을 위한 수출보증 250억 원, 원전 등 무탄소 에너지 확산을 위한 CF연합 6억 원, SMR 제작지원센터 구축을 위한 예산 1억 원을 잘랐다.

자당 예산은 '왕창', 타당 예산은 '싹둑'

최대 쟁점은 연구개발(R&D) 예산. 정부는 2024년 과학기술계 연구개발 사업 예산(21.5조 원)을 전년보다 13.9% 줄여 세웠다. 이에 야당은 과학기술정보방송통신위원회 예산심사소위에서 정부 예산안 중 첨단 바이오 글로벌 역량 강화 등에서 1조1,600억 원 줄였다. 대신 과학기술계 연구원 운영비와 4대 과학기술원 학생 인건비 등 R&D 예산은 2조 원 늘렸다. 농해수위 전체회의에서는 새만금지구 내부개발과 신항만 건설 비용 2,902억 원 증액했다.

국토위 전체회의에서도 마찬가지. 새만금-전주 고속도로 건설 857억 원, 새만금 신항 인입 철도 100억 원 등을 야당 단독으로 처리했다. 서울-양평고속도로 건설 예산은 설계비 123억 원 중 61억 원을 깎았다. 행정안전위원회 전체회의에서는 정부가 전액 삭감한 지역화폐 예산을 7,000억 원 증액했다.

청년 예산을 놓고 벌이는 기 싸움도 볼만하다. 환경노동위원회 전체회의에서는 문재인 정부의 '대표' 청년 일자리 정책인 청년내일채움공제 사업 예산 4,200억 원 복원을 요구했으나 여당이 거부하자, 야당은 윤석열 정부 사업인 청년 취업 관련 예산 2,382억 원을 감액 의결했다. 이 과정에서 청년 일 경험 지원 1,663억 원과 청년 니트(NEET)족 취업 지원 706억 원은 모두 깎였다.

타 부처 청년 예산도 수난. 교육부의 '한미 대학생 연수' 예산은 63억 원 중 18억 5,000만 원 줄였다. 6억 원이 편성된 '한일 대학생 연수' 사업 예산은 전액 삭감했다. 보건복지부의 '청년 마음 건강 지원 사업'은 38억 원 중 2억 원, 국토교통부의 청년 정책 진흥 사업비도 21억 원 중 4억 원 줄였다. 예산이야 어떻게든 처리될 것이나, 정작 바뀌어야 할 것은 따로 있다. 자기 이익을 구하는 '나쁜 국회'에서 공익 책무를 다하는 '좋은 국회'로 환골탈태하는 일이다.

〈2023년 1월, 권의종〉

68조 원의 돈이 남아도는 지방정부

"지방자치단체는 그 재정을 수지균형의 원칙에 따라 건전하게 운영 해야 한다."

지방자치법 제137조에 명시된 지자체의 재정운영 기본원칙이다. 수 지균형의 원칙이란 지자체가 예산을 세우고 집행할 때 수입과 지출이 균형을 이뤄야 한다는 의미다.

그런데 대다수 지자체들은 매년 수입과 지출의 균형을 맞추지 않거 나 맞추지 못한다. 국민의 세금으로 조성, 지급되는 예산을 합리적, 효율적, 계획적으로 집행하지 못한다는 뜻이다. 그래서 매년 과도한 잉여금이 발생하는 악순환의 굴레에서 빠져나오지 못하고 있다.

최근 나라살림연구소가 발표한 243개 지자체의 2021년도 결산서 분석결과를 보면, 전국 지자체의 잉여금 총액은 68조 5,000억 원에 달한다. 2019년엔 66조 5,000억 원, 2020년엔 65조 4,000억 원으로 매년 70조 원에 가까운 막대한 잉여금 수준을 유지하고 있다. 이중 광역지자체 잉여금은 19조 8,000억 원, 기초지자체 잉여금은 48조 7,000억 원으로 최근 3년간 증가추세를 보이고 있다.

💰 용처를 잃은 '죽은 돈'
순세계잉여금 31조 원

잉여금이란 그해 세입에서 세출을 뺀 돈이. 차기 회계년도로 이월되는 이월금, 보조금 집행잔액에 초과세입, 불용액 등이 더해져 총액을 구성한다. 여기서 초과세입과 불용액을 따로 빼낸 것이 순세계잉여금이다. 따라서 잉여금보다는 순세계잉여금에 주목해 살펴볼 필요가 있다. 이미 그해에 용도와 목적이 사라져 다시는 사용할 수 없는 예산이기 때문이다, 마치 '유령 같은 돈, 죽은 돈'이기 때문이다.

2021년 전국 지자체의 순세계잉여금 총액은 31조 4,000억 원으로 전체 잉여금의 절반에 가까운 48.5%를 차지하고 있다. 2019년에는 31조 7,000억 원, 2020년에는 32조 1,000억 원으로 비슷한 수준이다.

그런데 이게 '죽은 돈'의 정확한 실체와 규모가 아니다. 순세계잉여금 실제 규모는 이보다 더 크다. 지자체들이 잉여금의 일부를 '재정이 어려울 때를 대비해 적립하는' 재정안정화기금이라는 별도의 '저금통'에 이체해 놓았기 때문이다.

2021년의 재정안정화기금 9조 7,000억 원을 합한 2021년 전국 지자체의 순세계잉여금 총액은 41조 1,000억 원으로 전체 잉여금의 60%를 차지한다. 2021년 지자체 총 세출(결산 기준) 433조 5,000억 원의 8.2%에 해당하는 막대한 규모이다.

그런데 지자체마다 이처럼 여유재원이 쌓여있는 게 돈이 없는 것 보다 좋은 것 아닌가. 그렇지 않다. 문제가 된다.

일단 국가 경제 전체의 관점에서 볼 때에도 전혀 바람직하지 않다. 정부의 재정정책은 국가 경제성장률에 밀접하게 영향을 미치기 때문이다. 정부 지출이 늘어야 내수경기가 부양되고 대민 행정서비스 등으로 민생도 호전될 수 있다. 그런데 써야 할 예산을 쓰지 않아 순세계잉여금이 남아돈다면 그만큼 지자체가 경기를 부양하지 못하고 민생도 불편하고 불안하게 만든다.

무엇보다 지자체의 여유재원이 늘면 중앙정부의 재정에도 그만큼 악영향을 미친다. 지방세, 세외수입 등 자체 세원이 부족한 지자체들은 재정자립도가 낮기 때문에 중앙정부로부터 지방교부세나 조정교부금을 배부받는다. 그런 재정지원을 받는 지자체들이 잉여금, 순세계잉여금이 남아돈다면 이는 중앙정부가 불필요한 재원을 배부한 어이없는 꼴이 되는 것 아닌가. 심지어 재정자립도 10% 이하의 지자체임에도 여유재원을 30% 이상 보유한 지자체가 한두 곳이 아닐 정도다.

수지균형 필요없는 '쟁여놓은 돈' 기금 47조 원

기금도 문제다. 지방자치단체는 특정 행정목적에 따라 기금을 운용할 수 있으며 기금은 예산과 달리 '회계연도 독립의 원칙', '균형재정 원칙' 등 예외를 적용받으므로 당해연도 수입과 지출의 균형을 이루지 않아도 된다고 한다.

나라살림연구소 분석 결과 전국 지자체가 운용하는 2,612개 기금에 조성된 재원은 2021년 결산 기준 47조 5,399억 원에 달한다. 광역자치단체에서 28조 1,152억 원, 기초자치단체에서 19조 4,248억 원 규모이다.

문제는 이 기금 또한 제대로, 적재적소에, 적시에 사용되지 않는 '쟁여놓은 돈'이 적지 않다는 점이다. 2021년 말 조성액 기준 기금의 사용액은 전국 30.28%, 광역자치단체 34.26%, 기초자치단체 24.51% 수준에 그치고 있다.

물론 기금의 성격과 목적상 재난관리기금, 재해구호기금, 통합재정안정화기금, 청사건립기금 등 특정 목적을 위한 다년간 사업에 적합한 적립성 기금은 굳이 당해연도 수입과 지출의 균형을 맞추지 않아도 된다. 하지만 기금에 묶여있는 기간과 규모가 너무 과도한 것은 아닌지 근본적으로 재고할 필요는 있다.

가령 기금의 관리를 효율적, 효과적으로 하지 못해 과도한 재원이 적립된 건 아닌가. 또 일반회계나 특별회계에서 돈이 부족해 특정 목적을 위해 특정 계정에 재정을 적립하면 혹 '재정의 칸막이'로 작용해 재정운용의 비효율이 발생하지는 않는가. 이로 인해 행정력을 낭비하고 예산집행의 효율성이 저하되고 주민 행정서비스가 소홀해지지 않는지 전반적, 심층적으로 재검토할 필요가 있다.

그렇다면 이렇듯 지자체마다 금고에, 통장에 돈이 남아도는 현상은 왜 만성적, 고질적으로 발생하는 걸까. 원인은 명확하다. 지자체들이 세입예산을 지나치게 과소 추계하고 있기 때문이다. 2021년 지자체가 추계한 세입예산은 365조 7,000억 원, 세입결산은 502조 원으로 136조 3,000억 원의 초과세수가 발생했다. 과소 추계의 근본 원인은 과다한 이월금을 본예산 편성에 제대로 반영하지 않기 때문이다. 그게 암묵적인 행정의 오랜 관행이 되어버렸기 때문이다.

원인을 알았으니 문제의 해결은 간단하지 않을까. 이상민 나라살림연구소 수석연구위원은 "세입예산을 과소 추계하는 게 문제의 원인이니 세입 추계의 정확도를 높이면 된다"고 한다. 그런데 그게 말처럼 그리 쉽지 않나. 추계 과정에서의 투명성을 확보하고 부처 간 소통을 원활하게 하면 될 텐데 행정일선의 현장에서는 그게 쉽게 해결되지 않나. 잘 이해가 되지 않는다. 왜 재정운영의 원칙을 지키지 못하고 매년 수지균형이 맞추지 못해 분식회계같은 거짓말까지 해야 하는지.

이 연구위원은 "지출하지 못할 불용예산이 발생할 사업에 대해서는 적극적으로 감액 추경을 해야 한다. 전년도 순세계잉여금도 다음 해 본예산에 충실히, 전액을 반영해야 한다. 순세계잉여금의 '저금통' 역할을 하는 재정안정화기금의 설치·운용·지출의 기준도 적립한도액을 정하는 등 구체적으로, 원칙적으로 정해야 한다"며 수지균형이야말로 재정운영의 기본원칙임을 거듭 강조한다.

〈2023년 4월, 정기석〉

지역정치는
지역정당의 손으로

　엄연히 민주공화국인 한국에서 지역정당은 허용되지 않는다. 정당법에 그렇게 규정이 되어있다. 헌법재판소도 그러한 규정이 법에 어긋나지 않는다고 결정을 내렸다. 최근 지역정당을 허용하지 않는 정당법에 대한 헌법소원심판 사건에서 재판관 4(합헌) 대 5(위헌) 의견으로 합헌 결정을 내린 것이다.

　위헌 의견이 합헌 의견보다 많았지만 위헌 결정에 필요한 정족수 6명이 채워지지 않았다. 정당법 3조, 4조, 17조 등이 문제다. 정당의 구성을 규정하는 3조는 '정당은 수도에 소재하는 중앙당과 특별시·광역시·도에 각각 소재하는 시·도당으로 구성한다'고 명시한다. 4조 1항에서는 '정당은 중앙당이 중앙선거관리위원회에 등록함으로써 성립한다'고 규정한다.

　특히 소위 '전국정당조항'으로 불리는 17조는 '정당은 5 이상의 시·도당을 가져야 한다'고 규정하고 있다. 모두 '지역정당'은 허용하지 않는다는 조항들이다. 지역정당을 추진하는 이들이 이와 같은 전국정당조항의 정당법이 위헌이라며 헌법소원을 낸 것이다.

　하지만 헌재는 이런 논리를 들어 합헌 결정을 내렸다. 전국정당조항은 정당이 특정 지역에 편중되지 않고 전국적인 규모의 구성과 조직을 갖춰 국민의 정치적 의사를 균형 있게 집약·결집해 국가정책의 결정에 영향을 미칠 수 있도록 함으로써 정당에 부여된 기능인 '국민의 정치적 의사형성에의 참여'를 실현하고자 하는 것이다.

⑧ 전국정당조항은
국민의 정치참여 권리를 침해

심지어 헌재는 지역적 연고에 지나치게 의존하는 정당정치 풍토가 다른 나라와 달리 우리의 정치현실에서는 특히 문제시되고 있다고 지적했다. 지역정당을 허용할 경우 지역주의를 심화시키고 지역 간 이익 갈등이 커지는 부작용을 야기할 수도 있다는 점에서, 정당의 구성과 조직의 요건을 정함에 있어 전국적인 규모를 확보할 필요성이 인정된다는 주장을 폈다. 얼른 이해가 어렵다.

반면 위헌 의견을 낸 재판관들은 합리적이다. 거대 양당에 의해 정치가 이루어지는 현실에서 전국정당조항은 지역정당이나 군소정당, 신생정당이 정치영역에 진입할 수 없도록 높은 장벽을 세우고 있다는 의견이다. 각 지역 현안에 대한 정치적 의사를 적극적으로 반영할 수 있는 정당의 출현을 배제해 풀뿌리 민주주의를 차단할 위험이 있다고 일갈했다.

이와 같은 위헌 의견을 들어보면, 헌법 취지를 고려할 때 정당의 설립, 조직, 활동에 대한 국가의 간섭이나 침해는 원칙적으로 허용되지 않는다는 명확한 취지다. 나아가 '국민의 정치적 의사형성에의 참여'라는 정당의 핵심적 기능을 수행하기 위해 반드시 전국 규모의 조직이 필요하다고 볼 수 없다는 뜻이다.

특히 17조의 전국정당조항으로 인해 모든 정당에 대해 일률적으로 전국 규모의 조직을 요구해 지역정당이나 군소정당, 신생정당이 원천적으로 배제하고 있는 게 한국 정치의 현실이다. 전국정당조항은 과잉금지원칙을 위반해 정당의 자유, 국민의 정치참여 권리를 침해할 소지가 적지 않은 것으로 보인다.

게다가 정당법 18조 1항에서 '시·도당은 1000인 이상의 당원을 가져야 한다'고 규정한 '법정당원수조항'도 위헌성이 엿보인다. 기반이 취약하고 세력이 미약한 신생정당의 창당을 현저히 어렵게 할 소지가 다분하기 때문이다. 하지만 헌재는 이에 대해서도 합헌 결정을 내렸다. 법정당원수조항은 국민의 정치적 의사형성 참여를 실현하기 위한 지속적이고 공고한 조직의 최소한을 갖추도록 하는 것이라는 주장이다. 오직 외형과 형식에 치우친 낮은 편견으로 읽힌다.

지역정당, 군소·신생정당
풀뿌리 민주주의 토대

글로벌스탠더드에 못 미치는 정치후진국으로 평가되는 한국에서 이제, 전국정당조항 등 국민의 정치참여 권리 및 자유를 침해하는 정당법은 손질이 필요한 시점이다. 전국정당의 장벽을 규정하는 현행 정당법으로는 거대 양당체제가 고착된 한국정치가 발전할 수 없다. 오히려 연고지역을 기반으로 삼아온 한국식 거대 양당체제야말로 지역정치의 폐해가 적나라하게 드러나는 대표적 사례가 아닌가.

다행히 최근 들어 정계, 학계 일각에서는 '정당법' 개정을 통한 정당의 다양화로 '지역정당·의제정당'이 해법으로 제기되고 있다. 지역정당과 의제정당의 활동을 폭넓게 허용해야 지역의 다양성을 확보하고 지방분권과 지방자치도 활성화될 수 있다는 것이다.

무엇보다 '지역정당'은 지역문제의 해결 혹은 지역적 의사형성 참여를 목적으로 하는 '정치적 결사체'다. 중앙정치와 별개로 지역민들의 의제를 충실히 반영해 낼 수 있다는 점에서 '풀뿌리 민주주의' 현실적인 실천 방법으로 주목받고 있다. 지방자치가 활성화되려면 지역의 일반주민들이 제도권 정치로 진입할 수 있는 경로와 통로가 확보되어야 한다.

가령 지역정당은 규모가 작지만, 지역주민들과 더 긴밀하게 연결돼 있다. 중앙에서 놓치기 쉬운 지역현안들에 관심을 집중할 수 있다. 다만 1962년 제정된 정당법이 '수도 소재 중앙당'과 '광역시·도에 일정 이상의 당원이 등록된 시도당을 둘 것'이라는 전국정당 조항으로 지역정당 창당을 사실상 차단하고 있는 상태일 뿐.

결국 지역정당이 가능해야 지방선거에서나마 중앙정치에 예속된 현안에서 벗어나 지역현안과 과제에 충실한 정치지형이 만들어질 수 있다. 인구감소, 지방소멸이라는 절체절명의 위기를 극복하기 위해서라도 적대적 양당체제의 중앙정치의 대안으로 지역정당, 지역정치가 보장되어야 하는 명백한 명분이자 이유다.

정당법 제2조에서는 '정당'을 이렇게 정의하고 규정하고 있다. 국민의 이익을 위하여 책임 있는 정치적 주장이나 정책을 추진하고 공직선거의 후보자를 추천 또는 지지함으로써 국민의 정치적 의사형성에 참여함을 목적으로 하는 자발적 조직. 전국정당이어야만 하나? 지역정당은 못할 일인가?

〈2023년 10월, 정기석〉

한국정치를 교체하는
'비례대표제'

총선이 코앞에 다가온 분위기다. 내년 4월 10일 총선을 앞두고 본격적인 총선 정국이 펼쳐지고 있다. 우선 비례대표제가 총선 최대현안으로 떠오르고 있다. 거대 양당이 병립형 비례대표제로 선거법을 '개악'하는 데 합의했다는 소문이 정가에 돌고 있다.

'병립형 비례대표'란 비례의석을 정당 득표율만큼 단순 배분하는 제도를 말한다. 한마디로 지난 총선 연동형 비례대표제 이전의 상태로, 과거로 정치를 후퇴시키려는 의도나 다름없다. 연동형 비례대표가 '위성정당'의 빌미를 제공했으므로 병립형으로 회귀해야 한다는 이유를 내세운다.

지난 총선에서는 위성정당 사태로 인해 '소수정당 원내 진입'이라는 당초 연동형 비례대표제의 취지조차 사라졌다. 심지어 민주당 일각에서는 '권역별 병립형 비례제'가 '민주당의 전국정당화'에 기여할 수 있다며 공공연히 찬성하는 세력도 없지 않다.

권역별 비례제가 위성정당을 방지하면서도 지역 일당 체제를 극복할 수 있다고 논리를 편다. 여야가 각각 독점하는 지역에 석패율제로 여러 차례 낙석한 인사들을 우선하여 비례대표에 배치한다면 지역정치의 근거지를 만들 수 있다는 아전인수격 주장이다.

⊛ '위성정당' 차단 비례대표제를

지난 총선에서 준연동형 비례제를 관철시킨 민주당은 이래저래 입장과 처신이 난처하다. '병립형 비례제'로 회귀할 수는 없다는 주장이 강하다. 비례대표제 개선의 목적이 위성정당 방지에 있으므로 '위성정당방지법'으로 해결하면 된다는 의견이다. 꼼수 위성정당에는 국고보조금을 삭감하며 선거 후 합당도 제한하자는 내용이다.

168석을 보유한 최대 다수 정당인 민주당은 비례대표제 담합 의혹에 대해서는 가타부타 말이 없다. 그래서 의심과 불신은 더욱 커지고 있다. 지난 20일 전국비상시국회의 주관으로 국회에서 열린 '정치 개혁과 선거법 개악저지를 위한 제 정당-시민사회 토론회'에서 이런 민주당에 대한 비판이 쏟아졌다.

이태호 참여연대 운영위원장은 민주당이 대선 전 위성정당 창당을 반성하고 이번에는 정치교체, 정권교체를 위해 비례성을 높이는 선거법 개선 약속을 지키라며 비판하고 나섰다. 발제한 하승수 변호사는 민주당 지도부는 국민과의 약속을 지킬 것인지, 집권여당과 야합할 것인지 선택의 기로에 서 있는 것이냐며 질타했다.

2020년 21대 총선 당시 준연동형 비례대표제는 허점과 부작용이 많았다. 이 제도는 정당 득표율에 따라 각 당 의석수를 정한 뒤, 지역구 당선자가 그에 못 미칠 때 일부를 비례대표로 채워주는 방식이었다. 거대 양당은 '꼼수 위성정당'을 만들어 제도를 무력화하고 말았다.

🌀 다당제 연합정치 비례대표제를

　시민단체, 진보정당 등의 요구는 한마디로 여야가 거대 양당 체제를 깰 수 있도록 최소한 준연동형 비례제를 유지하며 위성정당 방지를 선언해야 한다는 것이다. 아울러 민주당과 개혁적인 진보세력이 다당제 연합정치의 가능성과 지평을 열 수 있도록 정치 개혁을 담보하는 비례대표제로 개선되어야 한다고 호소한다,

　'비례대표제(Proportional Representation , 比例代表制)'란 득표수에 상응하는 의석을 각 정당에 배분하는 방식이다. 다수당에 유리한 다수대표제에 비해 소수집단에게도 득표수에 비례하는 대표권을 보장해 준다는 취지이다. 유권자로서는 소수를 대변할 수 있는 다양한 대표자를 가질 수 있다.

　선거구제에 의한 다수대표제의 가장 큰 문제는 총득표수가 적은 정당이 더 많은 의석을 얻을 수 있다는 점이다. 사표도 많이 발생해서 정치무관심자, 정치소외자 양산을 구조적으로 조장한다. 그래서 비례대표제가 다수대표제의 모순을 바로잡을 대안으로 제시된 것이다. 그러나 양당체제가 정치를 오래 과점하고 있는 한국 같은 나라에서 비례대표제는 일반유권자의 관심과 이해가 부족하다.

　비례대표제는 단독이양제도(單獨移讓制度)와 명부제도(名簿制度)가 가장 보편적이다. 단독이양제도는 유권자의 선호도와 개인 및 정당에 대한 지지도를 비교적 정확하게 반영한다. 명부제도는 국가 전체를 하나의 선거구로 설정할 때 논리적으로 타당한 결과를 얻을 수 있다.

　단독이양제도에서는 유권자가 투표용지에 나열된 후보자들을 보고

좋아하는 순서대로 등급을 매긴다. 명부제도는 유권자가 단일 후보자에게 투표하는 것이 아니라 정당의 후보자 명부를 대상으로 투표한다. 각 정당은 득표율에 비례하여 의석을 배당받는다.

🏛️ 독일식 연동형 비례대표제를

비례대표제를 반대하는 사람들의 논리도 분명하다. 선거제도의 기능은 여론조사가 아니라 대다수의 합의를 이루는 데 있다는 것이다. 다양한 군소정당에 대표권을 부여한다면 단기정당의 결성을 조장, 각종 정치적 흥정과 거래를 통해 강력하고 일사불란한 국정집행이 어려워질 수 있다는 것이다.

한국의 비례대표제는 1963년 제6대 국회의원 선거에서 '전국구'라는 이름으로 처음 등장했다. 전국구 정수를 지역구의 1/3으로 하고, 지역구 득표율 1위 정당에 전국구 정수의 1/2 이상을 우선 배분했다. 다수당의 지배력을 강화하는 게 목적이었다. 이후 실행방식의 변경과 변화가 적지 않았다.

이처럼 과거 권위주의 시대에 도입한 비례배표제는 지역구 의석과 비례대표 의석을 단순 병행하는 다수당에 유리한 방식이었다. 지난 총선에 새로 도입한 연동형 비례대표제는 정당별 득표율에 따라 전체 의석의 비율을 연동하는 방식이다. 지역구에서 당선자를 내기 어려운 소수정당과 상생을 고려하는 제도였다.

'소수정당 원내 진입'은 연동형 비례대표제의 본질적 취지이자 기본적 목표이다. 정치후진국으로 많은 유권자들이 자조하는 한국사회는 정권교체가 아니라 정치교체가 더 중요하다. 비례대표제는 정치교체

를 촉발한다. 정치선진국인 독일의 정당명부 연동형 비례대표제 정도
는 되어야 정치교체는 가능하다.

<2023년 11월, 정기석>

지역과 약자를 방치하는 정부예산

정부는 '어디서나 살기 좋은 지방시대'를 내걸고 있다. 2024년 예산 안에서도 지자체 스스로 편성하는 지역균형발전특별회계 포괄보조사 업 규모를 확대한다고 발표했다. 얼핏보면 지역을 지원하는 예산을 늘 린다는 희소식으로 들린다. 하지만, 나라살림연구소 등 예산전문가들 의 분석에 따르면 실상은 그렇지 않다. 실질적인 균특회계 예산은 오 히려 줄어들었다.

2024년 예산안에서 균특회계 예산은 2023년 본예산(11조7433억 원) 보다 1조3039억 원(11.1%) 증가한 13조472억 원으로 책정되었다. 정부 가 균특 포괄보조사업 규모를 확대했다고 주장하는 근거이다. 말그대 로 포괄보조사업이란 중앙정부가 포괄적인 목적만 지정해놓고 지방정 부가 요건에 맞는 범위 안에서 자율적으로 쓸 수 있도록 예산을 지원 한 사업을 말한다.

그러나, 나라살림연구소는 균특회계 예산이 늘어난 건 '통계 착시' 때문이라고 지적한다. 실질적인 균특회계 예산은 오히려 2023년 본예 산보다 4983억 원(4.2%) 더 줄었다는 것이다. 구체적으로, 2024년 균 특회계 예산안에 포함된 세부사업은 총 495개 가운데 '회계이관'이 발 생한 사업들이 포함되어 있어 그렇게 보인다는 것이다. 애초 균특회계 에 속하는 사업이 아닌데, 균특회계로 이관되면서 예산이 증가한 착 시현상을 일으켰다는 것이다.

ⓦ 2024년 예산안에서 지역은 뒷전

　대표적인 사례가 지방소멸대응기금 예산 편성방식이다. 지방소멸대응기금은 지역주도의 인구감소·지방소멸 대응사업을 목적으로 2022년부터 2031년까지 10년간 한시적으로 운영되고 있다. 주관부처인 행정안전부는 2024년에 예산안에서 1조원의 지방소멸대응기금을 균특회계 내 '지방행정·재정지원' 부문, '지역발전' 프로그램으로 이관했다. 예산 증액이나 추가 정책사업과는 무관한 단순한 회계조정일 뿐이다.

　그런데, 지방소멸대응기금을 이관하면서 '지역발전' 프로그램 속 다른 세부사업의 감액은 감춰졌다. 세부적으로, 증액사업(순증사업+증액사업)과 감액사업(종료사업+감액사업)을 구분해 비교하면 전체 증액은 2조 3,070억 원, 전체 감액은 2조 7,961억 원으로 감액 규모가 증액 규모보다 4,891억 원이 더 많은 셈이다. 결국, 실제 균특회계 규모는 줄었다는 뜻이다.

　지난 7월 '지방자치분권 및 지방행정체제개편에 관한 특별법'과 '국가균형발전 특별법'이 올 7월부터 '지방자치분권 및 지역균형발전에 관한 특별법'으로 통합됐다. 서로 긴밀하게 연결된 지방분권과 균형발전의 법체계를 통합, 정책효과를 높인다는 목적이다. 특히, 균특회계 예산편성과 집행의 효율성을 높이는 일이 우선이었을텐데 실제로는 이런 정책목적에 반하는 예산편성안을 제시한 셈이다.

　균특회계만의 문제가 아니다. 2024년 예산안에서 지역은, 또는 지방은 여전히 뒷전이다. 지역경제 활성화을 위한 유용한 정책수단인 지역화폐 예산은 아예 전액 삭감되었다. 이 예산은 지난해에도 행안부의 예산요구안 4,700억 원 전액이 삭감되었으나 국회에서 3,525억 원을 되살린 적이 있는 민감한 사안의 항목이다.

지역화폐 사업은 지자체 차원에서는 자본이 지역 외로 유출되는 것을 근원적으로 차단할 수 있는 의미 있는 정책수단이다. 지역경제 등 내수를 활성화할 수 있는 유용한 수단으로 평가받고 있다. 따라서, 연말 국회 예산 심의 과정에서 해당 예산을 복원할 필요는 충분하다.

이런 지역의 의견에 대해 정부의 입장은 부정적이고 비협조적이다. 정부는 지역화폐 예산은 필요한 지자체에서 재원을 마련하면 된다는 의견이다. 지방정부의 재정구조가 중앙정부에 예속되어있는 현실을 모르고 하는 소리인가. 무책임하고 비현실적인 공염불에 불과하다. 가뜩이나 2024년 예산안에서 지방교부세는 11.3%나 삭감된 상태다.

🔥 감세, 긴축 재정은 재정위기 악순환의 병인

지역예산뿐 아니라 전체적으로 정부의 2024년 예산안은 건전재정과는 거리가 멀다. 정부는 알뜰재정, 재정의 정상화라는 수사를 동원하지만, 야권에서는 경기침체에서 국민을 보호해야 할 정부가 오히려 부담을 국민에게 떠넘긴 예산안이라고 혹평하고 있다. 현 정부의 부자감세의 병인이 긴축 재정을 초래하고, 성장률 저하, 세수 부족으로 연쇄적으로 이어지면서 다시 긴축 재정을 야기하는 만성적 재정위기의 악순환이 되풀이된다는 경고를 보내고 있다.

20년 만의 최저 증가율인 2.8% 증가한 657조 원의 2024년 정부 예산안을 통해 예상 재정수입 612조 원, 통합관리재정수지 45조 원, 관리재정수지 92조 원에 달하는 적자를 떠안게 된다는 것이다. 통합관리재정수지는 당해연도의 일반회계, 특별회계, 기금을 모두 포괄한 수지로 회계-기금 간 내부거래 및 차입, 채무상환 등 보전거래를 제외한 순수한 재정수입에서 순수한 재정지출을 차감한 수치를 말한다. 관리재정수지는 국민연금, 사학연금, 고용보험, 산재보험인 사회보장성 기금을 제외한 수지로 정부의 재정건전성을 판단하는 대표적 지표다.

전체적으로 R&D, 교육 부분 예산삭감이 가장 크고 걱정된다. 연구개발 예산 5조 원, 16.6% 감액은 미래 국가의 혁신 동력을 포기하는 것이나 다름없다. 각국 국민계정에서 연구개발 투자는 그 자체로 GDP에 직접 반영되므로 연구개발 투자의 삭감은 GDP 하락을 의미한다. 그래서 R&D 예산은 IMF 때도 삭감하지 않았을 정도다. 교육예산 6.6조 원, 6.9% 감소는 국가의 백년지대계인 교육의 근간을 위협하는 근시안적 조치이다. 반면 토건 관련 SOC 투자 예산은 25조 원에서 26조 1,000억 원으로 증액되었다.

예산구조의 더 큰 문제는, 악마는 디테일 속에 숨어있다. 지역은 물론이고 취약 계층 등 약자를 위한 사회안전망, 복지 관련 예산은 거의 삭감되었다. 실업급여 예산 2,700억 원, 소규모 사업장 사회보험료 지원사업인 두루누리사업 예산 2,400억 원이 삭감되었다. 심지어 공공보육과 요양 관련, 외국인 노동자 지원 관련, 청소년 노동권 보호 관련 등 약자를 위한 사회안전망 관련 예산은 전액 삭감되었다.

감세, 긴축재정은 만성적 재정위기의 악순환이 시작되는 출발지점이다. 이제 국회의 시간과 국민의 선택이 남아있을 뿐이다. 악순환의 수레바퀴를 굴리느냐 멈추느냐.

〈2023년 10월, 정기석〉